普通高等教育交通运输类应用

城市公共交通

主　编　郑长江　张小丽
副主编　王　迪　冯焕焕　肖忠斌　吕孟兴
主　审　张卫华　李　锐

CHENGSHI
GONGGONG
JIAOTONG

国防工业出版社
·北京·

内 容 简 介

全书共分 11 章,主要内容有:城市公共交通系统基本概念、公共交通的调查与需求预测、城市公共交通基本性能分析、城市公共交通网络规划理论、城市常规公共交通运行安全与可靠性分配理论、城市公共交通场站规划方法、城市常规公交网络优化技术、城市轨道交通、城市公共交通系统运营、城市公共交通成本效益分析与城市公共交通系统评价方法等内容。

本书不仅可以为解决我国城市公共交通当前面临的问题提供理论支持,而且可以为广大工程技术人员分析城市公共交通特性提供必要的参考。除此之外,本书还可以作为高等院校交通运输工程等专业的本科及研究生教材,并为从事城市公共交通理论及其相关研究的科技工作者提供参考。

图书在版编目(CIP)数据

城市公共交通 / 郑长江,张小丽主编 . —北京:国防
工业出版社,2017.1 重印
普通高等教育交通运输类应用型特色规划教材
ISBN 978 - 7 - 118 - 08912 - 7

Ⅰ.①城…　Ⅱ.①郑…　②张…　Ⅲ.①城市交通—公
共交通系统—高等学校—教材　Ⅳ.①F570

中国版本图书馆 CIP 数据核字(2013)第 178890 号

※

国防工业出版社出版发行
(北京市海淀区紫竹院南路 23 号　邮政编码 100048)
三河市众誉天成印务有限公司印刷
新华书店经售
*
开本 787×1092　1/16　印张 17¾　字数 415 千字
2017 年 1 月第 1 版第 2 次印刷　印数 3001—6000 册　定价 36.00 元

(本书如有印装错误,我社负责调换)

国防书店:(010)88540777　　　发行邮购:(010)88540776
发行传真:(010)88540755　　　发行业务:(010)88540717

普通高等教育交通运输类应用型特色规划教材

审定委员会
（按姓氏拼音排序）

陈　峻（东南大学）　　　崔新壮（山东大学）　　　范钦满（淮阴工学院）

韩宝睿（南京林业大学）　胡永举（浙江师范大学）　黄志义（浙江大学）

满维龙（安徽三联学院）　王任祥（宁波工程学院）　吴　戈（苏州大学）

幸筱流（华东交通大学）　张卫华（合肥工业大学）　郑安文（武汉科技大学）

周兴林（武汉科技大学）　朱从坤（苏州科技学院）　朱顺应（武汉理工大学）

编写委员会

主任委员

常玉林（江苏大学）

陈　新（南京理工大学）

委　员（按姓氏拼音排序）

陈青春（南京农业大学）　邓建华（苏州科技学院）　董满生（合肥工业大学）

杜胜品（武汉科技大学）　胡军红（南京工业大学）　姜　康（合肥工业大学）

赖焕俊（淮阴工学院）　　李玉华（盐城工学院）　　凌代俭（扬州大学）

毛　霖（南通大学）　　　王卫杰（南京工业大学）　吴金洪（浙江师范大学）

邬　岚（南京林业大学）　肖为周（苏州大学）　　　徐勋倩（南通大学）

徐永能（南京理工大学）　姚　明（江苏大学）　　　于　英（江苏大学）

曾小舟（南京航空航天大学）郑长江（河海大学）

前　言

交通是城市的命脉,公共交通则是城市发展和人民生活提高最为重要和基本的城市公用事业之一,优先发展城市公共交通有着重大的现实意义。

近些年来,随着我国城市化建设进程的深入推进,城市交通与城市发展的矛盾日益凸显。而我国城市公共交通本身又存在着分担率低和公交服务水平不高、公交基础设施缺乏统一规划、公共交通网络规划不合理等问题。从整体上来讲,城市公共交通建设明显滞后于城市发展,这成为制约城市进一步发展的主要因素。优先发展城市公共交通是国际上解决交通问题的首要方法,也是符合我国特殊国情与城市发展需求的战略性选择。公共交通具有覆盖面广、容量大、集散客流、方便快捷等优势,因此,公共交通的发展有利于我国城市交通拥堵问题的缓解。不仅如此,公共交通也是出行者最为主要的出行方式,是关系国计民生的社会公益事业,它与群众的生产生活紧密相关。公共交通发展状况良好与否直接关系到群众正常生活,因而也成为市民群众们最关心、最直接的问题之一。"公交优先发展"指导思想的提出与落实将有力地促进城市的公共交通发展,为市民出行提供更安全、更舒适、更快捷、更经济的公共交通服务,最终能促进改善城市的人居环境。

自从"公交优先发展"的思想提出后,我国城市公共交通的建设发展取得了举世瞩目的成就。然而,我国城市公共交通不论是在服务水平、营运效率还是承运比例等方面都与国际知名的公交发达城市有着较大的差距,难以为我国城市形象的树立和城市国际竞争力的提升提供有力的支撑。因此,优先发展城市公共交通战略要继续毫不动摇的坚持下去,这既是适应新形势下国际城市品牌竞争的需要,也是打造中国城市核心竞争力的关键举措,有利于我国城市整体面貌的改善和居民生活质量的提高。

国内外众多专家学者在长期的研究实践中总结了许多有关城市公共交通各方面的宝贵经验。然而相关城市公共交通的论著和教材却相对不足。鉴于此,河海大学土木与交通学院郑长江老师统筹规划,团结协作在公共交通方面有着丰富的教学研究和实践经验的专家教授,对城市公共交通的相关理论做了系统的阐述与研究,编写了《城市公共交通》一书。本书对城市公共交通的相关理论与实践经验做了系统的阐述与总结,主要有以下几个方面:城市公共交通的基本概念、调查与需求预测、基本性能分析、网络规划理论与优化技术、运行安全、场站规划方法、系统运营、成本效益分析、系统评价方法等。

本教材由郑长江、张小丽担任主编,王迪、冯焕焕、肖忠斌、吕孟兴担任副主编。编写分工如下:

第1章、第2章:肖忠斌(扬州大学);

第3、4、5、8、9、10章:郑长江(河海大学)、张小丽(河海大学)、张雪松(河海大学文天学院)、沈金星(河海大学文天学院);

第 6 章：王迪（河海大学文天学院）；

第 7 章：郑长江（河海大学）、吕孟兴（南京工业大学）；

第 11 章：冯焕焕（苏州科技大学）；

主审：张卫华（合肥工业大学）、李锐（河海大学）。

以上老师参与了本书相关章节的编著并提出了许多建设性的意见和建议，对相关章节付出了大量的心血与汗水，对此表示崇高的敬意和诚挚的谢意。河海大学交通运输规划与管理专业研究生林得刚、蔡晶晶、徐瀚、周雪峰、张笑彬、王伟、路源、缪立、李希隽、杨健柱、葛升阳、王晨等同学也为本书的编写付出了辛勤的劳动，在此也表示衷心的感谢。同时，本教材在编写过程中参考了国内外大量的书籍、文献，在此谨向文献作者表示衷心的感谢！

由于时间仓促、编者水平有限，书中错误在所难免，恳请读者朋友及时批评指正，特此致谢（编者电子信箱：zheng@hhu.edu.cn）。

编　者

2013 年 1 月于南京

目　录

第1章
城市公共交通系统基本概念

1.1 城市公共交通系统的概念

《雅典宪章》中阐明了城市的四大功能：居住、工作、游憩和交通。其中，城市的交通功能主要是依靠交通运输系统来实现。城市客运交通系统作为交通运输系统最主要的组成部分之一，其根据人们的意愿大致可分为步行交通、单独使用私人交通工具的自行车交通、摩托车交通、小汽车交通以及使用公共交通系统的公共交通。其中，公共交通系统作为城市客运交通的主要载体，与城市的形成、发展与兴衰紧密联系。

城市公共交通是城市中供公众使用的经济、方便的各种客运交通方式的总称。狭义的公共交通是指在规定的路线上，按固定的时刻表，以公开的费率为城市公众提供短途客运服务的系统。广义的公共交通指所有供公众使用的交通方式，包括客运和货运、市内和区域间运输的总体。在本书中主要针对狭义的公共交通系统的规划与管理进行讨论。

城市公共客运交通系统是由人—车（公共交通工具）—路（途径、交通线路）三方面共同组成的，既包括硬件（设施、设备），也包括软件（技术、政策），它是与城市交通系统和城市社会经济环境相联系的、复杂的、开放的大系统，具有多变量、多目标、多层次、多属性等特点。

1.2 城市公共交通系统组成

在城市行政辖区内为本市居民和流动人口提供乘坐用的公共交通，主要包括定时定线行驶的公共汽车、无轨电车、有轨电车、中运量和大运量的快速轨道交通，以及小公共汽车、出租汽车、轮渡、轨道缆车、索道缆车等交通工具及其配套设施。各种公共交通工具之间相互配合，以不同的速度、运载能力、舒适程度和价格为乘客服务。从系统规划、建设和管理角度看，城市公共交通系统可分为公共交通工具（车辆）、线路网、场站及公共交通运营管理系统等重要组成部分，下面分别进行介绍。

1.2.1 城市公共交通工具（车辆）

1. 主要公共交通工具的发展概况

1）公共汽车

公共汽车是目前世界各国使用最广泛的公共交通工具。1905 年，在美国纽约，公共汽车代

1

替了原有的公共马车,到了 20 世纪 30 年代得到迅速的发展。公共汽车之所以被广泛采用,是由于它的机动灵活性,只要有相宜的道路就可以通行,并且与其他现代化公共交通工具相比,公共汽车组织运营所需附属设施的投资最少。

我国公共汽车车辆类型繁多,按载客量分,有小型(载客 60~90 人)、中型(载客 90~130 人)和双层客车(载客 130~180 人,如图 1-1 所示)。近年来,为了适应乘客不同层次的需求以及在实际运营中的灵活性和经济性,出现了微型公共汽车,国外还出现了传呼式公共汽车;此外,受石油危机的冲击、石油价格上涨、城市居民环境保护意识日益增强,西方国家在 20 世纪 70 年代研制出了以蓄电池为动力的电动公共汽车(图 1-2)。

图 1-1 双层公共汽车矢量图例

图 1-2 莫斯科无轨电车

2) 无轨电车

无轨电车是以直流电为动力,除了采用公共汽车的设备外,还要有架空的触线网、整流站等设备,因此初期投资较大,且行驶时受架空触线的限制,机动性不如公共汽车。不过,无轨电车行驶时能偏移触线两侧各 4.5m 左右,可以靠人行道边停站,必要时也可超越其他的车辆。无轨电车噪声低、不排放废气、启动加速快、变速方便,在 20 世纪 80 年代的中国得到了广泛的应用(图 1-3)。在欧洲,为了不在城市中心复杂的交叉口架设触线网和避免因触线网故障而影响交通,研制了一种双动力源的车辆,该车可以较好地提高无轨电车的机动性。这种车辆有两类:一类是集电杆集电/柴油机驱动型式;另一类是集电杆集电/蓄电池供电型式,但是由于经济效益问题,都没有成批投入营运。

3) 有轨电车

有轨电车具有运载能力大、客运成本低的优点,其设备与无轨电车相似,但它需要有专门的轨道和专设的停靠站台。世界最早的有轨电车于 1881 年 5 月 16 日在德国柏林投入营运,20 世纪初,有轨电车在资本主义国家城市的形成和发展中曾起过重要的作用,承担了城市客运量的 80%~90%(图 1-4)。我国最早行驶有轨电车的城市是天津(于 1906 年),随后上海、大连、北京、沈阳、哈尔滨、长春等城市相继建成了有轨电车系统。到了 20 世纪 60 年代,随着汽车工业的发展,小汽车的大量增加,城市交通日趋拥堵,有轨电车机动性差、车速低、制动性能差以及行驶时噪声大等缺点,使之由盛转衰,各国相继拆除铁轨,停驶有轨电车。20 世纪 70 年代后,西方发达国家的大城市小汽车泛滥成灾,交通阻塞,城市环境污染严重,加上石油危机,有轨电车在一些国家经过技术改进又得以复兴,出现了一种新型有轨电车,英文名称为 Light Rail

Transit,我国翻译为"轻轨交通",也称"快速有轨电车"。通过车辆更新并实行隔离线路,在市中心繁忙地段进入地下,客运容量增大、乘坐舒适、运行经济。轻轨交通投资费用低于地铁,适用于单向小时客流1.5万～3万人次的客运量,行驶速度在20～35 km/h范围内变化,属于中运量快速轨道交通方式。

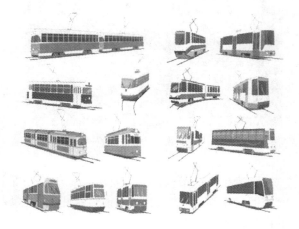

图1-3　我国20世纪80年代无轨电车　　　　图1-4　有轨电车形式汇总图

4)地下铁道

地下铁道简称地铁(Subway Underground),是街道以外的一种强有力的快速、大运量的公共交通工具,其轨道基多数建在地下,不过近年来,很多大城市的地铁,在郊区引向地面或高架。地铁最基本的特点是:与其他交通完全隔离,此外,其线路设施、固定建筑、车辆和通信信号系统均有较高的设计标准。地铁始建于1863年的英国伦敦,由于建设投资大、工期长,直到第二次世界大战结束时,全世界只有18个百万以上人口的大城市建有地铁。近50年来,由于城市人口增加、地面交通饱和、技术进步、经济实力增强等因素的影响,使得地铁得到了快速发展。地铁作为城市公共交通工具,虽然工程造价高,但其具有的运量大、速度快、污染少、安全可靠、不占用或少占用城市用地等优势,使之仍然得到稳步发展。我国首都北京第一条地铁于1969年10月建成,西起石景山苹果园东至北京站,全长23.6km,设17个车站。截至2010年之前,我国有地铁运行的城市还有广州、上海、深圳、天津、南京、香港(图1-5、图1-6)、台北等。许多城市的地铁也在规划建设中。地铁单向小时客流量可达4万～6万人次,运送速度在30～40km/h,属于大运量快速轨道交通方式。

5)出租汽车

出租汽车是一种不定线路、不定车站、以计程或计时方式运营,为乘用者提供门到门服务的较高层次的公共交通工具。出租汽车在城市公共客运交通中起着辅助作用,因而称为辅助交通。我国城市出租汽车交通已有近百年的历史,其发展是缓慢而曲折的,旧社会的车行业主,多属小本经济,独家经营,规模不大,虽有盈利,但受时局影响,时盛时衰,很不稳定。建国初期,城市交通以发展公共汽车、电车为主,出租汽车基本处于停滞状态,直至20世纪80年代,随着政治经济形势的变化,出租汽车才得到快速发展,成为城市公共交通业的重要组成部分。

图 1-5　香港地铁图　　　　　　　　　　　图 1-6　香港地铁内景图

6）轮渡

轮渡是在城市被江河分割的特定地理位置下的城市公共客运交通工具，一般起联结两岸摆渡交通的作用，使陆上交通不能直接相通的区域得以沟通。这在没有桥梁、隧道或过江通道的城市显得十分重要。

2. 城市公共交通工具的选择

国标(GB 50220—95)《城市道路交通规划设计规范》中明确规定，选择公共交通方式时，应使其客运能力与线路上的客流量相适应，常用的公共交通方式单向客运能力应符合表 1-1 的规定。

表 1-1　公共交通方式单向客运能力

公共交通方式	运送速度/ （km/h）	发车频率/ （车次/h）	单向客运能力/ （千人次/h）
公共汽车	16～25	60～90	8～12
无轨电车	15～20	50～60	8～10
有轨电车	14～18	40～60	10～15
中运量快速 轨道交通	20～35	40～60	15～30
大运量快速 轨道交通	30～40	20～30	30～60

人口 200 万以上的城市，城市用地面积一般在 $200km^2$ 左右，客流总量大，长距离出行者多，一些主要的公共交通线路上客流汇集量往往是地面公共交通难以承担的，且地面公共交通又受道路交通阻滞和站距的制约，无法提高车速，而城市公共交通规划应使 95％的居民在客运高峰乘用以上主要公共交通方式。因此，200 万人口的城市才具备了有效使用快速轨道交通的基本条件，且居民单程最大出行时耗符合表 1-2 的规定。

从发展趋势看，各地城市化进程加速，城市发展已不是按单中心同心圆模式向外扩展，而是按交通发展轴向外伸展，尤其是大城市市中心区职能加强和大量拆迁改造，都转向在城市外围寻找开发空间；而市区范围扩大，新增的客流和向市中心区集中的客流就更多，对公共交通提出新的要求。快速轨道交通运量大、车速快、准点，能保证居民的出行时耗控制在某一规定的范围内，其建设也有利于城市土地的开发。但快速轨道交通是一种与地面交通分离的独立系统，技术要求高,建设费用大,维护也较昂贵,城市没有一定的财力是难以办到的。所以只有在大城市客流量很大的线路上才值得使用。

表 1-2　不同规模城市的最大出行时耗和主要公共交通方式

城市规模		最大出行时耗/min	主要公共交通方式
大	>200 万人	60	大、中运量快速轨道交通,公共汽车,电车
	100 万~200 万人	50	中运量快速轨道交通,公共汽车,电车
	50 万~100 万人	40	公共汽车,电车
中	20 万~50 万人	35	公共汽车
小	<20 万人	25	公共汽车

1.2.2　城市公共交通线路网

城市公共交通线路网应综合规划,在计划经济下,各种公共交通方式由于投资渠道和经营管理部门的不同,部门利益各搞一套,线路不相衔接,给居民乘车带来不便。在市场经济下,各种客运方式虽然相互竞争,但必须树立综合规划的思想,融合在一个统一的公共交通网络系统中,使各条线路既分工又合作,把相互衔接的公共交通线路深入到城市的各区内。各线的客运能力应与客流量相协调,线路的走向应与客流的主流向一致;主要客流的集散点应设置不同交通方式的换乘枢纽,方便乘客停车与换乘,充分满足居民乘车的需要,进而满足乘客的最大利益。

公共交通线路网密度大小反映居民接近线路的程度,按理论分析,城市公共交通线路网平均密度以 2.5km/km² 为佳,在市中心可以密些,达到 3~4km/km²,而城市边缘地区取值可小些。居民步行到公共交通站的平均时间为 4~5min 为佳,根据调查,沿公共交通线路两侧各 300m 范围内的居民是愿意乘公共交通的,超出 500m 范围,绝大多数居民选择骑车,乘公共交通的很少。由此证明了公共交通线路网的密度不能太稀,为扩大公交线网密度,公共交通可以在适宜的支路上行驶。

目前,我国许多城市由于适合布置公共交通线路的道路少,公共交通线路网稀,使乘客步行到站和离站总时间长达 17~19min,再加上换乘不便,候车时间长,累计非车内时间达 25min 以上,使公共交通失去与自行车交通竞争的能力。因此,保证公共交通行驶所需的线路网密度,是优先发展公共交通的前提。

此外,《城市道路规划设计规范》中规定,公共交通线路的非直线系数不宜过大,一般不应超过 1.4。线路曲折,虽可扩大线路服务面,但使不少乘客增加额外的行程时间和出行时耗。因此,市区公共汽车与电车主要线路的长度宜为 8~12km;快速轨道交通线路长度不宜大于 40min 的行程。市区公共汽车、电车线路的单程长度用线路长度控制,主要考虑到城市道路交通状况欠佳,在缺乏公共交通车辆优先通行措施保障情况下,公共交通线路过长,车速不易稳定,行车难以准点,正常的行车间隔也难控制。郊区线和快速轨道交通线,站距大,车速较高,所以,用运送时间来控制。

1.2.3　城市公共交通车站与场站设置

城市公共交通车站分为终点站、枢纽站和中间停靠站。各种车站的功能和用地要求是不同的。

公共交通中间停靠站的站距受交叉口间距和沿线客流集散点分布的影响,在整条线路上是不等的。市中心区客流密集、乘客乘距短、上下站频繁,站距宜小些;城市边缘区,站距可大些;郊区线,乘客乘距长,站距可更大些。而快速轨道交通最小站间距由设计车速决定。《城市道路交通规划设计规范》中对公共交通车站服务面积的规定是:以 300m 半径计算,不得小于城市用地面积的 50%;以 500m 半径计算,不得小于 90%,城市出租汽车采用营业站定点服务时,营业站的服务半径不宜大于 1km。设置公共交通停靠站的原则是方便乘客乘车并节省乘客总的出行时间。几种主要公共交通方式的站距推荐值见表 1-3。

表 1-3　公共交通站距

公共交通方式	市区线/m	郊区线/m
公共汽车与电车	500～800	800～1000
公共汽车大站快车	1500～2000	1500～2500
中运量快速轨道交通	800～1000	1000～1500
大运量快速轨道交通	1000～1200	1500～2000

无轨电车终点站与快速轨道交通折返站的折返能力,应同线路的通过能力相匹配;两条及两条以上线路无轨电车共用一对架空触线公共交通停车场。车辆保养场、整流站、公共交通车辆调度中心等场站设施是城市公共交通系统的重要组成部分,应与城市公共交通发展规模相匹配,用地有保证。公共交通场站布局,主要根据公共交通的车种、车辆数、服务半径和所在地区的用地条件设置。公共交通停车场宜大、中、小相结合,分散布置;车辆保养场布局应使高级保养集中,低级保养分散,并与公共交通停车场相结合。

1.3　城市公共交通系统的基本特征

1.3.1　城市公共交通系统的外部关系

城市公共交通系统是一个开放式的系统,与外部环境有密切的联系。城市公共交通系统与社会环境的关系如图 1-7 所示,城市公共交通系统与城市交通系统的关系如图 1-8 所示,城

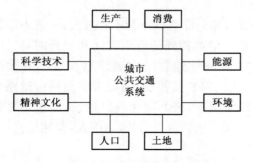

图 1-7　城市公共交通系统与社会
经济活动系统的关系

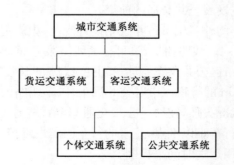

图 1-8　公共交通系统在城市交通
系统中的地位

市公共交通外部关系是公共交通系统外部交通方式结构设计的基础,各种公共交通系统的特点是系统内部方式结构设计的基础。

不同交通方式有不同的服务范围,每种交通方式有其适宜的运输距离(与速度有关)和容量,各种城市客运交通方式的服务范围如图1-9所示(图中A、B、C表示可能出现的新交通系统)

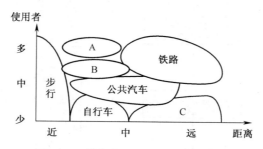

图1-9　城市客运交通方式服务范围

可见,作为多交通方式的城市交通系统的组成部分之一,公共交通系统的作用在于:
(1)满足多层次的公共交通出行需求。
(2)满足不同交通方式与最佳服务范围的匹配。
(3)形成不同交通方式的有效衔接。

1.3.2　城市公共交通系统的内部关系

1. 城市公共交通系统的基本要素

组成城市公共交通系统的三个基本要素是:人、车(公共交通工具)和路(途径)。城市公共客运交通系统的内部结构如图1-10所示。

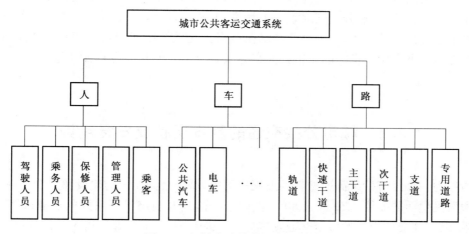

图1-10　城市公共客运交通系统

2. 城市公共交通系统的层次

城市公共交通系统按运行速度分,有常速和快速系统;按运行空间分,有水运、空运和陆地系统;其中陆地运输按空间分,又有地下、地上和地表系统;按驱动动力分,有电动、机动和人力系统等;按载客容量分,有大容量和中、小容量系统;按路权形式分,有无轨系统和有轨系统。

按各种交通方式在城市客运交通系统中的地位,可将城市公共交通系统分为常规公共交通系统、快速大运量公共交通系统、辅助公共交通系统和特殊公共交通系统四类,如图 1 - 11 所示。快速公交系统又分为准快速公交系统(轻轨和公交专用道等)和快速公交系统(地铁等)。

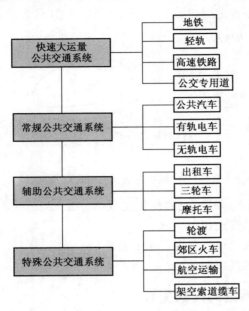

图 1 - 11　城市公共交通系统的层次与分类

快速大运量公共交通(Mass Rapid Transit,MRT)系统是指"可以快速地运送大批量乘客的系统",它运量大、速度快、可靠性高,并可促进和引导城市土地开发,但造价很高,一般是城市公共交通系统的骨架;常规公共交通系统灵活机动,成本较低,是使用最广泛的公共交通系统,一般是城市公交系统的主体;辅助公交系统在城市公交系统中起着辅助和补充作用;特殊公交系统在特殊条件下采用。良好的城市公共交通系统应是多种方式的灵活组合,形成多层次的立体网络。

1.4　城市公共交通的基本现状及发展趋势

我国作为一个经济持续高速增长的发展中国家,城市公共交通的建设和发展一直滞后于社会经济和居民生活的需要。20 世纪 80 年代以来我国政府制定了一系列的产业政策和技术政策,确定了以公共交通为主的城市交通发展方针,城市公共交通事业取得了长足的进步,从公交车辆的增加到客运量的增长及运营服务水平的提高,城市公共交通在城市经济与社会发展中发挥了重要作用。但由于财政体制、经营机制、管理水平以及道路通行条件等诸多因素的制约,城市公共交通的发展现状不尽如人意。以江苏的南京都市圈和苏锡常都市圈为例,除无锡、苏州、南京公交出行比例超过 10% 以外,其他城市都低于 10%。公交拥挤、缺乏吸引力而致使更多居民出行选择私家车,这更加加剧了都市圈中心城镇道路资源的紧张,交通设施供需进一步失衡。另据世行的预计报告,中国大部分城市的公交出行分担率在 6%～25% 之间,而国外大城市的公交分担率一般在 40%～80% 之间。

为更好适应城市客运交通需求迅猛增长的需要,充分认识公共交通在城市客运交通中的主导作用并综合治理其中存在的问题,是确保城市公共交通健康、稳步发展的前提。

1.4.1　城市公共交通结构现状

目前,我国城市公共交通系统中公共汽车、电车占主体,承担了城市 80% 以上的客运量,进入 20 世纪 90 年代以后,城市出租汽车发展迅猛,据表 1-4 所示统计资料显示,出租汽车年客运量达 95.82 亿人次,占城市公共交通总客运量的 8.99%,有的城市出租汽车客运量已占公交总运量的 30%,小运量的出租汽车增加过快,使得作为客运交通骨干的公共汽电车受到很大冲击。虽然 20 世纪 80 年代以来,我国特大城市的轨道交通筹建速度也明显加快,但由于投资巨大,总的来说,尚处于起步阶段,发展缓慢,大城市要形成以大中运量轨道交通为主体的综合客运体系,还需要一个相当长的过程。

表 1-4　2007 年我国城市公共交通客运量及比例

交通方式	客运量/亿人次	比例/%
公共汽车	825.78	77.46
无轨电车	69.5	6.52
有轨电车	30.3	2.84
地铁	35.35	3.32
出租汽车	95.82	8.99
轮渡	9.35	0.88
总计	1066.1	100.00

1.4.2　目前城市公共交通存在的主要问题

我国城市常规公交已发展到一定规模,而且为城市经济建设和社会生活做出了重要的贡献,但现状仍存在一些问题,这些问题的存在削弱了公交的优势,制约了公交的发展。

1. 受道路网络条件及规划水平的制约,公交线网布局结构不合理、密度低、重复率高,甚至存在公交服务盲区

改革开放以来,我国城市道路面积有了大幅度增加,但仍远远落后于车辆及交通量的增长速度。例如:截至 2009 年 6 月 19 日,南京市机动车保有量突破百万大关,总量高达 100.45 万辆,这 100.45 万辆机动车中,汽车保有量为 60.15 万辆(私人汽车 43.82 万辆,其中私人轿车 31.16 万辆),摩托车保有量 39.96 万辆。而 5 年前,南京市机动车保有量为 58.14 万辆,其中私人轿车仅为 6.96 万辆,而在此期间,南京市的道路里程及道路面积只增加了 1.12 倍和 1.83 倍,年增长率分别为 5.1% 和 7.2%。"十一五"期间,南京市政府加大力度进行道路建设,道路里程及面积率的增长大大超过了前 15 年的平均值,这对抑制道路交通的恶化起到了关键性作用,但由于道路建设欠账过多,道路网络结构不完善,缺乏适于公交线网优化布设的道路条件,致使公交线网密度整体水平低,仅为 0.73 km/km²,有些区域人口密度较高,公交出行潜在需求量大,而公交线网密度很低。分析表明,造成公交服务盲区的主要原因是道路条件的制约,其次是公交布线方面的问题。

2. 公交停车场规模偏小,首末站用地没有保障,中途站及枢纽站点需要优化布设

以南京市为例,在 2004 年公交运营车辆为 4542 辆的规模下,只有 6 处停车场,总面积约138284m²,按标准每辆车 200m² 用地计,只能停 691 辆,尽管已压缩了停车用地,仍有 442 辆车停放在马路上。首末站是保证公交车正常运营调度的基础设施,而南京市主城区 42 条线路仅有正规站房 54 个,租用外单位站房 10 个,摆设调度亭 5 处,无站房 14 处,首末站建设的不足,给公交正常的运营调度带来极大的困难。此外,现状枢纽站点数量少,类型单一,主要考虑的是市区内部公交线路之间的衔接,没有充分考虑与其他交通方式的衔接;中途站点的布设受到交通管理及城市用地条件的影响,不能很好满足乘客就近乘车的要求,造成步行距离过长,或换乘不便,这一点在中心商业区尤为突出。

3. 需要提高公交线路网布局优化与日常运营调度管理水平,充分发挥公交运营车辆的动态运能

公交客流是一个随时间、空间不断变化的量,充分发挥公交车辆的动态运能,需要深入把握公交客流的时空变化规律。受规划管理手段和技术条件的制约,公交企业还不能做到依据客流的变化,科学调整公交线路网布局,动态实时地进行调度优化管理,公交车辆运能不能得到充分发挥。

1.4.3 城市公共交通系统发展趋势

当前我国大多数城市的道路交通紧张状况日趋严重,已在某种程度上影响了城市经济的发展和居民生活水平的提高。受资金和土地空间资源的制约,目前道路的增长仍远远落后于机动车交通需求的增长,并且这种局面在相当长时期内是难以改变的。因此,最大限度提高现有交通资源的利用效率是缓解交通供求矛盾的根本出路。由于公共交通对交通资源的高效利用,使得通过大力发展公共交通、实行公共交通优先成为缓解道路交通紧张状况的必然选择。"中国技术政策"蓝皮书明确提出大力发展城市公共交通,同时还提出"要重视解决市区与郊区的交通联系。采用公共汽车与铁路联运,将铁路、航空、水运、地铁、快速有轨电车、市内公共交通及长途汽车站等有机地组织起来。

根据上述政策,我国许多城市都分别制定了各自的城市公共交通发展规划,并纳入到城市的总体规划之中,成为城市总体规划的重要组成部分。伴随着技术政策的执行,城市公共交通车辆技术性能逐步提高,各项新技术在推广应用、城市公共交通的运作方式也在不断改革。多数大中城市已推广了无人售票的运作服务方式,并在一些城市开始采用 IC 卡乘车收费系统,不仅大幅度提高了公共交通行业的劳动生产率,而且对改善城市公交行业的社会形象,提高行业整体服务水平发挥着重要的作用。

随着城市公共交通各项方针政策的贯彻实施和改革措施的逐步落实,我国城市公共交通必将在 21 世纪得到稳步的发展,其发展的主导趋势概括如下。

1. 大中运量快速轨道交通系统建设速度加快,系统规划与建设的前期准备工作日益受到重视

城市快速轨道交通,特别是地铁经过多年来的不断完善,已发展成为一种运量大、速度快、准时、节能、安全、可靠、舒适、污染小的现代化立体交通系统,不仅能有效地满足大城市不断增长的城市客运交通需要,而且还会为城市带来多方面的间接经济效益和社会、环境效益。实际上,现代快速轨道交通也代表了城市一种新的生产力。我国以北京、上海、广州为代表的特大城市正加快建设快速轨道交通系统。南京地铁一期工程在经过 10 多年的论证、筹建准备工作之后,也于 2000 年底正式动工兴建,其他城市,如重庆、沈阳、青岛、武汉、大连等 20 多个城市也都进行了地铁或轻轨的可行性研究。

鉴于快速轨道交通建设前期准备工作深入、周密与否,将直接关系着投资规模,施工周期、质量水平和未来可持续发展水平,因此,近年来城市快速轨道交通系统规划理论与方法的研究日益受到重视。另一方面,快速轨道交通造价高,建设资金问题一直成为制约我国城市快速轨道交通发展的关键因素,而快速轨道交通的建设规模和标准、轨道交通建设所采用的设备,直接影响着工程造价,因此,在规划建设中,将充分考虑国情和财政实际承受能力,在交通功能上,明确供求适度平衡;在设备采用上,坚持立足国内,在引进国外先进设备的同时引进技术,实现合作生产和促进国产化;在资金筹措上,探索多种模式的筹资渠道。

2. 有计划地建设综合客运交通枢纽设施,方便换乘,促进客运交通方式结构优化

随着多方式、多层次客运交通网络的建立,综合客运交通枢纽设施的配套建设也将有计划地展开。合理规划、设计综合客运交通枢纽,是改善公交系统、方便出行换乘、提高公交服务质量和运营效益的重要环节。

衔接城市对外交通与市内交通间的客运枢纽,是实现交通方式转换、交通性质改变的场所。通过客运枢纽的合理布设,可节省乘客进、出城时间,保证交通持续;便捷地连接城市各功能分区的客运枢纽,可合理地组织城市交通、均衡客流分布;将各种公共交通线路相衔接的城市综合客运交通枢纽,既有利于公交线路优化调整、增加公交运营线路的应变能力、提高公交运营效率,更可以方便乘客换乘,减少换乘次数,缩短出行时间,从而提高公共交通的竞争力,吸引客流,对充分发挥各种交通方式的优点、改善城市客运交通结构有重要的引导作用。此外,客运枢纽可以充分利用地面和地下空间,实行土地综合利用,为节约城市用地创造条件。

3. 高新技术逐步推广应用于城市公共交通,将有力地提高城市公交规划及运营调度管理水平

伴随着科学技术的进步和城市经济的发展,在城市公共交通系统规划、建设及运营管理中将大力推广高新技术。如公交运营管理上广泛应用 GPS(全球卫星定位系统)、AVM(车辆自动监控系统)与 PIS(乘客信息系统)等新技术,从而建立起公交运营调度部门、公交驾驶员(或公交车辆)与乘客之间的密切联系;GIS(地理信息系统)将广泛应用于公交线网规划、公交运营计划及乘客信息系统的建立。其中,GIS 在公交线网规划方面的主要应用有:公交客运走廊分析、公交线路方案评价、公交服务可达性分析等。而基于 GIS 的乘客信息系统具有计算速度快、数据更新方便、结果表现直观等诸多优点。总之,高新技术的应用将使城市公交规划管理建立在充分的调查分析和全面的信息利用之上,从而大大提高公交规划管理决策水平,改善公交的服务质量,更好地满足乘客需求,增强公共交通的竞争力。

综上所述,随着我国经济的快速健康发展,高新技术和先进的管理、调度手段的广泛应用,城市公共交通系统将逐步实现信息化、智能化,公共交通服务质量将大大改善、公共交通竞争力将大大增强,在一些经济比较发达的大城市将初步形成以大中运量轨道交通为骨干,公共汽车、无轨电车、出租汽车综合协调发展的公共交通系统,城市居民的出行将更加方便、快捷和舒适。

思 考 题

1. 城市公共交通系统的概念,广义和狭义概念的区别?
2. 城市公共交通系统的组成?
3. 城市公共交通系统与城市发展的关系,结合具体的案例说明?

第2章
城市公共交通调查与需求预测

2.1 城市公交系统交通调查

城市公交系统交通调查的内容包括城市社会经济及土地利用基础资料调查、城市居民出行 O-D 调查、城市流动人口出行 O-D 调查、机动车出行 O-D 调查、城市公共交通现状调查、城市道路流量调查、城市道路设施调查等方面。

2.1.1 城市社会经济及土地利用基础资料调查

在进行城市公共交通系统规划时,需调查的城市社会经济及土地利用基础资料有:

1. 城市社会经济基础资料调查

需收集的城市社会经济基础资料包括:

(1)人口资料。城市人口总量及各交通小区人口分布量,城市人口年龄结构、性别结构、职业结构、出生率、死亡率、机械增长率。

(2)国民经济指标。国民收入、各行业产值、人均收入、产业结构等。

(3)运输量。客货运历年运输量、各运输方式比重等。

(4)交通工具。各方式、各车种的交通工具拥有量。

2. 城市土地利用基础资料调查

城市土地利用与城市道路交通有着密切的关系,不同性质的土地利用,可发生或吸引不同性质的交通。城市交通与土地利用的关系是城市交通规划、城市公共交通规划工作中进行交通需求预测的基础。服务于交通规划的土地利用调查应包括:

(1)土地利用性质。各交通区主要土地利用类别的土地面积,如工业、商区、居住、科教卫等土地利用类别的面积。

(2)就业岗位数。全部交通区或典型交通区的就业岗位数。

(3)就学岗位数。全部交通区或典型交通区的就学岗位数。

(4)商品销售额。全部交通区或典型交通区的商品销售额。

2.1.2 城市居民出行 O-D 调查

城市居民出行 O-D 调查是对城市居民出行起点 O(Origin)和终点 D(Destination)的调查,在城市交通规划、城市公共交通规划中占有非常重要的地位。它对城市居民的基本资料(如年龄、性别、职业、收入、居住地等情况）和居民的每次出行的信息（如起点、终点、出行时间、出行距离、出行方式选择等）做了一个较全面的抽样调查，对揭示城市居民出行的内在规律至关重要。

居民出行 O-D 调查采用的方法有：家庭访问法、电话询问法、明信片调查法、工作出行调查法、职工询问法及月票调查法等。

居民出行调查表见表 2-1。

若要详细了解流动人口的出行状况，则需要对流动人口出行 O-D 进行调查。

流动人口的组成十分复杂，按其在城市中停留的时间可分常住、暂住、当日进出等三种情况，如果按来城市的目的又可分为出差、旅游、探亲、看病、经商、转车等。因此，流动人口出行 O-D 调查难度较大，对不同类别的流动人口应采取不同的调查方法。常住、暂住流动人口一般可采用与居民出行 O-D 调查类似的家访调查、电话询问等方法，对当日进出的流动人口则可采用在城市的出入口（如车站、码头等）直接询问的方法等。

流动人口出行 O-D 调查的内容包括流动人口的职业、年龄、性别、收入、来城市的目的、停留时间等基础情况，以及各次出行的起点、终点、时间、距离、出行目的、所采用的交通工具等出行情况。

城市流动人口出行调查表与居民出行调查表基本相似。

2.1.3 城市公共交通现状调查

城市公共交通现状调查有两大部分：针对公交公司的调查和针对城市居民的调查。前者包括公交公司运营发展状况调查、车辆发展情况调查、营运线路发展情况调查、站点覆盖情况调查、场站情况调查等几个重要的方面；而后者主要通过问卷调查等方式，调查城市居民对公共交通现状存在的主要问题的看法、城市居民对公共交通的意见和建议等信息。

公交调查中经常进行的公交线路随车调查的记录见表 2-2。

2.1.4 机动车出行 O-D 调查

机动车出行 O-D 调查包括公交车出行 O-D 调查及非公交机动车出行 O-D 调查两类。

城市公交车出行 O-D 调查的内容包括行车路线、行车次数、行车时间等，可直接由公交公司的行车记录查得。

城市非公交机动车境内出行 O-D 调查的内容，包括车辆的种类、起讫地点、行车时间、距离、载客载货情况等。

除城市公交车外的其他机动车出行 O-D 调查的方法，一般有发（收）表格法、路边询问法、登记车辆牌照法、车辆年检法、明信片调查法等。

2.1.5 城市道路流量调查

城市道路流量资料是进行现状交通网络评价、交通阻抗函数标定及未来路网方案确定的重要依据。城市道路流量调查包括以下内容：

（1）道路机动车流量。对道路机动车流量数据进行调查时，主要道路分车型、分时段交通量。重要路段连续调查 24h，一般路段调查 12 或 16h。

（2）交叉口机动车流量。对交叉口机动车流量数据进行调查时，主要交叉口分车型、分时

表 2-1　城市居民出行调查表

居住地址：＿＿＿＿＿区＿＿＿＿＿街道＿＿＿＿＿居委会　小区编码□□□□

性别	男	女
	1	○

职业	小学生	中学生	大中专学生	工人	服务员	职员	个体劳动者	家务	其他
	1	2	3	4	5	6	7	8	9

年龄/岁	6-14	15-19	20-24	25-29	30-39	40-49	50-59	60以上
	1	2	3	4	5	6	7	8

家庭1999年总收入/万元	<1	1~2	2~5	5~10	>10

是否购买小汽车	已买	2005年前买	2010年前买	2020年前买	不买

出行方式	步行	自行车	助力车	公交车	出租车	轻骑摩托	私家车	单位小车	单位大车	其他
	1	2	3	4	5	6	7	8	9	10

出行目的	上班	上学	公务	购物	文娱体育	探亲访友	看病	回程	其他
	1	2	3	4	5	6	7	8	9

出行次数	出发地点	出发时间/(h/min)	出行目的	出行方式	到达地点	到达时间/(h/min)
1						
2						
3						
4						
5						
6						
7						
8						

15

表 2-2　公交线路随车调查记录表

___路　车辆类型_____　调查日期_____　星期___ 天气_____

行驶方向	从_____站 至_____站		车站发 车时间		终点到 达时间	
停靠站名称						
上客数						
下客数						
站台余留 人数						
车内人数						
到站时间						
受阻情况						

段、分流向交通量,流量调查 12 或 16h,流向调查高峰时段 2h。

（3）道路自行车流量。对道路自行车流量数据进行调查时,主要道路分时段交通量,重要路段调查 24h,一般路段调查 12 或 16h。

（4）交叉口自行车流量。对交叉口自行车流量数据进行调查时,主要交叉口分时段、分流向流量。流量调查 12 或 16h,流向调查高峰时段 2h。

（5）核查线流量。核查线流量用于校核交通预测模型。每条核查线把规划区分成两部分,尽可能利用天然障碍线（如河流、铁路、城墙等）,核查线与道路相交处需进行流量调查。

2.1.6　道路交通设施调查

道路交通设施调查包括以下内容:

（1）道路:各道路路段的等级、机动车道及非机动车道路面宽度、机非分隔方式、长度、坡度、交通管理方式（如单行线、公交专用线）等。

（2）交叉口:各交叉口类型、坐标、控制方式等。

（3）停车场:停车场位置、形式、停车容量等。

2.2　城市公共交通需求预测

交通需求预测是交通规划的关键环节之一,预测结果的准确与否,对规划的科学性和合理性产生很大影响。

2.2.1　公共交通需求预测原则及内容

交通需求预测,就是根据交通系统及其外部系统的过去和现状交通信息来预测未来的交通信息,根据历史经验、客观资料和逻辑判断,寻求交通系统的发展规律和未来趋势的过程。由此可见,城市公共交通需求预测既要探索和掌握公共交通需求未来的发展规律,更是基于现状有限的资源条件下正确引导和合理控制未来的公共交通需求,它既是对未来的一种预见,更是一种决策。

1. 交通需求预测的技术发展过程

交通需求预测技术发展的历史已经长达半个多世纪。从 20 世纪五六十年代的集计模型的产生至 70 年代初期非集计模型的崭露头角,70 年代后期非集计模型的发展;从 80 年代初期将人的行为视为连续的活动过程——活动链进行模拟至 80 年代后期各国大量交通规划软件包的推广,交通需求预测的发展成绩卓著,各种方法各有特色。其中,非集计模型是以个人行为为基础描述交通行为,能考虑多种因素并充分利用数据资料,从而具有较好的可操作性,适用于探讨短期或长期的交通政策;此外还有通过观测实际道路上的交通量来预测 O−D 交通量的方法和立足于交通行为的本质开发的模型——活动模型,该模型是着眼于家庭及工作场所等活动据点来分析交通行为;以及分析日常生活中一日的行为链及分析多时点的动态交通行为等方法模型。在实际应用中,上述模型还有待于进一步的研究和发展。

2. 交通需求预测原则

科学的预测原则,在很大程度上保障了预测方法的科学性、实用性和可操作性,以及预测结果的客观和准确。

1）理论与实践相结合

公共交通需求预测是一项实际操作性很强的工作,将预测理论和实践工作进行有机结合,灵活运用预测理论,是得出科学的预测结果的基本保障。

2）内在与外部相结合

作为城市客运交通系统的一个子系统,公共交通系统既有其内在的运行机制,又受外部环境条件的制约。因此,研究时要将其包含在城市客运交通系统的客观环境中,寻求与城市综合交通规划的平衡,以及整个城市交通系统与外部系统的协调。

3）宏观与微观相结合

在社会经济预测和交通方式划分预测中,坚持宏观与微观相结合的预测原则显得尤为重要。

4）定性与定量相结合

定性分析预测着眼于对事物质的判断,其正确与否主要依靠预测者的洞察能力,并借助经验和逻辑推断完成;而定量分析预测是在前者的基础上采用数学方法完成,重在"量"上。二者的有机结合才能对城市公共交通的发展有客观的、科学的预测。

5）发展与控制相结合

近年来,交通研究领域对交通需求管理的日益重视已经充分说明该原则的重要性。一方面,大力发展城市公共交通是解决目前国内外城市交通拥堵问题的有效途径;另一方面,在拟定城市综合交通体系的发展方向,协调发展城市各种交通方式的基础上,针对城市实际情况（如:对城市公共交通内部的各种具体的公共交通工具的发展规模）进行必要的、合理的控制和管理。

在实际规划过程中如果坚持贯彻以上预测原则,将对城市交通需求预测工作大有帮助。

3. 公共交通需求预测思路

传统的交通需求预测方法是以城市土地利用为基础的"四阶段法",该方法经过了多年的改良和发展,是国内外普遍采用的需求预测方法。它是以上述原则为预测前提,从全方式居民出行生成预测着手,进行居民出行分布预测和居民出行方式分担预测,最终得出规划年的公共交通出行分布 O-D 矩阵。这样,既有利于保证城市综合交通系统合理的发展方向,又达到了综合协调城市各交通方式的发展规模和水平的目的,在保障了准确可靠的公共交通需求预测结果的基础上,可对预测模型方法进行简化和改进。

4. 公共交通需求预测内容

公共交通需求预测的内容包括社会经济预测和公共交通需求预测两大部分。公共交通需求预测包括城市居民公共交通出行预测、城市流动人口公共交通出行预测和城市对外公共交通出行预测。其中,城市居民出行规律性较强,流动人口的公交出行机动性较大,规律性较难以掌握。由前述内容可知,按预测中出行生成、出行分布、出行方式划分的顺序对城市居民和流动人口的公共交通需求进行预测,然后进行对外公共交通需求预测,最后,将各部分结果汇总后进行交通分配预测。由于交通分配的过程依赖于道路网络及公交网络方案,因此,通常把交通分配并入网络方案论证过程中。此处,公共交通预测只涉及前三个步骤,且城市居民公共交通出行是指城市常住人口起、终点均在城市内部的公交出行,城市流动人口公交出行是指城市暂住人口起、终点均在城市内部的公交出行。城市对外公共交通是指城市到外地及外地到城市的公共交通。

1) 居民公交出行预测

居民公交出行预测包括以下几个步骤:

(1) 居民全方式生成预测即对城市居民在各交通小区的发生、吸引的全方式出行总量分别进行预测。

(2) 居民全方式出行分布预测对城市居民在各交通小区之间及小区内部的出行量进行预测,即要得到城市交通小区的 O-D 矩阵。

(3) 居民全方式出行方式划分预测将步骤(2)得到的结果划分为各种交通方式的出行量,其中采用公交方式的出行 O-D 矩阵即为所求。

2) 流动人口公交出行预测

流动人口公交出行的预测步骤同城市居民公交出行预测相似,一般是将流动人口进行分类后,按一定的原则加入到居民的出行预测中去。

3) 对外公共交通需求预测

(1) 对外交通生成预测。即对城市各交通区到外地、外地到交通区的客运交通量进行预测。

(2) 对外交通分布预测。即对城市各交通区与外地各交通区之间的客运交通量进行分布预测。

(3) 对外交通方式预测。即对城市各交通区与外地各交通区之间的各种交通方式主要是公交方式所分担的客运交通量进行预测。

将以上预测结果汇总后,即可进行交通分配——对城市各条道路及公交线路所分担的交通量进行预测。

2.2.2 社会经济发展预测

社会经济预测的内容包括:对现状土地利用状况的分析和研究,以及在此基础上与城市交通需求预测密切相关的土地利用的未来情况的预测。

交通与土地利用之间相互影响、相互作用的关系是交通需求预测的基础。一方面,土地利用的不同性质、强度、模式决定了交通的发生量、吸引量、分布情况和交通方式的结构等;另一方面,交通的开发、发展、改善又对城市土地利用的各方面产生影响,从而改变和引导了城市的发展。譬如:城市土地利用形式的不合理抑或开发强度过高或过低,就会产生交通基础设施供应与交通需求的不平衡问题,导致交通系统的不合理,从而造成资源浪费或使社会经济利益蒙受损失。从交通对土地利用的反作用而言,交通的发展必将导致土地利用的活跃和发展,一个好的城市交通规划在引导城市布局、调整合理的土地利用方面功不可没。

因此,将土地利用作为交通需求预测的起点是一种较好的选择,但考虑城市交通对土地利用的反馈作用是一件极不容易的事情,存在工作量大、不确定因素太多等问题。

1. 社会经济发展总指标预测

社会经济的发展指标多种多样,与交通需求量有关的包括居住区的人口、住家户数、住宅形式等,工作区的就业岗位、办公楼的建筑面积等,商业区的商业建筑面积、商业创收额等以及工业区的工业产值、产量等。从公共交通需求预测分析的角度出发,在考虑数据收集的可行性的基础上,应重点考虑以下几个重要指标。

1) 城市人口数

在社会经济预测中,城市人口数是最基础且最重要的指标。因为在一块土地上(城市或城市分区)居住的人口数,一般最能反映人们在这块土地上从事社会经济活动的强度。对城市人口的预测,也为深入分析其他社会经济发展指标提供了基本条件。

2) 劳动力资源及就业岗位数

劳动力是城市生产、服务等重要经济活动的直接参与者,劳动力产生的上班、公务等出行是城市居民出行的主体。因此,劳动力资源及就业岗位数是交通需求预测中的重要指标。

3) 在校学生数与就学岗位总数

对城市学生而言,其上学、回家出行也是城市居民出行的重要组成部分,因此,在校学生数和就学岗位总数需重点考虑。

4) 车辆拥有量

不同种类车辆拥有量水平是一定社会经济水平和交通政策综合作用所决定的,它反映了同一时期内城市交通发展的控制性战略政策,是交通结构预测的控制性指标。

5) 城市规模和布局指标

反映城市的规模和布局的指标,主要有城市各类用地大小、分布及使用情况等。它对整个城市客运交通乃至城市公共交通的发生、吸引、分布有着重大的影响。

6) 其他

如国民经济的发展速度、城市居民的收入及消费水平等,都是在进行社会经济发展预测时需了解分析的因素。

2. 社会经济发展预测思路

上述指标的规模及分布是城市公共交通需求预测最基本的输入数据。城市社会经济预测一般按如下步骤进行:首先,在对城市特点、城市性质、自然资源、经济发展水平、国家地区方针政策等诸多因素深入全面分析的基础上,从总体上预测城市人口、劳动力资源、在校学生数和就业、就学岗位的总规模;然后,在此基础上,分析研究城市人口、劳动力资源、在校学生数和就业、就学岗位分布的历史和现状特点,根据未来城市规划制定的用地布局来进行人口、劳动力资源、在校学生数和就业、就学岗位的分布预测(即将各总量分解到各交通小区)。

3. 总量预测方法

根据国内众多城市交通规划的经验(不论是综合交通规划还是专项交通规划如公共交通规划等),对重要的社会经济指标的预测多以该城市的总体规划预测结果为准,原则上在交通规划中不再做具体预测。因为城市交通规划是城市总体规划的一部分,城市总体规划中的各项社会经济发展总指标均由政府的政策研究及经济发展等专门研究机构确定,指标的确定将通过详实的数据调查分析及理论方法预测得到,这些指标将作为城市发展的宏观控制指标。在实际工作中或在某些特殊情况下,由于各部门从各自不同的角度出发,采用不同的预测方法得出了不同的预测结果,对此,应对其进行客观比较,并采用较为合理的预测结果。

4. 人口、劳动力总资源及学生居住分布预测

人口、劳动力总资源及学生居住分布预测以在进行交通规划时人为划定的城市分区(交通分区、交通小区)为基本单位。由于交通小区是规划时划分的,因此,交通小区的现状年的各种统计指标要根据对应的街道人口数、居住用地及人口密度等数据计算得出。

$$P_i = A_i \cdot P_{总}$$
$$L_i = P_i \cdot r \qquad\qquad (2-1)$$

式中　P_i——规划年交通小区 i 的居住人口数;

　　　$P_{总}$——规划年城市总人口数;

　　　L_i——规划年交通小区 i 的劳动力资源数;

　　　A_i——规划年交通小区 i 居住人口的分布吸引权;

　　　r——规划年劳动力比例系数。

其中,规划年交通小区 i 居住人口的分布吸引权为

$$A_i = f(S_i, D_i, P_i^0, S_i^0) \qquad\qquad (2-2)$$

式中　S_i——规划年交通小区 i 的居住面积;

　　　S_i^0——现状年交通小区 i 的居住面积;

　　　P_i^0——现状年交通小区 i 的居住人口数;

　　　D_i——规划年交通小区 i 的人口密度。

以下模型在无锡公共交通规划的实际应用中得到了较好的预测效果:

$$\sum_{k'=k}^{\infty} P(k') \qquad\qquad (2-3)$$

在实际规划过程中,应深入了解规划年居住用地的变化、开发及建设情况,灵活运用数学模型,避免生搬硬套。

劳动力数、学生数居住分布按居住人口数分布确定:

$$\begin{cases} P_i^1 = P_{总}^1 \cdot P_i / P_{总} \\ P_i^2 = P_{总}^2 \cdot P_i / P_{总} \end{cases} \qquad\qquad (2-4)$$

式中　P_i^1——规划年交通小区 i 的居住的劳动力数;

　　　$P_{总}^1$——规划年城市总劳动力数;

　　　P_i^2——规划年交通小区 i 的居住的学生数;

　　　$P_{总}^2$——规划年城市总学生数。

不同性质的流动人口的分布是不同的,有其各自的居住地和活动场所,应区别对待。譬如:

流动人口中的保姆、投亲靠友这类人群,其分布可按规划年各小区人口的分布比例相应地得到;而建筑工人一般居住在工地,因此,这一类流动人口的居住分布就可以按照工地的分布来确定,即考虑各交通小区规划年新开发的用地面积和强度等因素来进行预测。

2.2.3 居民出行生成预测

居民出行生成预测分居民出行发生预测和居民出行吸引预测两部分。所谓出行生成,就是城市土地利用对城市居民出行意愿的作用结果。譬如城市某块用地建造了一个大型商场,该区域就会生成对商场职工的上班出行吸引、下班出行发生、城市居民的购物出行吸引等不同类别的出行。出行生成有两种单位:一种是以车为单位,另一种是以人次为单位。在大城市中,交通工具复杂,一般都用人的出行次数为单位。车辆出行与人的出行之间可以相互换算。

1. 居民出行发生预测

城市居民出行发生预测按出行目的分类进行。通常,居民出行目的分为上班、上学、公务、购物、文体、访友、看病、回程及其他九类。图2-1、图2-2分别为鞍山市、无锡市的居民出行目的结构图。

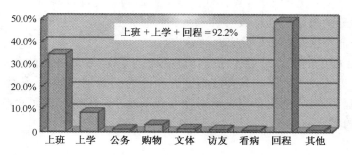

图2-1　鞍山市居民出行目的结构图(1994年)

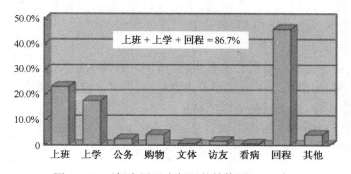

图2-2　无锡市居民出行目的结构图(1996年)

比较图2-1、图2-2可以看出:各城市的出行目的结构中,上班、上学、回程出行均占了绝大部分,称这些出行为"生存出行"——是居民为生存必须进行的出行;称其他目的的出行为"弹性出行"或者"生活出行"——是居民为满足生存以外的需求而产生的出行。一般来说,生活出行占的比例越高,而生存出行占的比例越低,则这个城市的生活水平就越高。如1994年,鞍山市的生活出行仅为7.8%,生存出行高达92.2%;1996年无锡市的生活出行为13.3%,生存出行为86.7%,显然,无锡市1996年的生活水平要远远高于1994年的鞍山市。

由于生存出行在出行结构中占主体,只要抓住了这个主要矛盾,做细致、深入的分析、预测工作,则居民出行生成的预测精度能够大大提高。因此,一般将居民出行生成按照出行目的分为上班出行、上学出行、弹性(生活)出行和回程出行四类分别进行预测。

居民出行发生预测的方法较多,常用的有:家庭类别生成模型法、回归模型法、增长率法、发生率法和时间序列法等。

1) 家庭类别生成模型法

家庭类别生成模型法是根据交通调查数据或参考相关城市资料,按土地利用性质、社会经济特征等,将出行主体分类,确定各类出行率。一般来说,国外在该方法中采用的出行主体的基本单位是家庭。该模型方法的基本描述为:把家庭按家庭结构、家庭收入或者汽车拥有量的不同加以分类,再依据居民出行O-D调查统计的各种类型的家庭平均的出行率和家庭的总户数来计算出行量。

$$G_i = \sum_{k=1}^{n} \overline{R}_k \cdot F_{ik} \tag{2-5}$$

式中　G_i——交通小区 i 的出行发生量;

　　　$\overline{R}_k$——第 k 类家庭的平均出行率(依据O-D调查统计资料);

　　　n——划分的家庭类别总数;

　　　F_{ik}——交通小区 i 中第 k 类家庭的总户数。

家庭类别生成模型的优点是可比性强,直观反映了用地与交通生成的关系。其缺点是计算分类比较繁琐,分类的代表性影响其预测精度。在国内的规划实践中,认为该方法的基本单元应是个人而非家庭,并且依据汽车拥有量划分类型不适合国内情况。因此,在借鉴国外经验时,应紧密结合国内的实际情况。

2) 回归模型法

回归模型法主要是建立出行量和相关因素的函数关系,以此类推预测。在居民出行发生预测中一般以土地利用强度指标为自变量,如小区人口数、劳动力资源数、就业岗位数、各类土地利用面积等,然后依据居民出行O-D调查数据建立模型。

(1) 线性回归模型。

线性回归模型的主要优点是函数关系明确,可用统计检验模型精度,其缺点表现在常用的 $Y = a + bX$ 方程具体应用时,有时出现相关系数较高,但其 a 值较大的情况,这样就使出行率出现虚假的上升、下降现象,造成预测失准的结果。

线性回归预测模型的基本形式为

$$Y = a + \sum_i b_i X_i \tag{2-6}$$

式中　Y——交通小区的出行生成量;

　　　X_i——第 i 种土地利用强度指标;

　　　a、b_i——回归系数。

例如通过分析建立的合肥市的城市居民上班出行的回归方程为

$$Y_{上班} = 550.26X_1 + 84.44X_2 + 97.39X_3 + 3.57X_4 \tag{2-7}$$

式中　$Y_{上班}$——上班目的地单位用地面积基本吸引权;

　　　X_1——交通小区公共建筑用地面积;

　　　X_2——交通小区工业用地面积;

X_3 ——交通小区对外交通用地面积；

X_4 ——交通小区居住、科研办公、仓储及特殊用地面积。

无锡市公共交通规划中，对居民出行调查中获得的各交通区各出行目的的出行量、居住人口数、学生数、劳动力资源数进行统计分析，建立的市区居民出行发生量预测的回归模型见表2-3。

表 2-3　无锡市区居民出行发生量预测回归模型

出行目的	发生量预测模型	相关系数
上班	$Y = 1.104X - 55.36$ X 为交通小区 i 的劳动力资源数	0.9835
上学	$Y = 1.396X - 4.830$ X 为交通小区 i 居住学生数	0.9968
弹性	$Y = 0.6461X - 17.07$ X 为交通小区 i 居住人口数	0.8395
回程	$Y = 0.8990X$ X 为交通小区 i 的非回程出行吸引量	0.9998

（2）非线性回归模型。

非线性回归模型有多种形式，常见的有对数函数、指数函数和幂指数等，视具体情况的不同而采用不同形式的函数。

$$Y = a + b \cdot Ln(X) \tag{2-8}$$

$$Y = aX^b \tag{2-9}$$

$$Y = a \cdot e^{bX} \tag{2-10}$$

3）增长率法

增长率法是将现状年的各交通小区居民出行发生量 G_i^0 和出行吸引量 A_j^0 乘以从现状年到规划年的出行的增长率，从而得到规划年的各交通小区的居民出行发生量。

$$G_i = F_i \cdot G_i^0 \tag{2-11}$$

$$A_j = F_j \cdot A_j^0 \tag{2-12}$$

该方法中增长率 F 的确定，通常可以用各交通小区的一些特征指标的增长率来反映，譬如交通小区的人口的增长率、劳动力的增长率、自行车拥有量的增长率等。

$$F_i = \prod_{k=1}^{n} P_{ik} \tag{2-13}$$

式中　F_i ——交通小区 i 的发生量或吸引量的增长率；

　　　P_{ik} ——交通小区 i 的各特征指标的增长率；

　　　n ——特征指标的总个数。

其中，假设 P_{i1}、P_{i2} 分别为交通小区 i 的人口增长率和人平均自行车拥有量的增长率，则有

$$P_{i1} = \frac{交通小区\ i\ 规划年的人口数}{交通小区\ i\ 现状年的人口数} \tag{2-14}$$

该方法有利于确定规划区以外的区域的出行发生、吸引量，因为，在对规划区域进行预测

时,对规划区以外的区域的发生、吸引量也要进行预测。利用该增长率法,可以将发生、吸引量的增长率按照某些特征指标的增长率来加以计算。

4) 其他方法

交通小区的居民出行发生量的预测方法还有时间序列法、发生率法等。

时间序列法是按时间序列预测交通增长,即用现在和过去的交通生成资料,对交通生成与时间的关系进行回归,并用此回归方程预测未来交通生成。该法缺点在于需要多年的交通发生或吸引量的资料,而且对于远景预测其精度一般较差。

发生率法应用时只能用于较为粗略的估计。

根据各种方法的难易程度,所需样本量的大小,预测精度和可靠性等综合比较,一般在进行城市居民出行生成预测的实际过程中,通常要采用多种不同的方法进行预测,然后,在综合考虑各预测方法特点的基础上,对各预测结果进行综合比较,得到一个最终结果。

2. 居民出行吸引预测

与居民出行发生预测类似,城市居民出行吸引量预测也是按照上班、上学、弹性、回程四类出行目的分别建模,并采用基本类似的模型与方法,包括:回归法、吸引率法、时间序列法等方法。

上班、上学和回程出行吸引的回归分析模型一般选取交通小区的人口数、各类就业岗位数、各类用地面积、就学岗位数等作为其因变量。

一般来说,由于各交通区的弹性出行吸引量影响因素非常复杂,很难用模型表示,因此通常根据交通区的商业、文体、医疗、旅游等用地面积,采用土地利用类别吸引率法确定。

2.2.4 居民出行分布预测

居民出行分布预测是将 2.2.3 节求得的各交通小区居民规划年的出行发生量和吸引量转化成为各小区之间的出行交换量的过程,即要得出由出行生成模型所预测的各出行端交通量与区间出行交换量的关系。预测方法大体上分为三类:增长率法、重力模型法和概率模型法。

出行分布预测是"四阶段法"的一个重要组成部分,居民出行分布预测是将预测的各小区(共 n 个,见表 2-4)出行发生量(G_1, G_2, G_3, …, G_n)、吸引量(A_1, A_2, A_3, …, A_n)转化为未来各交通小区之间的出行交换量(表 2-4 中的 t_{ij} 的值)的过程,如果用数学方程式表达它们之间的关系,即所谓的"出行分布模型"。

表 2-4 O-D 矩阵及发生量、吸引量

起点 / 终点	1	2	…	j	…	n	发生量($\sum_j t_{ij}$)
1	t_{11}	t_{12}	…	t_{1j}	…	t_{1n}	G_1
2	t_{21}	t_{22}	…	t_{2j}	…	t_{2n}	G_2
⋮	⋮	⋮	⋮	⋮	⋮	⋮	⋮
i	t_{31}	t_{32}	…	t_{ij}	…	t_{in}	G_i
⋮	⋮	⋮	⋮	⋮	⋮	⋮	⋮
n	t_{n1}	t_{n2}	…	t_{nj}	…	t_{nn}	G_n
吸引量($\sum_i t_{ij}$)	A_1	A_2	…	A_j	…	A_n	

1. 增长率法

增长率法在考虑各小区发生量、吸引量的增长率的基础上，用现状 O-D 表来直接推算未来的 O-D 表，因此，它需要事先给定现状年的 O-D 矩阵。该 O-D 矩阵的来源可能是历史资料的补充及修正、现状年抽样调查的结果或是按某种数学方法计算得出。此法易于理解，运算简便，但由于该法是基于两点基本假设：在预测年以内城市交通运输系统没有明显的变化和区间的出行与路网的改变相对独立。因此，该方法无法考虑可能影响未来交通的其他影响因素，应用范围一般在交通源布局或交通设施布局等变化不大的情况，或作短期规划，适用于简略的交通分布预测。

增长率模型是早期开发的交通分布预测模型，它在发展和演变的过程中产生了几种不同类型的模型：均匀增长率模型、平均增长率模型、Detroit 模型、Fratar 模型、Furness 模型。

1）均匀增长率模型

均匀增长率模型是最早的增长率模型，该模型的假定基础是：城市规划区域各交通小区的出行量是均匀增长的，数学模型为

$$t_{ij}^m = t_{ij}^0 \cdot C \qquad (2-15)$$

式中　t_{ij}^m——规划年小区 i 到 j 的出行量；

　　　t_{ij}^0——现状年小区 i 到 j 的出行量；

　　　C——出行量的增长系数。

譬如：某规划区域在五年后城市居民出行增长了 10%，采用均匀增长率模型，即将该规划区域的现状 O-D 矩阵中的每一个 t_{ij}^0 都乘以 1.1 即得到规划年的 O-D 矩阵。事实上，该模型的假设条件极少能符合实际，因此，均匀增长率模型并不实用，但它是其他增长率模型开发的基础。

2）平均增长率模型

平均增长率模型假定：在城市规划区域内，从交通小区 i 到交通小区 j 的出行量仅与这两个交通小区的增长率 C_{gi}、C_{aj} 相关：

$$t_{ij}^m = t_{ij}^0 \cdot (C_{gi} + C_{aj})/2 \qquad (2-16)$$

其中

$$C_{gi} = G_i^m / G_i^o \qquad (2-17)$$

$$C_{aj} = A_j^m / A_j^0 \qquad (2-18)$$

在实际运算中，按照式（2-20）计算一次后得到的出行分布量 t_{ij}^1 求和后所对应的 G_i^1、A_j^1 通常都不会恰好等于规划年各交通小区的发生量、吸引量 G_i^m、A_j^m 的值，因此，一般要经过数次迭代（假设迭代次数为 n），才能得到规划年的 O-D 矩阵，并满足以下约束条件：

$$\sum_j t_{ij}^n = G_i^n = G_i^m \qquad (2-19)$$

$$\sum_i t_{ij}^n = A_j^n = A_j^m \qquad (2-20)$$

3）Detroit 模型

Detroit 模型进一步考虑了相关影响因素：该模型认为从交通小区 i 到交通小区 j 的出行量不仅与这两个交通小区的增长率 C_{gi}、C_{aj} 相关，还与所有小区的出行量的平均增长率 $\overline{C}$ 有关：

$$\overline{C} = \sum_i G_i^m / \sum_i G_i^0 \qquad (2-21)$$

或者

$$\bar{C} = \sum_j A_j^m / \sum_j A_i^0 \qquad (2-22)$$

Detroit 模型的计算公式为

$$t_{ij} = t_{ij}^0 \cdot \frac{C_{gi} \cdot C_{aj}}{\bar{C}} \qquad (2-23)$$

不难看出,Detroit 模型也需要用同平均增长率模型相似的方法进行收敛计算。

4) Furness 模型

Furness 模型是增长率模型法的代表方法之一。Furness 模型的迭代计算公式可描述为(n 从 0 开始)

$$t_{ij}^{n+1} = t_{ij}^n \cdot f(C_{gi}^n, C_{aj}^n) \qquad (2-24)$$

其中:当 n 为偶数($n=0,2,4,\cdots$)时,

$$f(C_{gi}^n, C_{aj}^n) = C_{gi}^n \qquad (2-25)$$

当 n 为奇数($n=1,3,5,\cdots$)时,

$$f(C_{gi}^n, C_{aj}^n) = C_{aj}^n \qquad (2-26)$$

5) Fratar 模型

Fratar 模型是一种较好的增长率模型,由于它收敛速度快,迭代次数较少,是国内外城市居民出行分布中应用最广泛的方法之一。具体计算公式为

$$t_{ij} = t_{ij}^0 \cdot C_{gi}^0 \cdot C_{aj}^0 \cdot \frac{L_i + L_j}{2} \qquad (2-27)$$

式中:L_i、L_j 分别表示为交通小区 i、j 的位置特征系数,它反映了与交通小区 i、j 有关的其他交通小区的出行增长对 i、j 小区规划年出行分布的影响,L_i 和 L_j 的计算公式为

$$L_i = G_i^0 / \sum_j (t_{ij}^0 \cdot C_{aj}^0) \qquad (2-28)$$

$$L_j = A_j^0 / \sum_j (t_{ij}^0 \cdot C_{gi}^0) \qquad (2-29)$$

2. 重力模型法

顾名思义,重力模型法借鉴了牛顿万有引力定律来描述城市居民的出行行为,是国内交通规划中使用最广泛的模型。此法综合考虑了影响出行分布的区域社会经济增长因素和出行空间、时间阻碍因素,它的基本假设为:交通小区 i 到交通小区 j 的出行分布量与小区 i 的出行发生量、小区 j 的出行吸引量成正比,与小区 i 和小区 j 之间的交通阻抗成反比。该模型结构简单,适用范围较广,即使没有完整的现状 O−D 表也能进行推算预测,较大的缺点是对短距离出行的分布预测会偏大,尤其是区内出行。因此,宜以交通小区为单位的集合水平上进行标定预测,并且交通小区的面积不宜划得过小。

根据对约束情况的不同分类,重力模型有三种形式:无约束、单约束和双约束重力模型。无约束重力模型的基本形式为

$$T_{ij} = K \cdot \frac{G_i \cdot A_j}{f(t_{ij})} \qquad (2-30)$$

式中　　T_{ij} ——交通小区 i 到 j 的出行量;

　　　　G_i ——交通小区 i 的总的出行发生量;

　　　　A_j ——交通小区 j 的总的出行吸引量;

t_{ij} ——交通小区 i、j 之间的出行阻抗；

$f(t_{ij})$ ——交通小区 i、j 之间的出行阻抗函数；

K ——模型参数。

目前,在规划中应用最广泛、精度最好的是双约束重力模型。所谓双约束,即对单约束的重力加上约束条件,保证出行分布后的 O-D 矩阵中,满足以下条件:

$$\sum_{j=1}^{n} T_{ij} = G_i \qquad (2-31)$$

$$\sum_{i=1}^{n} T_{ij} = A_j \qquad (2-32)$$

双约束重力模型的具体形式为

$$T_{ij} = K_i \cdot K_j \cdot G_i \cdot A_j / f(t_{ij}) \qquad (2-33)$$

式中　G_i、A_j、t_{ij}、$f(t_{ij})$ ——含义同式;

K_i、K_j ——平衡系数。

平衡系数 K_i、K_j 的求解公式为

$$K_i = \frac{1}{\sum_j K_j \cdot A_j / f(t_{ij})} \qquad (2-34)$$

$$K_j = \frac{1}{\sum_i K_i \cdot G_i / f(t_{ij})} \qquad (2-35)$$

目前,以行程时间函数为交通阻抗最为常见。以行程时间函数为交通阻抗的形式有多种,如幂函数、指数函数、Gamma 函数、多项式函数等,常用的有以下三种:

（1）幂指数:　　　　　　　　　　$f(t_{ij}) = t_{ij}^{\alpha}$ 　　　　　　　　　　(2-36)

（2）指数函数:　　　　　　　　　$f(t_{ij}) = \exp(\beta t_{ij})$ 　　　　　　　　(2-37)

（3）Gamma 函数:　　　　　　　 $f(t_{ij}) = t_{ij}^{\alpha} \cdot \exp(\beta t_{ij})$ 　　　　　　(2-38)

对重力模型进行标定是重力模型中最重要的一个环节,其目的是要求出在现状年的交通状态下空间距离的阻抗函数 $f(t_{ij})$ 与出行距离(或时间、费用)之间的函数关系式的各项参数。通常情况下,重力模型的标定均需采用计算机编程完成。

3. 概率分布模型法

概率分布模型法是将小区的发生量以一定的概率分布到吸引小区的方法。这是一种以出行个体效用最大为目标的非集合优化模型,从理论上讲是一种更为精确合理的方法,但事实上,这种模型结构复杂,需要的样本量较大,难于求解和标定,因此,实际规划预测中很少得到应用。

2.2.5　居民出行方式分担预测

城市交通系统中,居民在交通小区之间的出行通常采用不同的交通方式。目前,城市居民采用的交通方式包括步行、自行车、公交系统、出租车、单位车、摩托车、私家车等交通方式。交通方式分担预测是指在进行了出行分布预测得到全方式 O-D 矩阵之后,确定不同交通方式在小区间 O-D 量中所承担的比例的预测方法。

交通方式划分预测的常用方法包括:转移曲线法、回归模型法和概率模型法等。

1. 转移曲线法

通过对居民出行调查资料的统计分析,可建立城市内各种交通方式的分担比例与其影

27

响因素之间的关系曲线,称为转移曲线。影响因素包括交通小区之间的距离、行程时间或各交通方式所需的时间差等。利用转移曲线法可以直接查得各种交通方式在城市交通小区之间出行量中所占的比例。缺点主要表现为:无法反映出在未来情况下,由于影响因素发生改变所引起的各交通方式分担率的变化情况,这主要是因为该转移曲线是根据现状调查资料绘出的。

在国外交通方式较为单一、影响因素相对较少的情况下,该方法应用效果较好。

2. 回归模型法

通过建立交通方式分担率与其相关因素之间的函数关系,得出回归方程的方法即回归模型法。一般采用的是线性回归模型。该方法简单易行但较为粗略,且由于由该方法得出的分担率不能保证在0~1之间,因此该方法使用范围有限。

3. Logit 模型法

概率模型中最常用的是 Logit 模型,其函数形式为

$$P_{ijk} = e^{U_{ijk}} / \sum_{k=1}^{n} e^{U_{ijk}} \qquad (2-39)$$

式中　　P_{ijk} ——交通小区 i 到交通小区 j 的出行量中,交通方式 k 的分担率;

　　　　U_{ijk} ——交通小区 i 到交通小区 j 的交通方式 k 的效用函数;

　　　　n ——交通方式的个数。

其中,U_{ijk} 的计算公式为

$$U_{ijk} = \sum_{m=1}^{c} a_m x_{ijkm} \qquad (2-40)$$

式中　　a_m ——待定系数;

　　　　x_{ijkm} ——出行者在从交通小区 i 到交通小区 j 采用交通方式 k 时的影响因素 m ;

　　　　c ——影响因素的个数。

除了上述模型以外,居民出行方式分担预测概率模型还有 Probit 模型、牺牲量模型等其他模型,由于这些模型各有缺陷,故其应用比较有限。

4. 居民出行方式分担预测实用方法

从目前国内城市交通预测的实践看,在进行居民出行方式划分预测时,一个普遍的趋势是定性和定量分析相结合,在宏观上依据未来国家经济政策、交通政策及相关城市的比较来对未来城市交通结构做出估计,然后在此基础上进行微观预测。因为影响居民出行方式结构的因素很多,社会、经济、政策(尤其是城市交通发展政策)、城市布局、交通基础设施水平、地理环境及居民出行行为心理、生活水平等均从不同侧面影响居民出行方式结构,其演变规律很难用单一的数学模型或表达式来描述。尤其是在我国经济水平,居民的物质生活水平还相对落后,居民出行以非弹性出行占绝大部分,居民出行方式可选择余地不大的情况下,传统的转移曲线法或概率选择法等难于适用。所以在居民出行方式划分的预测中,一般采用这样的思路:宏观与微观相结合,宏观指导微观预测。

首先,在宏观上考虑该城市现状居民出行方式结构及其内在原因,定性分析城市未来布局、规模变化趋势,交通系统建设发展趋势,居民出行方式选择决策趋势,并与可比的有关城市进行比较,结合城市交通发展政策的制定,初步估计规划年城市交通结构可能的取值。

2.3　嘉兴市公共客运交通需求预测实例分析

随着社会经济高速发展,机动化水平快速提高,嘉兴市城市交通正面临着交通方式结构转变的挑战,公交发展进入了关键时期。如果在这段时期形成以私人机动交通为主体的交通模式,极有可能导致城市交通进入"黑色交通时代",到时候再进行调整将要付出巨大的代价。

因此,嘉兴市应积极确立公交的"优先、主导"地位。优先发展公共交通,使公共交通处于客运交通体系的主导地位。逐步建立以快速轨道和快速公交为骨干,以常规公交为主体,以小公共汽车、旅游公交、水上巴士和出租车为辅助的公共客运交通体系。

在轨道交通尚未建成前,地面公交要向着服务功能全面,线网层次多样的方向发展。通过建设公交专用道和发展快速公交系统,建立快速化的公交网络,满足城市扩张和促进中心区繁荣的需要,引导城市交通结构合理化发展。

积极推进城乡公交一体化进程,实现大公交的发展格局,形成由城市公交、城乡公交共同构成的"大公交"发展格局。同时要根据不同旅客的要求和不同公交形式的适宜运送距离,形成快速公交、普通公交、小公交、旅游公交、城乡公交、乡村公交、出租以及水上巴士等组成的、满足多种出行需求的公共客运交通体系。

2.3.1　规划人口

根据相关统计,2005 年嘉兴市中心城区非农业人口 28.6 万,暂住人口约 10 万(市区暂住人口 17 万,按非农业人口的比例估算中心城区的暂住人口)。

考虑到暂住 3 个月或 3 个月以上的人口其出行规律与居民类似,为以下预测说明清晰,把流动人口分为暂住型流动人口(暂住 3 个月或 3 个月以上)和活动型流动人口。以下活动型流动人口简称流动人口,规划年人口就业预测结果见表 2-5。

表 2-5　规划年人口、就业岗位规模预测结果

	区域	居民＋暂住 /万人	流动人口 /万人	就业岗位 /万个
2007	中心城区	46	4.5	29
	外围片区城镇	15	1.5	19
	合计	61	6	48
2010	中心城区	58	6	33
	外围片区城镇	20	2	24
	合计	78	8	57

2.3.2　公交客流量预测

一个城市的交通方式总是受历史继承性和发展变革性两种力量的影响,并最终在两者之间寻求平衡。可以预见,随着嘉兴市城市经济高度发达,居民生活富裕,城市文明程度的不断提高,居民对出行质量要求明显提高(如出行的自由性、舒适性、准点与安全的可靠性等),期望更

多可能的方式选择(如私人交通工具和轨道、公交等大众交通工具等);同时随着嘉兴市政府对公共交通的重视,通过政策制定与实施进行合理引导,相信公交的出行比重也会有较大提高。

1. 公交方式比例及出行量预测

参考《嘉兴市综合交通发展规划研究》和嘉政发[2005]88号文件《嘉兴市人民政府关于加快嘉兴市区公共交通发展年的指导意见》,确定规划年公交出行比例并计算公交出行量(表2-6)。

表2-6 规划年公交出行量预测结果

	2007 年		2010 年	
	比例	出行量/亿人	比例	出行量/亿人
居民+暂住	12%~14%	13.91~16.22	16%~18%	23.48~26.41
外围城镇	50%~55%	2.25~2.48	55%~60%	3.74~4.08
活动型流动人口	13%	1.76	16%	2.88
合计		17.92~20.46		30.1~33.37

2. 公交客流量预测

嘉兴市根据城市规模的急速扩张、城乡一体化的发展趋势,满足不同出行目的、不同出行距离的公交需求,遵循与城市用地布局相协调、与城市道路建设相适应、线路走向与客流主流向一致、常规公交线网与轨道交通线网相衔接、新线路与老线路相协调、合理性和可操作性相结合等原则,贯彻以人为本、务为本的思想,开展功能明确、层次清晰的城市公共交通网络规划,形成不同等级层次的公交线网,如图2-3所示。

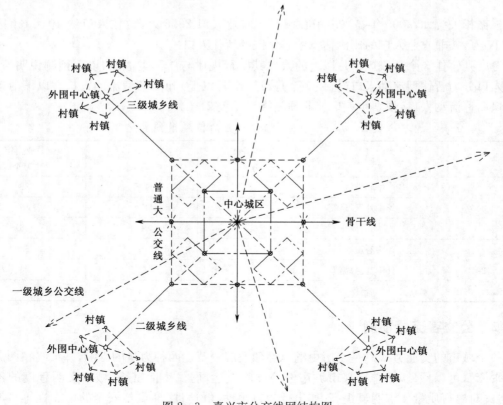

图2-3 嘉兴市公交线网结构图

公交骨架线——在整体线网布局中起骨架作用,由布设于城区各组团间及组团内部主要客流走廊,连接主要客流集散点,满足中远距离出行需求。可考虑开设公交专用道或快速公交线。

普通大公交线——是骨架线的补充和完善,布设应遍及中心城区主次干道路网,满足中心城区内部乘客中短距离出行的交通需求,并承担与骨架线、轻轨、公路及铁路等枢纽点的衔接换乘。

城区公交支线——利用支路网,深入居民区内部,填补大公交的“空白”,方便居民的公交出行。

城乡公交线——沟通中心城区与外围城镇的公交线路,是中心城区线路向外围片区城镇的扩展。

2.3.3　近期公交线网优化调整的基本思路

(1) 保留大运量主要公交干线。

保留公交日客运量大于 5500 人次的 8 条主要公交干线,并以此作为嘉兴市公交骨干线路,保证主要客流走廊的公交服务。

(2) 降低核心区内过高的公交重复系数。

通过线路调整,降低部分路段过高的线路重复系数,尤其是核心区内的部分路段。

(3) 规划换乘枢纽,调整过长线路。

针对缺乏必要的公交换乘枢纽而导致的公交线路过长问题,在核心区内规划一个公交枢纽,利用公交枢纽调整部分过长线路。

(4) 结合近期建设计划,加密公交线路,扩大公交服务范围。

根据近期道路建设计划,尤其是部分支路的改造,充分利用道路资源,加密公交线路,减少公交盲区;同时依据近期城市建设计划,对即将开发的城市新区,及时增加公交线路,扩大公交服务范围。

(5) 加大公交发车频率,提高公交运力水平。

依据现状公交客流情况,结合城市建设与发展的需求,加大公交发车频率,改善目前公交等候时间过长的情况,从而提高公交服务水平,增强公交对市民吸引力。

(6) 保障中心城区公交服务,加强城乡公交的换乘衔接。

在保障中心城区公交服务的基础上,加强城乡公交的换乘衔接。公交系统需加强城市公交与城乡公交主要节点的衔接,从而方便城乡居民出行。

2.3.4　近期城市建设与道路建设计划

嘉兴市主要客流集散点如图 2-4 所示。

居民和暂住人口公交换乘系数取 1.4,活动型流动人口以及外围城镇的居民乘坐公交换乘比例较小,主要为直达出行,因此,公交换乘系数取 1.1,由此估计规划年公交客流量(表 2-7)。

2.3.5　公交出行分布 O - D

1. 公交首末站规划原则

(1) 结合城市规划和用地情况进行合理布设,以保障公交出行的畅通安全、使用方便、经济合理。

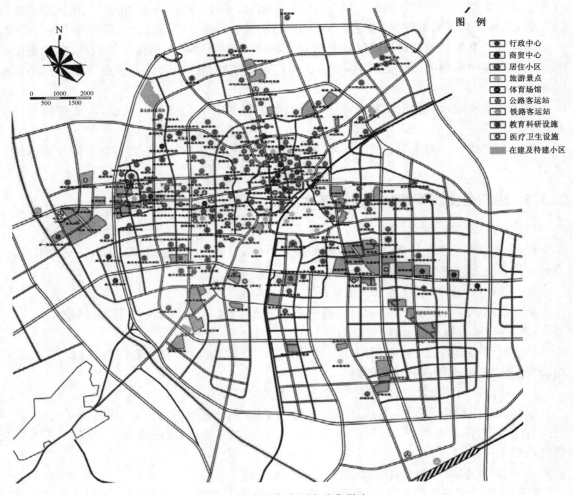

图 2-4　嘉兴市主要客流集散点

表 2-7　规划年公交客流量预测结果

年　份	公交日客运量/万人	年客运量/亿人
2007 年	23.9～27.4	0.87～1.0
2010 年	40.2～44.6	1.47～1.63

（2）公交首末站应设置在主要客流集散点附近较开阔的地方,如火车站、码头、汽车站、分区中心、大型商场、公园、体育馆等。在客流集散量特别大,多条公交线路相交的地方可以考虑设置公共交通枢纽站。

（3）超过万人的新建大型住宅区必须配备公交首末站,并根据小区的区位、用地和人口规模以及交通出行状况来配置。位于城郊区域的居住区,公交首末站的配置条件可以适当放宽。

（4）公交首末站应设置在次干道或小区主要道路旁,方便公交车辆的进出,但不宜设在城市主干道和平面交叉口旁。

（5）规划公交首末站时,现有站点原则上应予以保留,以节省投资。

（6）要做到"新旧兼容、远近结合",体现规划的稳定性和延续性。

2. 规划方案

规划公交首末站点 37 个,其中新增首末站 12 个(包括 3 个公交枢纽站)。具体布局见表2-8。

表 2-8　近期规划的公交首末站

站点编号	站名	规模/m²	类型	备注
1	火车站	详见枢纽方案设计	枢纽	改建
2	建国南路	详见枢纽方案设计	枢纽	新建
3	汽车西站	详见枢纽方案设计	枢纽	改建
4	新汽车西站	详见枢纽方案设计	枢纽	配套
5	汽车北站	详见枢纽方案设计	枢纽	改建
6	三环东路站	结合停车保养场	枢纽	新建
7	火车南站	结合火车南站共同建设	枢纽	配套
8	秀洲区行政中心	4000～5000	枢纽	新建
9	中山西路西	结合停车保养场	枢纽	新建
10	嘉兴学院	1000～1500	首末站	改建
11	云洲苑	1000～1500	首末站	改建
12	万家花园	600～1000	首末站	改建
13	亚厦风和苑	600～1000	首末站	改建
14	东升西路	1000～1500	首末站	新建
15	秀园路	1000～1500	首末站	新建
16	好一家家居购物中心	2000～2500	首末站	改建
17	秀新路	1000～1500	首末站	改建
18	新城大道(高桥花园)	1000～1500	首末站	改建
19	双溪花园	600～1000	首末站	新建
20	五星路站	600～1000	首末站	新建
21	南湖国际试验学校	1000～1500	首末站	新建
22	高中园区	1000～1500	首末站	改建
23	汽车商贸城	1000～1500	首末站	改建
24	嘉余公路(嘉兴一中)	600～1000	首末站	改建
25	石堰小区	600～1000	首末站	新建
26	湿地公园	1500～2000	首末站	改建
27	云海路	1000～1500	首末站	改建
28	禾兴北路	1000～1500	首末站	改建
29	东方路	1000～1500	首末站	改建
30	南洋职业技术学校	600～1000	首末站	改建
31	塘汇	600～1000	首末站	改建
32	建陶市场综合物流园	1000～1500	首末站	改建
33	府南花园	1500～2000	首末站	改建

（续）

站点编号	站名	规模/m²	类型	备注
34	长新村	600～1000	首末站	改建
35	城南小学	1000～1500	首末站	改建
36	秀新路北	1000～1500	首末站	新建
37	嘉湖大道	1000～1500	首末站	新建

　　根据《嘉兴市综合交通发展规划研究》的分析，利用美国 Caliper 公司研制的交通规划软件 Trans CAD，采用双约束重力模型，完成居民出行分布交通预测。再经由方式划分，得到公交出行分布 O-D。根据现状居民公交出行 O-D 及《嘉兴市综合交通发展规划研究》中 2020 年的公交出行 O-D，利用内插法，确定出规划年公交出行分布 O-D。

　　2007 年、2010 年嘉兴市区居民公交出行 O-D 图，如图 2-5 和 2-6 所示。

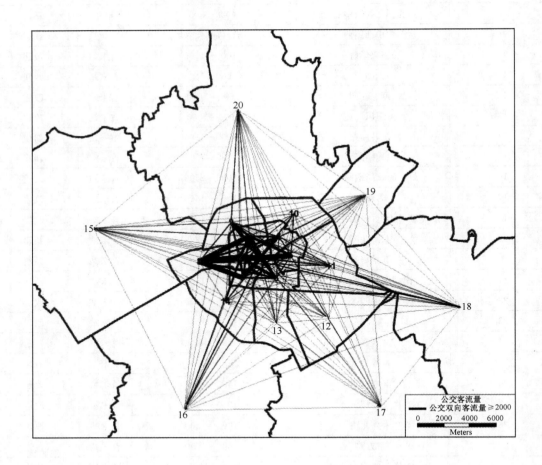

图 2-5　2007 年公交出行 O-D 图

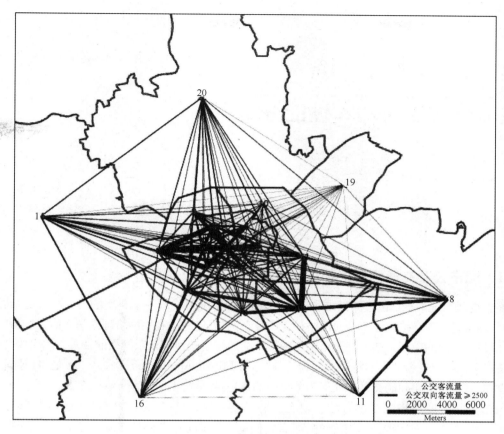

图 2-6　2010 年公交出行 O-D 图

思　考　题

1. 城市公交系统调查中有哪些调查项目？
2. 城市公共交通需求预测的内涵？
3. 居民出行发生预测模型的方法主要有哪些？

第3章
城市公共交通基本性能分析

3.1　城市公共交通的网络性

3.1.1　城市公共交通网络的描述

城市交通系统本身是由道路系统、流量系统和管理系统组成的一个典型的、开放的、复杂的巨型系统。目前,将城市网络或城市交通网络抽象成复杂网络,进一步利用网络理论深入研究城市的各种特性,得到了广泛的应用。如何将城市网络或城市交通网络映射成复杂网络的抽象方法主要有两种:一种是将交叉路口视为节点而将道路视为边,被称为 Primal Approach 方法;另一种是将道路映射为网络中的节点,将道路间的交叉口映射为节点间的连边,被称为 Dual Approach 方法。

城市公共交通网络的描述方法主要有三种:一种是 Space L 方法,即将交通站点视为节点,若两个站点是某一交通线路上相邻的,那么它们就有连边;另一种是 Space P 方法,即将交通网络站点视为节点,若两个站点有直达交通线路,那么它们就有连边;还有一种是 Space K 方法,与城市网络的第一种描述方法类似,即将交通站点视为节点,若两站点间在实际中是相连的,它们就有连边。从定义可知,Space K 方法构造的网络是 Space L 方法构造网络的子网络,而Space L 方法构造的网络又是 Space P 方法构造网络的子网络。图 3-1 是这两种描述方法的示意图。

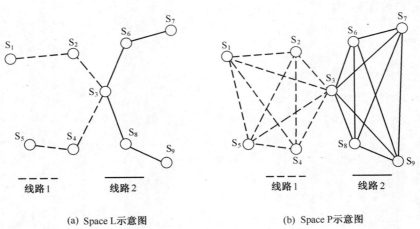

(a) Space L示意图　　　　　　(b) Space P示意图

图 3-1　城市公共交通网络描述方法示意图

3.1.2　公交网络复杂性的研究现状

城市公共交通由于本身的特点,使得研究该类网络可以用复杂网络的有关原理方法进行。所谓复杂网络,是指那些具有复杂动力学行为和复杂拓扑结构的网络模型。复杂网络的研究可以追溯到 18 世纪伟大的数学家欧拉(Eater)对著名的"Konigsberg 七桥问题"的研究,欧拉对七桥问题的抽象和论证思想开创了图论的研究。之后,20 世纪 50 年代,由两位匈牙利数学家 Erdas 和 Renyi 建立的随机图理论(Random Graph Theory),该理论被公认为是在数学上开创了复杂网络的系统性研究。60 年代,Stantey Mitgram 对社会网络进行研究后提出著名的六度分离推断,即小世界现象。在 20 世纪末,复杂网络理论研究掀起了新的高潮。1998 年,Duncan J. Watts 和 Steven H. Strogat 的研究表明许多网络都具有高度的集群性和短的特征路径长度,即具有小世界特性。1999 年,A. theert - Laszh Barabasi 和 Retca Atbet 的研究又表明,很多大型网络都具有无标度幂律分布性质。这两项研究成果可以说是复杂网络研究新纪元开始的标志。此后,国内外许多学者从实证角度和传播学的角度进行了一些研究。Goh、Kahng 和 Kim 研究了数据包在无标度网络中的传输,并且定义每个顶点的负荷量为数据包通过此顶点的累积量(当数据包沿着每一对顶点间最短路发送和接收时)。Konstantin Klemm 和 Victor M. Eguiluz 提出了基于节点具有有限记忆的网络增长模型,此模型体现了真实网络的特性:度分布规律和新连线的线性偏好依附特性。同时研究了无标度网络的高集聚性,表明了节点记忆对于正确描述动态增长网络的影响。May 和 Lloyd、Moore 和 Newman、Pastor - Satorras 和 Vespignani 等学者则分别研究了小世界网络中病毒的传播、Internet 网络的病毒传播及病毒在无标度网络中的动态传播模型等问题。

虽然国外已经有很多学者对网络复杂性做了大量研究,但就交通运输网络或公交网络而言,相关研究成果并不多见,特别是从小世界网络和无标度特性方面分析的研究成果则更少,而国内更是如此。迄今为止,对交通运输及相关网络复杂性方面较少的研究成果主要集中在铁路、航空和地铁网络上,Latora 和 Marchiori 对波士顿地铁的网络特性进行了初步研究;Jiang 和 Claramunt 对城市街道网络进行了研究,以实例说明了此网络具有 Small－world 特性;Seaton 和 Hackett 计算出两个城市列车线网的聚类系数、路径长度和平均节点度,并相互比较研究网络结构对于小世界特性的影响。在公交网络复杂性方面,Sienikiewicz 和 Holyst 利用复杂网络思想研究了波兰 22 个城市的公共交通网络的复杂特性,发现所有城市的公交网络都具有明显的小世界特性和分级组织(Hierarchically Organized)特性;Xinping Xua 等研究了北京、上海和南京三个城市的公交网络特性,证明它们均具有小世界特性和无标度特性;张译等从网络宏观拓扑性质出发,将城市公共交通系统划分为公交站点网络和公交线路网络,通过引入网络分析中一些常见的重要拓扑参数来对城市公共交通系统进行分析,以北京市公交系统为例,计算并分析了这两种网络的拓扑参数,并从交通工程的角度对这些拓扑参数的具体意义进行了研究;高自友、吴建军等通过构建 O－D 网络研究了城市公交网络的无标度特性及度指数分布,并以北京市公交网络为例完成了实例分析。

3.1.3　网络研究中的图论知识

近年来复杂网络研究的兴起,使得人们开始广泛关注网络结构复杂性及其与网络行为之间的关系。要研究各种不同的复杂网络在结构上的共性,首先需要有一种描述网络的统一工具,这种工具在数学上称为图。任何一个网络都可以看作是由一些节点按某种方式连接在一起而构成的一个系统。具体网络的抽象图表示,就是用抽象的点表示具体网络中的节点,并用节点之间的连线来表示具体网络中节点之间的连接关系。

一个具体网络可抽象为一个由点集 V 和边集 E 组成的图 $G=(V,E)$,节点数记为 $N=|V|$,边数记为 $M=|E|$,E 中每条边都有 V 中一对点与之相对应。如果任意点对(i,j)与(j,i)对应同一条边,则该网络称为无向网络(Undirected Network),否则称为有向网络(Directed Network)。如果给每条边都赋予相应的权值,那么该网络就称为加权网络(Weighted Networks),否则称为无权网络(Unweighted Networks)。当然,无权网络也可以看作是每条边的权值都为 1 的等权网络。此外,一个网络中还可能包含多种不同类型的节点。例如,在社会关系网络中可以用权表示两个人的熟悉程度,而不同类型的节点可以代表具有不同国籍、地区、年龄、性别和收入的人。图 3-2 给出了几个不同类型的网络的例子。

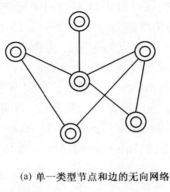

(a) 单一类型节点和边的无向网络

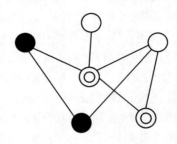

(b) 不同类型节点和边的无向网络

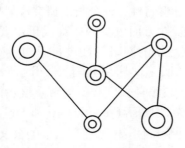

(c) 节点和边权重变化的无向网络

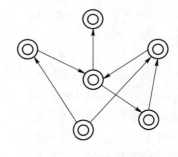

(d) 有向网络

图 3-2　不同类型网络的例子

3.1.4　图的表示方法

描述一个图的最直观方法是用图形表示,但为了将图输入计算机,图论中常常使用矩阵来记录图。图的模型复杂,应用广泛,所以图的表示方法也是多种多样的,如图的邻接矩阵表示法、图的邻接表表示法、图的邻接多重表表示法。对应于不同的应用问题有不同的表示方法。

邻接矩阵是表示节点间邻接关系的矩阵,若 G 是一个具有 n 个节点的图,则 G 的邻接矩阵是如下定义的 $n \times n$ 的矩阵 $\mathbf{A}$:

$$A[i,j]=\begin{cases}1, 若(V_i,V_j) 或者 <V_i,V_j> 是图 G 的边\\0, 若(V_i,V_j) 或者 <V_i,V_j> 不是图 G 的边\end{cases}$$

无向图的邻接矩阵一定是对称的,而有向图的邻接矩阵不一定是对称的。对于带权的图,其相邻矩阵中值为 1 的元素可以用边的权来代替。

网络是一种带权的连通图,只要将邻接矩阵稍加扩充便可用来表示网络。设网络 $G=(V, E, W)$ 具有 n 个顶点,编号为 $1,2,\cdots,n$。描述网络 G 的带权邻接矩阵为 n 阶方阵 A,其元素 a_{ij} 的定义为

$$a_{ij}=\begin{cases}w_{ij}, 若顶点 i 到顶点 j 有邻边,w_{ij} 为该边的权\\0, 若 i=j\\\infty, 若顶点 i 到顶点 j 无邻接边\end{cases}$$

用邻接矩阵法来表示图,需要存储一个 $n\times n$ 的邻接矩阵来表示节点间的相邻关系,对于有向图,需 n^2 个位来存储邻接矩阵。用邻接矩阵来表示图容易判定任意两个节点 V_i 和 V_j 之间是否有长度为 m 的路径相连,这只要考察邻接矩阵的第 i 行和第 j 列元素是否为 0 就行了。

3.1.5　城市公交网络的特性

1. 城市公交网络的小世界特性

小世界网络是指具有较短平均路径长度和较高聚类系数的网络。从定义可以看出,考察小世界特性的标准是网络平均路径长度 L 和聚类系数 C。平均路径长度是网络中任意两个节点间最短距离的平均值。节点 i 的聚类系数定义为它的 k 个邻居节点间,实际存在的边数 E_i 与可能存在的最大边数 $k_i(k_i-1)/2$ 的比值,即 $C_i=2E_i/[k_i(k_i-1)]$。整个网络的聚类系数是指所有节点聚类系数的平均值,它是考察网络的集团化程度。

2. 城市公交网络的无标度特性

节点 i 的度定义为与该节点连接的其他节点数目。度分布用分布函数 $P(k)$ 来描述,表示一个随机选定的节点的度恰好为 k 的概率。

通过直观分析与观察可知,城市公交网络具有增长性和优先连接性的特点,因此,公交网络最终一定会形成无标度网络。无标度网络具有极端非均匀性,对随机故障具有高度鲁棒性。例如,某条道路进行改造施工而临时撤掉经过该道路的某个站点,但这并不影响整个公交网络的有效性。在一个大规模无标度网络(度分布具有适当幂指数,通常为 $2\leqslant r\leqslant 3$)中,绝大部分节点的度相对较低,但存在少量度相对较高的节点。直观上看,一个节点的度越大就意味着这个节点在某种意义上越"重要"。

3. 城市公交网络的指数分布特性

除了上面介绍的度分布函数外,另一种表示度数据的方法是绘制累积度分布函数: $P_k=\sum_{k'=k}^{\infty}P(k')$,它表示度不小于 k 的节点概率分布。幂律型累积度分布函数可以表示成: $P(k)\propto k^{-r}$;指数型累积度分布函数可以表示成: $P(k)\propto e^{-k/\kappa}$,其中,$k>0$ 是个常数,可通过曲线拟合得到。通过绘制累积度分布函数来表示度数据,减小了统计起伏。同样,通过构建 Space P 的邻接矩阵来描绘 Space P 的累积度分布函数,Space P 的累积度分布函数在半对数坐标系里基本为直线形式,表明度分布服从指数分布而不是幂律分布。

3.2　城市公共交通公共性

　　所谓公共交通,其本质特点就是公共性,即主要由财政投入来维持交通的正常运转。事实上,世界上许多国家的公共交通都是亏损的,但它们的车票仍很便宜,因为政府是把公共交通作为公共产品来提供的。在瑞典等国,如果公交车上已经没有座位,那站着的乘客连票也不用买了。因为政府规定,站着乘车不需要买票,算是对纳税人站着乘车的一种补偿。

　　随着城市经济的发展和城市化进程的加快,城市交通拥堵问题越来越成为社会各界所关注的焦点。面对人口、资源和环境矛盾日益突出的压力,国家加大了对公共交通的投资和政策倾斜力度,明确提出"优先发展城市公共交通是提高交通资源利用效率,缓解交通拥堵的重要手段",并以国家行政法规的形式将城市公共交通界定为公益性事业,指出必须将公共交通纳入公共财政体系,将优先发展城市公共交通作为节能降耗和保护环境的一项重要举措。事实表明,公共交通是大中城市最合适的代步工具,在城市交通中的重要地位是任何其他交通方式不可取代的。公共交通因其人均占用道路空间资源最少,具有节能环保优势,因此成为城市交通的首选方式。优先发展公共交通已经成为城市可持续发展的基本理念之一,是未来城市交通发展的主要方向。

　　作为服务大众的主要交通方式,公共交通日益受到高度重视,发展多种形式的公共交通已成为城市交通可持续发展的重要内容。

　　目前,我国城市公共交通的主体是常规地面公共汽车交通。快速轨道交通投资昂贵、技术要求高,建设周期长,要成为大城市客运交通的骨干还有一个过程。现阶段公共汽车是我国城市客运交通中社会成本最低、综合效益最好的交通工具,它为中低收入居民提供了低价格出行机会。因此,常规公交发展状况在很大程度上反映了一个城市的公共交通系统整体水平。

　　与其他交通方式相比,公共交通具有服务大众的特点,为了提高公共交通的吸引力,必须缩短公共交通的出行时耗并提高服务质量。公共交通虽然也是机动车系统的一部分,但由于其不同于小汽车的服务大众的特点,因此,其发展策略要体现公平与效率的要求,从技术上体现为加大公交系统的覆盖率、优化换乘方式以体现公交优先。

　　对于前者来说,公交系统既要通过布设面向低收入社区的公交线网、增加覆盖面、以低廉的票价给低收入人群提供良好的服务,同时也要通过增设快速线和短驳线路,以优质、高效的公交和换乘服务吸引高收入人群;在进行城市公共交通规划时,除了对公交线网密度和站点覆盖率的要求以外,公交系统的规划还要考虑很多因素的影响,如要考虑公交设施之间或公交与其他设施之间的换乘,这也是保证城市不同区域人们出行质量的重要条件。

　　公交优先是保持城市交通高效运行的重要手段。目前,我国城市公共交通存在许多突出问题,诸如公共汽车速度较慢、不准点和过于拥挤等。其原因除了因机动车增长过快以外,公共交通没有优先权也是一个重要因素。政府部门要在重要交通政策上确立公共交通优先发展的地位;在规划建设上确立公共交通有限安排的顺序;在资金投入、财政税收上确立公共交通优先的倾斜做法都是保证公交优先的重要措施。

　　能够满足大众化需求的各类公交车因其机动性强、成本低,仍旧是公共交通的主体。为了保证公交车辆运营的公共性,居住区人口密度至少要在 100 人/公顷以上。公交车能够运送乘客到达地区服务中心,这些中心往往有配套商店和其他公共设施。有些中心区还与通往城市中心的铁路站或轻轨站相连。要最大限度地发挥公共交通的公共服务功能,最重要的就是要保证乘客的换乘方便,使乘客的候车时间得到最大限度的控制。同时,服务的可靠性也是评价公共交通发展的一个重要因素。在道路堵塞严重且线路上运行的公交车辆较多时,就有必要设置公交专用道以确保公交能够准时准点到站。

但在我国,公共交通公共性特征长时间被掩盖。首先就表现在财政对公共交通的投入过少。以 2004 年为例,全国城市公共交通固定资产投资仅 300 多亿元,只占城市建设固定资产投资的 6.9%。目前,我国城市轨道交通运营线路总和仅相当于英国伦敦 1 个城市的规模。对公共交通投入过少,是导致交通拥堵的根本原因之一。同时,由于财政投入不足,公共交通不仅票价高,服务质量也严重滞后,相关企业还常凭借垄断地位,不断提高职工福利等方面的收入,然后再借助燃料成本增加等幌子,把增加的成本转移到票价中,提高票价,增加民众的负担。高票价实际上是对公共交通公共性的背离,这一错误观念直到近年来才引起有关部门的反思。建设部、国家发改委、财政部、劳动和社会保障部联合下发《关于优先发展城市公共交通若干经济政策的意见》,明确指出,城市公共交通是公益性事业,必须实行低票价政策,从而成为"对公共交通认识上的一个最重大的突破"。其实,不仅交通,像教育、医疗等带有公共性特点的公共产品,都应逐步向公共性回归。如此以来,民众将能更直接地分享改革与发展的成果,社会必然更加和谐。

但目前,许多地方或受制于资金限制,或受传统观念影响,公共交通向公共性迈进的过程,依然困难重重。也正因此,政府有必要要求各地制定出明确的时间表,争取早日实现这一目标,让民众尽快分享公共产品带来的便利。

城市公共交通是重要的基础设施,是关系国计民生的社会公益事业。作为城市客运交通的主体,城市公共交通应为城市居民和流动人口的工作、学习、生活提供安全、迅速、准点、方便、舒适的服务,最大限度地节约人们的出行时间,促进城市经济的发展,提高人们的生活质量。

改革开放以来,我国城市公共交通有了较快的发展,但随着经济的发展和城市的扩大,一些城市交通拥堵、出行不便等问题日益突出,严重影响了人民群众的正常生活和城市的发展。优先发展城市公共交通,不仅是缓解城市交通拥堵的有效措施,也是改善城市人居环境,促进城市可持续发展的必然要求。

我国土地资源稀缺,城市人口密集,群众收入水平总体还不高,优先发展公共交通符合城市发展和交通发展的实际,是贯彻落实科学发展观和建设节约型社会的重要措施。各地区和有关部门要进一步提高认识,确立公共交通在城市交通中的优先地位,明确指导思想和目标任务,采取有力措施,加快发展步伐。要通过科学规划和建设,提高线网密度和站点覆盖率,优化运营结构,形成干支协调、结构合理、高效快捷并与城市规模、人口和经济发展相适应的公共交通系统。要进一步放开搞活公共交通行业,完善支持政策,提高运营质量和效率,为群众提供安全可靠、方便周到、经济舒适的公共交通服务。要充分发挥公共交通运量大、价格低廉的优势,引导群众选择公共交通作为主要出行方式。

大力发展公共交通是我国城市交通发展的一条根本性战略。为了满足现代化城市居民出行要求,真正确立公共交通的主体地位,城市公共交通必须以方便居民出行为目的,做到高效、便捷、准点、舒适,对绝大多数出行者具有吸引力。

城市公共交通系统的各个子系统,依据其在公交系统中的地位和作用可分为四个等级:大运量捷运系统、中运量优质公交系统、常规公交系统和小运量便捷公交系统。根据我国目前的经济发展水平及城市客运需求，可以认为，在我国城市公共交通中，常规公交仍将是城市公共交通客运的主体。同时，对于有轨道交通的城市，必须充分重视轨道交通捷运公交线路规划，着重解决好轨道交通线网与捷运公交线路的关系，以达到更好地为大众服务的公共性。

通常意义上，城市的公共政策是基于满足城市群体的公共利益为目标，以城市社会收益最大化为目的的一种政策选择和实施体系总和。它至少应包括决策目标、实施主体与机构、相关的制度安排以及决策的子系统等要素。它与行业部门规章的明显差别在于其实施的目的不同，政策面向的对象不同，由此导致在政策内容以及政策执行和实施方面存在很大的差异。

公共性是公共交通公共政策的最根本的体现，也是制定、执行与修改公共政策的理论基础。通常意义上，轨道交通的公共政策集中体现轨道交通在生产、建设与服务过程中所有涉及公共利益的意志。它主要从生产和服务两个方面来体现。在生产过程中，它表现在产业制造环节的公共服务平台、产业发展、援助和竞争政策、建设过程的外部性等，表现出在生产环节中的公共性质与共用性质；在服务过程中，它体现出对城市居民在出行过程中，便捷、环保、舒适、经济等方面的基本出行需求的满足。

要缓解城市交通，必须优先发展公共交通。公共交通是一种无形产业，它所产生的价值是整个社会效益，正因为公共交通产业的特殊性，对公共交通业发展采取扶持政策要成为全社会的共识。让公共交通回归公益性，就是涉及公共利益的事业，是为公众利益服务的事业。公益事业在运营过程中，如果发生非经营性亏损，那就由政府补偿；若有盈利，则降低公共产品的价格，让百姓得到更多的实惠。把公交定位于公益性事业，公交企业的经营活动，就得围绕着如何提高服务质量，让公众满意，而不是如何赚钱；政府部门的工作目标，就是如何让城市交通顺畅，市民出行方便，而不是如何丢掉"包袱"。市民从公益事业中得到实惠，就会考虑如何多创造财富，多向国家纳税。如此各尽其责，各享其利，良性循环，不仅交通能够顺畅，人们的心情也会舒畅。大概是出于这样的考虑，2007 年 3 月份颁发的浙江省《优先发展城市公共交通若干意见》，对公共交通做出了明确定位："城市公共交通是关系国计民生的重要基础设施，是与人民群众生产生活息息相关的社会公益事业。"

3.3　城市公共交通高效性

现代社会高速发展，各种社会活动的步伐正在加快。城市公共交通对城市政治经济、文化教育、科学技术等方面的发展影响极大，也是城市建设的一个重要方面，因此，建立一个高效的城市公共交通体系是必要的，这也是提高城市交通服务水平的重要手段。

一个高效运转的城市公共交通系统必须建立在一个合理的城市客运体系之上，需要充分统筹和发挥包括公交、地铁、铁路、出租车和轮渡等在内的各种交通运输工具的优势。其中，公交巴士具有覆盖面大、调度灵活等特点，并享有不可替代的投资成本与运营成本优势，在城市公共交通系统中发挥着关键性作用，在全球大多数城市仍承担着主要客运任务，并承载了大部分客流量。而自 20 世纪 90 年代后期以来，全球兴起了快速公交系统（Bus Rapiol Transit，BRT）的建设之风，该系统将传统公交运输的优势与轨道运输的运营方式相结合，是应对城市化过程中出现的城市交通问题的有效手段之一。为了详细讨论城市公共交通系统各层次的效率特性，我们将按照城市公共交通类型的角度向读者展开介绍。

3.3.1　公共汽车

目前,公共汽车是城市公共交通系统中的主要交通工具。在一般的道路条件下,可以四通八达。小型公共汽车可在狭窄街区中开辟营业线路,乘用极为方便。发展公共汽车客运交通,设施简易,投资少,见效快。公共汽车在行驶中与其他车辆混行,互相避让和紧急制动是在所难免的,因此,其安全性和舒适性较差。它的其他缺点是能源消耗量大,噪声高并有废气污染。

为了提高公交系统的效率,世界多个城市开始了 BRT 的建设,它是一种介于快速轨道交通(Rapid Rail Transit,RRT)与常规公交(Normal Bus Transit,NBT)之间的新型公共客运系统,是一种大运量交通方式,通常也被人称作“地面上的地铁系统”。它是利用现代化公交技术配合智能交通和运营管理,开辟公交专用道路和建造新式公交车站,实现轨道交通运营服务,达到轻轨服务水准的一种独特的城市客运系统。

快速公交系统是一种高品质、高效率、低能耗、低污染、低成本的公共交通形式,充分体现了以人为本、构建和谐社会的发展理念。快速公交系统采用先进的公共交通车辆和高品质的服务设施,通过专用道路空间来实现快捷、准时、舒适和安全的服务。

快速公交系统可以解决走廊内公交车的拥挤和延误等问题,对城市而言,有极其重要的收益。乘客乘坐快速公交系统的出行速度要比乘坐目前的公交车快得多。

3.3.2　地下铁道

地下铁道,简称地铁,狭义上专指在地下运行为主的城市铁路系统或捷运系统;但广义上,由于许多此类的系统为了配合修筑的环境,可能也会有地面化的路段存在,因此通常涵盖了都会地区各种地下与地面上的高密度交通运输系统。从运输能力、车辆设计以及建设投资等方面来区分,地下铁路分为地铁和轻轨两种交通运输方式。

大部分线路铺设在地面以下,运行中几乎不受外界环境变化的影响,而且有一定的抗战争和抗地震破坏的能力。它以车组方式运行,载客量大,正点率高,安全舒适。在多条地下铁道的立体交叉点上,设有楼梯式电梯或垂直电梯,换乘极为方便。地下铁道的地面出入口,可以建设在最繁华的街区,也可以建设在大型百货商店或其他公共场所的建筑物内。在交通拥挤、行人密集、道路又难以扩建的街区,地下铁道完全可以代替地面交通工具承担客运任务,并为把地面道路改造成环境优美的步行街区创造了条件。

由于地铁的行驶路线不与其他运输系统(如地面道路)重叠、交叉,因此,行车受到的交通干扰较少,可节省大量通勤时间。但建设地铁的前期时间较长,由于需要规划和政府审批,甚至还需要试验。从开始酝酿到付诸行动、破土动工需要非常长的时间,短则几年,长则十几年也是有可能的。

3.3.3　无轨电车

无轨电车(Trolleybus)是一种使用电力发动,在道路上不依赖固定轨道行驶的公共交通,亦即是“有线电动客车”。无轨电车的车身属于客车,只不过以电力推动,而使用的电力是通过架空电缆,经车顶上的集电杆取得。无轨电车因为使用的橡胶轮胎是绝缘体,不像有轨电车可使用路轨完成电路,故此需要使用一对架空电缆及集电杆。无轨电车是公共交通工具(公交车)

的一种,在有些地方属于普通公共交通范畴,而有些地方则属于轨道交通的范畴。

无轨电车从架空触线上获取电能驱动行驶。由于电能可以从煤、重油、水力、天然气、核能、地热等多种能源转换而来,因此,在石油资源不足的国家和地区,以无轨电车为主要公共交通工具有明显的优势。无轨电车的客运能力和公共汽车属同一等级。无轨电车加速性能好,噪声小,而且没有废气污染,乘用时比较舒适。无轨电车通常不能离开架空触线行驶,机动性比公共汽车差。在开辟新线路时,要建设变配电系统和线网设施,因此建设费用较高,投资见效慢,而且架空触线影响市容。无轨电车通常无专用车道,在行驶中亦难免避让和紧急制动。为了提高无轨电车的机动性,一种双能源的无轨电车已经问世。它在通过十字路口或不容许架设架空触线的路段时,可改用内燃机或使用本车自带的蓄电池组供电驱动行驶。双能源无轨电车的集电杆,可由驾驶员操作脱离或自动捕捉架空触线。

无轨电车一般没有独立路权,运营中易受到其他车辆和行人的影响,驾驶要求高,运输效率和载客量较低。

3.3.4 有轨电车

有轨电车亦称路面电车或简称电车,属轻铁的一种(以电力推动的列车,亦称为电车)。但通常全在街道上行走,列车只有单节,最多亦不过三节。另外,某些在市区的轨道上运行的缆车亦可算作路面电车的一种。由于电车以电力推动,车辆不会排放废气,因而是一种无污染的环保交通工具。而且它能源消耗低、结构简单、坚固耐用。其客运能力略高于无轨电车。旧式有轨电车噪声高、振动大、舒适性较差、轨道需要经常维护,在一定程度上影响交通。在开辟新线路时,它比无轨电车的线路投资大、工期长、投资见效慢。效率比地下铁路低;路面电车的速度一般较地铁慢,除非路面电车行驶的大部分路段是专用的(主要行驶专用路段的路面电车一般称为轻便铁路);路面电车每小时可载客约 7000 人,但地铁每小时载客可达 12000 人。路面电车路轨占用路面,路面交通要为路面电车改道,并让出行车线,需要设置架空电缆。

3.3.5 快速有轨电车

快速有轨电车是由有轨电车发展起来的,是一种在地面或高架轨道上运行的快速车辆。与其他车辆隔离运行,多在地面轨道上行驶。在经过交叉路口时,多采用立体交叉方式。在繁华市区,它可转入地下运行,也可以在高架线路上通过,建设费用低于地下铁道。快速有轨电车利用可控硅斩波调速,设有再生制动装置,可以节约能源;装有空气悬挂装置和弹性车轮等,在长轨铁道上行驶,可降低噪声,提高乘坐舒适性。它具有良好的加速性能,运行速度高、行驶平稳、安全、可靠,运行准点程度可达秒级精度。快速有轨电车以单车或车组方式运行,客运能力高,是城市公共交通干线上较理想的客运工具。

快速有轨电车的综合效率高于一般有轨电车,低于地铁。

3.3.6 公共自行车

我国最早实行公共自行车的城市是杭州。杭州融鼎科技在 2008 年 5 月 1 日,率先运行公共自行车租赁系统,将自行车纳入公共交通领域,意图让慢行交通与公共交通"无缝对接",破解交通末端"最后一公里"难题。

综合上述对各种城市公共交通运输方式的介绍,只有合理、综合地组织和发展各种交通方式,才能做到对城市公共交通的高效利用。

3.4　城市公共交通的环保性

3.4.1　概述

城市公共交通的环保性,是指在城市行政辖区内,为本市居民和流动人口提供服务的公共交通对环境的影响。城市公共交通包括定时定线行驶的公共汽车、无轨电车、有轨电车、中运量和大运量的快速轨道交通,以及小公共汽车、出租汽车、客轮渡、轨道缆车、索道缆车等交通工具及其配套设施。所谓环保,是指人类为解决现实的或潜在的环境问题,维持自身存在和发展而进行的各种防止环境破坏的控制措施实践活动的总称。

3.4.2　城市交通的现状及对环境的影响

1. 城市交通的现状

在我国的大多数城市中,由于机动车数量的大幅度增加,道路建设发展相对滞后,交通拥堵成为一个普遍存在的问题。虽然近几年我国城市道路的投资规模不断加大,但却远远赶不上机动车辆的增加速度,导致车、路关系比例严重失调,很多路段发生严重拥堵,许多大城市机动车平均行驶速度已由 $20\sim25km/h$ 下降到 $10\sim15km/h$,中心地带甚至降到 $6\sim8km/h$。随着城市建设从市区向郊区作战略转移,人们的出行需求和出行距离将会进一步增加,交通问题对人们生活的影响也越来越大。交通运行不畅不仅严重影响了城市居民正常的生产、生活活动,甚至成为制约社会经济正常运转的因素之一。

2. 对人类生活环境的影响

人类在享受着现代文明给我们带来的巨大便利的同时,也给我们赖以生存的环境带来了无法弥补的灾难。随着人口的增长和汽车数量的急剧膨胀,交通运输业给生态环境造成了严重的危害,城市污染物中有 60% 以上来自汽车尾气。目前,机动车大都使用柴油或汽油,汽车排放的主要污染物是一氧化碳、碳氢化合物、氮氧化物和铅微粒等,其中一氧化碳占最大比例。一氧化碳(CO)能够跟人体的血红蛋白直接结合,减少氧气与血红蛋白的结合机会,对人体产生伤害;另外,一氧化碳还会与氧气在一定的条件下结合形成酸雨,破坏环境。因此,一氧化碳在车辆尾气中危害最为严重。

在我国由于汽车性能差,单车污染排放量很大,各种车辆行驶 $1km$ 所排放的一氧化碳和氮氧化物分别是美国的 $6.5\sim13.8$ 倍和 $3.3\sim8.0$ 倍,尤其是氮氧化物的平均浓度超过$100ug/m^3$,再加上由于拥堵,机动车低速行驶,更加大了排污量;同时,由于城市高楼林立,绿化不足,造成空气对流不畅,使汽车废气不易扩散与净化,这些都造成城市大气环境中臭氧(O_3)浓度严重超标,使城市环境越来越恶劣,严重影响了人们的生活质量,破坏了我们的生存环境。

汽车引起的噪声污染也不可轻视,交通噪声是城市噪声的主要来源之一,几乎占了 80%。大量的噪声对人们的身心健康产生极大的危害。国家环保局对全国四十多座城市的调查发现,$3/4$ 的城市交通噪声平均值超过 $70dB$。

公共交通具有速度快、容量大、耗能少、污染低等优点,因此,对环境的保护是十分有益的。

3.4.3 城市公共交通与环境保护

由于我国人口基数大、密度高、基础设施严重不足,因此,仅仅依靠架桥修路和传统的管理方式去解决交通拥堵问题,不仅成本高昂,而且效果十分有限。因为暂时的畅通会刺激车辆的增加,从而形成新的堵塞,造成更大的污染。法国、美国、英国等发达国家都曾经有过因私家车急剧发展导致城市交通几近瘫痪的惨痛教训。现实的需要要求我们改变思维的角度,从另一方面去考虑问题的解决方法,即考虑怎样有效合理地利用现有的资源,通过对交通需求的政策性调整,加强对城市交通的控制和管理,提高道路的利用效率,让有限的资源发挥更大的效力,从而更有效地控制污染,改善交通环境。

尽管减少机动车尾气排放可采用提高新车设计标准、加强在用车辆的检测和维护、研究推广机动车尾气排放控制技术、提高燃料质量等方法,但这些措施的效果最终都可能被世界范围内的机动车数量和行驶里程的增加而抵消。因此,如果清洁机动车和燃料技术不与降低机动车行驶里程相结合,就不能彻底解决大城市的空气污染问题。而要降低机动车行驶里程,可采取开辟载客多的车辆专用道,开发大运量运输系统,设立机动车免进区,限制在拥挤地段驾驶机动车等,其中最主要最有效的措施就是优先采取公共交通方式。

目前,人类正在面临着一个重要难题——处理保护城市环境与在用机动车数量之间的矛盾。解决这一难题最好的方法是用最少的车辆完成同等运输量。在城市客运交通方面,这就是优先选择公共交通。

据统计,每20辆自行车或4辆小汽车所占用的道路面积与1辆公共汽车所占用的面积相等,而公共汽车的载额量分别是每辆自行车、小汽车的30~40倍和10倍,因此发展公共交通有利于交通的畅通。在城市中采用不同的客运交通方式来完成相同的客运量,尾气污染程度是不同的,其中公共汽车与小汽车相比,分别节省土地资源3/4,建筑材料4/5,投资5/6,空气污染是小汽车的1/10。公共汽车无疑是效益最高、最环保的交通方式。大力发展大容量、高速度的公共交通,限制私人小汽车的过度发展,是解决城市交通阻塞和交通污染的最佳选择。

3.5 城市公共交通节能性

3.5.1 城市公共交通节能性——新能源技术应用

国内公共交通领域应用的新能源车辆主要有液化石油气车辆(LPGV)、压缩天然气车辆(CNGV)、液化天然气车辆(LNGV)、混合动力车,以及电力驱动车辆等。

1. 液化石油气车辆

20世纪初,多数城市推行了公共汽车、出租汽车"油改气"工程,即加装车载液化石油气瓶。LPGV与汽油、柴油动力车辆相比,有低硫化物排放、高燃烧发热量的特点,且装置技术比较成熟。但整体而言,LPGV的应用效果不太明显。北京、广州等城市的应用实践表明,在目前的技术水平和市场环境下,LPGV的经济性、环保性和安全性都不具备优势。

2. 压缩天然气车辆

压缩天然气车辆是我国城市交通领域应用较成熟、推广较成功的新能源车辆。CNGV整车价格相对较高,汽/柴油车辆改造为 CNGV 主要是通过更新发动机来实现的。北京市是目前世界上天然气公共汽车拥有量最多的城市,达到 4000 多辆,体现了良好的节能和环保效应,但对城市财政投入要求很高。

CNGV 的应用实践,证明了其良好的经济性和环保性,但还没有在全国各大城市大规模推广。影响 CNGV 发展的一个重要因素在于加气站建设滞后,从资金投入、土地划拨、规划布局到安全管制,都不同程度地存在障碍。因此,如果缺乏政府在资金和政策方面的支持,天然气车辆的发展将举步维艰。

3. 液化天然气车辆

液化天然气车辆与 CNGV 相比,环保性能一样,但存储和输送条件不同。LNGV 可用于天然气管网不能到达的地区,且其密度只有 CNGV 的 1/3,有利于整车布置和延长续驶里程;LNGV 加注站在占地面积和造价上也有一定优势。LNGV 作为柴油的替代燃料,一般用于重型汽车,在客运车辆中的应用比例较低。从规模经济角度,LNGV 在推广上不及 CNGV。

4. 混合动力车

有研究表明,"如果暂不考虑碳氢化合物排放增加带来的负面影响,CNGV 和混和动力车是公交车领域首选的替代燃料车型"。气电混合动力客车和油电混合动力客车在严格的城市道路试验工况下,能耗分别比同型天然气客车降低约 22.9% 和 20.9%。按照每天运营 10h,里程 250km,每年运营 300 天来计算,这两种车型每年均可减少一氧化碳及氮氧化物等尾气排放物约 500kg,气电混合动力客车还可以节省约 8000m³ 的燃气,油电混合动力客车可节约 5000 多升燃油。

5. 电动客车

电动客车在行驶中可以实现零排放,噪声仅为常规公共汽车的 1/2,在节能环保性能方面的优势毋庸置疑。传统的无轨电车和有轨电车在我国有近百年的发展历史,曾经是城市交通中最重要的机动化客运方式。现在大连、天津等城市仍然保留或新建了有轨电车,北京、上海、济南等 10 余个城市的无轨电车更是承担着重要的客运功能。然而,近年来,电车的运营空间不断萎缩。兰州、鞍山等城市的有轨电车已经彻底退出历史舞台,全国拥有无轨电车的城市从最多时的 26 个缩减到目前的 13 个。城市建设大拆大建的推进模式也成为制约传统电车发展的重要原因。

纯电动汽车和燃料电池汽车是我国汽车产业和科技发展计划的重点扶持对象。尽管,现阶段技术水平和规模化生产相对滞后,成本高昂,但是这并不妨碍电动客车将成为未来公共交通新能源客车应用的主要趋势。

3.5.2　城市公共交通节能性——政策动向

1. 公共交通优先发展扶持力度加大

"优先发展公共交通"已经成为各级政府的共识。《国务院转发住房和城乡建设部关于优先发展城市公共交通的意义》和原建设部等四部委联合发布《关于优先发展城市公共交通若干经济政策的意见》为公共交通的发展创造了良好的政策环境。在我国城镇化和机动化进入转型期的关键阶段,公共交通的发展面临着最佳的发展契机。

为更好地落实"公交优先"战略,近年来,城市政府对公共交通发展的财政扶持力度逐年加大。许多城市将公共交通的发展纳入公共财政,或设立专门的公共交通发展基金,以构建持续、稳定的财政补贴补偿机制。城市政府逐步意识到,城市公共交通是落实城市节能减排战略的重要领域,也是易于推广、成效显著的关键领域。因此,对公共交通系统的"环保化、节能化"改造成为财政扶持的重点项目。财政投入在一定程度上激发了公交企业进行车辆更新的动力,也很大程度上减轻了企业负担,是公共交通节能减排的主要推手。

国内部分城市公共交通"节能减排"财政扶持的具体举措如下。

(1)北京。更新购买高等级车辆补贴6万元/辆,CNGV车辆补贴14万元/辆;车辆提前更新造成的净值损益,财政局、环保局从环保资金中补助50%;欧Ⅰ及以下老旧柴油车更新,环保资金给予10年贷款贴息,每年约9000万元。2007年,财政资金投入资金12.6亿元,其中一部分用于老旧公交、出租车提前淘汰更新工作。2009年,北京市新能源车推广应用经费达5.1亿元。

(2)上海。上海市建立了"公交专项资金",构建了上海市持续、稳定的公共交通财政扶持政策。"公交专项资金"以项目补贴的形式发放,其中与公交车辆"节能减排"相关的补贴专项就有数种:老旧车辆报废补贴、高污染车辆提前报废补贴、车辆购置补贴、汽柴油补贴、CNGV补贴、公交电车补贴。

(3)广州。建立为期三年的补贴机制。以2008年至2010年作为试行期,每年先对公交企业每年LPGV车辆更新改造贷款利息给予50%贴息(即0.9亿元)。

(4)沈阳。2008年城建计划中,拟安排市政府投资16200万元,用于补贴2008年新增及更新、改造公交车,其中:计划新增公交车500辆,市政府每辆补贴6万元,共计3000万元;计划提前更新改造公交车1200辆,市政府每辆补贴11万元,共计13200万元。

2. 新能源客车产业扶持政策明晰,公交市场拓展加快

2009年3月,国务院发布了《汽车产业调整和振兴规划》(以下简称《规划》),《规划》中明确提出"今后3年中央安排100亿元专项资金,重点支持企业技术创新、技术改造和新能源汽车及零部件发展"和"实施新能源汽车战略。推动电动汽车及其关键零部件产业化。中央财政安排补贴资金,支持节能和新能源汽车在大中城市示范推广"。

《规划》无疑明确了新能源汽车发展的政策导向。就在《规划》出台后的十天,财政部、科技部发出了《关于开展节能与新能源汽车示范推广工作试点工作的通知》(以下简称《通知》),决定在北京、上海、重庆、长春、大连、杭州、济南、武汉、深圳、合肥、长沙、昆明、南昌等13个城市开展节能与新能源汽车示范推广试点工作。鼓励试点城市率先在公交、出租、公务、环卫和邮政等公共服务领域推广使用节能与新能源汽车。《通知》明确中央财政重点对试点城市购置混合动力汽车、纯电动汽车和燃料电池等节能与新能源汽车给予一次性定额补助。补助标准主要依据节能与新能源汽车与同类传统汽车的基础差价,并适当考虑规模效应、技术进步等因素确定。《通知》同时要求地方财政安排一定资金,对节能与新能源汽车配套设施建设及维护保养等相关支出给以适当补助,以保证试点工作的顺利进行。

产业政策和示范工程的双重推进,极大地拓展了新能源客车在城市公共交通领域的市场拓展,而公共交通"节能减排"也得到了巨大的技术和财政支持。对于汽车产业和公共交通行业无疑是最好的"双赢"结果。自此,我国城市公共交通新能源客车的投入步伐加快:2009年,100辆混合动力公交车在武汉市投入使用;北京市将完成50辆纯电动公交车和860辆混合动力公交车上路运营;重庆、南京、长沙等城市都将有新能源公交车辆投入使用。

北京市奥运会和上海市世博会的召开,也成为新能源公交车发展的良好契机:北京奥运会和残奥会期间,共有 595 辆新能源汽车为奥运中心和 36 个比赛场馆、中心区外围公交环线、出租保点、马拉松等提供了运输保障服务;而在上海世博会期间,有 300 余辆新能源公交车投入运营。

3.5.3　城市公共交通节能性——实施策略

1. 有序推动新能源公交车辆的推广应用

保持常规能源公共汽车数量的稳定增长,提高运输能力,以满足逐步增长的公共交通出行需求,创造舒适的乘车环境。对于各项指标尚能达到国家标准的老、旧在用车辆,非强制性地鼓励用户进行更新,或通过税费调节机制,加速旧机动车淘汰。大力加强在用车辆检查/维护制度,增加检测次数,促进维护保养使车辆保持正常的技术状态,努力达到出厂时的排放水平。

公共交通企业在更新和购置新车时,应以节能环保型车辆为主,积极购置 LNGV、CNGV 等技术成熟的天然气车辆,逐步示范性推广混合动力、燃料电池等其他新能源车辆。把在用车辆改造为燃用天然气或液化石油气的双燃料车,是一种过渡技术,最终应向单燃料并匹配专用催化净化技术的燃气新车方向发展,有序发展节能环保的无轨电车。

2. 加强公交一体化建设,提高系统运行效率

公共交通系统中不同的公共交通方式的运行特征、使用环境、服务特性不尽相同,应加强各公共交通方式的建设和相互之间的衔接,构建多层次一体化的公共交通系统,为居民提供全方位的出行服务,有利于提高公共交通在城市交通系统中的出行比例,大幅度降低能源消耗,实现城市交通系统的可持续发展。

加强公共交通一体化建设,整合不同公共交通方式资源,实现不同公共交通方式之间、公共交通与其他出行方式之间设施和管理的有效衔接。逐步建立票制票价一体化体系,简化购票环节,实行换乘优惠,实现公共交通系统运营的一体化服务,以提高整个公共交通系统的运行效率;建立合理的比价关系,通过价格杠杆调节不同公共交通方式间的客流分配。加快公共交通换乘枢纽一体化建设,在枢纽内部实现多种公共交通方式及与其他出行方式的零距离换乘,提高公共交通系统运行效率。全面整合信息资源,实现信息资源一体化服务,推动智能公共交通系统建设,实现公共交通网络跨区、跨线综合调度,提高公共交通线路整体运输效率和应急能力;充分运用信息技术,为乘客提供全方位的出行信息服务,减少乘客在选择公共交通方式时的盲目性。

3. 完善政策保障措施,有序构建配套机制

加强天然气车辆应用的配套设施建设。对于加注站、加气(子)站的建设,政府应给予技术、用地、财税、管理等多方面的扶持;加强配套场站的规划设计工作,结合公共交通场站的布局和建设,同步开展加气站的规划布局。

在道路时空资源分配方面向公共交通倾斜。加快推广公共交通优先车道、专用车道、信号控制交叉口公交专用进口道、专用街道、单向优先专用线的布设;推广信号控制交叉口公共交通信号优先措施;将公共交通优先通行权和限制小汽车通行相结合,以提高城市交通信息服务和城市道路通行效率为主线,加快推进城市智能交通技术应用。

完善公共交通企业新能源汽车更新补贴机制,将公共交通节能减排纳入公共财政。避免增加企业运营负担,提高企业节能环保积极性,以经济手段鼓励节能战略在实际中落实;同时,政府应合理规划并投资建设新能源公共汽车所需的补给站和维修设施,降低新能源汽车的运营成本。公共交通企业应在内部管理中贯彻节能降耗理念,尽快出台节能降耗管理方案。设定行车规范、标准和目标,开展燃油消耗监督工作,在考核机制中加入对燃油节约的考核指标,培养公共交通企业及其员工兼顾社会效益和经济效益的责任感。

思 考 题

如何理解公共交通的几大基本性能,并选择几个你熟知的城市,应用本章的基本性能分析方法,分析其公共交通在该城市发展中的重要作用。

第4章
城市公共交通网络规划理论

4.1　国内外公交网络规划研究进展

在公交网络优化方面,国内外有广泛而深入的研究,基于公交网络规划的一般过程,形成了多种网络规划方法。

Baaj 和 Mahmassani(1995)提出了人工智能和运筹学混合算法,该方法将人工智能中车辆路径搜索启发式算法和运筹学中的公交系统分析方法结合起来,随着搜索算法和计算机技术的发展,很多专家都开始运用启发式算法对公交网络进行规划。

美国佛罗里达国际大学 Lehman 交通研究中心 Fang Zhao(2004)提出以减少换乘目的为目标的公交网络优化方法,并运用系统工程相关理论以换乘系数最小、线路非直线系数最优、网络覆盖率最高为目标建立公交网络优化模型。

Lee 和 Vuchic (2000,2005)在分析交通需求与线网配置和发车频率相关的基础上,提出一种迭代算法解决 TRNDP 的动态特性。研究方法为基于每条线路发车频率约束是用户的总出行时间最小,提出了一种新的方式划分方法,在预测交通需求划分、分布的同时生成新的线网方案。

Nagrnchai 和 Lovell (2003)研究了基于换乘的公交线网优化设计问题。其模型以用户费用和运营者费用最小为目标,按照线网生成,线路评价与改善的顺序对公交线网进行优化设计。优化过程中设计了大量遗传算子进行基于遗传算法的组合优化寻优,结果在一个小规模的路网中得到实现和验证。

Nicholas E. Lownes 和 Randy B. Machemehl(2010)为解决单路径循环的设计问题,提出了一种混合整数规划模型,对中型网络具有良好的适应性,并对大型网络提出了有启发意义的方法。

国内关于公交网络优化的研究主要集中于数学寻优法的模型及已有模型算法的研究。近些年来,针对公交网络优化提出了不少新的模型和算法。

冯树民(2005)从节点、线路和线网三方面对公交线网优化约束条件和目标函数进行研究,以居民乘车出行时间最短和公交运营投入最少为目标建立了公交线网优化模型。

戴帅、陈艳艳等(2007)提出了以站点为基础,从乘客、运营企业、政府三方面进行综合考虑的公交网络优化方法,给出了乘客出行时间最少、运营企业成本效益最高、社会福利效益最大的多目标优化模型。

李昆志、沈凌等(2011)提出了以社会总出行时间最小、污染排放量最低、乘客直达率最大、线网日均满载率最大、公交企业年收益率最大以及线网效率最大为优化目标的多目标城市公交网络优化模型,并运用遗传蚁群混合算法对模型进行计算,大大降低了模型的求解时间。

田庆飞、赵淑芝等(2012)提出一种考虑交通拥堵的网络优化模型。首先分析最短路策略在大城市应用的弊端和造成交通拥堵的原因,在研究复杂网络理论的基础上,基于边介数提出绕行策略。通过扩展边介数,定义有效边介数和有效路径,提出基于边介数的大城市公交网络优化模型,并设计了实现算法。

在多层次公交网络规划方面,近几年国内外一些学者也开始进行研究探讨。

美国摩根马州大学的 Young-Jae(2006)考虑到交通需求、公交车辆运行速度以及出于换乘的负效用,对公交网络进行灵敏度分析,建立了三类公交网络,即换乘向导网络、避免换乘网和直接连接网络。这三种概念上的网络可以为变化的公交网络提供比较全面的思想方法。

戴帅(2008)提出了新的多层次公交网络生成方法,综合考虑网络拓扑结构与客流量等级,以节点重要度为着眼点,建立公交快线,并逐层构建公共交通网络。

Mahmoud Mesbah、Majid Sarvi、Iradj Ouveysi、Graham Currie(2011)本文提出了在网络分析的基础上应用双层优化方法寻找最佳的专用公交车道的新方法。该方法能够使相关的公交优先数学模型较快地收敛到最优解,得到最佳专用公交车道,并在特定的网络中证明了该方法的有效性。

王佳、符卓(2012)提出了建立"公交骨架线路"+"公交接运线路"双层城市公交网络结构的思路,构建了双层城市公交网络的优化模型,针对不同层次分别设计了求解的遗传算法和禁忌搜索算法,并通过实验计算证实了算法具有良好的寻优性能,为城市公交网络的规划与设计提供了有力的理论支持。

从公交网络研究发展来看,大城市进行公交网络分级规划是一种趋势,而现有的网络规划研究逐步开始基于公交线路的功能定位。本章对城市公共交通网络进行合理分级,在给出网络规划指标和线路标准的基础上,提出了对应不同等级网络规划的线路布设方法。

近年来,我国国民经济的活力逐步增强,城市空间扩张迅速。经济的快速发展和空间格局重构对城市公交网络提出了新的要求,但是目前公交网络的结构很难满足新时期的公交需求。对于多中心的城市空间结构,需要大容量快速公交连接各中心,以满足跨区之间的中长距离出行,各中心组团内部主要以常规公交满足区内出行。

目前,我国公交网络主要存在的问题包括:

(1)缺乏与地铁、轻轨等城市轨道交通线路的协调及衔接,造成不良竞争及多模式出行全过程的效率低下。

(2)公交网络布局不合理、密度低、重复率高,甚至存在公交服务盲区。公交线路分布不能反映客流分布的需要,公交线路过多地集中在少数干道上,导致公交运力分配不均,部分道路公交线路十分拥挤。

(3)公交线路迂回太大,造成乘客总的公交出行距离过长,公交公司运营成本也因此增加。

(4)枢纽站设置不合理,造成乘客换乘次数多、乘行距离长。

(5)道路交通环境不良,公交车辆的优先通行权不能得到保证,造成公交行程误差大、准时性差、运行时间得不到保证。

(6)部分线路公交车辆少,不仅车况差、车内拥挤、线路平均发车频率低,而且正点率低,没有充分发挥运营车辆的动态运能。

（7）公交停车场规模偏小,首末站用地没有保障,公交车进场率低,部分线路的公交车辆只能在路边掉头,影响道路交通。

综上所述,目前的公交网络结构很难满足保障高水平的公交服务水平、优化出行结构的要求,也难以满足城市扩展、城乡一体化及多模式公交环境下的新要求。

4.2 多层次公交网络规划概述

4.2.1 多层次公交网络的层次划分

城市的公共交通系统负责把客流从城市的一个地点运送到另一个地点,每名乘客的乘车距离各不相同,每名乘客的一次出行也是单向的。这个运送方式同人体血液循环系统的运送方式有许多相似之处。

我国目前大多数城市的公交系统没有形成一个有主次之分、能均衡分配运能的网络结构,各种公交线路职能不清,相互之间都可以直接接驳,从而成为低速行驶的公交线路,如此无异于人体循环系统中只有毛细血管。虽然我国传统公交网络中的公交线路也有主干线和驳运线、主线和辅线之分,但事实上两者没有明确的服务标准,并不具备人体循环系统中主动脉、次动脉和毛细血管的功能。因此,公交系统总体呈现效率低、可靠性差的情况。

一个合理的城市公交网络需要包含不同的线路层次,实行不同的运送标准,以便物尽其用,合理有序地组织公交系统的运营,公交的服务水平也将提高一个等级。公交网络与人体网络的比较见表 4-1。

表 4-1 公交网络与人体网络对比

项　目	公交网络	人体网络
线　路	公交主干线路	主动脉、主静脉
	公交次干线路	一般动脉、静脉
	公交支线线路	毛细血管
连接点	公交主枢纽	心脏

针对城市居民交通出行特点,借鉴人体循环系统的仿生学原理,可建立提出分区多层次的公交服务网络模式,以交通区为基础,分别从大区、中区、小区三种“面”的层次上考虑服务人口、客流需求和服务标准的确定;在不同分区之间的交通联系形成的公交客流走廊上,构造不同等级的线路——城市轨道交通、公交快线、公交支线,形成城市公共交通网络;而不同服务等级的客流集散中心形成各级枢纽点或站点。

1. 城市轨道交通

城市轨道交通具有快速、准点、大容量、舒适等特点,因此,城市轨道交通应成为城市公交系统的骨干,布设在客流密集的客运走廊上,满足居民中长距离出行需求。城市轨道交通线路是城市交通的骨干线路,采用车辆编组列车化,以达到大运量、高速度的目的,平均运营速度一般为 $30\sim40\mathrm{km/h}$。

2. 公交快线（含快速公交）

公交快线（含快速公交）具有全面体现公交优先、容量较大、更为灵活、在特定条件下可以作为城市客运交通的骨干方式等优点。在城市轨道交通修建之前,快速公交可以作为城市客运的骨干;在城市轨道交通建成之后,快速公交可以作为辅助,为居民提供更广、更方便的交通方式。快速公交主要承担居民中长距离的出行,作为城市轨道交通的补充,主要承担大型集散点之间、各功能区之间的联系。公交快线主要服务于城市地区间的交通,承担大型集散点之间、各功能区之间的联系,其线路沿大中型集散点、大中型居民区设置,具有速度快、发车频率高、服务水平好的特点。

3. 公交普线

公交普线具有灵活、便捷、覆盖面广的优点,是与公交快线相匹配的公交方式,适合中短距离出行。它的功能介于公交快线和公交支线之间。一方面,它将承担快线网络无法承担的部分骨干客流,对公交快线网络起补充作用;另一方面,公交普线网络因覆盖面广,具有支线接驳快线客流的作用(主要接驳轨道交通线路和快速公交线路),线路沿大中型集散点、大中型居民区设置。

公交普线采用中等站距以提供方便的服务,其站间距一般以 400～600m 为宜,市中心站距可加密到 300m 左右;高峰时发车间隔为 3～4min,平峰时可延长到 8～10min;线路深入各居住区及功能区,服务水平较公交快线次之。

同时,通过与公交快线的衔接换乘规划,站点设置与公交快线有较好的换乘,可起到接驳快线客流的作用。

4. 公交支线

公交支线主要服务于地区内交通出行、连接客流集散点与枢纽之间交通及客流集散点与城市轨道交通站点之间交通,与干线或轨道交通共同提供服务。这种线路设置的主要目的是减少使用者步行的距离,实现真正意义上的零换乘;配合较密的发车间隔,有效提高公交吸引力。

公交支线深入各居住区及各功能区,不仅可以为居民的短距离出行服务,解决居民的区内出行,还可以承担集散客流的功能。此外,公交支线可以配合城市轨道交通、快速公交、常规普线及客流集散点布设,扩大快线的辐射范围,方便居民出行换乘。

公交支线的布设以增加网络的直接覆盖率、提供与客流集散中心良好的衔接为目标。公交支线布设应深入道路网络的支路层次;公交支线对于居民小区应提供必需的支线服务,承担和周围集散中心的联系;公交支线的站距要小,一般在 300～500m。

大城市常规公交中不同等级的公交线路特征情况见表 4-2。

表 4-2　不同等级公交线路的特征

项　目	公交快线	公交普线	公交支线
运营道路	快速干道、主干道	快速干道、主干道、次干道	次干道、支路
线路形状	转弯少、迂回少	允许适当的转弯和迂回	允许转弯和迂回
线路长度/km	＞15	8～15	＜8
站距/m	＞800	500～800	300～500
运营车辆	性能好、车速高、车型大	可以多种车型混合	车型小
平均运营速度/(km/h)	＞25	20～25	15～20

（续）

项　目	公交快线	公交普线	公交支线
配车调度情况	配车数多、发车频率高	配车数较多、发车频率较高	根据线路客流和车型确定
高峰小时发车间隔/min	＜5	＜5	根据线路客流和车型确定
首末站	大型的公交枢纽站	无要求	无要求
公交优先政策	提供公交优先措施	可提供公交优先措施	一般无要求
线路性质	长距离的区间出行、公交客流主流向	相邻组团之间，与市中心和片区中心的中心距离出行	填补线路空白，加密网络，与公交主干线、次干线换乘

多层次公交网络服务模式与现有的公交网络服务模式相比，有以下转变：

（1）网络的服务将由分散服务向分区服务的模式转变。

（2）线路由单一功能及标准向多层次转变。

（3）换乘模式的变化——将由目前的线路之间的换乘向以客流集散中心为主换乘的转变。

（4）枢纽及站点将由单一规模向功能分级转变。

4.2.2　多层次公交网络结构下枢纽布局模式

根据中枢辐射网络结构原理，将市区按照交通枢纽合理服务范围分区，每个分区内规划一个以及客运综合交通枢纽或者二级客运换乘中心和若干个三级换乘站。一级客运综合交通枢纽、二级客运换乘中心和三级换乘站之间应利用多模式公交网络（城市轨道交通、公交快线、公交普线和公交支线）建立协调匹配的连接关系，组成一个有机的整体，充分发挥公交网络和枢纽集散客流中转换乘的最大效率，并引导和促进土地利用的合理开发和利用。

一级客运综合交通枢纽或二级客运换乘中心之间通过大容量快速公交连接；三级换乘站与高等级枢纽之间通过常规公交普线和公交支线连接。客运交通枢纽布局及多层次公交网络规划的理想模式如图 4-1 所示。

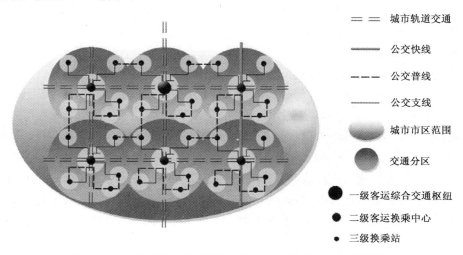

图 4-1　客运交通枢纽布局及多层次公交网络规划的理想模式

4.2.3 不同层次公交线路的关系

1. 公交快线与公交普线

公交快线与公交普线的关系应定位成骨干与基础的关系,在发展公交快线的同时,实现公交快线与公交普线的整合,发挥公交更大的作用,提高公交吸引力。公共汽车运量不大,但具有灵活、便捷、覆盖面广的优点,主要以中长距离客流为主,应重点考虑整个城市公交网络的覆盖率。公交快线和公交普线的有效结合可以使居民得到更便捷的公交服务。

通常,应避免公交快线与公交普线过多地重合,在公交快线建设完工初期,取消部分与公交快线重合的公交普线。在公交快线覆盖的范围内,调整长距离与公交快线共站的公交普线,改设在快线服务半径以外的区域。这样可以更好地发挥快线作用,吸引更多的客流,同时缓解普线的压力,避免公交快线与公交普线之间不必要的竞争。

在客流很大的交通走廊上,若公交快线无法满足居民出行的需求,可以在局部客流大的公交快线的某段上保留一部分公交普线,起分流作用,并提供多层次的公交服务方式,但重合部分不宜太长(不超过 4km)。根据其客流密度情况,在公交快线站点可设置不同等级的公交普线换乘站,以快速集散客流,同时方便乘客。

随着公交快线的发展以及换乘枢纽的相应建设,考虑缩短现有的公交普线长度,将公交普线直接与外围地区或地铁站或大中型换乘枢纽相连。这样既有利于公交普线的运营组织,也可以在一定程度上保证必要的客源。

2. 公交快线与公交支线

公交快线与公交支线的关系应定为骨干与集散的关系。公交快线有着运量大、快速、准时、舒适等优点,但是由于资金、建设期和运营效益的限制,公交快线网络的密度不可能很高,其直接吸引范围有限。这就需要与公交支线的配合,在设置公交支线时尽量做到与公交快线车站交汇,为公交快线输送更多的客流。因此,公交支线不仅可以服务居民的短距离出行,还可以配合公交快线,承担集散客流的功能,从而扩大公交快线的服务辐射范围。公交支线和公交快线的良好配合,可以最大限度发挥公交快线的效益。

可以结合公交快线站点及枢纽,开辟公交支线,将公交支线直接与服务区域地铁站或大中型换乘枢纽相连,解决末端交通问题。

3. 公交普线与公交支线

公交普线与公交支线的关系可定位为基础和延伸的关系。由于道路限制,公交普线无法进入城市的中小街道,而公交支线可以深入各居住区及各功能区,运行在中小街道上。公交支线可作为普线的一种补充形式,提高公交网络密度,提供多层次多样化的公交服务形式。公交支线还可以发挥机动灵活的优点,可以根据不同客流选择不同的车型,填补中小街道和郊区的交通空白区域。

另外,通过进一步优化公交普线与公交支线网络布局,将公交支线与公交普线的一些主要枢纽连接,也可实现提供客流接驳运送、各交通方式之间换乘等多功能、多层次的运输服务。公交普线与公交支线的配合使公共交通竞争力大大提高,并且为优化城市交通结构提供有效途径。

4.3 多层次公交网络优化方法

多层次公交网络规划的目的是建立良好的城市轨道交通、公交快线、公交普线与公交支线接驳换乘体系，形成"无缝衔接"，满足交通需求的多样性，并提高公交系统效率和服务水平。

常规公交网络规划模型多描述为一系列的线路和相应的发车频率，受特定的约束条件限制，以达到期望的目标——总体费用最小。公交网络固有的非线性和离散性使得网络规划问题成为一个 NP－hard 问题，所以常常得到的是局部最优解，而不是全局最优解。同时，公交网络规划的方法很多，多数方法为理论研究，很难应用于实际工程中，并且大部分研究成果主要集中于普通公交单一层次的网络优化上。本节将对不同层次的公交网络优化方法进行分析，对于不同层次的公交网络，研究其目标函数、约束条件及布设方法，并对各层次公交网络优化进行协调设计，以达到整体优化的目的。最后，利用实例验证多层次公交网络优化方法的实用性。多层次公交网络优化方法流程如图 4－2 所示。

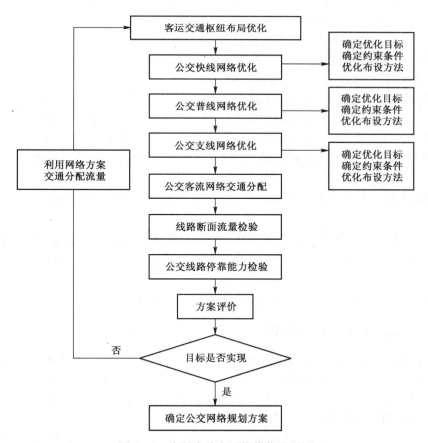

图 4－2 多层次公交网络优化流程图

公交网络优化采取"逐层优化"的方法，应注重各层次公交网络之间的协调，同时保证和枢纽布局方案的紧密结合。考虑到公交需求的随机性和公交网络的复杂性，对公交系统进行以下简化假设：

(1) 城市轨道交通网络已知。

(2) 公交系统的客流需求固定。

(3) 研究范围限于城市公共交通网络。

(4) 公交快线、公交普线、公交支线线路客流相对独立，其间相互影响忽略不计。

4.3.1　影响公交网络优化的因素

实际的公交网络影响众多、过程复杂。归纳起来，在规划过程中起主要作用的因素如下：

(1) 道路条件。城市道路是公交网络布置的物质基础和前提。对于常规公交网络，如果没有道路网，公交线路就没有存在的依托。同时，即便道路网存在，也并非所有的道路都适合公交车辆行驶，还要考虑道路几何线形、路面条件和容量限制等因素。

(2) 交通需求。城市客运交通需求包括出行数量、出行分布和出行路径的选择，是影响公交网络规划的首要因素。在一定的服务水平要求下，客运需求量大的区域要求布置的公交网络客运能力较大；客运需求量过小的区域，由于路线客运能力太低是不经济的，因而不宜开设。所以，理想的公交网络布局应满足大多数交通需求的要求，具有服务范围广、非直线系数小、出行时间短、直达率高、可达性高等特点。

(3) 场站条件。起讫站址可作为公交网络规划的约束条件，可根据拟定的起终点生成网络，也可在路线优化后，根据路线及车辆配置确定起终点站及其规模。一般的公交车站可以在路线确定后，根据最优站距和车站长度的限制等情况确定。

(4) 车辆条件。影响网络规划的车辆条件包括车辆物理特性、操作性能、载客指标和车队拥有的车辆数等。考虑其中物理特性和操作性能与道路条件的协调，可以确定公交网络规划的"基础道路网"，由车辆总数、车辆的载客能力和路线的配车数可决定路线总数、车辆总数以作为网络规划的限制条件；也可先规划网络，根据路线配置车辆所需的总车辆数，再考虑数量的限制。

(5) 政策因素。政策因素包括交通管理政策、社会公平保障政策和公交导向发展 TOD 政策。

(6) 效率因素。效率因素是指公共交通网络单位投入获得的服务效益，反映路线效益的指标有每月行驶次数、每车次载客人数、每车公里载客人数、每车公里收入、每车次收入和营运成本效益比等。

此外，城市人口年龄、经济因素和文化因素也是需要考虑的问题。

4.3.2　多层次公交网络优化目标

由于公交系统涉及公交企业、政府、乘客等多利益群体，公交网络优化属于多用户多目标的优化求解问题。为了保障优化方法的实用性，各层次公交网络优化针对不同层次网络，选定主要的优化目标，建立单目标优化模型，并结合约束条件进行启发式求解，开展线路布设。

1. 公交快线网络优化目标

在公交快线布设中，目标函数主要是从出行者的角度出发，考虑乘客出行的时间最短、网络的路线客流周转效率最大。出行时间最短目标函数为

$$\min T_R = \sum_i \sum_j Q_{ij} \cdot T_{ij} \tag{4-1}$$

式中　T_R——网络 R 的运行时间；

　　　Q_{ij}——从 i 点到 j 点的 O-D 客流量，人；

　　　T_{ij}——从 i 点到 j 点的公交行程时间。

公交快线主要承担中长距离出行，网络路线客流周转效率目标函数采用以下公式：

$$\max E_R = \frac{\sum\limits_{\substack{I \in R \\ \forall i,j \in I}} q_{ij}^I \cdot l_{ij}^I}{\sum\limits_{I \in R} l_I} \qquad (4-2)$$

式中　E_R——网络 R 的路线效率，人；

　　　q_{ij}^I——路线 I 上从站点 i 到站点 j 的 O-D 客流量，人；

　　　l_{ij}^I——路线 I 上从站点 i 到站点 j 的距离，km；

　　　l_I——路线 I 的总长，km。

由于公交快线网络优化目标包括路线效率最大和乘客出行时间最短，该目标函数属于多目标函数，在实际应用中求解过程复杂，所以在实际线路优化布设中主要以路线效率最大为目标布设，而乘客出行时间最短转化为线路的非直线系数约束，在非直线系数较小的情况下乘客基本以最短路径采取快线公交出行。这样既保证了本方法的实用性，也同时满足了运营者和出行者双重目标。

2. 公交普线网络优化目标

常规普通公交具有灵活、便捷、覆盖面广的优点。从目前来看，具有较完善轨道交通网络的城市，其普通公交的职能将逐步向驳运转移，应该作为轨道交通和 BRT 等快速公交的补充方式，适合中短距离出行。公交普线主要承担快线网络无法涉及区域内的客流；接驳轨道交通线路和快速公交线路客流。公交普线网络布局规划目标一般应包括以下几方面内容：

（1）中短距离出行换乘次数最少、直达、快速、方便地到达目的地。

（2）长距离出行时，使乘客方便、快速地换乘大容量快速公交，要求尽可能地提高公交运营速度，减小换乘次数等。

（3）保证适当的公交网络密度，即良好的可达性。

（4）保证网络的服务面积率，减少公交盲区。

（5）公交线路客流均匀。

（6）兼顾公交运营企业效益。

为了使公交中短距离出行总的换乘次数最少，在设置公交线路时，一般以直达乘客量最大为目标。直达客流密度最大目标函数为

$$\max D = \max \sum D_{IJ} = \max \sum \frac{\sum\limits_{\forall i,j \in I,J} q_{ij}}{l_{IJ}} \qquad (4-3)$$

式中　D_{IJ}——线路 IJ 的直达客流密度，人/km；

　　　q_{ij}——线路 IJ 上从起点 i 到终点 j 的 O-D 客流量，人；

　　　l_{IJ}——线路 IJ 的总长，km。

3. 公交支线网络优化目标

公交支线应为居民小区以及公交快线、公交普线未覆盖区域的乘客提供快速、便利的到达目的地、枢纽点的接运服务，允许其一定的绕行。布设时，应注重提高公交网络的覆盖率，以公

交支线线路连接的公交站点和途经的出行集散点数量最大为目标。其目标函数为

$$\max C = \max \sum C_{IJ} \qquad (4-4)$$

式中　C_{IJ}——线路 IJ 连接的公交站点及途经的出行集散点个数。

4.3.3　多层次公交网络约束条件

影响公交网络规划的因素较多,一般来说,约束条件可以分为单条线路约束条件和公交网络整体约束条件两大类。

1. 单条线路约束条件

1）起终点条件

$$S_R \in \boldsymbol{S} \qquad (4-5)$$

式中　S_R——公交线路的起终点;

　　$\boldsymbol{S}$——公交线路起终点可行集。

2）线路长度约束

$$l_{\min} \leqslant l^k \leqslant l_{\max} \qquad (4-6)$$

式中　$l_{\max}$、$l_{\min}$——分别为路线长度的上、下限。

线路长度与城市的规模、城市居民的平均乘距大小等有关。路线过长,会增加系统的营运费用;线路过短,不利于运营调度,也增加了乘客的换乘次数。《城市道路交通规划设计规范》(GB 50220—95)给出的公交线路长度上限 $l_{\max}$ 见表 4-3。

表 4-3　常规公交线路的长度上限

城市规模		最大出行时耗/min	主要公共交通方式	$l_{\max}$/km
大	>200 万人	60	大、中运量快速轨道交通公共汽(电)车	15
	100 万~200 万人	50	中运量快速轨道交通公共汽(电)车	11.5
	<100 万人	40	公共汽(电)车	10
中		35	公共汽车	8.75
小		25	公共汽车	6.25

常规公交 $l_{\min}$ 按运营要求约为 5km(王炜,1992)。对于特定的公交线路,其长度有一个最优值。市区公交线路的平均长度是城市的半径(大城市)或直径(中、小城市),即

$$\bar{l} \approx \begin{cases} \sqrt{S/\pi}, \text{大城市} \\ 2\sqrt{S/\pi}, \text{中、小城市} \end{cases} \qquad (4-7)$$

式中　S——城市面积,km²。

或

$$\bar{l} \approx kL_{\text{bus}} \qquad (4-8)$$

式中　$\bar{l}$——市区公交线路的平均长度,km;

　　k——系数,$k=2\sim3$;

　　L_{bus}——城市居民的平均乘距,km。

3）线路非直线系数约束

公共交通线路长度与起、终点站间空间直线距,距离之比,称为线路的非直线系数。环形线

路的非直线系数是对线路上的主要枢纽点(或最远的两节点)间来衡量的。

$$\eta_R = l_R / d_R \leqslant \eta_{R\max} \qquad (4-9)$$

式中　η_R、$\eta_{R\max}$ ——分别为线路 R 的非直线系数和最大允许非直线系数;

　　　　l_R ——线路 R 的长度;

　　　　d_R ——线路 R 的起、终点间的直线距离。

《城市道路交通规划设计规范》规定常规普通公交 $\eta_{R\max} = 1.4$。

4)线路客运能力

$$Q_I = Q_{I\max} \cdot \gamma \qquad (4-10)$$

式中　Q_I、$Q_{I\max}$ ——分别为线路 I 的最大流量断面客运量及客运能力,人;

　　　　γ ——考虑运输能力储备和服务水平影响的系数,可取 $\gamma = 0.85$。

公交线路的单向客运能力与车辆的载客能力、发车频率、站点的形式和通过能力、道路的几何、交通条件以及公交客流分布等诸多因素有关。各因素的影响是复杂的,如车辆载客能力因素应根据实际的载客情况和公众的承认程度而定,建议在公交网络规划中采用经验值,按表 4-4 取值。

表 4-4　公共交通线路单向客运能力

公共交通方式	运送速度/(km/h)	发车频率/(车次/h)	单向客运能力/(千人次/h)
公共汽车	16~25	60~90	8~12
无轨电车	15~20	50~60	8~10
有轨电车	14~18	40~60	10~15
中运量快速轨道交通	20~35	40~60	15~30
大运量快速轨道交通	30~40	20~30	30~60

5)站点中转量约束

$$T_R[i] \leqslant T_{R\max}[i] \qquad (4-11)$$

式中　$T_R[i]$、$T_{R\max}[i]$ ——分别为网络 R 上第 i 节点的中转换乘客流量和最大中转乘客能力,人。

公交线路主要受上客流量限制,与车型和发车间隔等有关。《城市轻轨交通工程设计指南》中轻轨站点的设计能力见表 4-5。

表 4-5　轻轨站点的设计能力

站点规模	高峰小时上、下客流量/万人	站点规模	高峰小时上、下客流量/万人
小型站	≤0.5	大型站	2.0~10.0
中型站	0.5~2.0	特大型站	≥10

6)道路通行能力

$$\sum_{I \in \boldsymbol{R}} \frac{Q_I}{C} \cdot \eta_{\text{bus}}^I \cdot \beta_a \cdot \delta_a^I \leqslant C_a, A \in \forall a \qquad (4-12)$$

$$\delta_a^I = \begin{cases} 1, & 线段 I 经过路段 a \\ 0, & 线段 I 不经过路段 a \end{cases} \qquad (4-13)$$

式中　Q_I ——路线 I 的最大断面流量,人;

C——车辆的平均载客能力，人；

$\boldsymbol{R}$——线路集合；

η_{bus}^l——线路 l 上的公交车的车型换算系数（当量小汽车单位）；

β_a——路段 a 的公交车辆占用系数，$\beta_a = 1$ 时为公交车专用道路；

C_a——路段 a 的道路通行能力（当量小汽车单位）。

7）线路的断面流量均衡性约束

线路 I 的断面客流不均衡系数 μ_I 定义为线路中最大断面客流量 Q_I 与平均断面客流量 $\overline{q_I}$ 之比，即

$$\mu_I = \frac{Q_I}{\overline{q_I}} \tag{4-14}$$

一般情况下，μ_I 不宜超过 1.5。

8）复线系数

在优化中采用复线条数约束是对公交路线的分布均匀性、站点停靠能力的综合考虑，在实际公交网络规划布设过程中，根据不同城市现状线路分布情况，综合考虑后取值。一般来说，公交线路在主干道断面上的重复条数最大不宜超过 8 条，最好不大于 5 条。

9）线路站距约束

公交线路的站距不宜过长或过短。站距过长，乘客的步行到站、步行离站到目的地时间增加，换乘不方便；站距过短，会导致车速下降，延长公交出行时间，浪费车辆动力。

公交站距的大小受道路网类型、交叉口类型及间距、交通管制措施等的影响。因此，站距的大小不是绝对的，即使是在同一条公交线上，站距的大小也是不同的。《城市道路交通规划设计规范》给出的公交线路长度见表 4-6。

表 4-6　公共交通线路站距

公共交通方式	市区线/m	郊区线/m
公共汽、电车	500～800	800～1000
公共汽车大站快车	1500～2000	1500～2500
中运量快速轨道交通	800～1000	1000～1500
大运量快速轨道交通	1000～1200	1500～2000

除了前文所述单条线路的约束条件，还包括以下约束条件：

线路迂回率

$$D_{ij}^k = \frac{l_{ij}^k}{d_{ij}} \leqslant D_{\max} \tag{4-15}$$

线路重合率

$$O_k \leqslant O_{\max} \tag{4-16}$$

发车频率

$$f_{\min} \leqslant f^k \leqslant f_{\max} \tag{4-17}$$

式中　D_{ij}^k——线路 k 上 i 站到 j 站的线路迂回率；

l_{ij}^k——线路 k 上 i 站到 j 站实际线路长度；

d_{ij}——线路 k 上 i 站到 j 站的最短路长度；

D_{max} ——网络允许的最大线路迂回率;

O_k ——线路重合率;

O_{max} ——允许的最大重合率;

f^k ——线路 k 的发车频率;

f_{min}、f_{max} ——分别为最小发车频率和最大发车频率。

2. 公交网络整体约束条件

除了上述单条线路的约束外,还应考虑公交网络整体的约束指标,主要有公交网络密度约束、线路重复系数约束、中转换乘次数及换乘时间约束、公交网络站点覆盖率约束、居民出行平均时耗等。

1) 网络密度

公交网络密度是指城市有公交线路服务的每平方千米用地面积上有公交线路经过的道路中心线的长度,它反映了居民接近线路的程度。公交车保有量一定时,公交网络密度过高或过低,都会造成非车内出行时间(候车时间与步行时间)的增加。

《城市道路交通规划设计规范》给出的网络密度下限为

$$\rho_{min} \leqslant \begin{cases} 3 \sim 4(km/km^2),市中心区 \\ 2 \sim 2.5(km/km^2),市边缘区 \end{cases} \tag{4-18}$$

公交网络密度受道路网络密度的影响,通常用公交网络的道路网覆盖率来衡量公交网络在道路网上的密度。规划区的公交网络的道路覆盖率为

$$D_m = \frac{l_{Rm}}{l_{Am}} \tag{4-19}$$

式中 D_m ——第 m 区公交网络的道路覆盖率;

l_{Rm} ——第 m 区公交路线长度,km;

l_{Am} ——第 m 区道路网长度,km。

2) 乘客换乘系数

一般情况下,城市居民单程出行的换乘次数不超过 3 次。《城市道路交通规划设计规范》给出的整个公交网络平均换乘系数 α 为

$$\alpha \leqslant \begin{cases} 1.5,大城市 \\ 1.3,中小城市 \end{cases} \tag{4-20}$$

3) 公交网络的车站服务面积率

$$\gamma_R = S_R/S \geqslant \gamma_{min} \tag{4-21}$$

式中 γ_R、γ_{min} ——公交网络 R 的车站服务面积率和最小允许服务面积率;

S_R ——公交网络 R 的公交车站的服务面积,km^2;

S ——城市用地面积,km^2。

公交车站的服务范围一般是指车站合理步行区范围,与居民出行点的分布和通向车站的道路的路径有关。一种简化的考虑方法是:以车站为圆心,以合理步行距离(服务半径 R_S)画圆,圆面积即为车站的服务面积。《城市道路交通规划设计规范》中对最小允许服务面积率的规定值为

$$\gamma_{min} = \begin{cases} 0.5,R_S = 300m \\ 0.9,R_S = 500m \end{cases} \tag{4-22}$$

4）居民出行时耗

$$T \leqslant T_{\max} \qquad (4-23)$$

式中 T——城市中 95％的居民出行单程最大时耗；

$T_{\max}$——城市中 95％的居民出行单程最大时耗上限。

5）公交车辆保有量

按《城市道路交通规划设计规范》的要求，公交车辆保有量应满足：

对大城市

$$\frac{1}{1000} \leqslant \frac{N_I}{P} \leqslant \frac{1}{800} \qquad (4-24)$$

对中小城市

$$\frac{1}{1500} \leqslant \frac{N_I}{P} \leqslant \frac{1}{1200} \qquad (4-25)$$

式中 P——城市人口数；

N_I——城市的公交车辆数（折算为标台数）。

总之，公交网络优化中需考虑的约束条件很多，既要考虑对单条线路的约束条件，又要考虑公交网络整体的约束。前者多在布线过程中予以考虑，后者一般在公交网络整体形成或客流预测（或评价）过程中予以考虑。建议各种约束条件的取值范围见表 4-7。

表 4-7 多层次公交网络优化约束条件

约束分类	约束条件	公交快线	公交普线	公交支线
单条线路约束条件	起终点条件	一级换乘节点、二级换乘节点	按客流量和满足场站条件设置	考虑一端枢纽点、快线站点，另一端居民小区、商业中心等客流集中地
	路线非直线系数	<1.3	<1.4	<1.5
	线路长度/km	>15	8～15	<5
	线路站距/km	>1000	500～1000	300～500
	路线客运能力/（万人次/h）	1.5～3	0.8～1.5	0.5～1
	站点中转量约束/（人/高峰小时）	上客流量 5000～20000	中间站上客流量：180～450 起点上客流量：500～2000	180～450
	断面客流不均衡系数	1.5	1.5	1.5
	车辆保有量			
公交网络整体约束条件	网络密度/（km/km²）	2.5～4		
	乘客换乘系数	<1.5		
	网络的车站服务面积率	$\gamma_{\min} = \begin{cases} 0.5, R_S = 300\mathrm{m} \\ 0.9, R_S = 500\mathrm{m} \end{cases}$		
	居民出行时耗/min	<60		

4.3.4 多层次公交网络分层优化布设方法

1. 公交快线网络优化布设方法

公交网络优化方法很多,但大部分研究为理论研究,很难在实际规划中应用。为了提高公交网络规划的实用性,本章提出公交快线线路布设的优化实用方法。具体流程如图 4-3 所示。

步骤 1:建立公交快线线路可行集合。

在一个城市中,并不是所有的道路都适合公交快线线路,适合公交快线线路通行的道路应符合一定的条件。同时,建立公交快线网络可行集合也提高了网络优化算法的搜索求解效率。对于满足以下条件的道路,建立公交快线网络可行集:

(1) 公交快线系统主要依托高速公路、快速路、主干路。

(2) 次干路应具有一定的路宽和车道数,满足公交快线线路双向行车的要求。

(3) 路段交叉口间距较大,横向干扰少,能够保证公交快线线路快速行驶。

(4) 具有较高的乘客集散量。

(5) 已列入相关规划或近期改造建设可形成通车条件。

步骤 2:备选线路起终点确定。

公交快线线路的备选线路起终点为一级、二级、三级枢纽点。

步骤 3:备选路线的最佳走向及路线直达客流效率的计算。

确定了备选线路起终点后,便可对起终点站进行配对,以构成公交快线网络。不同的起终点站配对,能构成不同的线路,不同的线路能运送不同的直达乘客量(不需要换乘的公交乘客量)。为了使全服务区内乘客总乘行时间(或距离)最短,在确定各备选线路的最佳走向时,以两点间路线最短为目标,即每一起点终点对之间的最短路线均作为拟设线路的备选线路方案。这里的最短路是广义最短路,为综合费用(时间、费用等)最小路径,通常采用的是车辆行驶时间最短。

要确定起终点之间的最佳配对,关键在于确定各起终点之间配对后的直达客流效率 E_{IJ},而 E_{IJ} 与线路走向有关。

在设置第一条线路时,由于网络中尚无其他线路,无须进行行驶时间的复线修正。路段行驶时间可取长度除以设计公交运行车速,各起终点对之间的最佳走向取其行驶时间最短的线路。

其起终点间的线路走向确定后,O 点、D 点均在该线路上的乘客 O-D 量为该起终点对不需换乘的直达乘客量 q_{ij}。各备选线起终点间的最短路线可采用 Dikstra 法确定。各备选线路直达客流效率由下式计算:

$$E_{IJ} = \frac{\sum\limits_{\forall i,j \in I,J} q_{ij} \cdot l_{ij}}{l_{IJ}} \tag{4-26}$$

式中　E_{IJ} ——线路 IJ 的路线效率;

　　　q_{ij} ——线路 IJ 上从起点 i 到终点 j 的 O-D 客流量;

　　　l_{ij} ——线路 IJ 上从起点 i 到终点 j 的距离;

　　　l_{IJ} ——线路 IJ 的总长。

步骤 4:直达客流效率矩阵的修正。

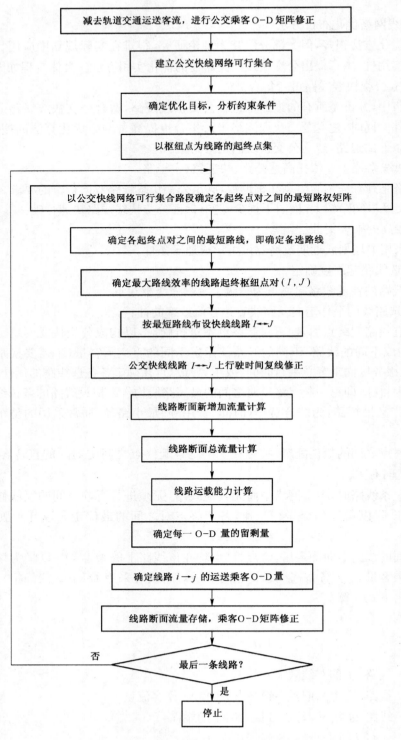

图 4-3 快线布局优化流程图

公交快线线路不宜过长或过短。线路过长,使车辆在途中运行时间增加,影响车辆准点到站,延长了乘客的等车时间,且因沿线客流分布不均而导致运能利用不均衡;线路过短,既增加了乘客的换乘次数,又使车辆在终点站的停靠时间相对延长而降低营运车速。

公交快线线路长度应满足公交快线线路约束条件中的线路长度约束和非直线系数约束。根据城市实际情况,对前述确定的各备选线路进行筛选。若备选线路的长度大于最大线路长度 l_{max} 或小于最小线路长度 l_{min},或者备选线路的非直线系数大于最大允许非直线系数 η_{Rmax},则该起点间不设线路,应取该起终点之间的直达客流效率 $E_{IJ} = 0$。

经过直达客流效率修正后,得到备选线路起终点的直达客流效率矩阵。

步骤 5：优化线路的布设。

在经过各种修正的直达客流效率矩阵中,计算各备选线路的最大直达客流效率值,并确定最大值 $E_{IJ\,max}$,取该最大直达客流效率所对应的备选线路为公交快线网络中的线路,在网络中按其最短路线布设该线路。如果该线路满足一定的线路长度约束条件,可以对该线路作适当的调整延长,以线路的两个端点 m 和 n 沿线路的两外侧方向进行扩张。

步骤 6：乘客 O-D 量矩阵的修正。

根据 $E_{IJ\,max}$ 设置公交线路后,该线路可运送一部分客流 O-D 量,故原乘客 O-D 量矩阵中应减去被该线路运送的 O-D 量。乘客 O-D 量矩阵的修正按以下方法进行:先将 O 点、D 点均在该线路上的 O-D 量全部分配在该线路上,并计算每一断面的总流量(包括已存在的流量)及每一断面的运载能力。若每一断面的运载能力均大于断面流量,则起终点均在该线路上的 O-D 量全部被该线路运送,从 O-D 矩阵中减去各 O-D 量。若某些断面的运载能力小于断面总流量,则该线路只能运送部分 O-D 量,需先计算 O-D 量留剩量,然后从原 O-D 矩阵中减去被运送部分的乘客 O-D 量。

1) 公交快线线路运载能力计算

《快速公交规划设计指南》中指出影响公交快线线路运力的最主要因素包括:车辆运力、负载系数、服务频率和停靠泊位数量。快速公交走廊运力计算公式为

$$C_0 = \frac{N_{sp} \cdot X \cdot 3600}{\left[\dfrac{T_d (1 - D_{ir})}{C_b} + R_{en} \cdot T_1 \right]} \tag{4-27}$$

式中　C_0——走廊运力(高峰单向小时乘客量);

N_{sp}——停靠泊位的数量;

X——饱和度;

T_d——停站时间;

D_{ir}——有限停车与快线服务的车辆百分比;

C_b——车辆运力;

R_{en}——更新系数;

T_1——每个乘客的平均上下耗时。

该指南将快速公交车型分为:标准公交车(12m),最大载客量为 70 人;铰接车(18.5m),最大载客量为 160 人;双铰接车(24m),最大载客量为 270 人。不同车型的快速公交走廊运力见表 4-8。

表 4-8　不同车型的快速公交走廊运力

车型	车辆运力/人	负载系数	停靠泊位处每小时车辆进站频率/(次/h)	每个车站的停车泊位数/个	运力流/(人/单向小时)
标准公交车	70	0.85	60	1	3570
				2	7140
铰接车	160	0.85	60	1	8160
				2	16320
双铰接车	270	0.85	60	1	13770
				2	27540

2) 线路断面流量计算

设在网络中已有若干条线路存在，V_{kl} 为断面 $[k, l]$ 上已存在的乘客断面流量。在第一次设线时，网络中尚无线路，$V_{kl}=0$。根据 $E_{IJ\,max}$ 设立了一条快线线路后，可将 O 点、D 点均在该线路上的 O-D 量分配在该线路上，并计算新增加的断面流量 Q_{kl}。

3) O-D 留剩量的确定

某一条线路设置后，通过断面流量计算，不外乎出现以下两种情况。

(1) 该线路所有断面的流量（已存在的断面流量与新增加的断面流量之和）均小于相应断面的运载能力。此时，该线路上的 O-D 量全部被该线路运送，留剩量为零。

(2) 该线路上有些断面的流量超过了相应的运载能力。此时，该线路上的 O-D 量只是部分被该线路运送，有一部分 O-D 量留下，故应确定每一 O-D 量的留剩量。

由于断面的流量是由经过该断面的所有 O-D 量产生的，故当该断面超载时，经过该断面的所有 O-D 量均有留剩。在某一站点，每一个乘客都有相同的上车权利，同时也有相同的可能被留剩，所以，某一通过超载断面 $[k, l]$ 的 O-D 点对在该断面上的留剩量可按下式计算：

$$T_{ij}^{1kl} = \Delta C_{kl} \cdot T_{ij} / \sum T \tag{4-28}$$

式中　T_{ij}——O-D 点对 (i, j) 的 O-D 量；

　　$\sum T$——通过超载断面的所有 O-D 点对的 O-D 量之和；

　　ΔC_{kl}——超载断面 $[k, l]$ 上的超载量。

$$\Delta C_{kl} = V_{kl} + Q_{kl} - C \tag{4-29}$$

式中　V_{kl}——超载断面 (k, l) 上已存的流量；

　　Q_{kl}——超载断面 (k, l) 上新增加的流量；

　　C——线路的运载能力。

每一 O-D 点对在其所经过的每一超载断面上均有相应的留剩量。为了保证全线路各断面均不超载，每一 O-D 点对的留剩量取其在线路上的各断面留剩量的最大值，即

$$T_{ij}^{1} = \max [T_{ij}^{1kl}] \tag{4-30}$$

式中　T_{ij}^{1}——O-D 点对 (i, j) 在该线路上的留剩量。

那么，被该线路运送的 O-D 量 T_{ij}^{2} 为

$$T_{ij}^{2} = T_{ij} - T_{ij}^{1} \tag{4-31}$$

不经过超载断面的 O-D 量留剩量为零。

　　4）乘客 O-D 矩阵的修正

　　每一 O-D 点对的留剩量确定后,便可用上述两式计算被该线路运送的及留剩的 O-D 量。在原乘客 O-D 矩阵中,减去被该线路运送的 O-D 量,并将被运送的 O-D 量分配在该线路上,重新计算断面新增加的流量 Q_{kl}。此时,各断面的总流量 $V_{kl}+Q_{kl}$ 均小于相应的运载能力,将新增加的流量 Q_{kl} 加入原断面流量 V_{kl} 并储存,作为下一条线设置时的已有断面流量值。

　　5）复线系数及运行时间修正

　　一条公交线路设立后,为尽可能避免在以后设立线路时与此重复,应引进复线系数 K_0 对路段运行时间进行修正。对于不同的快线线路依托路段形式(封闭路权、公交专用道等),复线系数修正值不同。表 4-9 为复线系数建议值。在实际工作中,可根据实际的布线情况进行调整。

表 4-9　快速公交线路复线系数建议值

快速公交路段形式	封闭路权			公交专用道		
复线条数 m	0	1	>1	0	1	>1
复线系数 K_0	1	1.5	3	1	1.25	2

　　至此,第一条公交快线线路的布设全部结束,返回步骤 1,即对修正后的乘客 O-D 矩阵及路段行驶时间,重新确定其余备选线路的最佳走向及直达客流效率(因为路网行驶时间已被修正,原来的备选线路很可能不再是最短线路,故应重新采用最短路法确定各备选线路的最佳走向,并重新计算与最佳走向相对应的各备选线路直达客流效率),并按最短路法布设第二条线路,然后再修正 O-D 矩阵及行驶时间,直至把最后一条线路布设在网络上为止。

　　2. 公交普线网络优化布设方法

　　城市常规公交网络布局规划的方法很多,但大多数方法仅局限于理论研究,难以在实际工程中操作。王炜教授提出的"逐条布设、优化成网"常规公交网络布局规划方法是一种简单实用的公交网络布局规划方法。其原则是以直达乘客量最大为主要目标(换乘次数最少、运送量最大),通过分析备选线路的起终点位置及客流分布,确定线路的最佳配对及各线路的最佳走向。

　　本章在城市轨道交通和快速公交网络确定的前提下,在"逐条布设、优化成网"的规划方法基础上,提出大枢纽点吸引系数概念,用于调整与大容量快速公交站点及枢纽相邻区域的公交线路运行时间,按最短路算法确定备选公交线路集,以直达客流密度最大为目标确定公交线路走向,使公交普线线路在布设时优先通过或邻近换乘枢纽,从而达到提高大容量快速公交吸引力、有效接驳城市轨道交通和公交客流、兼顾公交运营企业效益的目的。该方法的流程如图 4-4 所示。

　　步骤 1:备选线路起终点确定。

　　枢纽点与公交快线布设完毕,减去城市轨道交通、快线分配客流进行公交乘客 O-D 矩阵修正后,便可根据各交通小区的总发生量或总吸引量确定需设普线线路的起终点站。

　　(1)按客流量设站。

　　交通区中间站点的总运载能力为

$$C_i = C_0 \cdot N_i = N_i \cdot B \cdot 60/t_i \qquad (4-32)$$

式中　C_0——交通区 i 中间站点的总运载能力,人次/高峰小时,也即起终点站的设站标准;

　　　　N_i——交通区 i 的中间站点个数;

　　　　t_i——高峰小时发车间隔,2~5min;

　　　　B——高峰小时平均每车从中间站点搭载的乘客数。

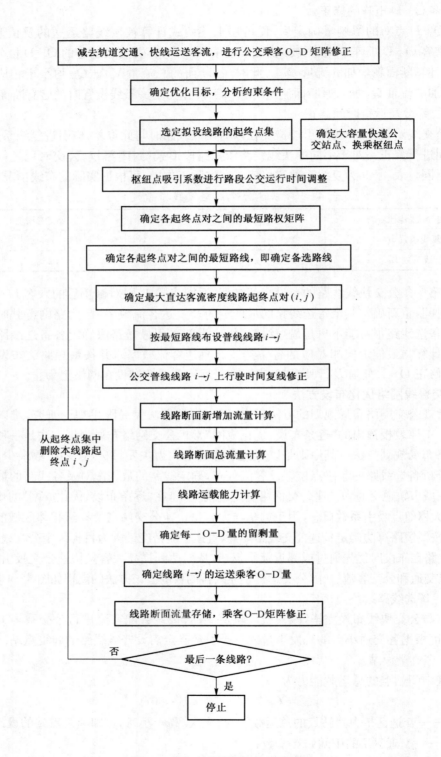

图 4-4 公交普线网络优化流程图

各交通区的站点个数为

$$N_i = N_0 \cdot T_i / T \tag{4-33}$$

式中　T_i——交通区 i 的总公交乘客发生量或吸引量；

　　　N_0——全规划区的站点个数；

　　　T——全规划区的总公交乘客发生量或吸引量。

其中

$$N_0 = \rho \cdot S / d \tag{4-34}$$

式中　ρ——公交网络密度，km/km^2；

　　　S——规划区面积，km^2；

　　　d——平均站点间距，km。

当交通区高峰小时的总发生量或总吸引量 T_i 大于它的中间站点运载能力 C_i 时，该区必须设置公共交通线路起终点站。

$$C_{od} = 60 \cdot R \cdot r / (t_i \cdot k_0) \tag{4-35}$$

式中　C_{od}——一个起终点站的运载能力，人次/高峰小时；

　　　R——公交车额定载客数；

　　　r——高峰小时满载率，一般取 $r = 0.85$；

　　　t_i——高峰小时发车间隔；

　　　k_0——线路上最大断面流量与起点站站前断面或终点站站后断面的流量之比，$k_0 = 1.5 \sim 2.5$。

若某交通区 i 的总发生量（或吸引量）T_i 超过该交通区的中间站点运载能力 C_i，其超过量为 $\Delta T_i (\Delta T_i = T_i - C_i)$，则当 $(K - 0.5) C_{od} < \Delta T \leqslant (K + 0.5) C_{od}$ 时，该交通区需设立 K 个起终点站。

（2）按实际要求设站。

对于特殊地区（如车站、码头、风景区、居民区等），为满足乘客的出行需要，方便居民生活，即使总发生（吸引）量未达到设站标准，也考虑设公交起终点站。

步骤 2：备选线路的最佳走向。

确定起终点站后，以路段行驶时间为阻抗求解各起终点配对后的最短路线。考虑到将公交线路优先经过或邻近枢纽点，提出枢纽点吸引系数的概念。枢纽点吸引系数定义为：为使枢纽点周边的公交线路尽可能地经过或邻近该枢纽点，在枢纽点周边一定距离范围内的路段在进行逐条布设公交线路时，其运行时间阻抗均乘以一定的修正系数（小于 1），以此达到通过常规公共交通为枢纽点客流提供快捷、方便集散的目的，进而提高大容量快速公交的吸引力。具体的数值大小可根据枢纽规模、枢纽周边路网条件等综合考虑确定，本章给出参考建议值为 0.50 左右。

各起终点站之间最短路确定后，以直达乘客量最大为主要目标确定线路走向。这种方法由于客流量会随着公交线路长度的增加而加大，倾向于布设较长的公交线路，即使一条线路上的客流非常密集，但是由于线路较短，累积的客流量少于更长的线路，也可能被忽略。另外，如果整个网络中长线过多会增加运营成本。对于公交运营企业而言，更希望线路能够服务更多的乘客，针对这种情况，以方便居民出行为目的，并兼顾公交企业经营效益，以直达客流密度（单位长度运送的乘客数）最大来确定线路的最佳走向。

要确定起终点站之间的最佳配对,关键在于确定各起终点站之间配对后的直达客流密度 D_{IJ},而 D_{IJ} 与线路走向有关。

在设置第一条线路时,对于网络中已经布设公交快线线路的路段,首先进行行驶时间的复线修正;对于没有布设公交线路的路段,路段行驶时间可取长度除以设计公交运行车速,各起终点对之间的最佳走向取其行驶时间最短的线路。各备选线起终点间的最短路可采用 Dikstra 法确定。

步骤 3:线路的直达客流密度。

其起终点间的线路走向确定后,O 点、D 点均在该线路上的乘客 O-D 量为该起终点对不需换乘的直达乘客量 q_{ij}。各备选线路直达客流密度为

$$D_{IJ} = \frac{\sum\limits_{\forall i,j \in I,J} q_{ij}}{l_{IJ}} \tag{4-36}$$

式中　D_{IJ}——线路 IJ 的直达客流密度;

　　　q_{ij}——线路 IJ 上从起点 i 到终点 j 的 O-D 客流量;

　　　l_{IJ}——线路 IJ 的总长。

步骤 4:直达乘客量矩阵的修正。

(1)线路长度限制的修正。

公交普线线路也不宜过长或过短。线路过长,使车辆在途中运行时间增加,影响车辆准点到站,延长了乘客的等车时间,且因沿线客流分布不均而导致运能利用不平衡;线路过短,既增加了乘客的换乘次数,又使车辆在终点站的停靠时间相对延长而降低营运车速。

线路长度应满足线路约束条件中的线路长度约束和非直线系数约束。根据城市实际情况,对前述确定的各备选线路进行筛选。若备选线路的长度大于最大线路长度 l_{max} 或小于最小线路长度 l_{min},或者备选线路的非直线系数大于最大允许非直线系数 η_{Rmax},则该起终点间不设线路,应取该起终点之间的直达客流密度 $D_{IJ} = 0$。

(2)避免自相配对修正。

同一交通节点不能成为同一条单向线路的起终点(暂不考虑环线),因此,令 $D_{IJ} = 0$。

(3)一区设多站修正。

当某些区的出行量特别大时,需设置多个起终点站。此时,直达乘客量矩阵中,相应的起点行、终点列要重写。重写次数等于该区起终点个数。

经过直达客流密度修正后,得到备选线路起终点的直达客流密度矩阵。

步骤 5:优化线路的布设。

在经过各种修正的直达客流密度矩阵中,计算各备选线路中的最大直达客流密度值,并确定最大值 D_{IJmax},取该最大直达客流密度所对应的备选线路为公交快线网络中的线路,在网络中按其最短路线布设该线路。

步骤 6:乘客 O-D 量矩阵的修正。

根据 D_{IJmax} 设置公交线路后,该线路可运送一部分客流 O-D 量,故原乘客 O-D 量矩阵中应减去被该线路运送的 O-D 量。乘客 O-D 量矩阵的修正按以下方法进行:先将 O 点、D 点均在该线路上的 O-D 量全部分配在该线路上,并计算每一断面的总流量(包括已存在的流量)及每一断面的运载能力。若每一断面的运载能力均大于断面流量,则起终点均在该线路上

的 O-D 量全部被该线路运送,从 O-D 矩阵中减去各 O-D 量;若某些断面的运载能力小于断面总流量,则该线路只能运送部分 O-D 量,需先计算 O-D 量留剩量,然后从原 O-D 矩阵中减去被运送部分的乘客 O-D 量。

(1) 线路运载能力计算。

仅含直达乘客的单条公交线路运载能力为

$$C = R \cdot r \cdot N_1 \cdot i \cdot K_i \cdot B_w \tag{4-37}$$

式中　R ——公交车额定载客量;

　　　r ——公交车辆满载率(高峰小时取 0.5);

　　N_1 ——只设一个同名站点的设计停靠能力;

　　　i ——同名站点的个数;

　　K_i ——同名站点的利用系数($i=1$ 时,$K_i=1$;$i=2$ 时,$K_i=0.8$;$i=3$ 时,$K_i=0.7$);

　　B_w ——不换乘比,本文取 0.6。

(2) 线路断面流量计算。

设在网络中已有若干条线路存在,V_{kl} 为断面[k, l]上已存在的乘客断面流量。在第一次设线时,网络中尚无线路,$V_{kl}=0$。根据 $D_{IJ\max}$ 设立了一条公交普线线路后,可将 O 点、D 点均在该线路上的 O-D 量分配在该线路上,并计算新增加的断面流量 Q_{kl}。

(3) O-D 量留剩量的确定。

某一条线路设置后,通过断面流量计算,不外乎出现以下两种情况:

① 该线路所有断面的流量(已存在的断面流量与新增加的断面流量之和)均小于相应断面的运载能力。此时,该线路上的 O-D 量全部被该线路运送,留剩量为零。

② 该线路上有些断面的流量超过了相应的运载能力。此时,该线路上的 O-D 量只是部分被该线路运送,有一部分 O-D 量留下,故应确定每一 O-D 量的留剩量。

由于断面的流量是由经过该断面的所有 O-D 量所产生的,故当该断面超载时,经过该断面的所有 O-D 量均有留剩。在某一站点,每一个乘客都有相同的上车权利,同时也有相同的可能被留剩,所以,某一通过超载断面[k, l]的 O-D 点对在该断面上的留剩量可按下式计算:

$$T_{ij}^{1kl} = \Delta C_{kl} \cdot T_{ij} / \sum T \tag{4-38}$$

式中　T_{ij} ——O-D 点对(i, j)的 O-D 量;

　$\sum T$ ——通过超载断面的所有 O-D 点对的 O-D 量之和;

　ΔC_{kl} ——超载断面[k, l]上的超载量。

$$\Delta C_{kl} = V_{kl} + Q_{kl} - C \tag{4-39}$$

式中　V_{kl} ——超载断面(k, l)上已存的流量;

　　Q_{kl} ——超载断面(k, l)上新增加的流量;

　　　C ——线路的运载能力。

每一 O-D 点对在其所经过的每一超载断面上均有相应的留剩量。为了保证全线路各断面均不超载,每一 O-D 点对的留剩量取其在线路上的各断面留剩量的最大值,即

$$T_{ij}^1 = \max[T_{ij}^1 kl] \tag{4-40}$$

式中　T_{ij}^1 ——O-D 点对(i, j)在该线路上的留剩量。

那么,被该线路运送的 O-D 量 T_{ij}^2 为

$$T_{ij}^2 = T_{ij} - T_{ij}^1 \tag{4-41}$$

不经过超载断面的 O-D 量留剩量为零。

(4)乘客 O-D 矩阵的修正。

每一 O-D 点对的留剩量确定后,便可用上述两式计算被该线路运送的及留剩的 O-D 量。在原乘客 O-D 矩阵中,减去被该线路运送的 O-D 量,并将被运送的 O-D 量分配在该线路上,重新计算断面新增加的流量 Q_{kl}。此时,各断面的总流量 $V_{kl} + Q_{kl}$ 均小于相应的运载能力,将新增加的流量 Q_{kl} 加入原断面流量 V_{kl} 并储存,作为下一条线设置时的已有断面流量值。

(5)复线系数及运行时间修正。

一条公交线路设立后,为尽可能避免在以后设立线路时与此重复,应引进复线系数 K_0。

研究表明,公交线路在主干道断面上的复线条数最大不宜多于8,最好不多于5。复线条数过大,会造成线路过分集中,出现公交空白区,并使得线路断面流量超过线路的断面停靠能力。因此,在已设有线路的断面上,应对行驶时间进行修正,通常的做法是乘以复线系数 $K_0(K_0 > 1)$。复线系数 K_0 与已设的断面复线系数条数 m 有关。复线系数选取过小,仍有可能出现线路过分集中的现象,起不到复线控制的作用;复线系数选取过大,可能会出现线路过分曲折,增加乘客的乘行距离。表 4-10 为复线系数建议值。在实际工作中,可根据实际的布线情况进行调整。

表 4-10　公交普线线路复线系数建议值

复线条数 m	0	1	2	3	4	5	6
复线系数 K_0	1	1.25	1.56	1.95	2.44	3.05	3.81

至此,第一条普线线路的布设全部结束,返回步骤1,即对修正后的乘客 O-D 矩阵及路段行驶时间重新利用枢纽点吸引系数进行路段公交运行时间调整,确定其余备选线路的最佳走向及直达客流效率(因为路网行驶时间已被修正,原来的备选线路很可能不再是最短线路,故应重新采用最短路法确定各备选线路的最佳走向,并重新计算与最佳走向相对应的各备选线路直达客流效率),按最短路法布设第二条线路,然后再修正 O-D 矩阵及行驶时间,直至把最后一条线路布设在网络上为止。

3. 公交支线网络优化布设方法

公交支线一端一般以枢纽点为起始点,其布设以增加公交网络的直接覆盖率、提供和客流集散中心良好的衔接为目标。公交支线布设应深入到道路网络的支路层次。公交支线对于居民小区应该提供必需的支线服务,承担和周围集散中心的联系。

布设时可根据支线的约束条件,如公交网络密度、公交线路长度、线路发车频率以及公交站点覆盖率等确定支线线路。

4. 线路断面流量检验

在前述的公交网络优化布设方法中,各条线路是逐条布设的,不可能考虑各条线路的客流相互吸引问题。公交网络确定以后,各交通区之间的公交乘客 O-D 量将按已确定的公交网络出行,分配到每一条公交线路上,且各条线路间相互吸引。因此,网络确定后各条线路的实际吸引客流量与前述逐条计算的线路断面流量有差异,需重新对全网的公交乘客 O-D 量进行分配及线路各断面的流量进行检验。

对于比较复杂的公交网络,各交通区之间不只一条公交线路连接。对于公交乘客来说,均

有多条线路供选择，每条出行线路分配到的出行量分配率可根据各线路的长度、换乘次数由交通方式划分模型确定。

各交通区之间的乘客 O-D 量在网络上分配后，将公交线路各断面分配到的流量相加，可得每条公交线路的断面流量。但由于公交快线车道的设置方式（中央公交专用车道、边侧公交专用车道、快速路专用道等）与公交普线和公交支线不同。对于快线为专用道路的情况，在进行断面流量检验时，对快线线路应单独考虑，普线和支线应合并考虑。

路段不均匀系数 K_1 为线路某断面流量与线路平均断面流量之比，方向不均匀系数 K_2 为线路两方向上较高一方的流量与双向平均流量之比。为了充分发挥公交运能，各线路的客流分布应比较均匀。对于路段不平均系数 K_1，一般要求 $0.5 \sim 0.7 < K_1 < 1.3 \sim 1.5$。当 $K_1 > 1.3 \sim 1.5$ 或 $K_1 < 0.5 \sim 0.7$ 时，应采取相应措施，如开区间车等。对于方向不均匀系数 K_2，一般要求 $K_2 < 1.2 \sim 1.4$。否则，应采取增加单向车次等措施。如果路段不均匀系数、方向不均匀系数远远不能满足要求，则应重新调整方案。

5. 公交线路停靠能力检验

按上述方法确定了线路断面流量后，便可根据路段断面流量计算每条线路的公交车交通量及配车数。一条线路的公交车交通量为

$$N = Q_{\max}/(R \cdot r) \tag{4-42}$$

式中　$Q_{\max}$——线路最大断面流量；

　　　　R——公交车辆定载客数，与车型有关；

　　　　r——公交车辆满载率，高峰小时取 0.85。

通常，一个路段上同时有几条公交线路通过，并在同一路段上设站。此时，该路段的公交车停靠交通量为停靠的各线路交通量之和。各路段的公交车停靠交通量必须小于它的公交车停靠能力。公交线路的停靠能力主要取决于车辆的停靠时间（乘客上下时间）、减速加速时间。因此，停靠能力与车型、车辆长度、车门数有关。当某一路段上同一站点停靠的公交线路较多时，通常一个站点不能满足停靠要求。此时，可设置多个同名站点分散停靠交通量。同一路段上设置多个同名站点，可以提高停靠能力，但给乘客换乘带来了不便，一般认为同名站点数不宜超过3 个。如果在公交网络中某些路段的停靠交通量大于该路段的停靠能力，则必须对网络进行调整，改变某些线路的走向，以满足停靠要求。

同样，由于公交快线车道的设置方式（中央公交专用车道、边侧公交专用车道、快速路专用道等）不同，对于快线为专用道路的情况，在进行公交线路停靠能力检验时，对快线线路应单独考虑，普线和支线应合并考虑。

4.3.5　多层次公交网络及票价同步优化方法

通过使用前文所述方法可以确定多层次公交网络初始方案。在多层次公交网的规划中，票价会直接影响客流的分配，因此，理想的规划应从备选线路集合与相应的发车间隔中确定最优的票价方案，满足目标函数，使公交系统通总体成本最小。由于公交网络固有的复杂性，并且属于 NP-hard 问题，不能用传统的优化方法求解。因此，人们开始运用一些启发式算法，如遗传算法（Genetic Algorithms，GA）、模拟退火算法（Simulated Annealing）、禁忌搜索算法（Tabu Search Algorithms）等来解决问题。由于遗传算法具有简单、鲁棒和易于解决实际问题的特点，本文选取遗传算法对问题进行求解。图 4-5 为运用遗传算法进行公交网优化的示意图。

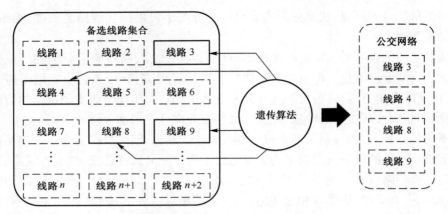

图 4-5 公交网络的遗传算法规划

用遗传算法可同时确定线路的走向和发车频率。在算法中,变量如下:

$$X_i = (x_1, x_2, x_3, \cdots, x_{n-1}, x_n), f_{\min} \leqslant x_k \leqslant 2 \cdot f_{\min} \tag{4-43}$$

式中　X_i——备选公交网络的第 i 个种群;

　　x_k——线路 k 的发车频率;

　　n——备选线路的种群规模。

公交线路的实际发车频率约束为

$$f_{\min} \leqslant x_k \leqslant f_{\max} \tag{4-44}$$

遗传算法模型中用到遗传编程和遗传算子。在选择程序之前,首先用公交分配程序计算适应度函数。公交网每个种群的性能指标都是通过公交分配确定的。适应度函数由这些指标和种群来评价,具体流程如图 4-6 所示。

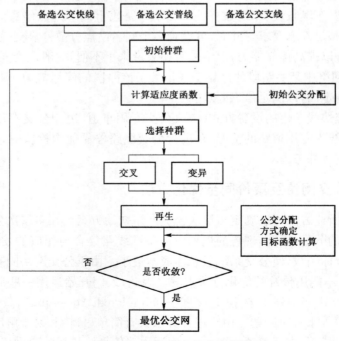

图 4-6　遗传算法程序流程图

如图 4-7 所示,一个路网由 15 个节点 21 条路段组成,已知路段长度和各节点的 O-D 流量矩阵。

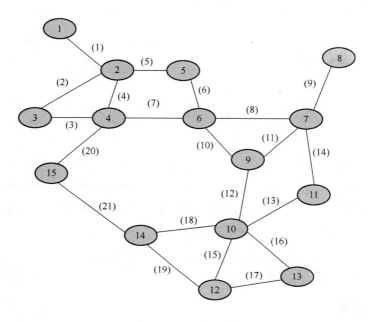

图 4-7　路网示意图

用全有全无法(AON)对矩阵进行分配,得到路段上的流量(表 4-11),根据网络的拓扑结构,结合节点重要度计算得到节点重要度(表 4-12)。

表 4-11　路段属性表

路段	长度/km	流量/(人次/h)	路段	长度/km	流量/(人次/h)
1	3.5	6922	12	3	12759
2	2.8	1562	13	4.2	2617
3	2.6	6219	14	5.6	3555
4	3.6	6520	15	2.5	2542
5	5.4	10612	16	4.6	5295
6	2.6	11683	17	3.4	2130
7	5.6	7880	18	3.8	6035
8	5.4	7898	19	3.8	4164
9	3	7514	20	2.8	9844
10	3.4	10442	21	4.7	8604
11	3.4	3770			

表 4-12 节点属性表

节点	拓扑结构	客流量/（人次/h）	重要度	节点	拓扑结构	客流量/（人次/h）	重要度
1	1	4062	0.51	9	3	7299	1.09
2	4	6325	1.14	10	5	5704	1.23
3	2	6252	0.85	11	2	6172	0.84
4	4	6946	1.20	12	3	6503	1.02
5	2	7452	0.96	13	2	7425	0.96
6	4	9127	1.40	14	3	5366	0.91
7	4	5859	1.10	15	2	7573	0.97
8	1	7514	0.82				

根据节点重要度计算结果进行快线布设，运用遗传算法，得到公交快线、公交普线和公交支线，见表 4-13。

表 4-13 公交线路优化结果

序号	线路	长度/km	起点	终点	线路走向（节点）
1	轻轨	14.4	2	10	2-5-6-9-10
2	公交快线	23.5	2	12	2-4-6-7-9-10-12
3	公交普线1	20.2	1	10	1-2-3-4-15-14-10
4	公交普线2	19.3	4	10	4-15-14-12-13-10
5	公交普线3	24.1	8	4	8-7-11-10-14-15-4
6	公交普线4	19.9	8	1	8-7-6-5-2-1
7	公交支线1	11.6	3	9	3-4-6-9
8	公交支线2	11.8	10	14	10-13-12-14

不同票价方案的计算结果见表 4-14。

表 4-14 公交票价方案及费用结果

票价方案	轻轨	公交快线	公交普线	公交支线	换乘是否免费	票价费用/元	总费用/元
方案一	3	2	1	1	否	685545	2530983.5
方案二	2	2	1	1	否	663785	2504306.5
方案三	3	2	1	1	是	524425	2481171.5
方案四	2	2	1	1	是	505640	2461833.5
方案五	1	1	1	1	否	597380	2454132.5

由计算结果可知，考虑到可靠度和时间价值的票价方案与仅考虑票价费用的方案是不同的。因为可靠度高的线路带来的费用增值也高，在票价相同的情况下，人们会优先选择可靠度高的线路，而选择此线路的人数超过一定的值，便会引起线路可靠性的下降。

因此，得到结论如下：

（1）如果要求公交系统可靠性高，建议选择方案一、方案二的差价票制，使得远距离出行的乘客选择速度快、可靠性高的轨道交通、公交快线,而近距离出行选择公交普线和公交支线。

（2）如果希望所有乘客在出行中的票价花费最少,建议采用方案换乘免费的方案四和方案三。

（3）如果希望所有乘客的总出行费用最省,则建议采用方案三、方案四的差价票制或者方案五的统一票制票价。

4.4　多层次公交网络规划方案综合评价

实施高效、合理、经济的城市公共交通规划方案,可以优化城市用地布局,提高城市交通效率,减少交通事故,降低环境污染,为居民提供迅速方便、安全高效、经济舒适、准点和低公害的交通条件,从而为促进城市社会经济的发展和提高市民物质文化生活水平提供良好的交通环境。

如何评价公共交通的运行状况、存在的问题及可能发挥的潜力,如何评价公共交通规划方案满足未来客运交通需求的程度,如何反馈和检验客运交通规划的实施效果,这些问题对公交系统规划是非常重要的。为此,必须提出一套科学、实用的多层次公共交通规划方案评价指标体系和评价方法。

4.4.1　评价指标体系确定原则

指标是综合反映社会经济现象某一方面情况的绝对数、相对数和平均数。指标体系是指一系列指标构成的整体,评价指标体系必须科学客观、尽可能地全面考虑各方面因素和信息。评价指标的恰当与否将直接影响到评价结果是否真实、是否反映客观实际,也就影响到交通工具的选择决策、城市交通规划决策。正确选择评价指标必须遵循以下几个原则:

（1）科学性与全面性相结合。

评价指标必须建立在科学的基础上,并能客观地反映实际情况,这样它对客观实际才具有指导意义,同时评价指标体系需要全面综合地反映各个方面。城市交通工具的选择既要考虑它的功能、服务质量因素,也要考虑它的社会、经济效益因素。

（2）当前与长远相结合。

城市交通工具的选择不但要考虑当前的情况,更要考虑长远的发展需要,使交通规划有较长的适应性。

（3）定性分析与定量分析相结合。

由于系统的复杂性和广泛性,评价指标不可能是完全通过数学公式来计算的定量指标。为了进行全面的比较,必须把不确定的因素也考虑进去,如环境因素、政策因素等,它可用定性指标来反映。

（4）可测性和可比性相结合。

所有评价指标应能用一定的直接或间接的方法来测量,并且指标具有可比性,这样的方法可知其优劣。对不同的评价指标,须统一到某一单位,方可评价不同的对象。

（5）个人利益与社会利益相结合。

评价指标全面反映个人利益和社会利益。交通工具既为居民服务,又是城市交通体系的一份子,对城市、对社会都会产生影响,在个人利益与社会利益两者间要兼顾。

4.4.2　多层次公交网络规划方案评价指标体系

1. 指标体系

对城市公交网络进行服务水平评价,必须首先客观地反映公交网络的运营状况和运行效果。其次,由于城市公交网络不是孤立运作的,因此还要来考虑其子系统之间及其与周围环境的关系。一般情况下,公共交通系统评价的指标包括:

(1) 公交网络技术性能指标。

(2) 公交线路运营设计指标。

(3) 经济性指标。

(4) 公交服务运送指标。

(5) 乘客舒适与安全性指标。

第一大类为体现公交网络的技术性能指标。从整体而言,公交系统的经济效益、社会效益和环境影响如何,首先取决于公交网络的技术性能。因此,公交网络的技术评价是公交系统评价中必不可少的重要组成部分。公交网络的技术性能评价是从网络的建设水平和技术方面,分析其建设规模与社会经济发展的适应性、内部结构和功能。其目的是揭示公交的运行效果,验证公交网络规划方案的优化程度,为决策提供技术方面的信息和依据。

第二类是公交线路运营设计指标。主要有最大发车间隔、最小发车间隔或发车频率、乘客候车时间、公交线路运行时间。

第三类是经济性指标。公交规划的经济评价是以公共交通为整体的经济效益分析。公交规划的根本目的和重要原则之一,就是要在满足社会对公交需求的基础上以最少的投资获得公共交通系统的最大经济效益。因此,公共交通规划的经济评价也是公共交通系统评价中极为重要的组成部分。一般来说,公共交通规划的经济评价主要是指经济指标方面的计算与分析。通过比较规划方案的建设、运营费用和效益,并结合规划期末的资金预测,对方案的经济合理性进行分析论证。经济性指标主要有:每小时乘客数、每公里乘客数、客运周转量、百车公里成本、百车公里收入。

第四类是公交运送服务指标。主要包括准点性和发车间隔均匀性。

第五类是乘客舒适与安全性指标。主要有舒适度和事故率。

以上仅是列出公交的主要指标,而真正可能涉及的公交评价指标至少有几十种,覆盖规划及运营各个方面。对于具体规划方案的评价指标,绝非指标繁多、越细致就越好。精确的量化不等于评价的准确,评价是为规划和决策服务的。因此,对于不同的服务对象和目的,评价的指标和方法可能不同。

本节重点构建公交网络规划方案的评价指标体系。考虑到评价指标选取的可比性、可操作性等原则,主要从多层次公交网络和枢纽布局规划方案的合理性及两者的协调性出发,建立考虑出行者、政府、公交运营企业的、能够反映多层次公交网络结构及服务水平两个方面的综合评价指标体系。该体系包括可达性、舒适性、公交网络性能和协调性多重目标。评价指标如图4-8所示。

2. 可达性评价指标

1) 高峰小时公交出行平均速度

出行平均速度(v_T),即城市居民选择公交的出行方式出行的总里程与所耗时间之比的平

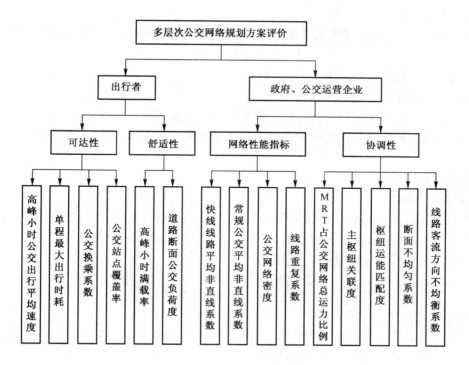

图 4-8　多层次公交网络评价指标体系

均值。

$$v_T = S_T / T_T \qquad (4-45)$$

式中　S_T ——居民出行起讫点之间的总里程，km；

T_T ——居民出行起讫点之间所耗的总时间，h。

2) 单程最大出行时耗

出行时耗包括乘客步行到达公交站点的时间、候车时间、车上时间和下车后到达目的地的时间。出行时耗是衡量公交发展水平的一项重要指标，同时也是对公交这种客运交通方式的竞争力起决定性作用的因素。

$$T \leqslant T_{max} \qquad (4-46)$$

式中　T、T_{max} ——分别为城市中 95% 居民出行单程最大时耗和最大时耗上限。

对于特大城市，一般公交出行的最大时耗上限为 50min。具体出行时耗值的确定需要根据城市规模的大小、城市布局形式等因素考虑。

3) 换乘系数

换乘系数或换乘率 (%) 是衡量乘客直达程度、反映乘车方便程度的指标。换乘系数的计算方法为乘车出行次数与换乘人次之和除以乘车出行人次，即

$$\alpha = \frac{P + T}{P} \qquad (4-47)$$

式中　α ——换乘系数；

P ——公交客流出行总人数；

T ——公交客流换乘人次。

4）站点覆盖率

站点覆盖率（R_C），也称站点服务面积率，是站点服务面积占城市用地面积的百分比，即

$$R_C = A_C/A_0 \times 100\% \tag{4-48}$$

式中　A_C——站点服务面积，km^2；

　　　A_0——城市用地面积，km^2。

站点覆盖率是反映城市居民接近公交程度的重要指标，可衡量城市公共交通发展的总体水平。影响公交站点覆盖率的主要因素有城市总体发展水平、公共交通优先发展度及区域发展水平等。

3. 舒适性评价指标

1）高峰小时满载率（%）

高峰小时满载率指在客运高峰期间车辆在主要线路的高单向、最大断面上的实际载客量与额定载客量之比。主要线路的高峰小时、高单向、高断面，可根据客流的具体情况确定。确定后应保持一定时期内不变，以保证其可比性。

$$高峰小时满载率 = \frac{主要线路高单向、最大断面上的实际载客量}{车辆的额定载客量} \times 100\% \tag{4-49}$$

2）道路断面公交负荷度

道路断面公交负荷度是指道路断面公交客流量与道路断面最大实际公交载客量之比。道路断面最大实际公交载客量的计算公式如下：

$$M_{XV} = 60C_f C_x M_{zl} \cdot P_r(C_f)/T'_j \tag{4-50}$$

式中　M_{XV}——路段最大实际公交载客量，人次；

　　　C_f——路段通行公交线路数（单方向）；

　　　T'_j——路段公交车发车间隔加权平均值，min；

　　　M_{zl}——公交车满载率（高峰、平峰）；

　　$P_r(C_f)$——重复线路影响折减系数，依式（4-51）取值；

　　　C_x——不同车型的客容量。

$$P_r(C_f) = \begin{cases} 1, & C_f = 0 \text{ 或 } 1 \\ 0.9, & C_f = 2 \\ 0.8, & C_f = 3 \\ 0.7, & C_f \geqslant 4 \end{cases} \tag{4-51}$$

4. 公交网络性能评价指标

1）路线非直线系数

公共交通线路长度与起、终点站间空间直线距离之比，称为路线的非直线系数。环形线路的非直线系数是用线路上的主要枢纽点（或最远的两节点）来衡量的。

$$\eta_R = l_R/d_R \leqslant \eta_{R\max} \tag{4-52}$$

式中　η_R、$\eta_{R\max}$——分别为路线 R 的非直线系数和最大允许非直线系数；

　　　　l_R——路线 R 的长度；

　　　　d_R——路线 R 起、终点间的直线距离。

2）网络密度

公交网络密度是指市有公交线路服务的每平方千米用地面积上有公交线路经过的道路

中心线的长度,它反映了居民接近线路的程度。

$$\rho = \frac{\sum L}{S} \tag{4-53}$$

式中　ρ——线路密度,km/km²;

　　　L——公交线路长度,km;

　　　S——用地面积,km²。

3)线路重复系数

公共交通线路总长度与道路网总长度之比,反映了公交线路在城市主要道路上的密集程度。它在一定程度上反映了公交网络结构的合理性以及乘客乘坐公交的方便性,但对于不同的城市形态、道路网络,评判标准应有所不同。

$$\mu = \frac{\sum l_1}{\sum l_2} \tag{4-54}$$

式中　μ——线路重复系数;

　　　l_1——公交线路长度,km;

　　　l_2——道路长度,km。

5. 协调性评价指标

协调性反映了公交系统运营中资源有效利用的情况,是衡量公交发展水平的重要依据。协调性的高低,不仅反映了系统运营组织效率,也体现了公交系统资源配置的优化情况。通过对公交协调性的评价和分析,可找出既有线路中存在的问题和可能发挥的潜力,从而为提高线路效率、优化资源配置、降低成本提供决策参考。

1)各层次网络运力比例

分析各层次网络运力所占的比例,对于评价不同等级公交网分布的均衡、是否充分发挥了其应有的功能有着重要的意义。各层次公交网在运营中所承担运力比例的计算方法为

$$\beta = \frac{D_i}{D} \tag{4-55}$$

式中　D_i——第 i 层公交网络的运力($i=1,2,3,4$ 分别对应城市轨道交通、公交快线、公交普线和公交支线),亿人千米/日;

　　　D——公交网络的总运力,亿人千米/日。

本章建议以快速公交(包括城市轨道交通、公交快线)占公交网络总运力的比例为评价指标。

2)枢纽节点关联度

关联度是指一条线路与公交枢纽或轨道交通的衔接程度。由于城市轨道交通在网络中起骨干的作用,公交线路与其衔接对乘客而言则具有重要的方便性。与公交枢纽或者轨道交通的关联度能够反映线路换乘的方便程度。如果能够与公交枢纽站或地铁车站衔接,有利于减少乘客换乘时间及换乘距离,提供更多的方案供乘客选择,提高乘客的出行速度。

其指标值可采用以下方法确定:在[1,2,3,4,5]范围内对线路与公交枢纽或城市轨道交通的关联程度进行定性评价,见表 4-15。

表 4-15　线路与公交枢纽或轨道交通的关联程度属性表

关联程度	线路与公交枢纽或城市轨道交通的关联程度	线路站点与公交枢纽或城市轨道交通站点的距离/m
1	完全关联	$(0,200]$
2	紧密关联	$(200,600]$
3	较为关联	$(600,1000]$
4	较为不关联	$(1000,1500]$
5	完全不关联	$(1500,+\infty]$

3）枢纽运能匹配度

运能匹配度指标用来衡量城市换乘枢纽内不同交通方式运能的协调性,可以用来判别换乘基础设施配置的适应性。计算公式如下:

$$m=\frac{Q_m \cdot \alpha_{mb}+Q_m \cdot \alpha_{mm}}{C_b \cdot \beta_{mb}+C_m \cdot \beta_{mm}}=\frac{Q_{mb}+Q_{mm}}{C_b \cdot \beta_{mb}+C_m \cdot \beta_{mm}} \qquad (4-56)$$

式中　$\beta_{mb}=Q_{mb}/Q_{ba}$，$\beta_{mm}=Q_{mm}/Q_{ma}$;

α_{mb}——城市轨道交通客流换乘常规公交的比例,%;

α_{mm}——城市轨道交通之间换乘客流的比例,%;

β_{mb}——城市轨道交通客流换乘常规公交的客流占枢纽内常规公交全部上车客流的比例,%;

β_{mm}——城市轨道交通之间的换乘客流占枢纽内轨道交通全部上车客流的比例,%;

C_b——常规公交的客运能力,人数/h;

C_m——城市轨道交通的客运能力,人数/h;

Q_{mb}、Q_{mm}——城市轨道交通换乘常规公交的客流量和城市轨道交通之间的换乘客流,人数/h。

运能匹配度指标是枢纽内城市轨道交通和常规公交之间的客流供求关系的表征,反映两者衔接的协调状况。较为理想的运能匹配度是 $m \leqslant 1$,说明两者的衔接状况良好。当 $m>1$ 时,表明常规公交运输能力满足不了城市轨道交通客流的换乘需要,衔接的协调性被破坏。这时,需采取在城市轨道交通客运高峰时段增加公交班次、缩短发车间隔、调集应急车辆等措施,暂时提高市内公交运输能力,恢复两者衔接的协调性。

4）线路断面客流不均匀系数

线路断面客流不均匀系数是指一条线路上最大断面客流量与平均断面客流量之比。该指标反映了线路承担客流的均衡程度,用以评价线路的客运效率。

线路断面客流不均衡系数定义为该线路最大客流断面的客流量与线路平均断面客流量的比值,即

$$b_n=\max V_k/V_V，k=1,2,\cdots,m \qquad (4-57)$$

$$V_V=\sum_k^m L_k V_k / \sum_{k=1}^m L_k，k=1,2,\cdots,m \qquad (4-58)$$

式中　b_n——第 n 条线路断面客流不均衡系数;

V_k——线路的第 k 个断面的客流量,人次;

V_V——线路的平均断面客流量,人次;

L_k——第 k 个断面的长度,km。

它表示一条线路上客流量在各路段变化幅度的大小。断面客流不均匀系数过大,就会出现公交线路上的某些路段乘车十分拥挤、服务水平低下的现象,而其他路段上则乘客稀少。断面客流不均匀系数过大,也同样不利于公交运营,若增加配车,缩短发车间隔,满足高断面需求,则会造成其他断面上的车辆空驶,反之则又满足不了高断面上的公交需求。一般,取 $b_n \leqslant 1.5$。

5)线路客流方向不均衡系数

线路客流方向不均衡系数指一条线路最大方向的客流量与双向流量平均值的比值。它表示一条线路在高峰小时内不同方向客流量的差异。方向不均匀系数一般按高峰小时最大断面客流量统计。

$$\mu_n = \max V_i / \left(\frac{V_1 + V_2}{2}\right), i = 1 \text{ 或 } 2 \qquad (4-59)$$

式中　μ_n——第 n 条线路断面客流方向不均衡系数;

V_1、V_2——高峰小时上、下行方向的最大客流量。

方向不均匀系数过大,则反映出客流需求的方向性差异大,会给公交配车及运营管理带来一定难度,方向不均匀系数的值宜为 $1.2 \sim 1.4$。

4.5　实例分析——徐州市公共交通网络规划

4.5.1　公交线网的布局原则

徐州市依据相关布局原则对徐州市的公交线路进行调整与优化。遵循的主要原则有:

(1)城市用地布局相协调,促进城市发展。

(2)城市道路建设相适应。

(3)线路的走向应与客流的主流向一致。

(4)常规公交线网与轨道交通线网相衔接。

(5)公交线网布局要考虑公交发展历史和线路的延续性,兼顾、利用现有线路,综合协调新老线路之间的关系。

(6)体现和贯彻以人为本、服务为本的思想。

(7)体现合理性和可操作性相结合的原则。

4.5.2　2020 年远期公交线网发展设想

1. 远期公交线网格局

(1)大运量捷运系统——规划轨道线网。

把轨道交通这种快速、准点、大容量的交通方式引入城市公共交通系统,可以最大限度地满足徐州市人民的出行需要。同时,还可以在一定程度吸引减少长距离的自行车的出行,减少低效率交通方式对道路资源、城市环境的影响,促使城市功能集聚和土地开发强度的增高,是城市可持续发展的重要保证。

(2)中运量优质公交——公交快线。

中运量优质公交在整体线网布局中起支架作用,由布设于城区各组团间及组团内部主要客流走廊,连接主要客流集散点,满足中远距离出行需求的骨架线路组成。轨道交通建成前承担主要客流走廊客流需求,轨道交通建成后对轨道线网作补充完善。

(3) 常规大公交系统——普通大公交线。

发达的常规公交是对起支架作用的中运量优质公交的补充和完善,由普通大公交线网构成,满足主城区各组团间或各组团区域内部分乘客中短距离出行的交通需求,并承担与骨架线路、地铁、公路及铁路等枢纽点的衔接换乘。

(4) 小运量便捷公交——小公共汽车为主。

小运量公共交通是城市公共交通的一个重要组成部分。小运量便捷公交具有普通大公交无法比拟的一些优势:它可以行驶在道路宽度比较小的支路以及小区道路上,对道路行驶条件要求较低,它能够深入居民区内部、更加方便居民的公交出行,对提高公交的覆盖率、提高公交的服务水准、填补大公交的"空白"有很大的作用。

(5) 城郊长距离公交——沟通主城区与外围片区。

随着城市化进程的加快,城郊居民交流日益频繁,除了一般的客运班线外,城市公交也有必要满足这样的出行需求。城郊公交作为沟通主城与外围片区的公交线路,是主城线路向外围片区的扩展。

(6) 乡村间联系公交。

随着人民生活水平的提高,为满足乡村间日益频繁的交通联系,有必要设置乡村间联系公交。乡村间公交的设置以重点镇为核心,向周边乡村呈发射状联系。

2. 轨道交通建成后公交线网的调整思路

在轨道交通建成之后,为了使公交和地铁组成的系统能够协调发展,公交线路的布设必须进行调整:

(1) 与轨道线路基本重复的公交线路必须调整或取消,以保证地铁的客流量。

(2) 与轨道线路部分重复的线路,可以不变或者局部调整线路。

(3) 在轨道的两端应该增加接驳公交线路,方便城市边缘地区居民进入主城。

(4) 可以适当增加横向的公交线路,使居民方便的换乘轨道,提高出行速度。

(5) 原先起终点站设在城市中心区的城郊公交线路,可以考虑将起终点站设在地铁的两端,以减轻城市交通的压力。

4.5.3 近期公交线网的调整与优化

1. 近期线网调整与优化思路和重点

配合近期城市建设发展规划,充分把握徐州市近期城市道路网建设、城市用地变化及人口分布等情况,对徐州市公交线网进行规划调整。

规划从两个方面展开:

(1) 对公交线网相对完善的中心城区旨在提高公交服务水平,优化线网,降低过高线路重复系数,填补现有的公交服务盲区,使居民公交出行更便捷、更舒适。

(2) 对开发建设的新区,随着新区道路网的建设,结合用地属性,增设部分公交线路,提高老城区外围公交的覆盖率和可达性,及时沟通、方便居民公交出行。

2. 公交线网调整与优化原则

(1) 以近期道路网改善、新区开发为前提,进行近期线网调整。

（2）考虑公交发展历史和线路的延续性，综合协调新线路与原有线路之间的关系，慎重调整已有公交线路。

（3）改善新建小区出行条件，逐步解决交通不便地区居民出行，加强新建居民小区线路的多方向放射功能。

（4）在新拓宽改造的城市道路上布设公交线路，以公交促进城市道路的发展，从而优化公交线网以均衡客流分布。

3. 近期线网调整优化的实施方案

1）老城区线路调整

中心城区公交线网已比较成熟，结合近期建设规划中即将新建的居民小区，通过调整或延伸公交线路，进一步完善现状公交线网。

本次线路调整主要集中在以下三个方面：

公交线路重复系数过高的路段：对于布设公交线路过多的城市道路，有必要调整部分公交线路走向到其平行道路上，以减轻其路段上的公交重复系数。如淮海路、复兴路、解放路等。

公交站点覆盖盲区：对于中心城区站点 300m 半径覆盖盲区，需要调整线路或增加公交站点，提高公交线网的覆盖率。如工农北路、煤建路、矿山路等。

结合近期城市道路的建设，如和平路的拓宽改造与跨线桥的建设，调整部分公交线路到这些新建道路上，一方面可减轻其他干道交通压力，另一方面可填补这些道路上的公交盲区。

综上，结合城市功能布局格局的变化，徐州市公用管理处及公交公司充分协商后，公交线网的近期调整方案如图 4-9、表 4-16 所示。

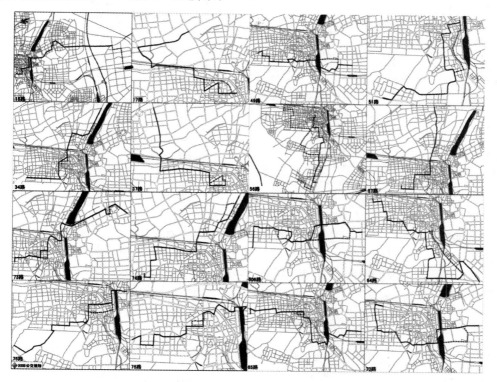

图 4-9 老城区线路调整图（附注：虚线为改线部分）

表 4－16　公交线网近期调整方案

路别	原线路改线部分	线路调整建议	改线原因
16	原线路走向保持不变,线路向东延伸	东端首末站南迁、线路延伸至城东新区	线路延伸,提高城东线网密度和公交覆盖率
17	西安路—夹河街—解放北路—淮海路	民主北路—黄河南路	此段线路功能与39功能相重合,另外,此段改线也降低了解放路、夹河街和淮海路上线路重复系数
34	西安路—夹河街—中山北路	西安路—淮海路—立达路—富国街—中山北路	此线路改线一方面提高了富国街的公交可达性,另一方面也降低夹河街上的公交重复系数
37	淮海西路—中山北路—河清路	夹河街—中山北路—河清路	此段线路的改线降低了淮海西路上公交线路的重复系数
49	和平路—复兴路—郭庄路—兵马俑路—三环东路	和平路—三环东路	结合和平路跨线桥的设置,一方面减少了复兴路上重复系数,一方面提高新建城市道路上的公交覆盖率
51	解放路—建国路—民主路—淮海西路—复兴南路	淮塔东路—世纪大道—建国路—复兴路	此段路的改线既减少解放路的公交重复系数,又减小了中心区交通压力
56	徐宿公路—解放路—和平路—中山路—	铜山广电局—解放路—南三环—泰山路—湖东路—湖北路—工农路—水漫桥路—民馨园	此线路在改线后成为徐州市南北向联系的重要公交通道之一。线路的新走向从中心区外围绕过,减少了中心区公交线网的重复系数
57	中山北路—淮海路	中山北路—富国街—立达路—淮海路	此路段改线提高了富国街的公交可达性,另一方面也减小了淮海路和中山路交叉口的交通压力
64	解放南路—三环路	解放南路—和平路—世纪大道—三环路	此路段原线路功能与20路功能相重合,另外线路改线后也减少了车辆运行距离
65	淮海路—中山路	淮海路—立德路—风化街—文亭街—中山路	此路段改线填补了风化街的公交覆盖盲区,另一方面也减小了淮海路和中山路交叉口的交通压力
70	和平路—复兴南路—铜山路—城东大道	和平路—东三环路—城东大道	结合近期和平路跨线桥设置,一方面减少了复兴路上重复系数,一方面提高了新建城市道路上的公交覆盖率
73	建国路—中山路—淮海东路—复兴路	建国路—复兴路	减少中山路与淮海路公交重复系数
74	煤港路	煤港路—殷庄路—煤港路	线路改线后提高了鼓楼区政府公交可达性
75	中山路—淮海西路—复兴路	中山路—建国路—复兴路	减少淮海西路的公交重复系数
76	淮海西路—中山北路	淮海西路—立达路—富国街—中山北路	结合此次地下商业街的交通组织,提高城市道路的公交覆盖率
606	建国西路—王陵路—和平路—复兴路—铜山路—三环路	建国西路—西安南路—和平路—三环路	结合近期和平路跨线桥的设置,提高新建城市道路公交覆盖率,同时减少中山南路、复兴路的公交重复系数

2）引导新城区发展的线路调整

　　本项线路调整主要是以引导徐州新区和城东新区的开发建设为目的而进行的，通过对既有线路的延伸与部分线路走向的调整，充分发挥其线路功能，以带动新城区的土地开发，方便地区居民的工作与生活。为引导新城区开发建设而调整的公交线路如图 4－10、表 4－17 所示。

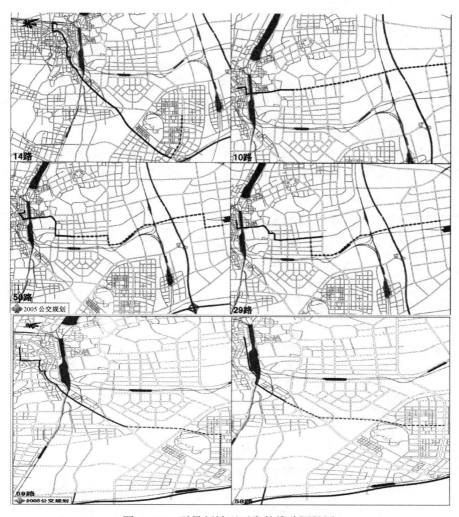

图 4－10　引导新城区开发的线路调整图

表 4－17　新城区开发的线路

路别	原线路调整说明	线路调整建议	调　整　原　因
10	线路延伸	沿城东大道向东延伸至城东新区	线路本身较短，资源没有充分利用，调整后线路服务距离大大增加，既保证现有客流出行习惯不变，又提高了城东新区北部地区的公交覆盖率
14	线路延伸	沿规划一号路向北延伸至新城区中心	现有线路的延伸加强了新区与老城区的公交联系，投资少，见效快，充分利用了现有的线路资源

（续）

路别	原线路调整说明	线路调整建议	调整原因
29	线路调整与延伸	由和平路向南接南侧规划道路向东延伸至城东新区	线路向南延伸可增加坝山组团的公交线网密度，东延可提高城东新区中部地区公交的可达性
50	线路延伸	线路向东延伸至规划一号路后向南连接南侧规划道路，最终拓展至城东新区	线路东延一方面便于坝山组团居民的公交出行，另一方面也提高了城东新区南部地区公交的覆盖率
58	线路延伸	沿世纪大道向东转到规划二号路，并延伸至徐州新区中心	现有线路的延伸加强了新区与老城区的公交联系，提高了新区的中部与北部地区的公交可达性
59	线路延伸	向东经规划二号路，转到规划四号路，并延伸至徐州新区南部地区中心	现有线路的延伸加强了新区与老城区的公交联系，提高了新区的中部与南部地区的公交覆盖率

3）新辟线路（新城区为主）

为加速外围新区的发展，有意识地推进 TOD 土地开发模式。本次规划结合新区道路网的规划建设，开辟了四条与徐州新区联系的线路，以带动新区和外围片区的发展，如图 4 - 11 所示。

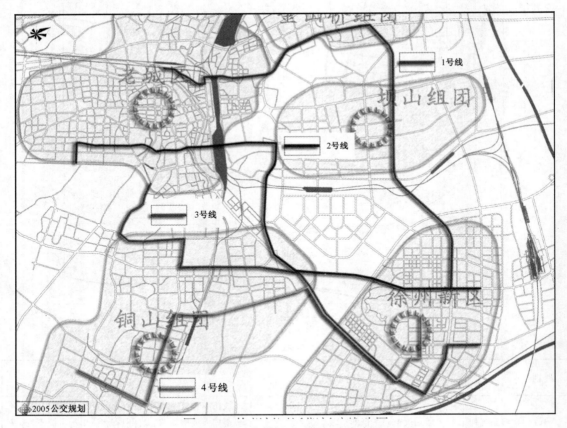

图 4 - 11　徐州新区近期新辟线路图

一号线：火车西站—徐州新区中心。

线路起点从火车西站出发，途经环城路、响山路、东三环路、杨山路、规划一号路，最后到达徐州新区的中心。是徐州新区与老城区联系的重要纽带。

二号线:滨湖公园—徐州新区。

线路起点从滨湖公园西门出发,途经二环西路、和平路、复兴南路、世纪大道、南三环路,最后到达徐州新区。连接徐州新区与老城区的重要旅游景点,不仅是徐州新区与老城区联系的重要纽带,也是徐州新区旅游、观光出行的重要集散通道。

三号线:彭园—徐州新区南侧。

线路起点从彭园出发,途经泰山路、南三环路、世纪大道,最后到徐州新区南侧。连接徐州新区行政中心与大型的住宅小区,此线路的开通一方面满足了徐州居民行政办公的需求,另一方面也是徐州新区与老城区的重要通道。

四号线:铜山区—徐州新区。

线路起点从铜山新区出发,经由北京路、规划四号路到达徐州新区的中心。连接徐州新区与铜山片区的中心,是铜山与徐州新区联系的重要公交通道。

4.5.4　近期快速公交发展构想

根据徐州的路网建设规划,结合徐州"双心五组团"的发展模式,提出了徐州快速公交线网的设想(表 4 - 18)。快速公交线网呈放射状,以西三环路、和平路、东三环路、下淀路、二环北路为核心,向周边规划新区辐射。

1. 九里片区

九里片区通过一条公交快速通道与核心线网相连通,其具体走向为徐丰公路、北三环路、平山路、二环北路。

通道的设置加强了九里片区与老城区的联系,满足了九里片区与老城区日益频繁的公交出行需求。

2. 城东新区

城东新区通过一条公交快速通道与核心线网相连通,其通过城东大道连接到东三环路,从而与主城的核心线网相连接。

通道的设置加强了城东新区、坝山片区与老城区的联系,满足了城东新区、坝山片区与老城区日益频繁的公交出行需求。

3. 徐州新区

徐州新区通过两条公交快速通道与核心线网相连通:一条具体走向为徐州新区北侧、桃山路、下淀路,从而与主城核心线网相连接;另一条走向为徐州新区南侧、世纪大道、淮塔东路、解放路、和平路,从而与主城核心线网相连接。

通道的设置加强了徐州新区与老城区的联系,满足了徐州新区与老城区日益频繁的公交出行需求。

4. 铜山片区

铜山片区设想规划了一条快速公交通道,紧密联系城东新区、徐州新区。其具体走向为北京路、南三环路、规划快速路。通道的设置加强了城东新区、徐州新区与铜山片区的联系,满足了城东新区、徐州新区与铜山片区日益频繁的公交出行需求。结合近期道路建设和新区新增的线路,开辟两条连接徐州新区与老城区快速公交试验线路,线路近期通过公交专用道实现快速营运,远期应预留改造空间,可升级成快速公交,如图 4 - 12 所示。

表 4-18　规划快速公交线路

路别	线路起讫点	线路走向	线 路 功 能
快速一号线	徐州新区—九里山组团	北三环—西二环—建国路—解放路—和平路—规划一号路—徐州新区南侧	徐州新区与老城区的快速公交通道,并连接九里山组团,加强新区与老城区的联系
快速二号线	金山桥组团—铜山组团	规划一号路—和平路—解放路—铜山组团中心	加强城北片区与城南片区的联系,并在和平路形成与快速一号线的换乘枢纽,方便金山桥组团、铜山组团与老城区与新区的联系

图 4-12　快速公交近期实施建议

思 考 题

1. 我国公交网络目前存在的主要问题有哪些?
2. 如何对公交网络进行层次划分?不同层次的公交线路之间有何关系?
3. 影响公交网络优化的因素有哪些?
4. 多层次公交网络规划的约束条件是什么?
5. 请简述多层次公交网络规划方案的评价指标体系。

第5章
城市常规公共交通运行安全

5.1 概　述

　　城市常规公共交通系统是指在城市道路上按照设定的路线和站点运行的公共汽车、电车组成的交通系统,不包括轨道、出租车等公共交通形式。常规公共交通是城市公共交通的主体,其运行安全是指上述车辆在运行过程中,能将人身伤亡或财产损失控制在可接受水平的状态。城市常规公共交通系统作为开放的系统,其安全既受系统内部因素的制约,又受外部环境的干扰,并与人、其他车辆及道路环境等因素密切相关。

　　在第5章,为了使人员受伤的可能性满足设计需求,需要分析当驾驶员驾驶车辆时或是乘客进出公共交通系统车辆时受伤害的可能性。本章所探讨的是公交车在运行过程中所产生的安全问题,由于机器故障而造成的发生在车站里的安全问题属于车站设施的设计问题,不属于本章所讨论的内容。

　　人为因素造成的伤害,可以通过加强对车站的设计弱化这一因素,比如,提供足够的灯光,在关键地点设置监控装置,如果条件允许可以在车站设置乘务员。

　　行人受伤的可能性可以通过以下方式减小,使用专用的天桥或是地下通道,或者可以使用栅栏来分隔运输系统和人群。

　　当车辆的速度很慢,车辆安装了冲击缓冲器和在控制系统里精心设计的故障自动保险电路,伤亡还是会在一些不寻常的或无法预见的情况下发生,虽然这种情况发生的可能性很小。如果采取过度的保护措施,其代价可能是无法承受的资金和操作成本,同时还可能降低公交车运行速度和服务可靠性。因此,公共交通系统的设计人员必须准备和提供客观的数据,这些数据可以为城市公共交通系统降低成本,增加赞助和提高服务可靠性起参考作用。

　　传统公共交通运输系统的死亡率大约是车载智能交通运输系统的七倍。在设计新的系统时,很多专业人士对由此产生的新的故障模式会导致的伤亡感到不安,这就是试图创新的代价之一。设计人员不可能仅仅为了公交车的运行安全性来设计公共交通运输系统。人们要提出一个更加严谨,准确的标准。随着本章分析以及所提出的建议,安全的公共交通运输系统的发展开始变得经济可行。

5.2 常规公交避免碰撞的要求

三种基本的故障模式：

(1) 驾驶员无意识的采取刹车或者车辆突然间减速。

(2) 发动机收到了非人为的加速指令。

(3) 进入车站的车辆没能接受减速指令。

在接下来的分析中，减速度被看作是一个参数。制动减速度不仅仅是由制动力决定的，同时还与风力、路面附着条件、车辆荷载等许多因数有关。

5.2.1 突然减速模型分析

假设这样一种情况，两辆汽车串联行驶在路上，前面的车辆由于故障突然减速。当车辆上或者路边的监控系统检测到了前车的故障，后面跟随的车辆就将采取减速措施。图 5-1 描述了这样的情况。故障公交车长度为 L_v 标注其为 f，速度 V_L。当 $t=0$ 时，前车突然减速，减速度为 a_f。跟随车辆标注为 e，与前车距离为 H_0，为了使计算更加保守，赋予后车速度 $V_L+\Delta V$，t_c 是驾驶员识别到障碍采取制动到出现制动力的时间。车辆 e 的减速度以 J_e 的增长率增加到 a_e，t_j 为减速度由零增加到最大值的时间。对于车辆 e，需要考虑对其加速度变化速率进行限制。

当公交车发生减速故障时，本节分析的目的有两个：

(1) 后车没有与前车发生碰撞，这时可以得到允许的最小的车头时距 $T_{\min}$。

(2) 当后车与前车车头时距过小，碰撞不可避免时，这时可以得到最大碰撞速度。

对于最小的可接受的车辆间距而言，最小的车头时距如下：

$$T_{\min}=\frac{H_{\min}+L_v}{V_L}$$

式中　$T_{\min}$——最小车头时距；

　　　$H_{\min}$——最小间距；

　　　L_v——公交车长度；

　　　V_L——公交车 f 速度。

其结果是 $V_L,a_f,a_e,t_c,\Delta V,J_e$ 的函数。下面有三种情况（图 5-1）。

(1) 当 $a_f>a_e$ 时，最大碰撞速度产生于故障车辆停车的瞬间。

(2) 当 $a_f<a_e$ 时，最大碰撞速度转移到 $t=t_c+t_j$ 时刻。

(3) 当 a_e 增加的足够快超过 a_f，导致在任何一辆车停止前，表中的速度—时间曲线已经相交。

在上述任何一种情况下，车辆间距至多为图 5-1 中的速度—时间曲线间的部分所代表的量（$V_e\geqslant V_f$），考虑故障车辆运动方程。当 $t=0$ 时，定义其速度为 V_L 和重心的位置 $x=H_0+L_v$ 在跟随车辆重心的前方。车辆 f 的运动方程和积分如下：

$$\ddot{x_f}=-a_f \tag{5-1}$$

$$\dot{x_f}=V_L-a_f t \tag{5-2}$$

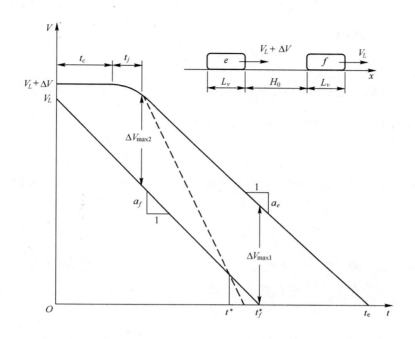

图 5-1　突然减速故障中速度—时间图

$$x_f = H_0 + L_v + V_L t - \frac{a_f t^2}{2} \qquad (5-3)$$

设定 $\dot{x}_f = 0$，方程（5-2）给出了事故车辆减速直至停车所需要的时间

$$t_f = V_L / a_f \qquad (5-4)$$

尾随车辆的运动更加复杂，必须划分为三个时间段：$0 \leqslant t \leqslant t_c$，$t_c \leqslant t \leqslant t_j$ 和 $t > t_c + t_j$。对于第一个时间段

$$\ddot{x}_e = 0 \qquad (5-5)$$

$$\dot{x}_e = V_L + \Delta V \qquad (5-6)$$

$$x_e = (V_L + \Delta V)t \qquad (5-7)$$

对于第二个时间段，车辆 e 开始以 J_e 的速率减速，其初始条件取自第一个时间段中的运动方程在 $t = t_c$ 时的情况。因此

$$\dddot{x}_e = -J_e \qquad (5-8)$$

$$\ddot{x}_e = -J_e(t - t_c) \qquad (5-9)$$

$$\dot{x}_e = V_L + \Delta V - \frac{J_e(t - t_c)^2}{2} \qquad (5-10)$$

$$x_e = (V_L + \Delta V)t - \frac{J_e(t - t_c)^3}{6} \qquad (5-11)$$

通过设定 $\ddot{x}_e = -a_e$，式（5-9）给出了时间段 2 的边界：

$$t = a_e / J_e \qquad (5-12)$$

95

在第三个区域，$t > t_c + t_j$，车辆 e 以 a_e 做匀减速运动，因此运动方程和积分如下

$$\ddot{x}_e = -a_e \tag{5-13}$$

$$\dot{x}_e = V_L + \Delta V - \frac{J_e t_J^2}{2} - a_e(t - t_c - t_J) \tag{5-14}$$

$$x_e = (V_L + \Delta V)t - \frac{J_e t_J^3}{6} - \frac{J_e t_J^2}{2}(t - t_c - t_J) - \frac{a_e}{2}(t - t_c - t_J)^2 \tag{5-15}$$

设定 $\dot{x}_e = 0$，式（5-14）给出了车辆 e 停车所需的时间：

$$t_e = t_c + t_J + \frac{1}{a_e}(V_L + \Delta V) - \frac{a_e}{2J_e} \tag{5-16}$$

当 $a_e < a_f$，考虑任意的初始间距，最大的可能碰撞速度是 $\dot{x}_e$ 在 $t = t_f$ 时的值，将式（5-4）中 t_f 和式（5-1）中 t_J 代入式（5-14），有

$$\Delta V_{max} = V_L\left(\frac{a_f - a_e}{a_f}\right) + \Delta V + a_e t_c + \frac{a_e^2}{2J_e}, \quad a_e \leqslant a_f \tag{5-17}$$

当 $a_e > a_f$，最大的可能碰撞速度是 $\dot{x}_e - \dot{x}_f$ 在 $t = t_c + t_J$ 时的值（读者可以自己证明当 $2a_f > a_e$ 时，$\dot{x}_e - \dot{x}_f$ 在 $t = t_c$ 的值更小）因此，由式（5-1）式（5-2）式（5-10）计算出当 $t = t_c + t_J$ 时

$$\Delta V_{max} = \Delta V + a_f t_c + \frac{a_e}{2J_e}(2a_f - a_e), \quad a_e > a_f \tag{5-18}$$

很容易看出两个公式在 $a_e = a_f$ 时给出了相同的结果。

本例只说明了速度—时间的曲线在车辆停止前没有相交的情况，也就是 $t_e > t_f$。当 H_0 足够大以至于驾驶员的操纵不会产生碰撞，假设 $H_0 = H_{min}$，$x_f(t_f) - x_e(t_e) = L_v$。将式（5-16）代入式（5-15），式（5-4）代入式（5-3），运用公式（5-1）得到车辆间最小间距为

$$H_{min} = \left(\frac{a_f - a_e}{2a_f a_e}\right)V_L^2 + \left(t_c + \frac{a_e}{2J_e} + \frac{\Delta V}{a_e}\right)V_L +$$
$$\left(t_c + \frac{a_e}{2J_e}\right)\Delta V + \frac{\Delta V^2}{2a_e} - \frac{a_e^3}{24J_e^2} \tag{5-19}$$

代入式（5-16），有

$$T_{min} = \left(\frac{a_f - a_e}{2a_f a_e}\right)V_L + t_c + \frac{a_e}{2J_e} + \frac{\Delta V}{a_e} + \frac{L_v}{V_L} +$$
$$\left(t_c + \frac{a_e}{2J_e} + \frac{\Delta V}{2a_e}\right)\frac{\Delta V}{V_L} - \frac{1}{24}\left(\frac{a_e}{V_L}\right)^2 \frac{a_e}{V_L}, t_e \geqslant t_f \tag{5-20}$$

在图 5-1 中，如果速度—时间曲线相交（$t_e \leqslant t_f$），假设在 t^* 时刻，$\dot{x}_e(t^*) = \dot{x}_f(t^*)$。通过式（5-14）、式（5-2），得

$$t^* = \frac{1}{(a_e - a_f)}\left(\Delta V + a_e t_c + \frac{a_e^2}{2J_e}\right) \tag{5-21}$$

从式（5-4）到式（5-16），$t_e \leqslant t_f$ 的条件是

$$\frac{a_e - a_f}{a_e a_f} \geqslant \frac{1}{V_L}\left(t_c + \frac{a_e}{2J_e} + \frac{\Delta V}{a_e}\right) \tag{5-22}$$

在这种情况下，两车最小的间距为 $x_f(0) - x_e(0) - [x_f(t^*) - x_e(t^*)]$，然后两车开始远离，间距变大。如果在突然减速事故中碰撞可以避免，运用式（5-3）、式（5-7）、式（5-15）、式

(5-16),可以得到车辆间最小首尾间距为

$$H_{\min} = \frac{a^2}{(a_e - a_f)} \left(t_c + \frac{a_e}{2J_e} + \frac{\Delta V}{a_e} \right)^2 - \frac{a_e}{2} \left(t_c + \frac{a_e}{2J_e} \right)^2 - \frac{a_e^3}{24J_e^2}, \quad t_e \leqslant t_f \qquad (5-23)$$

对于 $t_e \leqslant t_f$ 这种情况,$H_{\min}$ 的值不取决于 V_L。因此将式(5-23)代入式(5-16)得到的类似于式(5-20)代数公式是没有意义的。相反的,在下面的算例中,直接分析式(5-23)。

现在有必要在典型算例中确定式(5-20)、式(5-23)中各项的重要性。这样的分析有助于设计者专注于那些可以使 $T_{\min}$ 最小化的最有效的方法。

首先考虑 $a_f \geqslant a_e$ 的情况。由图5-1可见,这种情况意味着 $t_e > t_f$ 恒成立。这种情况总是存在的,因为车辆的推动力和制动力都是通过车轮完成。车轮与路面间的摩擦系数可能的差异会导致故障车辆比跟随车辆停止的更加快。如果车辆使用橡胶轮胎,在干燥的路面上摩擦系数可能高达0.8,湿滑的路面上可能低于0.3。如果公交车上有站立的乘客,a_e 必需限制在 2.5m/s^2,但是如果所有的乘客都是坐着的,$a_e = 5$m/s^2 是实用的,但是这些值都只适用于路面干燥的情况。

在正常情况下,乘客的舒适度决定了 J_e 不能超过 a_e(以秒为单位);就是说,a_e 不应该在少于1s的时间内达到它的稳定值。然而式(5-20)说明 J_e 的值越大会导致 T_{mn} 减小。因此,可以认为在紧急情况下 $J_e/a_e = 3$s^{-1} 是许可的。对于车速 $V_L = 10$m/s(相对来说较低的速度),式(5-20)最后一项仅为 2ms,可以忽略不计。如果 $\frac{\Delta V}{V_L}$ 很小,则倒数第二项也会很小。所以,将着重分析前五项。

表5-1说明了对于有乘客站立与无乘客站立的公交车,式(5-20)内的各项的标准数值。$t_c = 0.7$s 是驾驶员识别到故障车辆到出现制动力的时长的经验值,如果 a_e 不接近于 a_f,式(5-20)中的第一项对 $T_{\min}$ 的大小起主导作用。可以通过增加 a_e 的值或者通过对车轮的设计使 a_f 的最大值达到限制,来减小 $a_f - a_e$ 的差值,从而使得第一项缩减至小于 t_c。进一步显著减少 $T_{\min}$ 需要同时缩小 t_c 和 L_v。最终,对于两种不同情况的 $\Delta V_{\max}$ 的值由式(5-17)计算得出。

表 5-1　最小车头时距相关参数

	有乘客站立的公交车	无乘客站立的公交车		有乘客站立的公交车	无乘客站立的公交车
V_L /(m/s)	15	15	$\left(\frac{a_e - a_f}{2a_e a_f} \right) V_L$/s	2.06	0.56
a_e /(m/s^2)	2.5	5	$\frac{a_e}{2J_e}$/s	0.25	0.17
a_f /(m/s^2)	8	8	$\Delta V/a_e$/s	0.20	0.10
t_c /s	0.7	0.7	L_v/V_L/s	0.67	0.47
J_e/a_e /s^{-1}	2	3	$T_{\min}$(s)	3.88	2.00
ΔV /(m/s)	0.5	0.5	$\Delta V_{\max}$/(m/s)	13.2	10.5
L_v/m	10	7			

其次,考虑当 a_f 降低到足够的小,使得 $t_e < t_f$。式(5-21)表明了当 a_f 低于何值时才符合这种情况。相对于另一种情况,保持 t_e 小于 t_f 需要更加复杂的设计。

根据以上分析,考虑到设计参数的额定值 $a_e = 5\text{m/s}^2$, $t_c = 0.1\text{s}$, $J_e/a_e = 3\text{s}$, $\Delta V = 0.5\text{m/s}$, $V_L = 15\text{m/s}$。然后根据式(5-21),当 $a_f < 4.5\text{m/s}^2$ 时,$t_e < t_f$ 这种情况就会发生。根据上面所介绍的,假定 $a_f = 2.5\text{m/s}^2$,根据式(5-23),$H_{\min} = 1/5(1.83)^2 - 0.20 = 0.47\text{m}$,或者,对于 $a_f = 4\text{m/s}^2$,$H_{\min} = 3.15\text{m}$。因此,$H_{\min}$ 的值对于 a_f 的变化非常的敏感,同时我们注意到 $H_{\min}$ 与 V_L 的大小没有关系。运用式(5-16)可以得到 $T_{\min}$。当 $V_L = 15\text{m/s}$, $a_f = 2.5\text{m/s}^2$ 时,$T_{\min}$ 在 $0.18 \sim 0.23\text{s}$ 范围内。如果 $a_f = 4\text{m/s}^2$,$T_{\min}$ 在 $0.36 \sim 0.41\text{s}$ 范围内。因此,通过加强设计来减小 a_f,可以在不发生碰撞的减速事故中得到非常小的车头时距。根据式(5-18)$\Delta V_{\max}$ 在 $0.75 \sim 1.23\text{m/s}$ 的范围里。

5.2.2 公交突然加速模型分析

在车辆跟驰行驶的车队中,突然有一辆车的发动机收到了非人为的加速指令。当独立监控系统检测到故障,会立即阻断发动机推力,同时采取紧急制动。如图5-2所示,在 $t = 0$,标号为 f 的公交车突然开始以 a_f 的加速度加速。保守估计最小车头时距,假设由于控制系统的缺陷,车辆 f 在 $t = 0$ 时以大于前车 ΔV 的速度行驶(前车速度为 V_L)。在 $t = t_c$ 时,驾驶员采取紧急刹车,车辆的减速度以 J_e 的速率变化,直到变为 a_e。车辆 f 被允许以 a_e 减速至 V_L,然后达到负峰值,再返回到 V_L。车辆 f 与前车 l 的间距为图5-2中的阴影部分,标记为 $H_{\min}$。如果碰撞可以避免,则车辆间的最小的间距就是 $H_{\min}$。如果在 $t = 0$ 时刻两车间距小于 $H_{\min}$,碰撞发生时的碰撞最大速度为 $\Delta V_{\max}$。

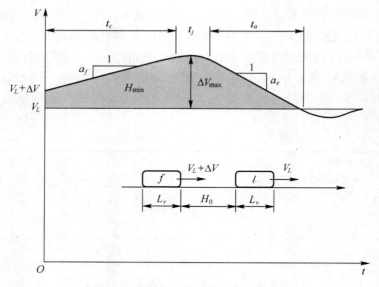

图5-2　突然加速故障中速度—时间图

因为车辆 l 的速度在整个过程中没有变化,$\Delta V_{\max}$ 和 $H_{\min}$ 与 V_L 无关。因此,在整个坐标系中,当车辆 f 正好减速到 V_L 时,可以很简单的计算出 $\Delta V_{\max}$ 和 $H_{\min}$ 的值。由此揭示出,车辆 f 的初始位置和初始速度为

$$x_f(0) = 0, \quad \dot{x}_f(0) = \Delta V \tag{5-24}$$

车辆 f 的运动方程和积分如下:在 $0 < t < t_c$ 的区域内,

$$\dddot{x}_f = a_f \tag{5-25}$$

$$\dot{x}_f = \Delta V + a_f t \tag{5-26}$$

$$x_f = \Delta V t + \frac{a_f t^2}{2} \tag{5-27}$$

在 $t_c < t < t_c + t_J$ 的区域内

$$\dddot{x}_f = -J_e \tag{5-28}$$

$$\ddot{x}_f = a_f - J_e(t - t_c) \tag{5-29}$$

$$\dot{x}_f = \Delta V + a_f t_c + a_f(t - t_c) - \frac{J_e(t - t_c)^2}{2} \tag{5-30}$$

$$x_f = \Delta V t_c + \frac{a_f t_c^2}{2} + (\Delta V + a_f t_c)(t - t_c) + \frac{a_f(t - t_c)^2}{2} - \frac{J_e(t - t_c)^3}{6} \tag{5-31}$$

最大车速产生于 $\ddot{x}_f = 0$，这样设式（5-29）中 $\ddot{x}_f = 0$，解出 $(t - t_c)$，将结果代入式（5-30），有

$$\Delta V_{\max} = \Delta V + a_f t_c + \frac{a_f^2}{a J_e} \tag{5-32}$$

对于加速度以 J_e 变化的时间段 t_J，在式（5-29）中设 $\ddot{x}_f = -a_f$，因此

$$t_J = \frac{a_f + a_e}{J_e} \tag{5-33}$$

然后考虑 $t_c + t_J < t < t_c + t_J + t_a$ 区域，初始条件可以通过将 $t - t_c = t_J$ 代入式（5-30）和式（5-31）得到。因此，由式（5-33）得

$$\dot{x}_f(t_J + t_c) = \Delta V + a_f t_c + \frac{a_f^2 - a_e^2}{2 J_e} \tag{5-34}$$

$$x_f(t_J + t_c) = \Delta V t_c + \frac{a_f t_c^2}{2} + (\Delta V + a_f t_c)\frac{(a_f + a_e)}{J_e} + \\ \frac{1}{6}\left(\frac{a_f + a_e}{J_e}\right)^2 (2a_f - a_e) \tag{5-35}$$

运动方程和相关积分如下：

$$\dddot{x}_f = -a_e \tag{5-36}$$

$$\dot{x}_f = \Delta V + a_f t_e + \frac{a_f^2 - a_e^2}{2 J_e} - a_e(t - t_c - t_J) \tag{5-37}$$

$$x_f = \Delta V t_e + \frac{a_f t_c^2}{2} + (\Delta V + a_f t_e)\frac{(a_f + a_e)}{J_e} + \\ \frac{1}{6}\left(\frac{a_f + a_e}{J_e}\right)^2 (2a_f - a_e) - \frac{a_e}{2}(t - t_c - t_J)^2 + \\ \left(\Delta V + a_f t_e + \frac{a_f^2 - a_e^2}{2 J_e}\right)(t - t_c - t_J) \tag{5-38}$$

图 5-2 中，可以通过在式（5-37）中设 $x_f = 0$ 求出时间段为

$$t_a = \frac{1}{a_e}\left(\Delta V + a_f t_e + \frac{a_f^2 - a_e^2}{2 J_e}\right) \tag{5-39}$$

$H_{\min} = x_f(t_c + t_J + t_a)$，将 $t_a = t - t_c - t_J$ 代入式（5-38），再运用式（5-39），化简得

$$H_{\min} = \frac{\Delta V^2}{2 a_e} + \left(\frac{a_f + a_e}{a_e}\right)\left[\Delta V\left(t_c + \frac{a_f + a_e}{2 J_e}\right) + \frac{a_f t_c^2}{2} + \left(\frac{a_f + a_e}{J_e}\right)\frac{a_f t_c}{2} + \right.$$

$$\frac{(3a_f-a_e)}{24}\left(\frac{a_f+a_e}{J_e}\right)^2\Bigg] \qquad\qquad (5-40)$$

为了估算 H_{min} 的大小,注意到 H_{min} 随着 a_f 的增加而增加,但是随着 a_e 的减小而减小(从图 5-2 中很容易得到)。因此,通过高估 a_f 和低估 a_e,可以得到 H_{min} 一个上界。有必要再一次分开讨论有乘客站立公交车与无乘客站立公交车。在两种情况中,假设 a_f 为 50% 服务加速度,a_e 为两倍的服务加速度。从而,对有乘客站立公交车相关参数定义如下:

$$a_f=0.5(g/8)=0.63\text{m/s}^2$$
$$a_e=2a_f$$

对于无乘客站立公交车,其相关参数是有乘客站立公交车的两倍。因此:

$$a_f=1.25\text{m/s}^2$$
$$a_e=4a_f$$

在两种情况中,使 $J_e=3a_e$(以秒为单位)。式(5-40)转化为

$$H_{min}=\frac{\Delta V^2}{8a_f}+\frac{5}{4}\left[\Delta V\left(t_c+\frac{5}{24}\right)+\frac{a_f}{2}\left(t_c^2+\frac{5t_c}{12}-\frac{25}{1728}\right)\right]$$

假设 $\Delta V=0.5\text{m/s}$,对于有乘客站立公交车,可以由式(5-32)得到 H_{min} 和 ΔV_{max}。

$$H_{min}=(0.39t_c^2+0.78t_c+0.17)\text{m}$$
$$\Delta V_{max}=(0.63t_c+0.53)\text{m/s}$$

对于无乘客站立公交车:

$$H_{min}=(0.78t_c^2+0.95t_c+0.14)\text{m}$$
$$\Delta V_{max}=(1.3t_c+0.55)\text{m/s}$$

如表 5-2 所列,给出了当 t_c 取不同值时所对应的 H_{min} 和 ΔV_{max} 的值。

表 5-2 突然加速故障中最小间距和最大碰撞速度

t_c/s	0.1	0.5	1
H_{min},标准的	0.25m	0.66m	1.34m
H_{min},非标准的	0.24m	0.81m	1.87m
ΔV_{max},标准的	0.59m/s	0.85m/s	1.16m/s
ΔV_{max},非标准的	0.68m/s	1.18m/s	1.85m/s

相应的最小间距可以通过式(5-16)得到。就所有情况而论,可以很清楚地发现相对于公交车减速故障,更有必要确定公交车加速故障中车辆间的最小距离。

5.2.3 公交车进站未能减速

考虑这样一个主线外车站(off-line Station),它拥有一系列用来上下乘客的停泊位。需要公交车停靠时相当靠近,这样可以减少站台长度,从而减少车站的成本;然而,车辆间过小的间距会成为不安全因素。必须计算出满足车辆安全的最小间距 H_n,这样即使当公交车在未能减速的情况下进入车站时,在采取紧急措施之前,它不会与已经靠站的车辆发生碰撞,或者发生碰撞也不会达到导致乘客受伤的速度。图 5-3 可以帮助我们分析这种情况。

假设在进入车站月台区域之前,公交车 f 通过主线外匝道进站速度为 V_{sta}。在月台区域内公交车以 V_{sta} 行驶,在某一位置受到指令开始以标准减速度 a_n 减速直到停车,与已停靠公交车的距离为 H_n。如果车辆 f 在接收到指令后未能减速,监控器将会检测出故障,系统会使公

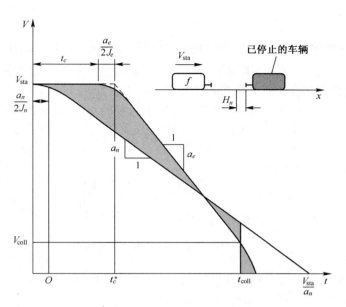

图 5 - 3　标准停靠公交车速度－时间图

交车以 a_e 的减速度减速直到停车（$a_e > a_n$），但是需要在一定的滞后时间 t_c，紧急刹车才会启用。已停站公交车上的启用了驻车制动器，以至于公交车 f 以足够小的速度撞击它时，公交车不会发生移动并且乘客上下车是安全的。

决定最大允许碰撞速度 V_{coll} 的条件如下：首先故障车辆的动能必须被减震系统吸收，其次如果车辆的最大变形量是 δ_g，由减震器传递过来的车辆间的力不大于已停靠公交车的制动力 f_B，因此

$$1/2 m_f V_{coll}^2 = f_B \delta_s \tag{5-41}$$

假定制动力是紧急制动所采用的制动力，所以：

$$f_B = m_s a_e \tag{5-42}$$

式中　　V_{coll} ——最大允许碰撞速度，m/s；

　　　　m_f ——故障公交车质量，kg；

　　　　m_s ——已停靠车辆的质量，kg。

结合式（5 - 41）、式（5 - 42），有

$$\frac{V_{coll}^2}{2 a_e} = \frac{m_s}{m_f} \delta_s \tag{5-43}$$

现在来分析图 5 - 3，如果公交车没有按正常要求停车，在时间段 t_c 之后采取紧急措施，标准减速曲线 L_2 与紧急减速曲线 L_1 相交。L_2 上方阴影区域和 L_2 下方阴影区域（$V > V_{coll}$）之差代表公交车 f 超过它正常停靠位置的距离。因为通过减震器将力传递到公交车 f 上，车辆 f 减速度会更大，减震器的变形量 δ_g 可以通过曲线 L_1 在 V_{coll} 点做法线与时间轴相交所形成的三角形阴影（法线右侧）表示。H_n 可以通过对式（5 - 19）、式（5 - 23）的简化得到，其中对它影响较大的是包括加速度变化速率的 $t_c + a_e/2 J_e$ 项，因为 $a_e^3/24 J_e^2$ 这项非常的小。假设时间段 t_c 开始于车辆正常减速的时刻，可以通过用 t_c^* 代替 t_c 来忽略加速度的变化率，这样：

101

$$t_c^* = t_c + \frac{a_e}{2J_e} - \frac{a_n}{2J_n} \tag{5-44}$$

通过上述的简化,可以从图 5-3 中得到 H_n。在正常的情况下,车辆从 $t=0$ 开始所需的停止距离为 $V_{\mathrm{sta}}^2/2a_n$,公交车 f 会在距离前车 H_n 的位置停止。如果发生故障,公交车 f 以 V_{coll} 的速度与已停靠的公交车发生碰撞前也许会行驶一段额外距离 H_n。从 $t=0$ 时刻开始,紧急减速曲线 L_1 的下部($0 \leqslant t \leqslant t_{\mathrm{coll}}$)区域代表公交车 f 行驶的总距离,该距离为

$$V_{\mathrm{sta}} t_c^* + \frac{(V_{\mathrm{sta}} - V_{\mathrm{coll}})^2}{2a_e} + V_{\mathrm{coll}} \frac{(V_{\mathrm{sta}} - V_{\mathrm{coll}})}{a_e}$$

简化该表达式,正常间距为

$$H_n = V_{\mathrm{sta}} t_c^* + \frac{V_{\mathrm{sta}}^2 - V_{\mathrm{coll}}^2}{2a_e} - \frac{V_{\mathrm{sta}}^2}{2a_n}$$

将式(5-43)代入式(5-44),有

$$H_n = V_{\mathrm{sta}} \left(t_c + \frac{a_e}{2J_e} - \frac{a_n}{2J_n} \right) - \frac{(a_e - a_n)}{2a_e a_n} V_{\mathrm{sta}}^2 - \frac{m_s}{m_f} \delta_s \tag{5-45}$$

在正常情况下,$J_n = a_n$(以秒为单位)。在紧急的情况下,我们假设 $J_e = 3a_e$。因此,加速度变化速率的增加,减小了 H_n。假设 $a_e = 2a_n$,有

$$H_n = V_{\mathrm{sta}} \left(t_c - \frac{1}{3} \right) - \frac{V_{\mathrm{sta}}^2}{4a_n} - \frac{m_s}{m_f} \delta_s \tag{5-46}$$

使 $H_n < 0$,有

$$t_c \leqslant \frac{1}{3} + \frac{V_{\mathrm{sta}}}{4a_n} + \frac{m_s}{m_f} \frac{\delta_s}{V_{\mathrm{sta}}} \tag{5-47}$$

该式作为 V_{sta} 的函数,通过设定 $\mathrm{d}H_n/\mathrm{d}V_{\mathrm{sta}} = 0$ 可以得到 H_n 的最大值,此时有

$$V_{\mathrm{sta}} = 2a_n \left(t_c - \frac{1}{3} \right) \tag{5-48}$$

代入式(5-46),有

$$H_{n\max} = a_n \left(t_c - \frac{1}{3} \right)^2 - \frac{m_s}{m_f} \delta_s \tag{5-49}$$

5.3　碰撞中避免乘客受伤的标准

没有简单的标准可以保证乘客完全避免受伤,乘客的受伤程度取决于加速度的大小,变化率以及作用时间。相关实验已经揭示汽车安全系统的加速度和加速度变化速率的最大值。

考虑乘客承受加速度作用时间的限制,通用汽车研究实验室的 C. W. Gadd 定义了严重程度指数(SI)。该指数被美国国家公路交通安全管理局采用,作为一个安全标准的基础。SI 的定义是:

$$\mathrm{SI} = \int_0^t a^n \mathrm{d}t \tag{5-50}$$

式中　a —— 减速度;

　　　n —— 实验参数,推荐值 2.5;

　　　t —— 加速度持续的作用时间,s。

在第 5 章,设计准则是依据上面提到的减速度和减速度变化率的限制以及严重程度指数得到。SI＝1000s 是指在正面撞击中,头部受伤以致危害生命的临界值。然而,在有志愿者参与的碰撞试验中已经表明 SI＝1000s 是乘客经常能够承受并且没有产生不良反应的值。由于 SI 值的不确定性,在下面的章节中给出的设计参考值将依据严重程度指数 SI 小于 500s。

5.4　公交车辆间安全的碰撞速度

在有安全设备的公交车内,希望乘客避免受伤,乘客可以承受的碰撞速度的限制值:

$$V_{cp} = \omega_n \, |x|_{max} \sqrt{1 - \frac{2a_v}{\omega_n^2 \, |x|_{max}}} \tag{5-51}$$

其中

$$\omega_n = \sqrt{F_l / \delta_l m} \ , \ F_l = ma_l$$

式中　V_{cp}——乘客承受的碰撞速度,m/s;

$\quad\quad a_l$——减速度极限值;

$\quad\quad \delta_l$——变形量,cm;

$\quad\quad a_v$——车辆减速度。

这个限制值也可以通过下面公式得到:

$$(V_{cp})_{max} = [1.35 \, (SI)_{max}]^{0.4}$$

实际的限制值当然是上面两个公式计算出的限制值中较小的一个。为了完成安全设计中需要解决的问题,必须把 V_{cp} 和车辆间的碰撞速度差 V_{cv} 联系起来。

如图 5-4 所示,假设乘客都面向车辆前方坐着。两辆车在 $t＝0$ 时发生碰撞。在后车的乘客相对于公交车被向前抛出。如果乘客面向后方,在一次相同质量的车辆间的碰撞中,前后两辆车中乘客的情况是相反的。如果采用恒力减震器,在碰撞期间的速度—时间曲线是直线,阴影区域代表减震器的总变形量 $2\delta_{sa}$,

$$\delta_{sa} = \frac{1}{8} \left(\frac{m_1 m_2}{m_1 + m_2} \right) \frac{V_{cv}^2}{F_p}$$

式中　δ_{sa}——一个车辆减震器变形量,cm;

$\quad\quad V_{cv}$——碰撞时两车速度差,m/s。

采用恒力,恒位移的减震器,并假设两个并排的减震器是被安装在两辆公交车的前部和后部,那么 δ_{sa} 是一个参数,后面公交车的减速度表达为

$$a_v = a_2 = \frac{2F_p}{m_2} = \frac{V_{cv}^2}{2(2\delta_{sa})} \frac{1}{(1 + m_2/m_1)}$$

可以通过假设一维运动来预测乘客在碰撞中的减速度,这种预测具有十分显著的准确性。在时间 $t＝0$ 时,假设质量为 m 的乘客持续的以速度 V_2 运动,直到与一个安全约束装置发生碰撞。如果乘客被抛出的距离 δ_{th} 较短时,这种碰撞将会发生在某时间(例如 t_a 或者 t_b),此时公交车 2 还是减速。在这样的情况下,乘客的碰撞速度 V_{cp} 为

$$V_{cp} = \sqrt{2a_v \delta_{th}}$$

如果乘客被抛出的距离 δ_{th} 是较长的,乘客发生碰撞在某时间(例如 t_c),公交车 2 和公交

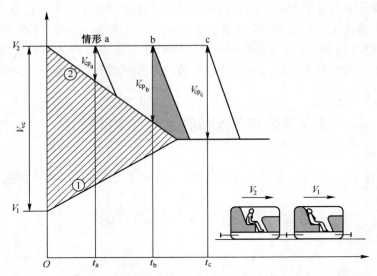

图 5-4　车辆碰撞过程中车辆与无约束装置乘客的时间—速度图

车 1 达到相同的速度之后，碰撞期间 $a_v=0$。在这样的情况下，$V_{cp}=V_{cv}-V_f$，其中 V_f 为两车碰撞后共同的速度，$V_f=\dfrac{m_2}{m_1+m_2}V_{cv}$，因此：

$$V_{cp}=V_{cv}\frac{1}{(1+m_2/m_1)} \qquad (5-52)$$

首先假设乘客避免受伤的承受极限取决于的加速度和加速度的化率。V_{cv} 和长度参数 δ_{th}，δ_{sa} 以及 $\delta_{cd}=|x|_{max}$ 之间的关系参照式（5-51）。公式两边同时平方，可以写成下面这种形式：

$$\begin{cases} V_{cp}^2+2a_v\delta_{cd}=\omega_n^2\delta_{cd}^2，\text{情形 a} \\ V_{cp}=\omega_n\delta_{cd}，\text{情形 c} \end{cases} \qquad (5-53)$$

δ_{cd} 是一个新定义的参数，是约束装置的最大变形量。当 δ_{th} 值较小时，$V_{cp}=\sqrt{2a_v\delta_{th}}$ 给出了 V_{cp} 值。用这个公式消掉式（5-53）中情形 a 的 V_{cp}，用式（5-51）消去 a_v，有

$$V_{cv}=\omega_n\delta_{cd}(1+m_2/m_1)^{1/2}[2\delta_{sa}/(\delta_{th}+\delta_{cd})]^{1/2} \quad (\delta_{th}\text{ 较小，情形 a}) \quad (5-54)$$

对于较大的 δ_{th} 值，式（5-52）中给出了 V_{cp} 的值，运用式（5-53）第二种情况。在这些公式中消去 V_{cp}，有

$$V_{cv}=\omega_n\delta_{cd}(1+m_2/m_1) \quad (\delta_{th}\text{ 较大，情形 c}) \qquad (5-55)$$

式（5-54）和式（5-55）说明如果 δ_{cd} 是最大有效约束变形量，则 V_{cv} 就是最大允许碰撞速度。另一方面，对于固定的 δ_{cd} 和 δ_{sa}，如果（根据式（5-54））δ_{th} 值是足够小，那么

$$2\delta_{sa}/(\delta_{th}+\delta_{cd})\geqslant 1+m_2/m_1 \qquad (5-56)$$

如果 δ_{sa}/δ_{cd} 比值超过 1，上述关系将会成立。

上面的理论仅仅针对在图 5-4 中的情形 a 和情形 c。在情形 b 中，公交车仅在碰撞期间部分时间内是减速的。因此，在图 5-5 中，代表 δ_{cd} 的有点区域比公交车整个碰撞期间都减速的区域更小。因此，给定的 δ_{cd} 值和 v_{cv} 值比通过式（5-54）计算出来的结果要更大。用式（5-54）的结果作为情形 b 的近似是保守的。

在两辆质量近似的公交车之间的碰撞中，如果后面的公交车（乘客座位面向前方）比前面的公交车略重，这种情况乘客受伤将是最严重的。因此，对于两辆公交车之间的碰撞，使 $m_2/m_1 = 0.9$。然后式(5-54)和式(5-55)变成

$$\begin{cases} V_{cv} = 1.95\omega_n\delta_{cd}[\delta_{ca}/(\delta_{th}+\delta_{cd})]^{1/2} & (\delta\sigma_{th} \text{ 较小}) \\ V_{cv} = 1.9\omega_n\delta_{cd} & (\delta_{th} \text{ 较大}) \end{cases} \tag{5-57}$$

在与固定障碍物的碰撞中，$m_2/m_1 = 0$，但这时没有上述公交车 1 来吸收一半的能量。因此，整个的减震器变形量是在公交车 2 上的减震器的变形量。考虑到这点，用 δ_{sa} 代替 $2\delta_{sa}$。所以，对于与固定障碍物碰撞：

$$\begin{cases} V_{cv} = \omega_n\delta_{cd}[\delta_{sa}/(\delta_{th}+\delta_{cd})]^{1/2} & (\delta_{th} \text{ 较小}) \\ V_{cv} = \omega_n\delta_{cd} & (\delta_{th} \text{ 较大}) \end{cases} \tag{5-58}$$

式(5-57)和式(5-58)根据对加速度和加速度变化速率限制，确定了 V_{cv} 的最大允许值。在谈论结果之前，有必要定义 V_{cv} 的范围，因为严重程度指数 SI 低于一个特定的最大值。依据 SI，V_{cp} 的最大值是由公式 $(V_{cp})_{max} = [1.35(SI)_{max}]^{0.4}$ 给出。对于较小的 δ_{th} 值，V_{cp} 和 V_{cv} 之间关系通过把公式 $a_v = \dfrac{V_{cv}^2}{2(2\delta_{sa})}\dfrac{1}{(1+m_2/m_1)}$ 带入到公式 $V_{cp} = \sqrt{2a_v\delta_{th}}$，然后：

$$V_{cv} = V_{cp}\sqrt{2(1+m_2/m_1)\frac{\delta_{sa}}{\delta_{th}}} \quad (\delta_{th} \text{ 较小}) \tag{5-59}$$

如果 $m_2/m_1 = 0$，用 δ_{sa} 代替 $2\delta_{sa}$。

对于较大的 δ_{th}，其关系如式(5-52)所示，所以：

$$V_{cv} = V_{cp}(1+m_2/m_1) \quad (\delta_{th} \text{ 较大}) \tag{5-60}$$

如果将公式 $(V_{cp})_{max} = [1.35(SI)_{max}]^{0.4}$ 中的 V_{cp} 是被带入式(5-59)和式(5-60)，可以得到 V_{cp} 的限制值（相对于 SI 的限制）。因此，对于 $m_2/m_1 = 0.9$，有

$$\begin{cases} V_{cv} = 2.20(\delta_{sa}/\delta_{th})^{1/2}(SI)_{max}^{0.4} & (\delta_{th} \text{ 较小}) \\ V_{cv} = 2.14(SI)_{max}^{0.4} & (\delta_{th} \text{ 较大}) \end{cases} \tag{5-61}$$

对于 $m_2/m_1 = 0$

$$\begin{cases} V_{cv} = 1.59(\delta_{sa}/\delta_{th})^{1/2}(SI)_{max}^{0.4} & (\delta_{th} \text{ 较小}) \\ V_{cv} = 1.13(SI)_{max}^{0.4} & (\delta_{th} \text{ 较大}) \end{cases} \tag{5-62}$$

假设 $(SI)_{max} = 500s$，式(5-61)和式(5-62)变成

$$V_{cv} = 26.4(\delta_{sa}/\delta_{th})^{1/2} \qquad \frac{m_2/m_1}{0.9}\frac{\delta_{th}}{\text{较小}}$$

$$= 25.7\text{m/s} \qquad \frac{m_2/m_1}{0.9}\frac{\delta_{th}}{\text{较大}}$$

$$V_{cv} = 19.1(\delta_{sa}/\delta_{th})^{1/2} \qquad \frac{m_2/m_1}{0}\frac{\delta_{th}}{\text{较小}}$$

$$= 13.6\text{m/s} \qquad \frac{m_2/m_1}{0}\frac{\delta_{th}}{\text{较大}}$$

假设 $\omega_n = 40\text{rad/s}$，分析结果如下：

5.4.1　相似的公交车间的碰撞（$m_2/m_1 = 0.9$）

1. δ_{th} 值较大

V_{cv} 取 $76\delta_{cd}$ 或者 25.7m/s 中较小的。如果 $\delta_{cd} < 34\text{cm}$，加速度和加速度变化速率限制

V_{cv}，大多数实际的例子证明这一关系成立。

2. δ_{th} 值较大

V_{cd} 取 $78\delta_{cd}\left[\delta_{sa}/(\delta_{th}+\delta_{cd})\right]^{\frac{1}{2}}$ 或者 $26.4\left(\delta_{sa}/\delta_{th}\right)^{\frac{1}{2}}$ m/s 中较小的。

如果第二个表达式的值是接近第一个，公式采用 5.3.1 节的积分表达式。

5.4.2 与固定障碍物的碰撞 $(m_2/m_1=0)$

1. δ_{th} 值较大

V_{cv} 取 $40\delta_{cd}$ 和 13.6m/s 中较小的。

如果 $\delta_{cd}<34$cm，因此加速度和加速度变化速率限制 V_{cv}。

2. δ_{th} 值较小

V_{cv} 取 $40\delta_{cd}\left[\delta_{sa}/(\delta_{th}+\delta_{cd})\right]^{\frac{1}{2}}$ 或者 $19.1\left(\delta_{sa}/\delta_{th}\right)^{\frac{1}{2}}$ m/s 中较小的。

考虑这些结果的物理意义，假定 δ_{cd} 最大的实际值为 15cm。那么对于 $m_2/m_1=0.9$ 以及较大的 δ_{th}，V_{cv} 必须被限制在 11.4m/s 以下。如果与固定障碍物碰撞是可能发生的，在碰撞前使车速减慢到 6m/s 是肯定可能的。

如果车辆拥有更快的线速度，满足保护要求则需要一个更小的 δ_{th} 值。假设约束装置是一个安全带。则 $\delta_{th}\approx0$，如果 $m_2/m_1=0.9$，有

$$(V_{cv})_{max}=78(\delta_{cd}\delta_{sa})^{1/2}\text{m/s} \tag{5-63}$$

在这种情况下，δ_{cd} 是安全带最大的伸展值。假设 $(\delta_{cd})_{max}=30$cm，$(V_{cv})_{max}=42.7\delta_{sa}^{1/2}$m/s。如果 $\delta_{sa}=0.5$m，V_{cv} 达到 30m/s 或者 67mi/h 的值（乘客无受伤）能够一直持续。

如果约束装置是一个气囊，δ_{th} 不是零而是几厘米，δ_{cd} 可能更大。在这种情况下，$(V_{cv})_{max}$ 可能要稍大一些。

如果发生与固定障碍物的碰撞，希望 $(V_{cv})_{max}=30$m/s，如果 $\delta_{cd}\approx30$cm 并且 $\delta_{th}\ll\delta_{cd}$，就可以得到

$$30=40(0.3\delta_{sa})^{1/2}$$

如此使得 $\delta_{sa}\geqslant1.88$m。由于这是一个不符合实际的长度，所以公交车以 30m/s 行驶与固定阻碍物发生碰撞，安全约束装置对乘客提供保护是不切实际的。

5.5 侧 向 碰 撞

侧向碰撞是指侧向车辆进入原有公交车运行线路上，与其发生碰撞。在交通运输系统中最严重的碰撞就是侧向碰撞。下面是发生这种碰撞的三种必要因素：

（1）突然减速故障。

（2）制动和故障检测系统同时发生故障。

（3）两种故障同时发生在车辆行驶的合流点上。

幸运的是，发生这种碰撞的概率是非常低的。不过，为谨慎起见，就要了解发生这种碰撞的后果以及必要的防范措施，以尽量减少乘客受伤的可能性。

研究车流合流点处的碰撞，如图 5-5 所示。宽度为 w，速度为 V 的公交车，行驶轨迹为直

线,其中心线定为 X 轴,与一个相同宽度和速度的车辆在合流点发生碰撞,有

$$y = \frac{J_n}{6V^3} x^3 \qquad (5-64)$$

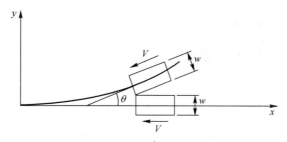

图 5 - 5　侧向碰撞的几何图

在这个碰撞点上,因为碰撞角度 θ 是很小的,所以 $y \approx w$。由于同样的原因,θ 近似值如下

$$\theta \approx \frac{\mathrm{d}y}{\mathrm{d}x} = \frac{J_n}{2V^3} x^2 \qquad (5-65)$$

由于 $y = w$,解式(5 - 64)得 x,然后带入式(5 - 65)。其结果是

$$\theta = \frac{\mathrm{d}y}{\mathrm{d}x} \Big|_{y=w} = \frac{3}{6^{1/3}} \frac{(J_n w^2)^{1/3}}{V} \qquad (5-66)$$

假设每辆公交车两侧也都安装了吸能保险杠,当公交车以正常线速度 V 行驶情况下,发生侧向碰撞时产生的设计压缩量为 δ_y。当各车辆的侧保险杠上压缩量达到一定值 δ_y 时,两辆公交车辆向前的动量就停止。因此,侧向碰撞就相当于一个前后固定障碍物碰撞,其中减震器变形量为 δ_{sa},由式(5 - 66)得

$$\delta_{sa} = \frac{2\delta_y}{\theta} = 1.21 \frac{\delta_y V}{(J_n w^2)^{1/3}} \qquad (5-67)$$

对于有乘客站立的公交车,$J_n = 1.25\mathrm{m/s}^2$,$w = 2.4\mathrm{m}$。得 $J_n w^2 = 7.2$。对于无乘客站立的公交车 $J_n = 2.5\mathrm{m/s}^2$,$w \approx 1.7\mathrm{m}$。又得 $J_n w^2 = 7.2$。因此,式(5 - 67)转化为

$$\delta_{sa} = 0.63 \delta_y V \qquad (5-68)$$

然后根据 5.4 节中与固定障碍物发生碰撞的情形,得到公交车可承受的最大碰撞速度 V_{cv}。对于一个给定的速度 V,如何选择 δ_y,δ_{th} 和 δ_{cd} 是非常关键的,需要满足 $V_{cd} \leqslant V$。

思　考　题

1. 什么是城市常规公共交通运行安全?
2. 在公交车避免碰撞要求中,有几种故障模式? 每种故障模式各有什么需要注意的问题?
3. 乘客承受的碰撞速度 V_{cp} 与碰撞时两车速度差 V_{cv} 有何关系?
4. 哪些因素可能导致车辆发生侧向碰撞?

第6章
城市公共交通场站规划方法

6.1 公交场站定义及分类

6.1.1 车站

公交车站按功能可划分为首末站、中途停靠站和枢纽站。

1. 首末站

为运营车辆的到、发和乘客的上、下车服务。是一种将车辆调头、停放、上下客和乘客候车等多种设施合在一起的小型服务性起、终点站,也是行车调度人员组织车辆运行的地方。

2. 中途停靠站

供线路运营车辆中途停靠,为乘客上下车服务。

3. 枢纽站

通常为多条公交线路的交汇处和集散点;是城市客运交通体系的重要组成部分;是联结城市对外和市内客运、私人交通和公共交通以及公共交通内部转换的重要环节;是若干种交通方式连接的固定构筑物(有固定位置或固定换乘设施)。

枢纽站按交通功能、交通方式、交通组织、布置形式、服务区域的不同,又可从不同的角度作如下分类。

1)按交通功能分类

对外枢纽:一般设在城市出入口,连接对外交通运输线路与城市公交线路,其规模与城市发展形态、经济文化活动相关。

市内枢纽:主要为城市内部区域间或区域中心与对外枢纽的客流交换服务。一般设在城市内主要客流集散点,多种交通方式,多条线路汇交点,对通畅、便捷要求高。

2)按交通方式分类

交通换乘枢纽:如城市公交,铁路、水路,航空运输等线路相互衔接的客运枢纽。

公交换乘枢纽:主要指公共汽车线路之间,包括公共汽车与地铁之间的交汇处枢纽以及组织公交进行区域换乘的枢纽。

3)按交通组织分类

首末站换乘枢纽:枢纽内有多条公共电车、汽车的首末站,并设有停车、候车、调度以及有关指示标志等设施,一般有多条发射性线路。

中途站换乘枢纽：位于道路条件好、公交线路通达性高,多条线路交汇的路网接点。站点设置、人流组织是此类枢纽设计的重点内容。

4）按布置形式分类

立体式枢纽：枢纽站为地上或地下多层结构形式,适用于交通方式复杂,用地受到限制的地点,同时也可与综合性服务设施(如商业、文娱活动场所)相协调。

平面式枢纽：枢纽站设施布置在地面上,其规模视换乘需求而定。

5）按服务区域分类

都市级枢纽：吸引全市范围和对外交通客流的枢纽,如火车站、航空港、公路主枢纽等城市大型出入口。

市郊级枢纽(市区级枢纽)：连接卫星城镇与市内公交线路的客运枢纽以及城市内交通重心处枢纽。

地区级枢纽：设在地区性区域中心的客流集散点的枢纽。

公交首末站和枢纽站主要是在用地规模、客流集散量、换乘能力等方面存在差别,因此在公交线网中体现出功能上的差异。因此公交车站研究重点在首末站和枢纽站,其中枢纽站研究重点在单独占地的首末站换乘枢纽。

6.1.2 车场

公交车场是公交公司运营管理的基层单位。车场的主要技术业务是：组织车辆运行；当客运高峰过后或夜间车辆不需要运行时,车场又是车辆停放保管的场所；对车辆执行预防性技术保养,使车辆始终处于技术完好状态；对有故障或肇事车辆及时进行修理。公交车场按功能可划分为停车场、保养场和修理厂。

1. 停车场

为线路营运车辆下班后提供合理的停放空间、场地和必要设施,并按规定对车辆进行低级保养和重点小修作业。

2. 保养场

承担营运车辆的高级保养任务及相应的配件加工、修制和修车材料,燃料的储存、发放等。

3. 修理厂

承担营运车辆的大修作业。

6.2 城市公交场站需求预测

6.2.1 公交场站需求预测意义

公交场站设施的总体规模,既要满足公交营运的要求,又要以提高城市利用效率为原则,避免土地资源浪费。在提出适应城市发展的常规公交场站合理规模之前,首先针对现状城市常规公交场站进行场站需求预测。因为城市公交场站建设项目投资大、占地面积多。如果公交场站规模已能满足城市发展的要求,则过多的建设,将会导致大量建设资金的过早占用,并造成土地等资源浪费,这有悖于我国处于发展中国家水平、建设资金短缺的国情；而对于公交场站规模不能满足城市发展要求的城市,该步骤又是下一步计算合理公交场站规模的基础和前提。

6.2.2 公交场站需求预测思路

公交场站的总体规模是以城市客流需求规模为依据来进行预测。根据客流量需求,计算需要的公交运力,再依据单位运力需要的各类场站用地指标,初步计算场站的规模。一般来说通过这种方法得出的公交场站规模面积为建筑面积,而场站的实际占地面积与场站的建筑形式也有关系。在人口稠密、土地资源稀缺的香港和新加坡,广泛采用修建立体公交场站或与其他建筑物相结合(一般置于地下一层)的形式,有效节约了土地资源。在我国许多城市,中心区开发强度高、客流需求大、普遍存在公交场站缺乏、车辆无处可停的问题。在公交场站规划设计中,既没有考虑与其他建筑物结合,已有的公交场站也多为独立用地、平面设计,土地利用效率不高。影响公交场站需求规模的另外一个重要因素是公交车辆的形式,选用高容量的公交车辆能减少公交运力规模需求,从而减少公交场站面积。如香港广泛采用双层巴士,节约场站面积约40%。

6.2.3 公交场站需求预测方法

城市常规公交场站的分布位置和用地大小,应根据城市总体规划要求,结合城市用地的功能分区和道路交通的组织要求,力求布局均衡合理,规模大小适中,使场站的建设既能满足近期需求,又能为远期发展留有余地。常规公交场站需求分析是场站规划的重要内容,是确定场站发展规划的依据,也是制定场站设施建设方案及管理制度的重要基础。进行场站需求分析要求对场站系统的现状进行全面分析研究,掌握其发展的内在规律,并运用科学方法正确分析场站需求的发展前景,然后据此对场站规划与管理制定出详细周密的安排。

公交场站需求预测的流程图如图6-1所示。

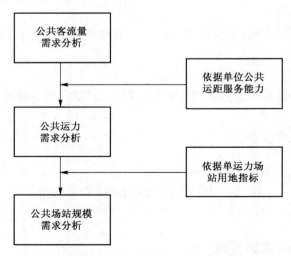

图6-1　公交场站需求预测的流程图

6.2.4 公交场站需求预测步骤

1. 公交客流需求分析

参考第2章公共交通的需求预测方法对公交客流量进行客流需求分析,确定规划目标年的公交客流需求量。

2. 公交运力需求分析

假设城市居民的日出行总量为 $G_总$，居民公交出行平均换乘系数为 t_i，每标台公交车的日客运量为 q_i，因车辆保养、司机轮休等车辆的有效运营数量比例为 k，则可由下式计算得出城市完成公交客运量所需要的总体公交车辆规模为

$$S_{车总} = \frac{G_总 \times t_i}{q_i \times k}$$

式中　$S_{车总}$——城市完成公交客运量所需要的公交车辆总体规模(标台)；

　　　$G_总$——居民的日出行总量(人次，日)；

　　　t_i——居民公交出行平均换乘系数；

　　　q_i——每标台公交车的日客运量(人次，日)；

　　　k——因车辆保养、司机轮休等车辆的有效运营数量比例。

3. 公交场站规模需求分析

公交场站主要包括首末站、停车场和保养场。

公交场站的总体规模可通过下式测算：

$$S_{总规模} = S_{车总} \times S_{综合标车}$$

式中　$S_{总规模}$——城市公交场站的总规模(m^2)；

　　　$S_{车总}$——综合考虑时每标准车占城市常规公交场站的面积(m^2/标车)；

　　$S_{综合标车}$——城市完成公交客运量所需要的公交车辆总体规模(标台)。

6.3　城市公交场站布局方法

城市公共交通站、场、厂的设计应结合城市规划合理布局，计划用地，做到保障城市公共交通畅通安全、使用方便、技术先进、经济合理。各种公交场站的布局原则如下。

6.3.1　首末站布局原则

（1）首末站的规模按该线路所配营运车辆总数来确定。一般配车总数(折算为标准车)大于 50 辆的为大型站；26～50 辆的为中型站；等于或小于 25 辆的为小型站。

（2）在城市总体规划中，城市道路网的建设与发展应根据城市公共交通的需要和规划，优先考虑首末站的设置，使其选择在紧靠客流集散点和道路客流主要方向的同侧。

（3）首末站一般设置在周围有一定空地，道路使用面积较富裕而人口又比较集中的居住区、商业区或文体中心附近，使一般乘客都在以该站为中心的 350m 半径范围内，其最远的乘客应在 700～800m 半径范围内。在缺乏空地的地方，城市规划部门应根据此要求利用建筑物优先安排设站。

（4）首末站宜设置在全市各主要客流集散点附近较开阔的地方。这些集散点一般都在几种公交线路的交叉点上。如火车站、码头、大型商场、分区中心、公园、体育馆、剧院等。在这种情况下，不宜一条线路单独设首末站，而宜设置几条线路共用的交通枢纽站。不应在平交路口附近设置首末站。

（5）在设置无轨电车的首末站时，应同时考虑车辆转弯时的偏线距和架设触线网的可能性；车辆特别集中的首末站要尽量靠近整流站，充分考虑电力供应的可能性和合理性。

6.3.2 中途站布局原则

（1）中途站应设置在公共交通线路沿途所经过的各主要客流集散点上。城市规划交通管理部门有责任为这些站点的设置提供方便。如所设站点与城市交通管理规则确有矛盾，妨碍交通，应协商调整。

（2）中途站应沿街布置，站址宜选在能按要求完成车辆的停和通两项任务的地方。

（3）在路段上设置停靠站时，上、下行对称的站点宜在道路平面上错开，即叉位设站。其错开距离宜不小于50m。在主干道上，快车道宽度大于或等于22m时也可不错开。如果路旁绿带较宽，宜采用港湾式中途站。

（4）在交叉路口附近设置中途站时，一般设在过交叉口50m以外处。在大城市车辆较多的主干道上，宜设在100m以外处。

（5）几条公交线路重复经过同一路段时，其中途站宜合并。站的通行能力应与各条线路最大发车频率的总和相适应。在并站的情况下，电车、汽车不应共用同一停靠点；两条以上电车、汽车共用同一车站时，应有分开的停靠点，其最小间距宜不小于2～2.5倍标准车长；共用同一停靠点的线路宜不多于3条。

（6）公共交通中间停靠站的站距受交叉口间距和沿线客流集散点分布的影响，在整条线路上是不等的。市中心区客流密集、乘客乘距短，上下站频繁，站距宜小；城市边缘区，站距可大些；郊区线，乘客乘距长，站距可更大。快速轨道交通最小站距由设计车速决定。设置公共交通停靠站的原则是应方便乘客乘车并节省乘客总的出行时间。几种主要公共交通方式的站距推荐值见表6-1。

表6-1 公共交通站距

公共交通方式	市区线/m	郊区线/m
公共汽车与电车	500～800	800～1000
公共汽车大战快车	1500～2000	1500～2500
中运景快速轨道交通	800～1000	1000～1500
大运景快速轨道交通	1000～1200	1500～2000

（7）公共交通的线路长度不宜过长或过短。其取值市区线路宜取该城市平均运距的两倍，市郊线路宜不大于其三倍。

6.3.3 枢纽站布局原则

（1）枢纽站的建设必须统一规划设计，其总平面布置应确保车辆按路线分道有序行驶。

（2）在电车、汽车都有的枢纽站，应特别布置好电车的避让线网和越车通道。

6.3.4 出租汽车营业站布局原则

（1）出租汽车应在客流较大而又繁忙的火车站、航运和公路客运站、医院、大型宾馆、商业中心、文化娱乐和游览活动中心、大型居住区和交通枢纽等地方设站。

（2）营业站宜在半径为 1.5km 的服务范围内,在街头设置若干呼叫出租汽车的专线电话,方便群众就近日夜租车。

（3）一般营业站的营业小轿车数在 30 辆以下;大型营业站在 31～50 辆。其他类型车辆均按上海牌 760 型小轿车折算。

6.3.5 停车场布局原则

（1）停车场宜按辖区就近使用单位布置,选在所辖线网的重心处,使其与线网内各线路的距离最短。其距离宜在 1～2km 以内。

（2）停车场距所在分区保养场的距离宜在 5km 以内,最大应不大于 10km。

（3）在旧城区、交通复杂的商业区、市中心、城市主要交通枢纽的附近,应优先安排停车场用地。在发展新的小区或建设卫星城时,城市规划部门必须预留包括停车场在内的公交用地。

（4）停车场的用地应安排在水、电供应和市政设施条件齐备的地区。

（5）停车场的进出口应设在其用地范围内永久性停车坪一端,其方向要朝向场外交通路线,且进出口由车辆进出口和人员出入口组成,两者必须分开设置,严格各行其道。车辆的进口和出口应分开设置,另外应再设一个备用进出口。在条件不允许的情况下,进出口不得不合用时,其通道宽度应不小于 10～12m;同时应有备用进出口。在停车数小于 50 辆时,如无条件设置备用进出口时可不设。

（6）调度室宜设在进出口的适中位置上,采用广角多方位窗户。停车场内的交通路线应采用与进出口行驶方向相一致的单向行驶路线,避免互相交叉。同时进出口必须有限速、禁止停放车辆、禁止鸣笛和停车线等标志,应有夜间显示装置和灯光照明。无轨电车停车场进出口宜分开设置。场内线网应统一按顺时针或逆时针行车方向布置。试车线在停车区域绕周设置。线网触线高度一般为 5.00～5.50m。人员出入口可在车辆进出口的一侧或两侧设置,其使用宽度应大于两人同时步行宽度的 1.6m。

6.3.6 保养场布局原则

（1）保养场的功能主要是承担营运车辆的高级保养任务及相应的配件加工、修制和修车材料、燃料的储存、发放等。在中、小城市,停车场的低级保养和小修设备较差,保养场有提供其所需配件的任务;如车辆较少,不需单独建停车场时,可按本规范停车场的各项要求在保养场内建设停车场（库）。在中、小城市,由于车辆不多,一般也不建修理厂,保养场应同时承担发动机和车身修配的任务,并按修理厂的设计规范要求建设修理车间。

（2）保养场应建在城市每一个分区线网的重心处（大城市宜在市区半径的中点;中、小城市宜建在城市边缘）,使之距所属各条线路和该分区的各停车场均较近。应避免建在交通复杂的闹市区、居住小区和主干道内,宜选择在交通情况比较清静而又有两条以上比较宽敞、进出方便的次干道附近,并有比较齐备的城市电源、水源和污水排放管线系统。

（3）保养场应避免建在工程地质和水文地质不良的滑坡、溶洞、活断层、流砂、淤泥、永冻土和具有腐蚀性特征的地段,尤其应避免高填方或开凿艰巨的石方地段。其地下水位必须低于地下室和建筑物基础的底面。

（4）保养场的纵轴朝向,一般宜与主导风向一致。如有困难,也只能成一个影响不大的较小交角。其主要建筑物宜尽量不处于西晒、正迎北风的不利方向。保养场还必须处在城市居住区的下风方向。

(5) 保养场平面布置应有明显的功能分区,把功能相近、生产(工作)性质相同、动力需要和防火、卫生等要求类似的车间、办公室、设备、设施布置在同一功能分区内。尤其是保养车间及其附属的辅助车间必须按照工艺路线要求布置在相邻近的建筑物里,建筑物之间既有防火等合理的间隔,又要有顺畅而方便的联系。

(6) 保养场的办公及生活性建筑宜布置在场前区,其建筑式样、风格、色彩等与所在街景的美学特点要相谐和。场区的道路应不小于 7m,人行道不小于 1m;场区还必须按 GB 4992—85《城市公共汽车技术条件》要求设置符合标准的试车跑道,还应有一定数量(不小于 50 辆营运车)的机动停车坪。

(7) 保养场的配电房、锅炉房、空压机房、乙炔发生站等动力设施应设在全场的负荷中心处。锅炉房,应位于全场的下风处。近旁应有便于堆放、装卸煤炭的场地。保养场进出应有供机动车用的宽度不小于 12m 的铁栅主大门,主大门两边应有宽度不少于 3m 的人员出入门,同时还应在适当处设置紧急出入门。

6.3.7　修理厂布局原则

(1) 修理厂宜建在距城市各分区位置适中、交通方便,又不面临交通流量较大的主干道、周围有一定发展余地的市区边缘,有可靠的水、电、煤供应。厂区周围半径不小于 25m 范围内应避免有居民居住,应按环保法规减少对城市的空气和噪声污染、对排污进行生物化学回收处理。一个大城市,一般宜建一个修理厂。

(2) 修理厂厂房的方位应按照采光及主导风向来确定,一般尽量利用天然采光和自然通风。厂房的建筑宜采用组合式,应尽可能采用有利于运输和降低建筑费用的式样。

(3) 各主要通道的布局应整齐,应充分照顾到各种运输方式的衔接,尽力避免生产运输线路迂回往复以及跨越生产线的现象;各工作间应有门直接与主通道相连通。经常开启的大门应避免朝北。有重型设备(如压制的)车间应有通向室外的紧急备用大门;热加工、锻压、铸工、电镀等会散发有害气体、烟尘及噪声的车间应置于主导风下风向和厂区的边缘,噪声过大的车间应设在隔开的房间内;车间办公室和生活间应就近布置在各车间内。

6.4　公交场站用地标准

6.4.1　首末站

(1) 首末站的规划用地面积宜按每辆标准车用地 90~100m² 计算。若该线路所配营运车辆少于 10 辆或者所划用地属于不够方正或地貌高低错落等利用率不高的情况之一时,宜乘以 1.5 以上的用地系数。首末站安排在建筑物内时,用房面积宜因地制宜。首末站若用作夜间停车,其停车坪应按该线路营运车辆的全部车位面积计算。

(2) 首末站的建设规模应根据每条营运线路所配营运车辆的数量确定。规划部门作城区的新建、改建、扩建规划时,应配套安排首末站的规划用地。对位于城市边缘或近郊的首末站宜结合用地条件适当放宽用地标准。

（3）首末站在建站时必须保证在站内按最大铰接车辆的回转轨迹划定足够的回车道，道宽应不小于 7m，在用地较困难的地方，城市规划和城市交通管理部门应安排利用就近街道回车。

（4）首末站必须建停车坪。停车坪在不用作夜间停车的情况下，首站用地面积应不小于该线路营运车辆全部车位面积的 60%。停车坪内要有明显的车位标志、行驶方向标志及其他营运标志。停车坪与回车道一起构成站内停车、行车、回车的整体。

（5）首末站必须设有标志明显、严格分隔开的入口和出口，其使用宽度应不小于标准车宽的 3～4 倍。若站外道路的车行道宽度小于 14m 时，进出口宽度应增加 20%～25%。在出入口后退 2m 的通道中心线两侧各 60°范围内能清楚地看到站内或站外的车辆和行人。

（6）首末站非铰接车的出入口宽度应不小于 7.5m。候车廊的建设规模，按廊宽 3m 规划。廊边应设置明显的站牌标志和发车显示装置，夜间廊内应有灯光照明。候车廊的建筑式样、材料、颜色等各城市应根据本地的建筑特点统一设计建设，宜实用与外形美相结合。

（7）首末站周围宜安排绿化用地（包括死角及发展预留用地），其面积宜不小于该站总用地的 15%。

（8）为了确保首末站的建设规模，回车道（行车道）和候车廊的用地不包含在 90～100m² 的计算指标内，应另算后再加入站的用地面积中。

（9）末站停车坪的大小按线路营运车辆车位面积的 10% 计算；末站生产、生活性建筑面积一般为首站建筑面积的 12%～15%。若全线单程运行时间超过 30min，则末站增加开水间、备餐间等建筑，全站建筑面积宜为首站的 20%。

（10）若首末站建加油设施，其用地应参照 GBJ 67—84《汽车库设计防火规范》的有关要求另行核算后加入，并按其要求建设。

（11）车队办公用地应按所辖线路配备的营运车辆总数单独进行计算（不含在首末站用地指标内），计算指标宜每辆标准车 1m²。

6.4.2　中途站

（1）一般中途站仅设候车廊，廊长宜不大于 1.5～2 倍标准车长，全宽宜不小于 1.2m。在客流较少的街道上设置中途站时，候车廊可适当缩小，廊长最小宜不小于 5m。

（2）单程运行在 30min 以上的较长线路上，线路中间的中途站、在市中心主要交通要道上设置的中途站或者在客流较多的地方设置的中途站，均宜设中间调度室。

（3）中途站候车廊前必须划定停车区。在大城市，线路行车间隔在 3min 以上时，停车区长度宜为一辆 670 型铰接车车长加前后各 5m 的安全距离；线路行车间隔在 3min 以内时，停车区长度为两辆 670 型铰接车车长加车间距 5m 和前后各 5m 的安全距离；若多线共站，停车区长度最多为三辆 670 型铰接车车长加车间距 5m 和前后各 5m 的安全距离，停车区宽度一律为 3.5m。在中小城市，停车区的长度视所停主要车辆类型而定。通过该站的车型在两种以上时，均按最大一种车型的车长计算停车区的长度。

（4）在车行道宽度为 10m 以下的道路上设置中途站时，宜建避车道，即沿路缘处向人行道内成等腰梯形状凹进应不小于 2.5m，开凹长度应不小于 22m（即 17＋5m）。在车辆较多、车速较高的干道上，凹进尺寸应不小于 3m。

（5）在设有隔离带的 40m 以上宽的主干道上设置中途站时，可不建候车廊，城市规划和市政道路部门应根据城市公交的需要，在隔离带的开口处建候车站台，站台成长条形，平面尺寸长度应不小于两辆营运车同时停靠的长度,宽度应不小于2m,站台宜高出地面0.20m。若隔离带较宽(超过4m)可减窄一段绿带宽度,作为港湾式停靠站。减窄的一段,长度应不小于两辆营运车同时停靠的长度,宽度应不小于2.5m。

6.4.3 枢纽站

(1)枢纽站的用地要因地制宜进行核算。

(2)城市规划部门宜在枢纽站附近安排自行车停车处。

6.4.4 出租汽车营业站

(1)营业站的规划用地宜按每辆车占地不小于32m^{2}计算(其中,停车场用地宜不小于每辆车26m^2,建筑用地宜不小于每辆车6m^2)。

(2)营业站的建筑项目一般包括:营业室、司机休息室、蒸饭茶水间、候车室、厕所等,每个项目的建筑面积据每个站的实际情况酌情确定。

(3)营业站的建筑式样、色彩、风格应具有鲜明的地区及出租汽车特点。

6.4.5 停车场

(1)在城市总体规划中应有计划地安排停车场用地,将停车场均匀地布置在各个区域性线网的重心处。

(2)确定停车场用地面积的前提是要保证公交车辆在停放饱和的情况下,每辆车仍可自由出入(无轨电车应保证顺序出车)而不受前后左右所停车辆的影响。

(3)停车场的规划用地宜按每辆标准车用地150m^{2}计算。在用地特别紧张的大城市,公共交通首末站、停车场、保养场的用地可按每辆标准车用地不小于200m^{2}综合计算。若用地利用率不高,各地可酌情增加。

(4)停车场的洗车间(台)、油库和锅炉房的规划用地按有关标准和规范要求单独计算后再加进停车场的规划用地中。

(5)停车场的总平面布置为场前区、停车坪、生产区和生活区四部分,共同构成一个有机整体。各部分平面设计的主要要求:

① 场前区由调度室、车辆进出口、门卫等机构和设施构成,要求有安全、宽敞、视野开阔的进出口和通道。

② 停车坪的设计应采用混凝土刚性结构,有良好的雨水、污水排放系统,排水明沟与污水管线不得连通,坪的排水坡度(纵、横坡)不大于0.5%。停车坪应有宽度适宜的停车带、停车通道,并在路面采用划线标志指示停车位置和通道宽度。在北方(黄河以北),停车坪上必须有热水加注装置,有条件宜建成封闭式停车库。

③ 生产区的平面布局必须包括低保保修工间及其辅助工间和动力及能源供给工间两个组成部分,两部分的设计应符合工业厂房设计标准和规范要求。

④ 生活区的平面布局包括办公楼、教育用房、文化娱乐和会议用房、食堂、保健站、婴幼室、浴室、集体宿舍、厕所等,其设计需结合本身的特点,参照执行有关标准。全场必须搞好绿化。

6.4.6 保养场

(1)保养场是保证城市公共交通正常营运的重要后方设施,在城市规划上应有明确的地位,切实加以规划。一个城市建立保养场的数量应根据城市、城市的发展规模以及为其服务的公共交通的规模从规划上具体加以确定。

(2) 保养场按企业营运车的保有量设置:企业营运车保有量在 200 辆以下或 200 辆左右,可建一个小型保养场;保有量在 300~500 辆左右的企业,可建一个中型保养场;在车辆超过 500 辆以上的大型企业,可建保养中心。中、小城市车辆较少,不应分散建很多场,可根据线网布置情况,适当集中车辆在合理位置建场。大城市车辆较多,宜于大中小结合,不应不分情况地都建规模很大的大型场或中心。

(3) 保养场的规划用地按所承担的保养车辆数计算,每辆标准车用地 200m^2,乘以用地系数 K_y。当保养车辆数小于或等于 100 辆时,K_y 值取 1.2;保养车辆数为 150 辆左右,K_y 值取 1.1;保养车辆数在 200 辆车以上时 K_y 值取 1。在山城建设保养场不论规模大小,K_y 值一律取 1.2。

(4) 保养场若同时考虑营运、停车或修理,其规划用地应在保养场的基础上,按本规范关于营运、停车场、修理车间的用地要求增加所需面积或按第 3.2.3 条综合计算。保养场油库、变电房的用地另行计算。

6.4.7　修理厂

(1) 修理厂的规模应视该城市公交企业所拥有的运营车辆数而定。一般凡运营车辆在 500 辆左右时,应建具有年产 200 辆次大中修能力的修理厂一座;凡运营车辆在 1000 辆左右时,应建具有年产 500 辆次大中修能力的修理厂一座。若运营车辆在 1000 辆以上,或者更多时,应建的修理厂的规模按此类推。修理厂应根据运营车辆数及其大、中修间隔年限计算生产能力。以此作为基础对修理厂的规模、厂房的大小等进行设计。大、中修间隔年限由各城市按本地具体情况确定。所需修理设备的数量最少应达到生产能力的 30% 左右。

(2) 修理厂的规划用地按所承担年修理车辆数计算宜按 250m^2/每标准车进行设计。

(3) 修理厂的平面布置应根据各自的功能,将全厂划分成生产区、辅助区、厂前区、生活区,分开进行设置,并有机地联系成一个统一整体。修理厂的生产区是以生产厂房为中心的区域,一般在全厂总平面布置的中间;辅助区一般在主厂房的附近,围绕着主厂房设置,也可放在厂区后面;厂前区是包括办公楼在内的营业区;生活区是为职工生活服务的区域,一般宜与生产分开。

(4) 必须为今后生产的发展,给车间和全厂留有足够的扩建余地。

6.5　城市公交场站规划相关理论

6.5.1　公交场站规划的意义

(1) 公交站场是公共交通系统重要的组成部分,对其布局规划进行研究,就是完善公共交通系统,促进公共交通更好的运行,是优先发展公共交通的重要体现。

(2) 数量充足、功能齐全且布局规划合理的公交站场能为公交车辆提供及时的停放、保养、维修等服务,从而确保公交车辆性能良好,保障公共交通的安全运行。

（3）通过公交站场用地规模预测总量把握公交站场用地规模，为城市用地规划提供依据，预留公共交通发展用地，解决公交站场用地不足的问题。

（4）合理的公交站场布局规划能够提高公交线网的覆盖率，扩大公共交通服务范围，方便居民公交出行，节省居民公交出行时间，从而提升公共交通的吸引力，促进城市交通的可持续发展。

（5）对公交站场设施布置进行优化能够节省站场内公交车辆的运行距离，缩短乘客在站场内的停留时间，有利于站场内车流、人流的合理组织，从而促进公交站场功能的发挥。

（6）公交站场用地保障策略是规划公交站场用地得以实现的重要的政策性措施，对公交站场用地保障策略进行研究，是解决目前公交站场用地不足的有效措施，是公共交通优先发展的重要保障。

6.5.2　公交场站布局规划原则

新旧兼容、远近结合。公交场站规划要充分考虑现有公交场站用地、设施，以节省投资、易于实施，并要根据城市土地的开发逐步完善，正确处理好现状与远景的关系。

（1）需要和可能相结合的原则。

公交场站规划过程中，用地可能和需要之间会出现矛盾，尤其是城市中心区。在规划时，必须根据用地的允许条件，因地制宜地制定可行的场站规划方案。

（2）刚性和弹性相结合的原则。

城市不同区域、不同功能的公交场站，其布局方法也应有所区别。在公交场站规划布局时，必须采用不同的规划模式，体现规划的控制性和可操作性的协调结合。

（3）定性和定量相结合的原则。

对公交场站的规模进行定量的预测，并对其发展趋势、用地的布局进行定性的分析，可以保证场站的规划合理可信。

6.5.3　公交场站规划步骤及思路

公交场站规划一般步骤如下：

（1）公交客流预测。

（2）公交场站需求预测。

（3）公交场站用地规划。

（4）常规公交场站布局规划、轨道交通场站布局规划、辅助公交场站（出租车）布局规划。

（5）公交场站布局衔接规划。

（6）公交场站规模布局方案的确定。

（7）公交场站布局规划的评价。

公交场站规划思路如图6-2所示。

6.5.4　公交场站规划关键问题的解决

1. 大型公交枢纽站布局规划要合理

（1）衔接城市交通与对外交通的客运枢纽。

综合客运枢纽站是集多种交通工具和多种服务于一身的综合型、多功能客运站，是多种交

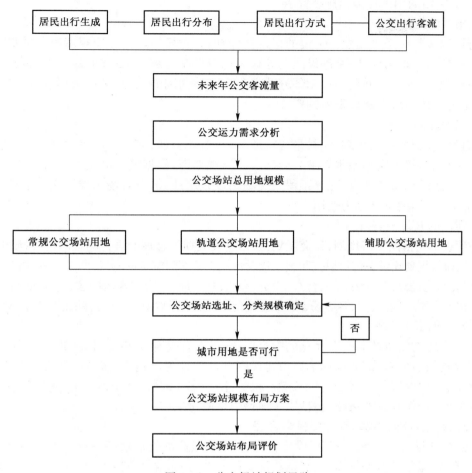

图 6-2　公交场站规划思路

通方式相互衔接所形成的大型客流集散换乘点,尤其是多种对外交通方式与市内交通的衔接点。此类枢纽有两类:一类是大型综合性客运枢纽,包括火车站、汽车站、港口、飞机场等对外交通设施;另一类是作为公路主枢纽组成部分的公路客运站。此类客流枢纽的特征是衔接城市与对外交通,为旅客提供方便、快捷的换乘条件。

（2）城市中心区的换乘枢纽。

这类枢纽主要是城市内部轨道交通线路交叉形成的大型公交换乘站,其交通方式主要是轨道交通、公共交通以及自行车。此类客流枢纽的特征是以市民或旅客的娱乐、休闲、购物、上班、办事为主,且以城市居民为主。此类枢纽的客流量特别大,尤其是在上下班高峰期间。

（3）城市边缘的大型换乘枢纽。

这类枢纽主要是城市边缘的大型停车换乘站,截流外围城镇、郊区、远郊区进入主城区的小汽车,换乘轨道交通和优质公交进入主城各区域。随着城市向外拓展以及私人小汽车的发展,这类枢纽显得越来越重要。此类枢纽的客流以进入市区上班、娱乐、休闲、购物等居住在郊区的居民或外围城镇人口为主。

2. 公交场站的用地保障措施要完善

（1）相关政策的保护。

政府可以每年给予场站建设一定的建设资金补贴；对场站建设相应规费给予减免，给予享受公益性单位的土地出让金、基础设施费等有关税费免缴优惠政策；政府对场站公司可以采取特殊的保护政策，允许场站公司控制部分城市公交场站周围的土地开发，采用联合开发的运作方式，从土地增值中获得建设发展的资金。

（2）规划控制的超前。

超前做好公交场站的规划，尤其是与轨道交通、对外交通、郊区交通等之间的良好衔接，其用地要及早控制，将公交场站规划纳入到城市总体规划内；根据城市的发展以及公交发展的规划，结合小区建设和房产开发，配套预留公交场站设施用地；加强对场站控制用地的监管，尽可能保证场站建设用地不被挪为他用。

（3）到位的开发与管理。

场站建设部门根据城市规划、公交规划、场站发展规划等合理的进行场站的建设；城市新区开发、旧城改造时，规划建设单位可以按照国家建设行政主管部门制定的标准，同步规划建设公共客运场、站等配套设施；公共客运场、站实行"谁投资、谁收益"的原则，公共客运场、站应当向全行业开放，任何单位和个人不应侵占公共客运场、站；不应将公共客运场、站擅自关闭、拆除或者挪作他用。

（4）充足的资金来源。

确立多主体的投资体制及多元化的投资渠道，可以有政府、运输企业、土地开发商及财政金融集团等投资渠道体系；部分来源于城市建设资金。并且可以建立"城市交通发展基金"，来源于土地批租、土地增值税、车辆购置税、燃油税等；因为交通改善，从土地增值中受益的单位和个人中收取补偿；合作开发的策略，包括因土地增值增收房地产税，刺激开发等。

3. 公交场站设施的规划设计要科学合理

（1）公交站场设施功能要齐全、设施要先进、并有较高的管理水平，目前我国有些城市现有的公交站场，大部分只做停车用，公交枢纽站功能不全，人车混杂，停发车区间没有明显划分，没有规范的上、下客站，也无统一的电子显示牌。

（2）城市干道上应设计合理的港湾式公交停靠站，这对公交运营和管理，方便乘客搭乘公交车以及城市交通正常运行都会带来积极影响。

（3）公交站场面积要充足，目前很多城市公交站场建设落后于公共交通的发展，导致很多公交车辆夜间停靠在机动车道，既不利于公交车辆的保养也影响了城市景观。

（4）公交站场建设规划应超前，将公交站场建设列入政府整体规划范围，使公交站场用地得到保障，选址随意性不能过大，定点要合理，随城市规划的调整及时调整，形成科学、高效的公交网络，推动城市公交的发展。

6.6　实例分析——北京市公交场站规划

不同的时期，同一个城市对公交场站的需求也不同，因此其场站规划方法和内容也不尽相同，下面以北京公交场站的规划为例，介绍北京市不同时期的公交场站规划内容，以此使读者更加深刻的理解公交场站规划的动态性以及不同时期城市对公交场站的规划方法和规划重点。

6.6.1　北京市不同时期的公交场站规划

(1) 在 1957 年编制完成的《北京城市建设总体规划》中,提出要大力发展公共交通,近期和远景都要发展电气化公共交通和公共汽车,远期发展地下铁道。基于这一目标,公交场站设施规划中电车的场站设施占了很大的比重,另外,公交场站设施管理模式还处于运营与保养综合安排的时期。在规划中分近期和远期安排了保养场、修理厂和变流站。与此发展规划相对应,分别于 1957 年和 1962 年建成了两处无轨电车保养场。

(2) 1983 年 7 月 14 日,党中央国务院第一次批准了《北京城市建设总体规划》。在这次总体规划中,再次提出要大力发展公共交通,特别要有计划地发展运输能力大的有轨运输,并且针对小汽车、摩托车无限制发展的后果进行了分析,提出要有计划地限制私人小汽车和摩托车的发展;在公共场站设施规划方面,结合北京市的特点,提出按照"运营与保养分开,高保集中,低保分散"的原则安排好保养场站建设用地规划。同时安排好停车场、枢纽站、大修厂等用地。这也是第一次正式提出建设枢纽站的概念。1989 年,北京市公共交通总公司正式组建了运保分离的专业场站,使公共电汽车运营和保修走上了专业化区域化管理道路,实现了总体规划提出的目标。

(3) 20 世纪 80 年代,随着政府对公共交通投资的大幅增加和客运交通运营单位所有制形式的改革,促使公共交通事业有了大发展,这一时期公共电汽车建设投资是 1949—1980 年建设投资总额的 1.75 倍,公共电汽车车辆增加 43%。新开线路长度占公交线路总长的 68.7%。公共电汽车场站建设规模也翻了一番,相当于从新中国建立初期到 1980 年 30 年间公交场站用地的总和。其中新建了一批低保中心站、首末站,同时对原有保养场进行技术改造,在一定程度上缓解了长期存在的车辆保养不足及停车场地不足的矛盾。这时期虽然是北京市公共交通发展的最快时期,但因公共交通历史欠账过多,特别是改革开放以来客运交通需求增长过猛,公共交通还是很不适应居民出行的需要,乘公交拥挤、准点率低和换乘不便等诸多因素最终导致公交吸引力的下降。如公共电汽车的年客运总量 1985 年为 31.7 亿人次,而从 1986 年开始逐步减少,到 1989 年年客运量跌至 27.0 亿人次,在 1988 年居民出行方式构成中,公共交通承担的出行量只占 38%,比 1984 年下降了 3 个百分点。与此同时,公交场站建设和管理也不适应客运发展形势的要求,尤其是综合换乘枢纽的建设十分缓慢,亟需加强场站建设和调整场站功能。

(4)《北京城市总体规划(1991—2010 年)》确定的公共交通发展目标是要重视和依靠地面公共客运方式,积极发展快速轨道交通,力争在 21 世纪初期实现以公共电汽车客运为主导,以快速轨道交通(包括市郊铁路)为骨干的多种客运方式相结合的综合客运交通体系。在公共电汽车场站规划方面,应与"运营与保养分开,高保集中,低保分散"的管理体制相协调,相应的场站结构分为保养场、运营场、枢纽站、首末站、大修厂。在此次总体规划中规划保养场 10 座,保留现有保养 6 座,迁建 2 座,新建 2 座;规划运营场 42 座,保留现状 22 座,规划新建 20 座;规划建设的换乘枢纽共 22 座,其中对外交通换乘枢纽 13 座(含长途汽车站 8 座),市内交通换乘枢纽 9 座;对于规划首末站提出应根据分区详细规划结合城市建设项目具体安排等原则。

(5) 公共交通发展缓慢,除了公交优先政策未得到全面落实公共变通的投资占城市交通投资的比重较低等原因以外,公交换乘枢纽以及公交场站设施建设的严重滞后,也造成了公共交通换乘不便,总体服务水平不高,缺乏吸引力。公交场站建设的严重滞后,致使公交车辆的维修、保养停放能力越来越不能满足公共交通快速发展的需求，也对城市交通及环境造成了影响。为此，《北京城市总体规划（2004—2020 年）》提出公共交通的发展目标是要全面推行公共交通优先发展战略，加快确立公共客运交通在城市日常出行中的主导地位，积极引导个体机动化出行方式向集约化公共交通方式转移，促使城市客运出行结构趋于合理；在 2020 年前基本建成以公共交通为主体、轨道交通为骨干多种客运方式相协调的综合客运交通体系；2020 年中心城公共交通方式应承担不小于 50% 的客运出行量。在这一版总体规划中，进一步明确了公交换乘枢纽的功能和布局原则，在中心城内保留原规划枢纽站 16 座，新增枢纽 17 座，共 33 座。公文场站分为保养场、中心站和首末站，规划在中心城范围内新建 2 座、迁建 2 座公共电汽车保养场，使保养场的总数达到 10 座；保留现状 20 座中心站，规划新增中心站 24 座，共计 44 座；首末站位置应根据分区详细规划并结合城市建设项目具体安排。

（6）继 2005 年 1 月《北京城市总体规划（2004—2020 年）》得到国务院的批复后，北京市加快了公交场站的规划落实工作，尤其对总体规划中尚未明确用地的公交首末站进行了深入的规划研究工作。2006 年，北京市城市规划设计研究院编制了《北京市中心城公交场站设施规划》结合片区规划。除进一步落实总体规划中提出的枢纽站、保养场和中心站等大型场站外，还规划落实了 250 余处公交首末站。目前，在北京市中心城控制性详细规划中落实公交场站设施用地 390 多公顷。基本可以满足《北京城市总体规划（2004—2020 年）》提出的 2020 年 26000 辆公交标准车的停车需求。

6.6.2　目前北京公交场站规划的重点

1. 加快公交枢纽站的规划建设

公交枢纽站是公交车与其他多种交通方式或公共交通多条线路之间相互衔接供乘客换乘的大型站点，具有方便乘客出行、提高公共客运系统运输效率的作用。2000 年后，北京市公交枢纽站的规划建设工作开始提速。2007 年市政府同意建立"政府主导、建管合一、管用分离"的新型建管机制，统筹考虑枢纽站及其周边配套道路的规划、建设、运营、管理，并于 2007 年 10 月成立了"北京公联交通枢纽建设管理有限公司"，为枢纽站的大规模建设奠定了基础。到目前为止，北京市已经建成枢纽站 4 座——北京西站北广场、动物园、六里桥和北京南站；部分建成使用的枢纽站 4 座——东直门、西直门、北京西站南广场和一亩园；即将建设的枢纽站 3 座——四惠、宋家庄（一期）和苹果园（以上枢纽站约占规划总数的 1/3）；正在进行前期规划设计工作的枢纽站有 3 座，远期规划枢纽站还有 19 座。

2. 公交场站规划建设注重"以人为本"的理念

在过去，公交场站设施主要是为公交车辆的停放以及维修保养提供服务，可以说是公交线路的后勤基地。虽然其是公交线路的终点站，但是绝大多数场站都把上下车的站台安排在了场站的外边，在一些交通拥堵地区，这种做法更加剧了道路的拥堵状况。考虑到公交线路运营归根到底还是为乘客提供服务，在场站设施内应该为乘客上下车提供安全舒适的环境。因此，在公交场站的规划设计中，首先应把解决"人"的出行及换乘安全作为首要因素。

3. 注重轨道交通场站（枢纽）的一体化规划

近几年北京市轨道交通的规划与建设速度突飞猛进，正在建设和即将开建的线路达 10 余条，结合轨道交通的建设，北京市对轨道交通沿线的重点交通场站（枢纽）进行了一体化规划。一体化规划主要包括结合轨道交通车站的交通场站（枢纽）规划设计、交通场站（枢纽）周边用地的调整和规划设计。一体化规划的方法主要采用国际招标和定向邀标的形式进行，目前进行一体化设计的交通场站（枢纽）主要有地铁 9 号线的花乡站、六里桥站、郭公庄站、地铁 6 号线的五路站，地铁大兴线的南兆站、西红门站等（图 6-3）。

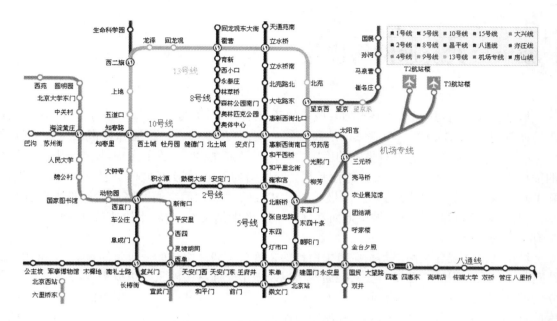

图 6-3　北京轨道交通场站设置示意图

第7章
城市公共交通网络优化

城市公共交通,具有多种形式,如:城市轨道交通(Rail Transit)、城市快速公交(BRT)、城市地面常规公交(Bus)等。相对城市地面常规公交而言,城市轨道交通和城市快速公交,在线路走向、站点位置等方面,具有更强的稳定性。基于经济性和时效性的考虑,城市公共交通网络的优化过程中,首先考虑的是城市地面常规公交网络的优化,其次是城市快速公交网络的优化。除了新建或延伸某些轨道线路之外,极少对已建成的城市轨道交通网络进行硬件上的优化调整。因此,本章内容主要阐述城市地面常规公交网络优化技术,对城市快速公交网络的优化也具有一定的适应性。

城市地面常规公交网络是指城市中由地面常规公交线路组成的一个整体,包含了常规公交线路与站点及枢纽。它是城市公共交通网络以及城市交通网络的重要组成部分,它不是一个孤立的网络,而是与城市轨道交通网络、城市快速公交网络一起共同服务于城市的公交出行需求。因此,城市常规公交网络的优化,是在城市道路网络和城市大容量快速公交网络共同构成的外部环境下进行的优化。

7.1 概 念

所谓公共交通网络优化,简称公交网络优化,有时也称作公交线网优化,是指对公共交通线路构成的网络结构进行调整,使之能够更加满足目标要求,即为优化。

我们认为,城市公共交通系统是一个复杂系统。因此,其公交线路网的调整受到多种因素的制约,这些约束很难以数学语言精确描述。引入大量假设将会导致建立的数学模型歪曲实际系统,从而求得的最优解为模型的最优解,并非实际系统的最优解。城市公共交通系统又是一个开放系统,在其产生发展过程中,不断与环境进行物质、能量、信息的交换,这足以说明已经和正在进行着自我组织。

为此,我们应用开放系统的组织优化思想,从求实的观点出发,提出了公交网络优化的一种新方法,首先将城市公交网系统的拓扑以图论的方法予以精确地表达。在满足道路容量约束的条件下,采用最小代价最大流的方法进行 O－D 客流的线路分配。在确立线路布局时,则充分利用专家的经验,以求避开不准确的数学描述。在对一系列的数据以分析软件包进行计算分析后,实行统计分析,可得到系统选优的方向和步长。上述方法的循环与迭代,就得到城市公共交通网络系统的优化方案。这一方案既有严格的思想基础,又使专家充分发挥了预测作用,是一较为决策者所信服的方案。

7.2　目　标　分　析

公交线网规划或优化调整需要满足的目标很多,其中既有定性的也有定量的。定量目标是定性目标的模型化和数量化,但并不是所有的定性目标都可以量化。定量目标和定性目标可以一起用来指导公交网络优化,确定其发展重点和方向。

为有效进行公交线网优化,提高城市公共交通对客流的吸引力,必须选择合适的优化目标。基于此,常见公交网络优化目标有下述几种:

(1) 社会总出行时间最小。

(2) 公交客流直达率最大。

(3) 公交线网覆盖率最大。

(4) 公交企业经济效益最高。

(5) 公交线网效益最大。

(6) 公交线网多目标优化。

(7) 公交出行总耗时最小和公交运营收益最大。

(8) 公交系统总费用最小。

多种交通方式在交通枢纽的整合既是目前规划设计的薄弱环节,也是提高交通运输效率的关键举措。这里的公共交通系统特指常规公共交通系统,即公共电汽车,不包括轨道交通、出租车等非常规公共交通形式。城市公共交通系统规划方案设计旨在为城市居民提供安全、高效、经济、方便和舒适的服务。公交优先的发展,建设可持续发展的城市交通体系,保护城市环境,推动土地开发与城市发展。

城市公共交通系统的规划方案是在多个备选系统方案的设计、模拟、优化和评价的基础上比较得到的。其核心的内容就是城市公交网络的优化。因此,公共交通线网规划的基本内容包括:交通需求预测、线网的优化布设、公交站点的优化设置、线网客流预测和线网评价。公交线网优化的思路通常有两种模式:解优法(根据对城市交通需求的预测,通过求特定目标函数的最优解,获得优化线网)和证优法(对一个或几个线网备选方案进行评价,证实或选择较优方案)。城镇公共交通线网的优化布设一般在单条路线优化的基础上,考虑线网的整体优化,常采用以下方法:逐条布线,优化成网法,即按路线直达客流量最大布线,将城市公交线网规划分为起讫站点拟订和线网生成两个部分,对所有起讫站点间可能的路线按直达客流量最大逐条布设;经验法,即采用事先设定的公交线网方案,如方格线网、辐射型线网等;拟合客流法即在系统最优客流分配的基础上,采用取大法或截取网络得到初始舍小法网络。对于整个公交线网所有可能布线形式的搜索,计算量太大,难以实现。一般通过路线优选/淘汰法或逐条布线法组成线网,并考虑实际条件,通过路线的合并、组合和延长等方法进一步优化调整。

公交线网优化调整时还应注意:对于近期规划,一般只能部分地改变现状线网,这需要通过线网优化调整实现;在线网生成中,顺序地每次考虑一条或几条路线的优化,得到的结果并不是线网整体最优,如逐条布线法对后布设的路线是不利的,可能是不良路线,因此可能还要进行线网优化调整;此外,优化过程中难以考虑全部约束条件,如对整个线网的约束及与客流量相关的约束需在线网客流分配后考虑,可能要求进行线网优化调整。因此,在交通需求分布基础上进行的网络优化引入了大量的假设条件,得到的是所采用模型的最优解,而非实际最优解;且交通需求受供应(线网布设)的影响,考虑这些因素也要对线网进行调整。

中国城市化的发展和经济水平的提高要求合理规划大容量、快速度、高效率的现代化城市公交网络,从而通过有效地吸引客流降低机动化水平提高对城市道路交通可能产生的压力,以环境友好、资源消耗较低的公共交通系统满足日益增长的交通需求。通过整合的综合交通网络规划,通过在各种公共交通方式之间以及公共交通和私人交通之间形成一套有机衔接和方便换乘的条件,通过形成一体化的运营管理体制,最终形成一个交通结构合理、多方式协调配合的一体化的综合城市交通运输体。

任何一种交通需求都是以一定的空间结构分布的,因此进行公路交通网络的结构分析是站在本体、内源的角度去匹配城市群公路交通需求,有针对性地去提高城市群交通供给能力和公路交通网络服务水平。谢汶莉采用系统结构模型分析法寻找影响城市群公路交通网络系统的关键因素,提炼出城市群公路交通网络市域、城际、对外交通 3 个层次系统,提出了单中心环放式、多中心分散式、带状伸长式、组合型 4 种城市群公路交通网络结构形态。朱沪生等人从上海市的城市总体规划和轨道交通网络规划的实施出发,结合近期轨道交通建设计划,提出了完成上海市近期轨道交通建设任务所采取的措施。以网络整体最优为基础,以实现资源共享为手段,以为乘客服务为出发点,才能解决好轨道交通网络化建设中遇到的各种问题。同时从网络角度,提出了建设过程中所面临的换乘和机电设备的资源共享等问题的解决办法。马振海通过对香港、上海等城市轨道交通建设情况的考察、研究,分析轨道交通建设过程中存在的问题,认为城市轨道交通建设的城市,要从基本网络规划入手,确定合理的建设步骤,对大的枢纽要综合考虑,合理设计和建设,以确保节省投资、功能好、施工难度小。国家发改委交通运输司综合交通网络布局规划研究课题组在分析我国交通运输发展现状及存在问题的基础上,结合综合交通发展的国际经验,提出了国家综合交通网络布局规划的方法和内容,并在需求预测分析的基础上,提出了未来国家综合交通网络规划方案。

网络优化目标的制定在城市公共交通规划中占有相当重要的地位。因为优化目标是城市公共交通发展的方向,目标明确与否将影响城市公共交通未来的发展。城市公共交通为城市居民提供客运服务表现在其所具有的服务能力和服务质量两个方面。服务能力包括线路网的特性、客运车辆拥有量以及场站设施功能的保障程度。这些服务能力的属性,达到某一程度是需要时间和条件培育的。规划目标为确定的时间和预定条件的创造提供了保证。如果目标不明确,在相应的时间内就不会创造出应有的条件,使服务能力的属性难以达到需要的程度,从而其服务能力不能达到预计客运需求满足的程度。规划目标的制定还存在合理与否的问题。所谓合理,是指城市公共交通发展在城市社会政治、经济条件下能否最大限度地满足城市居民出行的需求,能否促进社会经济的发展。

此外,规划目标的制定还有技术上是否可行的问题。规划目标技术可行性表现在所提出的规划目标是否符合城市公共交通运营的规律。明确的规划目标是由城市公共交通运营的一些指标加以表述的。而这些指标之间有着客观存在的内在联系。技术可行性就是指所提出的表征城市公共交通发展方向的指标之间存在符合运营规律的相关性。规划目标不仅应具有合理性和技术可行性,而且还应具有实施的可行性。规划目标的实现,一个很重要的因素是允许规划目标实施的外部条件具备的程度。它包括政策环境、交通环境、体制环境以及投资条件等。所以规划目标的制定不能单凭主观的意愿,而必须作一些必要的修正使规划目标能够适应客观外界条件的许可,以便能达到规划目标的最终实现。这种修正不仅在目标制定阶段,而且需要贯穿规划制定的全过程以及规划的实施过程。

优化过程的目标分析是一项很重要的工作,因为它是提高规划质量的关键手段。优化目标的制定必然还有与其配套的指标在规划过程中产生,形成一套完整的指标体系。这个指标体系也存在合理性、技术可行性和实施可行性的问题,同时这个指标体系形成与规划过程同步。故优化过程目标分析在城市公共交通规划中居于相当重要的地位。国外在规划过程中一般非常重视目标分析工作,目前我国的实践中往往对目标分析认识不足,趋于形式化,深度不够。

城市公共交通网络优化其核心是一个系统的整体优化,系统的整体性决定了系统的优化是系统整体的优化,即作为系统整体取得最好的组织结构和组织功能。系统优化的实质就是更好地反映这个整体特征的内涵要求。在整体目标的指导下,协调各子系统的关系,使之总体上达到整体目标,即通过局部的最优化得到局部解,再经过协调而得到整体的最优解。现阶段城市公共交通网络优化的重要目标之一是可达性。

城市公共交通网络设计问题就是在城市公共交通网络用户的路径选择行为符合用户平衡准则的前提下,通过改进现有网络中的某些路段或在现有网络中增加新的路段使整个网络达到某种最优的目的。对路段的改进成为连续的城市公共交通网络设计问题,对现有的网络路段的新增加成为离散的城市公共交通网络设计问题。设计求解城市公共交通网络设计问题的有效算法是交通领域的热点问题之一。在交通系统中,无论进行交通规划还是进行路径选择,交通配流都是核心问题。结合交通配流问题,并讨论城市公共交通网络的平衡配流的数学模型,即用户最优模型和系统最优模型。

近年来,随着经济的发展和城市化进程的加快带动了经济贸易和社会交往日益频繁,相应就产生更多的人、车出行。城市有限的空间又不可能无限的满足交通需求,随着城市机动车拥有量的急剧增加,使得交通供需矛盾日益突出,因而导致交通拥挤越来越严重,车辆车速降低、乘车出行拥挤、交通事故频发、交通污染严重等,交通问题已经成为困扰城市发展的主要障碍之一。目前大多数城市已经越来越重视交通问题,并大力发展公共交通,不断加大交通设施的投资力度,通过建新路,改建拓展老路来改善交通状况,在这其中,对路网的优化也同样起到至关重要的作用,特别是对公共交通路网的优化完善。这就使得城市的开发建设对城市基础设施提出了新的更高的要求。

由于城市公共交通网络优化问题是交通规划中的一个重要组成部分,它研究的主要内容就是在城市公共交通网络用户的路径选择行为符合用户平衡准则的前提下,通过优化计算方法寻求最优的用于道路或公交网络新建或改建的交通建设投资方案,即研究如何用最少的资金投入达到使整个交通网络中某种目标最优的目的,这些指标可以使整个公共交通网络中的系统总阻抗最小,可以使整个公共交通网络所能容纳的出行量最大等,从而为城市规划决策部门和城市交通规划人员提供科学、系统、合理、有效的决策方案和决策数据,使国家有限的资金投入能够获得最佳的投资效益和最大的社会效益。因此,研究城市公共交通网络优化设计问题是解决城市交通问题行之有效的方法和措施。

在我国,随着经济的飞速发展,小汽车逐渐进入了普通家庭。我国的公共交通正步入一个非常阶段,一方面受到不断增长的小汽车的压力,而道路建设又不能跟上小汽车增长的速度,另一方面因为公共交通发展的滞后,致使公共交通在城市交通中无法达到理想目标。总的来说,中国交通受到多方面的制约,对公交网络进行合理、科学的优化,可以在有限的城市土地资源条件下,最大可能的减轻城市道路系统的交通压力,减轻其他交通方式的交通量对道路的占有率,同时充分发挥公共交通的优势,提高公交运营效率、增大载客容量、改善服务水平、缓解公交紧张状况及方便居民出行,实现公交运营科学配置,其意义不言而喻。特别是在公交投资有限,公共交通紧张状况普遍存在的今天,公交网络优化被认为是缓解城市公交紧张局面的有效措施之一。同时,公交网络优化也是确保公交线网布局的连续性和可变性,建设面向可持续发展的城市公共交通系统的重要步骤。

7.3　影响因素分析

影响未来公交线网的因素有很多,包括外部设施、公共交通政策、与其他交通方式的整合、乘客和业者的效益等多个方面。综合起来,线网近期优化应具体考虑以下五个方面的影响因素。

1. 对公交网络与公交需求有重大影响的建设项目

公共交通系统服务的对象为人,其系统的设计应以使用者的需要为依据,因此在路线调整方面,当研究期限内有影响公交需求分布的重大建设项目建成时,应重点考虑这些项目对公交网络和需求分布造成的影响。

城市客运交通需求包括出行数量、出行分布和出行路径的选择,是影响公交线网规划的首要因素。在一定的服务水平要求下,客运需求量大的区域要求布置的公交线网客运能力较大;客运需求量过小的区域,由于路线客运能力太低是不经济的,因而不宜开设。所以,理想的公交线网布局应满足大多数交通需求的要求,具有服务范围广、非直线系数小、出行时间短、直达率高(换乘率低)、可达性高(步行距离短)等特点。

公交线路运力配置的主要问题是运力规模与运力结构的确定。其合理配置即遵循系统性原则,使时空变换下的客流需求强度与运力规模相匹配,同时使客流需求分布特征与运力规模和运力结构达到较大程度的拟合。

提出公交线路运力资源的合理利用方式,处理好总量和结构、运力时空分布和运力规模、适应和引导客运需求、处理好乘客利益与公交企业利益的关系是公交线路运力合理配置的目标。通过实施合理调度、结构优化等工程和非工程措施,保证未来客运需求分布与线路运力分布的供需平衡,达到运力与运量的协调发展。

2. 公交营运企业

公交线路的调整,涉及到线路走行区域和走向,将会直接影响营运企业的营运效益,所以调整路线对企业的影响应列入调整限制条件进行综合考虑,在保证线路技术合理性的条件下,适当降低对业者的负面冲击,将可减少路线调整时来自企业的阻力。

运营计划的制定主要依靠管理人员的经验直觉和对当前客流量的把握程度,缺乏科学性和准确性;目前国内几乎都采用手工的方法制定行车计划表,而手工编制行车计划表所花费的时间长、效率低,且修改难度大更新周期慢;相邻行驶车辆之间,行驶车辆与调度部门之间缺乏必要的联系,司机和调度人员无法及时准确的掌握路面信息,这无疑增加了调度的难度。

公交站点是乘客与公交运输服务联系的最基本纽带,是实现公交服务的重要环节,公交车辆必须在此停靠,以便对乘客进行服务,乘客也必须在此上下车以实现其出行的目的。如果公交站点设置不当,轻则不能满足公交车辆停靠和上下客的要求,造成公交车辆停靠混乱,重则会对公交系统外部的交通系统产生不良影响,甚至会成为路段交通的瓶颈,不利于城市公共交通的发展。因此,公交站点的设置对于公交系统具有重要意义。

公交线路长度对运力装备的在途时间产生直接影响,运输时间增长速率大于线路的增长速率,则影响公交车辆周转率。同时,随着公交线路长度的变化,对运力装备的舒适性也提出相应的要求。一般来说,乘距较长的乘客对车辆的舒适性要求较高。因此,公交线路平均长度一般按城市规模和形状以及公交出行最大时耗等指标来确定。

行车时刻表是公共交通管理系统中一份重要的计划表,是调度员工作以及车辆正常运行的基本依据。一个有价值、效率高的行车时刻表体现了乘客候车时间短、乘车舒适性(乘客的利益)和低成本的服务(公交公司的效益)两方面的均衡。编制一个好的行车时刻表应很好地处理公交车的供给和乘客的需求之间的关系。

3. 不同交通方式间的整合

目前,国内轨道交通发展迅速,并逐步取代常规公交成为公共交通的骨干。轨道交通与常规公交的角色分工及功能定位,以及常规公交内部的大巴与小巴之间的角色分工,都是在进行线网调整时需要考虑的因素,因此公交线路的调整除考虑常规公交系统本身的效益之外,与其他交通方式之间的关系协调与整合也应一并考虑,以免公共交通内部形成恶性竞争,造成运输效率的整体下降。

轨道与地面公交的整合,是指以轨道交通为城市客运交通体系的干线,调整其他公共交通工具的线路走向,并实现轨道与地面公交之间的便捷换乘,从而构建起一种高效而快捷的城市公共交通体系。

城市轨道交通具有运量大、速度快、安全准点、乘坐舒适、运营费用低、使用寿命长,社会、环境、交通综合效益高的特点,用来承担大城市中长运距、强度大、高度集中的客流(尤其是上下班、上下学等通勤客流),具有其他交通方式所无法比拟的优越性。因此,城市轨道交通适合铺设于城市主要客流通道,用来承担城市客运交通骨干的作用。同时,城市轨道交通也有不足之处,它建设投资大、路网密度低,是一种适合于中长距离运输的交通方式。而且,按照我国的国情和各城市的地方财力,也不可能在短期内建成高密度、发达的轨道交通路网系统。这样的条件决定轨道交通在承担城市客运交通骨干作用的同时,尚难以同时承担我国城市公共交通的主体作用。相比之下,常规公交线路灵活,投资较小,适合于中短途运输,不但可以独立输送部分公交客流,而且可以为轨道交通接运换乘客流,所以常规公交仍适合承担我国城市公交的主体重任。

从乘客角度出发,对公交服务和硬件设施进行整合,需要在规划设计中考虑以下主要因素:

(1) 步行。不论使用何种公共交通方式,一次出行通常包括若干段步行:步行至车站或步行离开车站,如果需要换乘,往往还需要增加一段步行。许多城市的调研结果显示,出行过程中的步行对居民是否使用公共交通以及使用公共交通的满意程度影响很大。公共交通乘客以及不愿使用公交的其他出行者的顾虑主要包括:步行距离和步行时间有多长,步行环境如何,有无连续的人行道,人行道是否总被停车占用导致行人必须在机动车道行走,人行道是否在下雨天总积满泥水等。

(2) 等候。与步行一样,等候也发生在乘车时间之外,等候体验的好坏对出行者是否使用公共交通以及对公共交通的满意程度有很大影响。乘客对等候的顾虑主要包括:等候的时间有多长，等候的环境如何，有无遮雨/遮阳设施，有无干净舒适的供休息的坐椅等。

（3）换乘。出行者在决定是否使用公共交通时往往都会考虑换乘因素。例如从出发地到目的地，如果使用公交是否需要换乘、换乘几次、每次换乘需要多少时间、换乘环境如何等。

（4）安全性。安全性包括交通安全（Trafficsafety）和人身安全（Security）。交通安全包括车辆行驶过程中的安全，以及步行和等候过程是否安全。例如，公交乘客在上车前或下车后能否安全过街，乘客能否从安全的车站平台直接上车还是需要穿过行驶的车流至道路中央上车。人身安全也是许多出行者特别是女性经常要考虑的一个重要因素。世界银行在很多国家的调研显示，人身安全是造成很多女性不愿使用公共交通而选择使用摩托车或出租汽车出行的一个主要原因。她们列举的不安全内容包括：车站至家的人行道上没有照明，晚上下车回家需要走一段暗路；车站的站棚/站台很封闭，缺少照明或光线不足；公共汽车在运行中驾驶人总将灯熄灭，导致晚上单独等车或乘车时有不安全感等。

（5）不确定性（或不确定感）交通服务的不确定性（或不确定感）对居民选择何种交通方式出行影响很大。不确定性包括交通服务是否及时，是否能够准时到达目的地等。同小汽车出行点对点的形式相比，公交出行在出发地至目的地过程中包括其他一些环节（如步行、等候、换乘等），因而容易造成更多的不确定性（或不确定感）。因此，只有合理设计和整合整个公交出行过程（包括公交线路、车站和换乘站，公交线路信息、指示、标志等），减少公交出行的不确定性，才能提高公交吸引力和竞争优势。

4. 外部基础设施和运营条件

由于线路调整主要是针对现状，意味着对现有的基础设施和运营条件有一定要求。因此，现有的停车场、公交车辆和城市道路等基础设施将是线网调整的重要限制条件。

道路条件：城市规划不合理，道路线网之间布局不协调，行车道和人行道划分不明确，人车混行现象严重；交通事故，道路施工，车辆故障，红绿灯等原因，造成公交车辆不能按时返回停车场而影响下一次的发车。调查发现：一天内不同小时，工作日和周末，节假日和普通日，不同区域内的乘客流量是不同的，而且影响乘客流量的因素也很多，如天气、季节等。因此，如何准确的获取客流量数据是亟待解决的问题。

城市道路是公交线网布置的物质基础和前提。对于常规公交线网，如果没有道路网，公交线路就没有存在的依托。同时，即便道路网存在，也并非所有的道路都适合公交车辆行驶，还要考虑道路几何线型、路面条件和容量限制等因素。如果道路条件差，如转弯半径过小、坡度陡长、路面负荷有限、路宽不足时就不适合公交车辆行驶。因此，在进行公交线网规划以前，可以将所有适合于公交车辆行驶的道路定义为公交线网规划的"基础道路网"，然后，将公交线网布置在"基础道路网"之上。

场站条件：起终点站址可作为公交线网规划的约束条件，根据拟定的起终点生成线网，也可在路线优化后，根据路线及车辆配置确定起终点站及其规模。一般的公交车站可以在路线确定后，根据最优站距和车站长度的限制等情况确定。

车辆条件：影响线网规划的车辆条件包括车辆物理特性（车长、宽、高、重等）、操作性能（车速、加速能力、转弯半径等）、载客指标（坐、站位数、额定载客量等）和车队拥有车辆数等。考虑其中物理特性和操作性能与道路条件的协调，可以确定公交线网规划的"基础道路网"。由车辆总数、车辆的载客能力和路线的配车数可决定路线总数、车辆总数以作为线网规划的限制条件；也可先规划线网根据路线配置车辆所需的总车辆数，再考虑数量的限制。

5. 其他相关条件

除上述的条件外,为使公交线路的调整能有效进行,现实环境中存在的其他因素也应列入线路优化的考虑范围,以减少调整线路的实施阻力,同时可以更好的接近规划目标。相关因素包括:相关主管部门的政策因素和投资力度、企业营运的既成范围等。

政策因素包括交通管理政策(如车辆管制和优先措施)、社会公平保障政策(如照顾边远地带居民出行)和土地发展政策(如通过开辟公共交通路线诱导出行,促进沿途地带的发展等)。

由于公交系统是一个复杂、动态、开环系统,宏观层面上也有许多因素影响到公交线网优化目标的确定。一方面,不同的公交经营者所注重和关心的方面不同;另一方面,由于不同的公共交通的使用者的社会经济地位、居住区域和出行需求以及自身条件不同,对公交的使用要求不同,对公交线网优化的目标要求也不相同。同时,不同城市的自然条件和地理环境条件不同,对公交线网优化目标也会造成影响。因此,从主观上看,不同市民团体的交通需求,包括老年人、上班族、学生以及购物逛街者是各有区别的;从客观上看,道路建设费用、能量储蓄、环境污染、交通拥堵等社会问题将制约公交线网的优化;从系统本身看,公交系统自身的发达程度和运营效率也制约着线网优化的效率。

7.4　基　本　原　则

鉴于城市公共交通网络对于城市居民日常生活出行有很大的影响,所以公交网络的优化必须以方便城市居民的出行为最根本原则,此外还要同时考虑城市公交网络布局对整个城市交通系统的影响,以及公交企业的效益。所以,在公共交通网络优化的过程中,应该遵循以下原则。

1. 线路的走向必须与主要客流流向保持一致,以满足居民出行的需要

公共交通实质上就是客流运输的一种不可替代的重要载体。作为良好的公共交通,应该使得居民出行得到最大程度的满足。公共交通的线路走向代表的就是能够承担的客流流动方向。越是主要的客流方向,越需要公交线路来满足客流所带来的需求。公共交通在城市客运中的优势同时也决定了在进行公交网络设计时的主要准则。那就是在一定的舒适度下,能够尽可能多而迅速地将旅客运送到目的地。只有这样,才能充分体现公共交通客量大,相对占用道路面积小的特点。这就要求在考虑每条线路的设计时,都要坚持相应的设线准则:

(1) 沿主要客流方向开线,为了提高线路网的平均乘车距离,应该把客流量最大的路线挑选出来,优先设线,保证设立的公交线路能覆盖这些出行需求最大的路段。

(2) 优先大流量的直达客流,为了降低线路网的平均换乘次数,在设计公交线路时,应该优先大流量的直达客流。所设的线路,要尽量和最大的客流方向一致,使尽可能多的乘客能够避免换乘。

(3) 线路平均客流不低于最低开线标准。在开设线路前,必须进行乘客数的估算。只有当乘客数达到一定的标准之后,才能开设公交线路。这样能够使线路开通后有足够的乘客数,保证较高的公交运输效率,同时也能保证公交企业的经济效益。

(4) 平均满载率尽可能高。在满足最低客流标准的待选公交线路中,应当尽量选出客流量大的线路,优先布线,保证尽可能高的车辆满载率。这样做的目的在本质上和上一条是一致的。

(5) 线路的长度在所规定的范围内。这是为了便于公交系统本身的组织管理。线路太长,

车辆周转时间过长,会使车辆的准点率下降,发车、配车都有一定的困难。线路太短,车辆周转过快,客流量可能不足,不能充分发挥公交车的运输效率,经济效益不高。所以在设立公交线路时,应该尽量使生成的线路长度在一定的范围内。一般来讲,线路长度以运行 30～40min 为宜,最短以 20min 为限,对于中小城市,最长以 15min 为限,大城市以 60min 为限。因此,对于平均运营速度 15km/h 的公交线路而言,最短限制距离为 5km,最长限制距离为 11.25km(中小城市)和 15km(大城市)。若备选线路的长度大于最长限制距离或小于最短限制距离时,一般不考虑设线。

(6) 线路的客流量应该尽可能的均衡。为了充分发挥车辆的运载能力,公交线路在布设时应尽可能地优先选取客流较大且稳定的线路,以提高经济效益。公交线路的布设应该尽可能地选取最短距离的线路,这是为使全服务区乘客总的乘行时间或乘行距离最短,以保证公交车的服务质量。

2. 尽可能组织直达运输,完成公共交通的最优配置

城市公共交通能够得到出行分担的充分必要条件就是方便,直达性就是其中非常重要的一条。如果需要换乘,那么就在一定程度上削弱了公共交通对居民出行的吸引力。这并不是要求所有的线路都要为了满足直达性数字上的增长而改变。因为地形等方面的限制性,只能要求尽可能的完成直达运输,使得能够一次完成出行的乘客尽可能多,而总的换乘次数最少。尽量沿主要客流方向布设线路"优先大流量的直达客流,降低公交网络的平均换乘次数",优先满足客流量较大路段的线路布设,提高线路网的平均乘车距离,保证设立的公交线路能覆盖这些出行需求最大的路段。例如,给定公交线网 A,如何配置一组最优的公交线路呢?普遍认为,一组良好的公交线路优化应该具有以下性能:

(1) 如果可能,大多数出行必须是直通的。

(2) 线路数目不能大多。

(3) 线路必须相当直,不能与相应的最短路有太多偏离。

(4) 每条线路上必须有足够数量的乘客。

(5) 所需车辆数目必须尽可能少。

(6) 每个乘客换乘次数不能太多。

(7) 每条公交线路的起讫点还必须有可供停车调头的场地。

3. 尽可能按照最短距离布线,使得服务区内的总的乘客出行时间最小

根据《城市道路交通规划设计规范(GB 50220—95)》,市区公共汽车与电车主要线路的长度宜为 8～12km;快速轨道交通的线路长度不宜大于 40min 的行程。市区公共汽车、电车线路的单程长度控制在 8～12km,主要是考虑到公共交通线路过长,车速不易稳定,行车难以准点,正常的行车间隔也难控制;市区线路驾驶员的劳动强度大,应在每个终点站上短暂的休息。快速轨道交通系统因为站距大,车速较高,所以用运送时间 40min 来控制。根据快速轨道交通的运送速度(20～40km/h),40min 的行程距离为 13～27km,因此,从公共交通本身的运营要求看,公共汽车和电车的合理出行距离为 8～12km,轨道交通的合理出行距离为 13～27km。

上述距离仅仅是从公共交通运营角度的考虑,实践中往往突破这一规定,因此我们还要从居民能够接受的最大出行时间角度进行考虑。公交出行时间过长会使居民感觉不够方便而减少甚至放弃出行,或者选择成本更高的出租车和私家车出行。在某些特大城市中,虽然同处一个城市,如果居住地相距较远,探亲访友将会变成一件时间和经济成本很高的事情,必将削弱相互之间的联系,这显然不是宜居城市应有的状态。因此,尽量减少线路不必要的绕行,使得绝大多数O-D出行能够处在最短距离附近,出行时间最小。公交首末站尽可能布设在大的O-D发生源点和公交集散点;尽可能组织直达运输,O-D量大的交通小区间以提高直达率为主。居民能够接受的最大出行时间与城市规模大小、出行目的、气候条件等都有一定关系。在此借用《城市道路交通规划设计规范(GB 50220—95)》对不同城市最大出行时耗的规定。由于这个规定本身是大量统计分析的结果,因此具有较高的可信度和普适性。不同规模城市各种公共交通方式最大合理出行距离见表7-1。

表7-1　不同规模城市各种公共交通方式最大合理出行距离

城市规模	最大出行时间/min	公共汽车运送速度 16~25km/h	中运量快速轨道交通 运送速度 20~35km/h	大运量快速轨道交通 运送速度 30~40km/h
		最大距离 S	最大距离 S	最大距离 S
>200万人	60	16~25	20~35	30~40
100万~200万人	50	13~21	17~29	25~33
50万~99万人	40	11~17	13~23	20~27
中	35	9~15	12~20	18~23
小	25	7~10	8~15	13~17

4. 完善衔接

完善公交系统内部各方式的衔接,如城市轨道交通、快速公交(BRT)、常规公交之间的衔接;完善公交网络与其他方式客运系统的衔接,如与城市长途汽车、国家铁路网络的衔接。因此,一体化综合交通发展是目前城市公共交通发展的趋势,要求各种交通方式在运营组织,衔接换乘基础设施利用等方面实现高度的协调,以达到方便旅客旅行,提高运输效率,节约资源等目的,在城市中建设一体化综合交通,主要是以快速轨道交通为骨干,协同航空、内河航道、港口运输,向内向外连接各区域,进一步改善可达性。

1) 轨道交通线网间的衔接

规划的轨道交通网络包括三个子网:国铁网(含客运专线)、城际轨道交通网、城市轨道交通网。可选用换乘枢纽和互联互通两种方式。换乘枢纽是目前常见的线路衔接方式。不同轨道交通线路在同一地点合并设站,建立换乘关系,构成了轨道交通换乘枢纽,旅客可以通过车站内的站台和通道等设施在不同的轨道交通线路之间转换。互联互通将两条不同种类的轨道交通线路直接连通,跨线列车可从一条线路直接进入另一条线路。这种方式能提高旅客出行效率,减少换乘次数,有效分散换乘节点压力。但要求线路制式兼容,并涉及行车指挥、票务清分、责权界定等问题。日本东京轨道交通就采用了"直通运转"方式,其市郊铁路直接通过地铁轨道到达山手线,有效缓解山手线换乘站的压力。

从促进三网一体化的角度出发,根据国外成功经验,城市公共交通优化的三网衔接方式应尽可能采取互联互通的衔接方式。交通衔接的设计可参照以下原则:

(1) 采用相同或兼容制式的轨道交通线路,可根据线路走向、客流需求等,选择通过互联互通的方式衔接。

(2) 采用不同制式的轨道交通线路,只能通过换乘枢纽的方式衔接。

2）交通方式间的衔接

交通方式间的衔接,应在客流量大且换乘客流多的衔接节点,建立换乘枢纽,缩短换乘距离,方便旅客出行。按各种交通方式空间布局的不同,可分为两种方式:平面换乘和立体换乘。

平面换乘是各种交通方式在同一平面相互连接,所有换乘均在同一平面进行的一种衔接方式。这种方式大多为广场换乘,设计简单,施工灵活,但客流大时,换乘客流交叉干扰明显,换乘距离较长,各交通方式间的换乘精密度不够。而立体换乘是将不同交通方式分层设置,乘客在换乘过程中需要在垂直距离上产生较大位移。相对于平面换乘,立体换乘较为方便,乘客换乘距离较短,各种换乘客流之间的相互干扰较少,但造价较高,设置不够灵活,对规划要求比较高。

建设立体化综合性换乘枢纽是客运枢纽发展的趋势,德国柏林中央车站就是典型例证,其车站分5层,聚集了城铁、地铁、电车、巴士、出租车、自行车等多种交通方式,通过大规模垂直换乘,方便乘客快速集散化。国内部分城市综合交通换乘枢纽的发展,可以采取立体换乘的方式,建设大型一体化综合枢纽。

5. 综合协调新线路与原有线路之间的关系,慎重调整既有线路

一般来说,现有公交线路都是根据乘客需要而开辟的,形成了一定的固定客流,对城市居民用地、工作地的选择已经产生了一定的影响。为适应长期以来居民公交出行形成的习惯,对现有线路的基本走向一般不宜做大的变动。城市中心区线路重在完善,外围片区重在发展。由于开通前线网既有线路已经建立了网络有向连通图,因此需要在原有线网上输入新线车站、区间的相关属性信息,包括线路的运营时间、发车间隔,通过车站的停站时间、换乘车站不同线路换乘时间、区间运行时间、里程等,形成新线网的可达性信息描述,进而确定影响乘客出行路径选择的主要因素。

因此,在进行城市公共交通优化时,应该充分利用现行合理线路,综合协调新老线路的关系,切实考虑各公交企业的运用实况,使新线路方案便于具体操作与管理。适当考虑历史和现状,对已有的合理线路要尽量保留,并适当考虑线路原行经区域的连通性和乘客的乘车习惯。

6. 保证线网结构和城市形态发展的协调

城市交通网络形态、与城市形态之间存在着某种天然的联系。客观上,要求城市交通网络形态与城市形态相适应、相协调,才能迎合并促进城市的发展,从而带动自身的发展。城市交通网络形态与城市形态,两者相伴相生,互动滋长演化,城市形态的演变过程也是城市交通网络形态的演变过程。相伴相生,互动滋长的演化过程,使得两者具有几何形状上的相似性和拓扑同构性。城市交通网络的形成拟合城市形态的变化具有确定性的一面,但交通网络的空间发育也不是完全确定的,其中有许多偶然因素的影响,而且城市空间形态的不规则性反映了系统演化过程中的不确定性,同时为城市交通网络赋予了发展的随机性。城市的演化和交通网络发展是一种空间互动过程,城市空间的分形形制暗示城市交通网络的自相似特征,长期的相互作用使得城市形态的维度和交通网络的维度相互匹配,两者具有趋同性。这种趋同实质上是交通供给与交通需求在空间分布上的同一化。

城市公共交通网络作为城市交通网络的骨架,在很大程度上将决定城市交通网络的格局,因此公共交通线网结构的分维度也应该与城市未来发展的空间形态分维度相匹配一致,也就是公共交通的供给能力和城市交通需求在空间分布上的相互匹配。

7. 车辆配置与道路能力相匹配

将所有适合公交车辆行驶的道路定义为公交线网规划的"基础道路网"。充分利用道路条件,均衡客流分布,配合道路建设。众所周知,线路运力的合理配置是公交资源优化配置的关键

内容。针对此问题,国内外相关研究主要呈现以下原则:

(1) 研究不宜过度重视宏观性,加强对中观、微观问题研究深度。

(2) 降低已有公交车辆配置问题研究成果的依赖性,增大对现实问题的拟合程度。

(3) 提高对影响交通资源配置因素分析的系统性,重点应放在公交运力规模优化问题上,加大对如运力结构等关联问题的探讨。

然而,在实际执行过程中,运营车辆始终要面对十分复杂的道路行车环境,同时还要面临诸如天气变化、客流量波动、交通事故等异常情况,因此应该采取相应措施避免或防止由于运力冗余量不足而导致的公交系统稳定性弱等问题。同时由于不同时段、不同出行目的的出行需求对车辆的要求不同,而目前针对公交线路车型配置还缺少定量化的方法,致使公交车型、规模等均与客流时空分布特性匹配性较低,造成城市机能运行不畅或公共资源的浪费。因此,加大公交车线路车型配置定量化分析从而增大公交车型、规模等与客流时空分布的匹配性也是城市公共交通优化的一大重要组成部分。

8. 在规划区域范围内要合理均匀分布线路,尽量消除公交空白区

针对新建城区或者开发区人口偏少的情况,可以在主要聚集地间设置连接性公交线路,视发展态势决定将来的线路增加情况。如无特殊情况,尽量消除公交空白区域。应保证适当的线网密度,使规划区内的线路分布均匀,减少公交盲区,实现良好的可达性。

7.5　优化流程与内容

1. 现有公交网络问题调查与缺陷分析

城市公交网络的发展是一个动态过程,随着城市发展和交通需求增长,公交网络也在不断的扩张和完善。在此过程中,相关部门也进行了规划,但往往由于对未来的交通需求估计不足等原因,使公交网络的规划缺乏系统性和连续性。这样形成的线网很难保证合理和实用,再加上线网调整不够及时,最终影响了公交这种出行方式的吸引力。我国大多数城市的公交网络都是随着城市的发展而不断补充添加形成。很多城市缺乏对公交网络的系统规划,即便有些城市进行了规划,也不能保持规划的连续性。在实际操作中,公交线路的布设往往带有很强的主观性和随意性,如此形成的公交网络很难保证它是完善合理的。

目前,我国城市的公交网络普遍存在的问题有:

(1) 线路分布不均,局部通道线路布设高度集中,部分道路却又存在空白。

(2) 线路呈现"同质化",难以适应不同层次客流的需要。

(3) 公交线路绕行严重,直达率低。

线网缺乏内部换乘枢纽作为网络的组织核心和铆固点;由于公交系统内部缺乏换乘枢纽,各层次线路间客流无法交换,线网无法依托枢纽进行组织,高等级线路布设缺乏依托,难以形成层次清晰的线网结构。

(1) 大巴、中小巴功能分工、角色定位不合理。

大巴、中小巴网络形态重复严重,功能重叠,中小巴线网对大巴线网的补充和辅助作用被弱化。

(2) 公交线网层次不分明,功能不明确。

公交线网缺乏明显等级体系,骨干线路和支线线路的功能定位不明确,由于公交线网的层次不明确,深入到居住区的少,导致出行者步行到站距离远。

(3) 组团、交通分区之间缺乏有效连接。

环路之间的区域缺少公交线路、外环周围地区更缺乏公交服务。

(4) 线网缺乏内部换乘枢纽。

内部的换乘枢纽在整个公交网络中起到组织核心的作用,由于公交系统内部缺乏换乘枢纽,各层次线路间的客流缺乏有效的互动,使线网无法依托枢纽进行组织,高等级的线网布设缺乏依托,难以形成层次清晰的线网。

2. 城市公交客流分析与分配

城市公交客流需求预测,是在城市交通调查基础上,根据交通系统及其外部系统的过去和现状交通信息,利用历史经验、客观资料和逻辑判断,通过建立的一系列优化的数学模型,对城市客流的产生、时间与空间分布、方式选择进行定量和定性描述的研究过程,目的是寻求公交系统的发展规律和未来趋势的过程。公交客流需求预测是城市公交线网优化设计的关键环节之一,预测结果正确与否,对规划的科学性和合理性有很大影响。由此可见,城市公共交通客流预测是对未来的一种预见,更是一种决策。通过预测不仅可以把握城市公共交通需求未来的发展规律,还可以基于现状有限资源正确引导和合理控制未来的公共交通客流需求。

获得交通需求分布量(O-D矩阵),一般有两种方法:

传统方法是根据居民出行调查和城市土地利用状况按"四阶段法"进行预测;但由于居民出行调查工作量较大,针对公交系统的内部规划和近期规划常常采用另一种方法,即基于线路客流量调查的客流估算方法。

城市公交线网客流预测是指将前面预测得到的城市公共交通需求分布(O-D矩阵)分配到拟采用的公共交通网络上,确定公共交通网络中每一条公共交通线路的断面客流量及站点上下客流量。城市公交线网评价是指根据城市的形态及预测的线网客流量,对设计的公共交通网络布局方案进行网络形态及交通质量等多方面的评价。

交通生成预测是交通需求四阶段预测中的第一阶段,是交通需求分析工作中最基本的部分之一,目标是求得各个对象地区的交通需求总量,即交通生成量,进而在总量的约束下,求出各交通小区的发生与吸引交通量。出行的发生、吸引与土地利用性质和设施规模有着密切的关系。发生与吸引交通量预测精度将直接影响后续预测阶段乃至整个预测过程的精度。

交通小区出行发生、吸引模型是预测具有特定社会经济特征的居住人口在各交通区可能产生的出行量。交通与土地利用相互联系、相互影响,交通发展与土地利用相互促进。从交通规划的角度来说,不同的土地利用形态,决定了交通发生量和交通吸引量,决定了交通分布形态,在一定程度上决定了交通结构。土地利用形态不合理或者土地开发强度过高,将会导致交通容量无法满足的交通需求。从土地利用的角度来说,交通的发达改变了城市结构和土地利用的形态,使得城市中心区的过密人口向城市周围疏散,城市商业中心更加集中,规模加大,土地利用的功能划分更加明确。所以说,各项经济指标、人口和土地利用是交通需求预测的始点。也就是说,上述指标是最基本的输入数据,交通规划是以这些数据为基础来构造模型,进行交通需求预测,制定规划方案的。

常用的出行生成预测模型有两种:交叉分类模型和回归模型。交叉分类模型是根据出行目的和经济状况对出行对象进行分类,取得各类居民的出行强度,计算各居民类别的出行量,进行求和,得到相应的居民出行总量。回归模型建立在居民出行总论与相关因素(土地利用、小区人口、经济指标等)函数的关系的基础上,得到回归模型。

出行分布预测是交通规划"四阶段"预测模型的第二步,是把交通的发生与吸引量预测获得的各小区的出行量转换成小区之间的空间 O-D 量,即 O-D 矩阵。出行分布预测的方法可以分为增长系数法和综合法两大类。增长系数法假定将来 O-D 交通量的分布形式和现有 O-D 矩阵的分布形式相同,在此假定的基础上对象目标年的 O-D 交通分布量,这种方法包括增长系数法、平均增长系数法、福来特法(Fratar Method)和底特律法(Detroit Methed)。增长系数法的应用前提是要求被预测区域有完整的现状 O-D 矩阵。综合法在交通分布量的实际分析中,研究 O-D 交通量的分布规律,并将此规律用数学模型表现,然后用实测数据标定模型参数,最后用标定的模型预测交通分布量,一般包括重力模型法、介入机会模型法、最大熵模型法等。运用综合法时,如果模型已经标定完毕,则不需要现状 O-D 表,同增长系数法相比,综合法应用范围更广,但模型的标定有一定的难度。

出行方式划分就是居民出行时选择交通工具的比例,它以居民出行调查的数据为基础,研究人们出行时的交通方式的选择行为,建立模型从而预测基础设施或交通服务水平等条件对交通方式间交通需求的变化。建立出行方式划分的模型的思路有两种:一是从城市规划的角度,为了实现所期望的交通方式划分,如何改建各种交通设施引导人们的出行,以及如何制定各种交通管理规则;二是在假定历史的变化情况将来继续延续下去的前提下,研究交通需求的变化。

交通方式包括步行、自行车、公交车、小汽车、摩托车等。交通方式的选择受到多种因素影响,包括出行方式本身特点、拥有条件、人口出行目的、出行距离、对出行服务水平要求等。因此,对不同的出行方式,其被选择的因素不同,故采用不同的模型、方法进行预测。交通方式预测方法主要包括:回归模型法、转移曲线法、概率模型法、重力模型的转换模型等。

网络交通流交通分配是交通规划的一个重要环节。交通客流分配就是把各种出行方式的空间 O-D 量分配到具体的交通网络上,模拟出行者对出行路径的选择,通过交通分配所得的路段、交叉口交通量资料,是制定交通规划、建设与管理方案以及检验道路规划网络、管理方案是否合理的主要依据之一。公交客流分配是把各交通小区产生的公交出行量分配到具体的道路网络上的过程,公交客流预测是四阶段预测的最后一步。

进行公交客流分配步骤如下所示:

(1) 将现状公交 O-D 量在现状公交线网上分配,以分析和评价目前公交线网的运行状况,如果有路段的公交流量观察值,还可以将这些观测值与在相应路段的分配结果进行比较,以检验四阶段预测模型的精度,以便调整计算方法。

(2) 将规划年公交 O-D 分布预测值在现状道路网络上分配,分析现状公交线网的缺陷,为公交线网的规划设计提供依据。

(3) 将规划年公交 O-D 分布预测值在规划公交线网上分配,以评价公交线网规划方案的优劣。

通过公交客流分配可预测得到各类城市公共交通线路的线路流量、站点流量及换乘系数。公交客流分配技术是公交线网站点优化技术、公交综合评价技术的基础。公交客流分配技术的研究内容包括:

(1) 研究乘客公交出行时耗、公交线网密度、站点平均间距、发车频率等的关系,将乘车舒适度、换乘不方便程度等因素量化。

（2）通过现场调查及计算机模拟，建立符合居民出行特征的城市公交网络客流分配模型，并提出模型参数建议值。模型建立应考虑：公交方式及路线选择以出行时耗为依据，公交出行路线选择的多路径特征，步行、自行车出行与公共交通的联合出行。

（3）研究基于复合网络多路径分配模型的快速、大容量城市公交网络交通分配算法，并开发多层次、大规模公交网络的计算机系统软件。

通常按照交通时间和交通费用将交通分配方法分为平衡模型和非平衡模型。在网络达到平衡时，所有被利用的路线具有相等而且最短的走行时间，未被利用的路线与其相比具有相等或更长的走行时间，满足这种平衡准则的路段交通流量即时平衡分配模型。如果交通分配不是遵循上述准则，而是采用了模拟方法，则该模型为非平衡模型。平衡分配模型一般包括用户平衡分配模型和系统最优分配模型。非平衡根据其分配手段可分为无迭代和有迭代两类，就其分配形式可分为单路径与多路径两类。

1）平衡模型

平衡模型一般可以归结为一个维数很大的凸规划问题或非线性规划问题，该模型结构严谨，思路明确，比较适合宏观研究，但由于维数大，计算机复杂，在实际工程中很难应用。

（1）用户平衡分配模型（User Equilibrium，UE）。

Wardrop 第一原理指出：网络上的交通以这样一种方式分布，就是使所有的路线都比没有使用的路线费用小。满足第一原理的称为用户平衡模型。该模型的核心思想是交通网络中的用户都在试图选择最短路径，而最终是使被选择的路径的阻抗最小和相等。在交通网络流量达到平衡时，所有的被利用的路径具有相等而且最小的阻抗，未被利用的路径具有更大的阻抗。用户平衡分配模型反映了用户对路径的选择的行为准则。任何系统中有行为选择能力的个体总是以自己利益最大化来决定自己的行为。因此，该模型正是反映了交通网络中用户实际选择路径的情况。

（2）系统最优分配模型（System Optimization，SO）。

Wardrop 第二原理认为：车辆在网络上的分布，使得网络上所有车辆的总出行时间最小，该原理即为系统最优化原理。第二原理反映了一种目标，即按什么样的方式分配是最好的。系统最优原理比较容易用数学模型表示，其目标函数是网络中所有用户总的阻抗最小。该模型为交通规划管理人员提供了一种决策。

2）非平衡模型

非平衡模型在实际工程中得到了广泛的应用，它具有结果简单、概念明确、计算简便等优点。非平衡模型根据其分配手段可分为无迭代和有迭代两类，就其分配形式可分为单路径与多路径两类。

（1）最短路径分配方法。

在该分配方法中，取路权为常数，即假设车辆的平均行驶车速不受交通负荷的影响。每 O-D 点对的 O-D 量被全部分配在连接该 O-D 点对的最短线路上，其他道路上分配不到交通量。该方法计算较简便，但出行量分布不均匀，出行量全部集中在最短路径上。通常采用最短路径分配方法确定道路交通的主流向。

（2）容量限制交通分配方法。

该方法是一种动态交通分配方法，它考虑了路权与交通负荷之间的关系，考虑了道路通行能力的限制。在用该方法分配出行量时，需先将 O-D 表中的每一 O-D 量分解成 N 部分，然

后分 N 次用最短路分配模型分配 O-D 量,每次分配一个 O-D 分表,并且每分配一次,路权修正一次,路权采用路阻函数修正,直到把 N 个 O-D 分表全部分配在网络上。

（3）多路径交通分配方法。

多路径分配方法克服了单路径分配中流量全部集中于最短路上这一现象,使各条可能的出行路线均分配到交通量。各出行路线的长度的不同,决定了它所分配到的流量的大小。由出行者的路径选择特性可知,出行者总是希望选择最合适(最短、最快、最方便等)的路线出行。由于交通网络的复杂性及交通状况的随机性,出行者在选择出行路线时带有不确定性。出行者路径的选择取决于可供选择的出行路线的路权差。各出行路线被选用的概率可采用 Logit 型的路径选择模型。

3. 问题线路的优化调整

公交线网系统非常复杂,其优化过程具有一定的难度,优化方法选择将对优化结果产生影响,公交线网优化常采用以下几种方法:

（1）最优路线搜索法。

从理论上将,有路线搜索法得到的公交线路是最优的,能符合线路布设的要求且便于计算机实现。该方法的基本原理如下:从公交起点出发,向其周围所有邻近的交通区搜索,并以新搜索到的交通区为新的起点,继续向所有邻近的交通区作连续的搜索,直到该搜索线路到达所要求的线路长度为止。对搜索的每一个节点,考虑线路的约束条件和目标函数,最终求得满足约束条件的并且效率最大的一条公交线路。该方法实际上是以公交起点为根,在交通区邻近网络中进行树状搜索的过程,如图 7-1 所示。

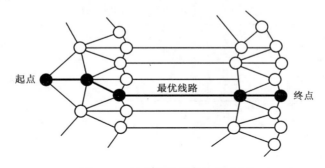

图 7-1　最优路线搜索法示意图

（2）"逐条布线、优化成网"法。

该方法是一种简便实用的公交线网优化方法,此方法的原理是:以直达乘客量最大为主要目标(换乘次数少、运送量最大),通过分析备选线路的起终点位置及客流分布,确定线路的最佳配对及各线路的最佳走向,实现其他目标,并满足约束条件。

（3）拟合客流法。

在系统最优客流分配的基础上,采用"取大法"/"舍小法"截取网络得到初始网络。

（4）经验法。

采用事先设定的公交线网方案对公交线网进行优化设计,如方格网、辐射型线网等。

4. 公交网络优化方案评价

选择公交线路长度、线网密度、线路重复系数、非直线系数、站点密度、平均站距及站点覆盖率等指标对优化后的公交线网进行评价。

公交线路长度,即公交运行的各条线路长度总和。

线网密度大小反映居民出行接近线路的程度,是公共交通服务水平评定的重要指标。主城区公交线网密度规范要求 $3\sim4km/km^2$,城市边缘地区公交线网密度规范要求 $2\sim2.5km/km^2$。因此,在公交线网规划中应依据需求适当增加公交线路填补空白区域。

线路重复系数,即有公交线路的道路总长度/该区线路网总长度。《交通工程手册》:重复系数以 $1.25\sim2.5$ 为宜。但在我国的城市中基本在 $3\sim4$,市中心的高达 $6\sim7$ 也不少见。

非直线系数是路网布局规划中的一项重要指标。网络两节点(小区)间的非直线系数定义为该两节点(小区)间的路上实际距离比两点间空间直线距离,如果以时间或费用为标准,则非直线系数定义为从甲节点(区)到乙节点(区)路上所花费的实际时间或费用与两个节点(区)空间直线距离(假想)所要花费的时间或费用之比。

站点密度是公交线路全部停靠站点的总数与服务区域面积之比,用以表示公交站点在其服务区域内的平均分布状况及其适应程度。

全部公交停靠站点之间的平均距离称为平均站距,用公交线路总长度与公停靠站点总数之比表示。平均站距一般以 $500\sim800m$ 为宜。

公交线路网站点覆盖率,亦称公交站点服务面积率,是公交站点服务面积占城市用地面积的百分比,是反映城市居民接近公交程度的又一重要指标《城市道路交通规划设计规范》中对公交站点覆盖率的规定是:以 $300m$ 半径计算,不得小于城市用地面积的 50%;以 $500m$ 半径计算,不得小于 90%。

表 7-2 用于展现公交线网优化后与现在公交线网比较结果。

表 7-2 公交线网优化后指标评价表

年份	线路长度/km	线网密度/(km/km²)	线路重复系数	非直线系数	站点密度	站点覆盖率
现状						
优化后						

第 8 章
城市轨道交通

8.1 城市轨道交通概论

城市轨道交通系统是指服务于城市客运交通,通常以电力为动力,轮轨运行方式为特征的车辆或列车和轨道等各种相关设施的总和。它具有运能大、速度快、安全准时、成本低、节约能源,以及能缓解地面交通拥挤和有利于环境保护等优点。

城市轨道交通因其运量大、快速、正点、低能耗、少污染、乘坐舒适方便等优点,常被称为"绿色交通"。轨道交通经过 150 年的发展,机车在车辆、自动控制、通信和信号等技术方向有了很大的进步,很多方向都体现了当今高新科学技术的发展水平。发达国家的经验也表明,轨道交通是解决大中城市公共交通运输的重要途径,对 21 世纪实现城市可持续发展有非常重要的意义。

8.1.1 城市交通问题与轨道交通

改革开放以来,我国经济建设飞速发展,国家经济实力显著增强,城市化进程逐步加快。从建国初期到 1976 年,我国的城市化指数只有 12.2%,至 2005 年底,我国城镇人口已达 56157 万人,城市化水平已达 42%,并以每年 1% 的速度增长,2010 年我国城市人口达到 6.75 亿人左右,城市化水平达到 50%。城市化水平的加快,导致了大量人口涌入城市,城市人口急剧增加。到 2006 年底,我国 100 万人口以上的特大城市已达到 49 座,50 万~100 万人口的大城市 78 座。大城市的城市半径也由 10~20km 扩大到 20~30km。

社会经济繁荣的同时,我国各大城市的交通问题日益突出,成为城市发展面临的主要问题。目前,我国大城市主要面临如下交通问题:

1. 机动车增长速度过快

改革开放以后,我国的机动车保有量,特别是私人小汽车的增长较快,城市机动化水平在最近 10 年内迅速发展,年平均增长率达 11.4%。私人小汽车拥有量由 1990 年 81.62 万辆增加到 2000 年 625.73 万辆,平均每年增长 22.6%。

2003 年 8 月 4 日,北京市交通管理局对外公布,北京市机动车保有量已突破 200 万辆,其中私人机动车 128 万辆。有媒体按照国际标准得出结论说,北京已经真正进入了汽车化社会。北京机动车从建国初期的 2300 辆发展到 1997 年 2 月的 100 万辆,用了 48 年的时间。而从 100 万辆发展到今天的 200 万辆,则只用了 6 年半的时间,私人购车势头猛烈。

2. 交通基础设施建设滞后

长期以来,我国城市人均道路面积一直处于低水平状态,近十多年人均面积由 2.8m² 上升到 6.6m²。尽管增长幅度较快,但仍远远落后于城市交通的增长速度。目前,全国百万人口以上的大城市中,有 27 个城市的人均道路面积低于全国平均水平。道路面积不足原因在于交通基础设施建设的滞后,这种滞后不仅使城市现有的道路功能变得混乱而低效,而且造成的时间浪费和行车成本损失是巨大的。

3. 公共交通结构不尽合理

目前,我国城市的公共交通,除北京、上海等 10 个城市已有轨道交通外,其余城市还都是采用常规公共汽车和无轨电车方式,而这种方式是属于低运量的客运工具。大城市在某一条客运走廊上需要集中运送 1 万人次以上客流的现象已很普遍,这就需要根据具体条件,配置相应运能的公交方式。通常高运量的地下铁道可承担单向高峰小时 3 万~7 万人次以上的客运任务,而中运量的轻轨交通则可承担单向高峰小时 1 万~3 万人次之间的客运任务。对于一个城市的合理公交结构来讲,原则上应以轨道交通为骨干,协调组合高、中、低三种运能条件的公交线网结构,以充分发挥公共交通的最佳作用。

4. 交通事故频发,环境问题突出

目前,我国交通管理手段落后,交通秩序混乱,交通事故呈上升趋势。根据公安部交管局公布的数据,2005 年,全国共发生道路交通事故 450254 起,造成 98738 人死亡,469911 人受伤,直接财产损失 18.8 亿元,万车死亡率高达 7.6 人。2006 年全国道路交通事故死亡 89455 人,比上年减少 9283 人,是自 2000 年以来首次回落到 9 万人以下。北京近年来的交通事故死亡人数一直在每年 500 人左右,万车交通事故死亡率约 6 人,而日本东京为 1.9 人,美国和澳大利亚为 2.6 人,英国为 2.7 人。

面对日益严重的城市交通问题,各个城市普遍采用加大城市基础设施投入、加快城市道路建设的办法。然而,从实际效果来看,在道路建设的初期确实能增加交通的便捷性,但在人们了解城市道路状况后,大量的交通流会不约而同选择更加便利的城市道路,导致新建道路难逃拥堵的命运。可见,城市道路的增建并非解决城市交通问题的根本出路。

现代城市需要有一个与其现代化生活相适应的现代化交通体系,形成一个与城市发展布局高度协调的综合交通格局。只有把长远规划目标同近期调整改善结合起来,做好与城市交通量基本相适应的道路网络系统,逐步改善常规公共交通的服务管理质量,才能满足不断增长的交通需求。

城市轨道交通作为一种准点、速度快、高效、客运量大、污染小和能耗低的客运交通方式,符合城市交通可持续发展的战略需求,可以从根本上解决城市交通问题,因此建立一个以轨道交通为骨干、以公共交通为主体,多种交通方式相互协调的综合交通系统是我国大城市交通发展的必然趋势,见表 8-1~表 8-4。

表 8-1 各交通方式的运能、速度、能耗比较

比较项目\交通方式	市郊铁路	地铁	有轨电车	公共汽车	出租汽车	轻轨
单向运能/(万人次/h)	4.0~8.0	4.0~6.0	1.0~1.5	0.5~0.8	—	1.0~3.0
旅行速度/(km/h)	50~60	35~45	15~18	10~15	—	20~30
能耗/[kJ/(人·km)]	326.5	322.4	498.2	644.8	2512.1	—

表 8-2 城市各交通方式的运输特性比较

交通方式\特性 指标		运量/ (人/h)	运输速度/ (km/h)	道路面积占用/ (m²/人)	适用范围	特 点
自行车		2000	10~15	6~10	短途	成本低,无污染,灵活方便
小汽车		3000	20~50	10~20	较广	成本高,投入大,能耗多,污染严重
常规公交方式		6000~9000	20~50	1~2	中距离	成本低,投入少,人均资源消耗和环境污染较小
轨道	轻轨	10000~30000	40~60	高架:0.25 专用道:0.5	长距离	建设、运营成本较高,运输成本较低,能耗和环境污染较小,运输效率高
	地铁	>30000	40~60	不占用地表面积	长距离	

注:运量的比较是以一条机动车道的宽度为基准

表 8-3 世界典型大城市的轨道交通方式分担率

城市 分担率/%	伦敦	纽约	巴黎	东京
小汽车全日分担率	64	51	65	27
公共汽车全日分担率	13	15	9	6
轨道全日分担率	19	29	26	58
轨道高峰小时分担率	76	75	75	91

表 8-4 典型的城市轨道交通系统

	项目	有轨电车	轻轨铁路	市郊铁路	地铁
城市规模	人口	20万~50万	10万~100万	50万以上	100万以上
	商业区雇员	2万以上	2万以上	4万以上	8万以上
线路特点	CBD线路长度	10km以下	20km以下	40km以下	24km以内
	股道	在街道	至少40%隔离	分离	隔离
	CBD可达性	地面	地面或地下	地面到CBD边缘	地下
	郊区站距	350m	1km	1~3km	2km
	CBD站距	250m	300m		0.5~1km
	最大坡度	10%	8%	3%	3%~4%
	最小半径	15~25m	25m	200m	300m
	工程量	最小	轻	中等	重
机车车辆	车辆重量	16t	20t以下	46t	33t
	车辆数	1或2	2或4	至多12	至多8
	车辆能力	50座75站	40座60站	60座120站	50座150站
	车辆可达性	步行	步行或站台	站台	站台
运行指标	供电电流	直流500~750V	直流600~750V	直流600~1500V 或交流25kV	直流750V 或直流1500V
	供电方式	顶上	顶上	顶上或三轨	三轨或顶上

（续）

	项目	有轨电车	轻轨铁路	市郊铁路	地铁
运行指标	平均速度	10～20km/h	30～40km/h	45～60km/h	30～40km/h
	最大速度	50～70km/h	80km/h	120km/h	80km/h
	一般高峰间隔	2min	4min	3min	2～5min
	最大小时流量	15000	20000	30000	60000

国内外城市轨道交通发展的实践表明，城市轨道交通作为大城市公共交通运输的骨干力量，在解决城市交通问题、促进城市发展方面发挥了巨大作用，一是大大提高了城市交通供给水平，缓解大城市日益拥挤的道路交通现状；二是引导城市格局按规划意图发展，支持大型新区建设；三是通过对城市轨道交通的巨大投入，从源头为城市经济链注入活力，并通过巨大的社会效益提高整个城市的综合价值。

8.1.2 轨道交通的分类及特点

自 19 世纪中叶，世界上先后出现城市地下铁道与有轨电车以来，经过 100 多年的研究、开发、建设与运营，城市轨道交通系统已经形成多种类型并存与发展的状态。

1. 按基本技术特征分类

根据轨道交通系统基本技术特征的不同，轨道交通系统主要有市郊铁路、地下铁道、轻轨交通、独轨铁路和有轨电车等类型。

1）市郊铁路

市郊铁路，又称为通勤铁路，是连接城市市区与郊区，以及连接城市周围几十千米甚至更大范围的卫星城镇或城市圈的铁路，服务于上下班乘客，一般站距较长，对疏散中心城市人口到周围卫星城的作用十分明显。它往往又是连接大中城市干线铁路的一部分，一般和干线铁路设有联络线，设备与干线铁路相同，线路大多建在地面，其运行特点接近干线铁路，只是服务对象不同。与城市轨道交通系统中的地下铁道等其他类型不同，在市郊铁路上通常是市郊旅客列车与干线旅客列车和货物列车混合运行。

市郊铁路的运行速度和输送能力远大于其他交通方式，其速度可达 100～120km/h，运量最高每小时可达 6 万～8 万人次，对于客流量巨大的城市来说发展市郊铁路是明显优于发展小汽车的。而且，市郊铁路在能源消耗、投资费用等方面的指标也明显优于其他交通方式，根据日本的研究资料，市郊铁路的投资大概是地铁的 1/10～1/5，每千米的能源消耗是汽车的 1/7，是一种十分经济可行的交通方式。

2）地下铁道

地下铁道（地铁）是由电气牵引、轮轨导向、车辆编组运行在全封闭的地下隧道内，或根据城市的具体条件，运行在地面或高架线路上的大运量快速轨道交通系统。世界范围内地铁的地下部分约占 70%，地面和高架部分约占 30%，甚至有的地铁系统全部采用高架形式，只有部分城市地铁系统是完全在地下。

地下铁道还可分为重型地铁、轻型地铁与微型地铁三种类型。重型地铁就是传统的普通地铁，轨道基本采用干线铁路技术标准，线路以地下隧道和高架线路为主，仅在郊区地段采用地面线路，路权专用，运能最大；轻型地铁是一种在轻轨线路、车辆等技术设备工艺基础上发展起来的地铁类型,路权专用,运能较大,通常采用高站台;微型地铁,又称小断面地铁,隧道断面、车辆轮径和电动机尺寸均小于普通地铁,路权专用,运能中等,行车自动化程度较高。

地铁多用于超大城市或特大城市市区内部高密度地区间的交通出行,车辆制式和线路特征依各国标准而不同,运营速度一般为 35～40km/h。而最大车速可达 80km/h 就容量指标而言,地铁系统均可达到单向高峰小时断面流量 3 万～7 万人次,属于大容量快速轨道交通系统。

但地铁造价昂贵,建设周期长。在目前状况下,地铁每千米造价高达 7 亿～9 亿元,而建设周期长又导致了投资回收期长,更加重了一般投资者的疑虑,给建设筹资造成了极大的困难。

3) 轻轨

轻轨是指以有轨电车为基础发展起来的电气牵引、轮轨导向、车辆编组运行在专用行车道上的中运量城市轨道交通系统。轻轨的涵义是指车辆对轨道施加的荷载而言,轻轨车辆与市郊列车或地下铁道车辆比较相对较轻。早期的轻轨系统一般直接对旧式有轨电车系统改建而成。20 世纪 70 年代后期,一些国家才开始修建全新的现代轻轨系统。现代轻轨系统与旧式有轨电车系统相比,具有行车速度快、乘坐舒适、噪声较低等优点。对世界各国轻轨系统进行分类研究表明,轻轨也存在多种技术标准并存发展的情况。高技术标准的轻轨接近于轻型地铁,而低技术标准的轻轨则接近于有轨电车。

轻轨交通的运量界于地铁和常规公交之间,它可以根据城市的特点和具体情况,采用地下、地面及高架相结合的形式进行建设,具有很大的灵活性和适应性(图 8-1)。轻轨可以根据客流的需要采用不同车型,如单车和铰接车组成不同的编组方式。由于轻轨是介于地铁和常规公交之间的一种交通方式,相对于地铁的造价昂贵,轻轨是一种投资较少、建设较快的模式,一般每千米的造价仅为地铁的 25%～50%,而建设进度每年可达 5～10km。轻轨交通系统基本服务功能定位是:适于城市人口数介于 50 万至 200 万人的中型城市,每小时单向载客运量 1 万～3 万人次,发车最小间隔约为 90s～300s。

图 8-1　轻轨概况图

4) 独轨交通

独轨交通是车辆或列车在单一轨道梁上运行的城市客运交通系统。独轨的线路采用高架结构,车辆大多采用橡胶轮胎。从构造形式上可分为跨骑式独轨与悬挂式独轨两种。跨骑式独轨是列车跨坐在轨道梁上运行的形式,而悬挂式独轨则是列车悬挂在轨道梁下运行的形式。

独轨交通的运量一般在每小时单向 5000～20000 人次左右(图 8-2、图 8-3)。由于它是一种让列车在高架的专用轨道上行驶的交通系统,不受地面交通堵塞的影响,可以安全正点地运行;也有效地利用了城市的空间,既占地少又不影响地面的绿化;由于独轨列车使用橡胶轮胎,可以降低噪声,同时也没有废气排放,这些均符合环境保护的要求;与地铁相比,施工周期短,成本低(为地铁的 1/3~1/2),经济性能好,可以按照城市规划和交通需求进行线路选择,减少城市建筑的拆迁和市民的搬迁;车辆的爬坡能力强,易通过小半径曲线。当然,独轨交通由于受一些固有条件的制约,也存在一定的不足。一般来说,输送旅客的能力比地铁小;车轮与路面的磨耗快;与钢轮和钢轨相比,运行阻力大;列车有故障时,疏散旅客难度大。

图 8-2 跨座式独轨

图 8-3 悬挂式独轨

5) 自动导向(AGT)系统

自动导向系统(Automatic Guideway Transit,AGT)是一种通过非驱动的专用轨道引导列车运行的轨道交通。在日本,较早的 AGT 系统是 1981 年开通的两条线路:一是神户新交通公司开通的三宫—中公园线路,全长 6.4km;二是大阪市住之江公园—中埠头间的 6.6km 线路。目前,这两条线路均采用无人驾驶的 ATO 系统,运营速度 22~27km/h,最大速度达到 60km/h,高峰期最小间隔达到了 3min 左右。

按照专用轨的位置,AGT 系统可以分为两种型式:一是轨道中央引导方式;二是侧向引导方式。AGT 一般采用 ATS/ATC 单人驾驶或 ATO 无人驾驶,单线或复线线路,平均站间距为650~1400m,采用直流 750V 或三相交流 600V 供电方式,最小曲线半径为 25~60m,最大坡度为 4.5%~6.0%。AGT 列车一般编组为 2~6 节,最高速度 50~63km/h,运行间隔 3~8min。

6) 有轨电车

有轨电车通常采用地面线,有时也有隔离的专用路基和轨道。隧道或高架区间仅在交通拥挤的地带才被采用。旧式的有轨电车由于其与公共汽车及行人共用街道路权,且平交道口多,因而其运行所受的干扰多,速度慢。现代有轨电车与性能较差的轻轨交通已很接近,只是车辆尺寸稍小些,运营速度接近 20km/h。

7) 磁悬浮列车

磁悬浮列车是一种新型的有轨交通工具,它依靠电磁吸力或电动斥力将列车悬浮于轨面上,实现列车与地面轨道间的无机械接触,再利用直线电机驱动列车运行。

磁悬浮技术的研究源于德国,早在 1922 年德国工程师赫尔曼·肯佩尔就提出了电磁悬浮原理,并于 1934 年申请了磁悬浮列车技术的专利。但由于技术水平的限制,一直到以电力电子技术为核心的大功率控制技术的迅猛发展,才为磁悬浮列车的实现提供了技术可行性。

磁浮列车技术主要有两大类,即常导型和超导型。

常导型也称常导磁吸型,它是利用普通电磁铁通电后产生电磁吸力的原理,由车上常导电流产生电磁引力,吸引轨道下的导磁体,使列车浮起。常导磁吸型技术较简单,产生的电磁吸力相对较小,悬浮的气隙较小,一般为 8～10mm,速度可达 400～500km/h,适合于城市间的长距离快速运输。常导磁吸型以德国高速常导磁悬浮列车 TransRapid 为代表。

超导型也称超导排斥型,它是利用超导磁体产生的强磁场在列车运行时与布置在地面上的线圈相互作用,产生电动斥力将列车悬起,悬浮气隙较大,一般为 100mm 左右,技术相当复杂,并需屏蔽发散的电磁场,速度可达 500km/h 以上。根据行驶速度的不同,又可分为高速型和中低速型。超导排斥型磁悬浮列车以日本 MagLev 为代表。

磁浮列车虽然属于陆上有轨交通运输系统,并保留了轨道、道岔和车辆转向架及悬挂系统等许多传统机车车辆的特点,但由于磁浮列车在牵引运行时与轨道之间无机械接触,从根本上克服了传统列车轮轨粘着限制、机械噪声和磨损等问题,具有低噪声、低能耗、无污染、安全舒适和高速高效的特点,所以它是人们的理想陆上交通工具之一,由此也引起了世界各国的关注和兴趣,具有广阔的运用前景。

我国从 20 世纪 80 年代开始了常导磁悬浮列车的研究。1992 年,国家正式将磁悬浮列车关键技术研究列入"八五"攻关计划。1994 年 10 月,西南交通大学建成了我国首条磁悬浮铁路试验线,并同时开展磁悬浮列车的载人试验。

1999 年 11 月,我国与德国 TransRapid 国际公司合作开展上海高速磁悬浮列车示范线项目,2003 年 1 月 1 日建成正式通车。上海磁浮示范线是世界上第一条投入商业运营的高速磁浮线路,西起地铁 2 号线龙阳路战,东至浦东国际机场,全长约 30km,设计最高时速 430km/h,单向运行时间约 8min。上海磁浮线路的建成和运营为我国发展磁浮交通提供了难得的机遇,将极大促进我国高速磁浮技术的国产化。

2. 按路权及列车运行控制方式分类

根据城市轨道交通系统是否专用及列车运行控制方式的不同,轨道交通系统可分为路权专用、按信号指挥运行,路权专用、按视线可见距离运行和路权混用、按视线可见距离运行等类型。

(1) 路权专用、按信号指挥运行。

路权专用、按信号指挥运行类型系统的特点是线路专用,与其他城市交通线路没有平面交叉。由于路权专用及按信号指挥运行,行车速度高且行车安全性好。属于这种类型的轨道交通系统包括市郊铁路、地下铁道和高技术标准的轻轨等。

(2) 路权专用、按视线可见距离运行。

路权专用、按视线可见距离运行类型系统的特点是线路专用,与其他城市交通线路没有平面交叉,行车安全性较好,但由于无信号、按可视距离间隔运行,行车速度稍低。属于这种类型的轨道交通系统主要是中等技术标准的轻轨。

(3) 路权混用、按视线可见距离运行。

路权混用、按视线可见距离运行类型系统的特点是线路与其他运输车辆和行人共用,与其他城市交通线路有平面交叉。除在交叉口设置信号控制外,其余线路段按可视距离间隔运行,行车速度与行车安全稍差。属于这种类型的轨道交通系统主要是低技术标准的轻轨和有轨电车。

3. 按高峰小时单向运输能力分类

根据按市轨道交通系统高蜂小时单向运输能力的大小,轨道交通系统可分为大运量、中运量和低运量等类型。

（1）大运量轨道交通系统。该类型系统的高峰小时单向运输能力达到 3 万人以上，属于该种类型的轨道交通系统主要有重型地铁和轻型地铁等。

（2）中运量轨道交通系统。该类型系统的高峰小时单向运输能力为 1.5 万～3 万人，属于该种类型的轨道交通系统主要有微型地铁、高技术标准的轻轨和独轨铁路。

（3）低运量轨道交通系统。该类型系统的高峰小时单向运输能力为 0.5 万～1.5 万人，属于该种类型的轨道交通系统主要有低技术标准的轻轨、自动导向交通系统和有轨电车。

4. 按列车运营组织方式分类

（1）传统的城市轨道交通。服务范围以中心城区为主的城市轨道交通，通常站间距在 1km 以内。

（2）区域快速铁路。服务范围包括城市郊区的轨道交通系统，通常站距较大，含有地面线路或高架线路，例如德国的 S-Bnhn、巴黎的 RER、旧金山的 BART。

（3）市郊铁路。是指位于城市范围内、部分或全部服务于城市客运的那些城市间铁路。通常其所有权属于所在的城市政府，而由铁路部门经营，主要运送城市郊区与闹市区间的乘客。这种铁路通常在郊区采用平交道口形式，在市区为高架或地下铁路。站距长，运营组织方式与城市间铁路相近，可开行不停靠全部或部分中间站的直达列车；为减少环境污染，多采用电气化牵引方式。纽约、东京等国际大都市的市郊铁路都很发达。

5. 按构筑物的形态或轨道相对于地面的位置分类

按构筑物的形态或轨道相对于地面的位置，城市轨道交通可以分为三类：

地下铁路：位于地下隧道内的那部分铁路称为地下铁路。

地面铁路：位于地面的铁路称为地面铁路。

高架铁路：位于地面之上的高架桥的铁路称为高架铁路。

应当指出，以上根据城市轨道交通系统的基本技术特征，路权是否专用、列车运行控制方式的不同以及高峰小时单向运技能力的大小进行的分类并不是绝对的。事实上，在一些不同类型城市轨道交通系统之间并没有明确的、清晰的界限。专业文献资料表明，国外对同一种轨道交通系统有轻型地铁和轻轨等不同称呼的情况。此外，一种轨道交通系统归入何种运量类型也是有条件的，因为计算轨道交通系统高峰小时单向运输能力的基本参数就是列车间隔时间、车辆定员人数和列车编组辆数等，即使是同一轨道交通系统，这些参数也可能是多值的，这里进行分类的基本依据是根据某一轨道交通系统有关参数的常用取值。

8.1.3　城市轨道交通的发展

20 世纪 70 年代以来，随着道路交通污染的加剧和人类环境危机感的加强，越来越多的国家和地区意识到发展城市大中运量轨道交通系统的重要性，与此同时，技术的进步和经济实力的增长促使轨道交通系统在全世界范围内得到了迅速发展。根据 Bushell（1995 年）、Knowles 和 Fairweather（1991 年）等的调查资料，世界各国拥有地铁系统的城市共计 90 个，拥有轻轨系统的城市共计 105 个，这些拥有轨道交通系统的城市都是各国的政治、经济、文化中心，有良好的客运市场需求和坚实的经济基础，可以保证轨道交通系统建设的经济合理性。文献[1]较为全面地介绍了各国城市轨道交通发展概况及现状。表 8-5 列出了日本东京 50km 圈内城市铁路分布概况，目前世界上 32 个轨道交通系统（主要是地铁）较为完善的大城市有关指标见表8-6。

表 8-5 日本东京 50km 圈内城市铁路分布概况

类别	名称	线路总长/km	地下部分/km
大运量	高架铁路	1985	71
	地铁	260	260
中运量	小截面地铁	13	13
	独轨	38	4
	新交通系统(AGT)	42	
小运量	有轨电车	17	
合计总长/km		2355	
路线密度/(km/km²)		0.3	
每营业公里运送人数/(人/km)		12790	

表 8-6 世界大城市轨道交通线网指标

城市	市区面积/km²	市区人口/万人	地铁线总长度/km	线网密度/(km/km²)	线网密度/(km/百万人)
伦敦	1580	671.3	420	0.27	62.6
巴黎	1696	600	579	0.34	96.5
柏林	833	312	165.5	0.2	53
汉堡	753	157.1	101	0.13	64.3
法兰克福	249	59.2	47	0.19	79.4
慕黎黑	311	127.4	74.6	0.24	58.6
马德里	607	315.9	122	0.2	38.6
莫斯科	878.7	867.5	255	0.29	29.4
圣彼得堡	570	499.5	91.7	0.16	18.3
斯德哥尔摩	211.3	65.1	110	0.52	168.9
基辅	782	257.7	43.5	0.06	169
奥斯陆	435	45	100	0.23	222
鹿特丹	208	68.2	43.5	0.21	63.8
布拉格	496	120.3	47.6	0.1	39.6
布宜诺斯艾利斯	200	292.2	68.6	0.343	23.5
纽约	946	728.4	432.4	0.46	59.4
芝加哥	500.5	301.8	168	0.34	55.7
波士顿	121.7	57.5	75	0.62	130.4
费城	352	168.8	41	0.12	24.3
克利夫兰	169.8	58.4	64	0.38	109.6
圣弗兰西斯科	119	76.7	115	0.97	150
华盛顿	174	62.2	144	0.83	231.5
亚特兰大	339	42.9	73.5	0.22	171

（续）

城市	市区面积 /km²	市区人口 /万人	地铁线总 长度/km	线网密度/ (km/km²)	线网密度/ (km/百万人)
东京	575	835.5	229.3	0.4	27.4
大阪	212	264.8	100.7	0.475	38
名古屋	327.9	214.2	76	0.23	35.5
汉城	627	963.7	133	0.21	138
香港	172	444	43.2	0.25	9.73
新加坡	98	264.1	67	0.68	25.4
多伦多	97	59.9	60.8	0.63	101.5
蒙特利尔	160	98	61	0.38	62.2
圣保罗	162.4	1010	47.7	0.03	4.7

资料来源：田鸿宾等，1998年3月。城市地下铁道，中国铁道出版社

1908年3月5日，我国上海第一条有轨电车路线正式通车营业，长6km。在随后的年代里，我国的北京、天津、沈阳、哈尔滨、长春、鞍山等城市都相继修建了有轨电车，在当时我国城市的公共交通中发挥了骨干作用。

20世纪60年代，北京开始修建我国首条地铁线路，1969年1号线通车，全长23.6km。其后，天津市于1984年建成7.4km长的地铁线路。建设部最新统计显示，至2007年初，中国内地目前已有北京、上海、天津、南京、广州、深圳、重庆、长春、大连、武汉等10个城市开展快速轨道交通运营，建成投入运营试运营的线路共有22条，运营及试运营总里程602.3km。运营里程最长的城市是上海，5条线路共141km；其次是北京，4条线路共114km。

香港地铁于1975年动工兴建，现已建成轨道交通线路7条路线，全长91.0km。台北捷运首条路线——木栅线于1996年通车，目前共有五条路线和三条支线营运，营运中路线总长已达74.4km。

杭州、沈阳、成都、哈尔滨、西安、厦门、苏州、青岛、东莞、宁波、佛山、石家庄、郑州、长沙、兰州等30多个城市正在建设、筹建或规划轨道交通项目。北京、上海、广州等12个城市的36条城市轨道交通线路正在建设，总里程765km。"十一五"期间，全国特大城市的地铁和轻轨通车里程将超过1500km，总投资约6000亿元。预计到2050年中国城市轨道交通线路总长将超过4500km。

1. 北京

根据2002年完成的《北京城市轨道交通线网调整规划》（2050年），北京城市轨道交通系统分为两个层次：第一个层次是服务于市区的轨道交通运输系统；第二个层次是服务于卫星城与市区之间的市郊铁路运输系统。北京市区轨道交通规划线网由22条线路组成，其中16条为地铁线路（M线），6条为轻轨线路（L线），轨道交通规划线网总长度为693km。规划线网中的M2线、M6线、M8线、M10线、M11线、M12线和M14线七条线路构成市区轨道交通骨架线网。四环路以内规划线网密度为1.08km/km²，其中二环路以内线网密度为1.76km/km²。市郊铁路规划干线网络由5条市郊铁路干线和1条市郊铁路主支线组成，干线网络总长度为360km（至2020年）。图8-4为北京市区轨道交通线网规划调整方案图。

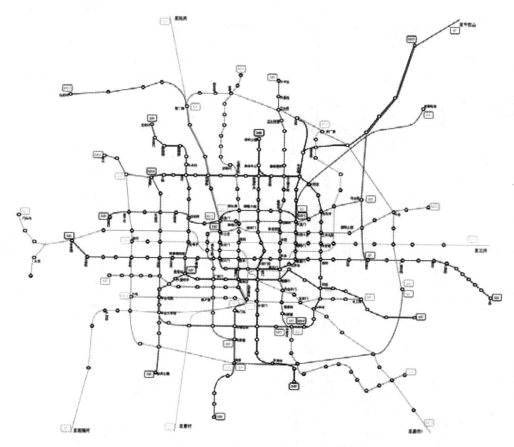

图 8-4　北京市区轨道交通线网规划调整方案

　　为满足北京奥运会的交通需求,2008 年北京市区轨道交通线路运营里程将达到 264.7km,加上 3 条郊区线路,全市轨道交通运营总里程将达到 374.1km。

　　2. 上海

　　上海远景规划轨道交通网络 970km,由 4 条市域线、14 条市区线共 18 条线路组成,设有 524 座车站,其中 3 线换乘站 16 个,2 线换乘站 95 个。2010 年上海世博会时,已经建成"四纵三横一环"的轨道交通网,11 条线路,里程长度 400km。到 2012 年将建成由 13 条线路构成的轨道交通网络,里程达 510km。图 8-5 为上海市轨道交通线网规划图。

　　3. 香港

　　香港首条地铁线路于 1979 年开通,现有观塘线、荃湾线、机场快线等 7 条线,运营线路全长 91.0km,53 个车站,日客运量 260 万人次,2005 年客运量达到 8.6 亿人次,是全世界效率最高、也是最繁忙的地铁系统,如图 8-6 所示。

　　各国城市轨道交通系统建设实践表明,轨道交通系统在公共交通中发挥着重要作用。作为发展中国家,我国经济发展总体水平不高,城市财力有限,因此,城市大中运量轨道交通系统的建设必须因地制宜,应根据城市经济、地理特点,结合运输需求选择适当的轨道交通类型,并合理确定轨道交通系统规模和线网结构。

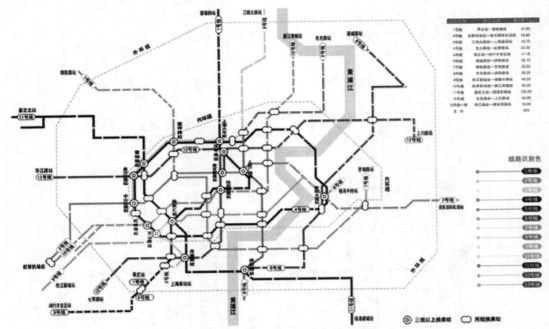

图 8-5　为上海市轨道交通线网规划图

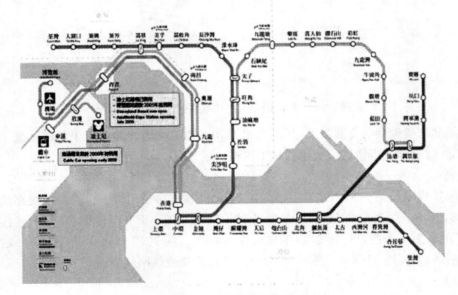

图 8-6　香港地铁线网图

8.2　城市轨道交通系统的构成

城市轨道交通系统是由多个分别完成不同功能的子系统所构成的,包括线路、车辆、车站三大基础设备和电气、运行和信号等控制系统,如图 8-7 所示。

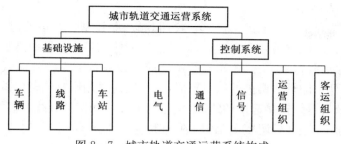

图 8-7　城市轨道交通运营系统构成

8.2.1　线路

线路是城市轨道交通的基础组成部分,由区间结构、车站和轨道等组成。考虑到乘客出行方便、土地充分利用、节约建设费用等因素,地铁线路的走向一般选择易于施工和客流相对比较集中的地区。

轨道交通线路按其在运营中的地位和作用划分为正线、辅助线和车场线。

1. 正线

正线是贯穿所有车站,区间供车辆载客运营的线路。正线行车速度高、密度大,要保证行车安全和乘坐舒适,线路标准要求高。正线包括区间正线、支线和车站正线。

城市轨道交通正线是独立运行的线路,一般按双线设计,采用右侧行车制。大多数线路为全封闭。与其他交通线路相交处,一般采用立体交叉。在特殊条件下(如运营初期),两条线路或交通方式的运量均较小时,经过计算,通过能力满足要求,也可考虑采用平面交叉。

2. 辅助线

辅助线是为了保证正线运营,合理调度列车,为空载列车提供折返、停放、检查、转线及出入段作业而配置的线路。辅助线速度要求低,最高运行速度限制在 35km/h,标准也低。辅助线包括折返线、临时停车线、渡线、车辆段出入线、联络线等。

1) 折返线

城市轨道交通线路一般都比较长,全线的客流分布可能会不太均匀,这时可组织区段运营。区段运营是指列车根据运行交路的要求,在端点站与中间车站或中间站与中间站之间进行列车折返。因此,在这些提供折返作业的中间站上,需要为列车设置折返线,专供到车折返掉头。折返线的型式应能满足折返能力的要求。

折返线形式很多,有环行折线、尽端折线等,常见形式如图 8-8 所示。

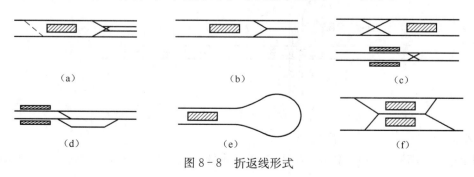

图 8-8　折返线形式

2）临时停车线及渡线

城市轨道交通线路由于运输量大，列车运行间隔一般较密。在运营过程中，在线运营列车可能会发生故障。为不影响后续列车运行，设计上应能使故障列车及时退出运营正线。一般说来，在轨道交通线路沿线每隔 3～5 个车站的站端应加设渡线或车辆停放线。渡线的作用是使离开车辆段的故障列车能及时调头返回车辆段，停车线的作用则是临时停放事故列车。用道岔将上行线、下行线及折返线连接起来的线路，又分为单渡线和交叉渡线。渡线单独设置时，用来临时折返列车，增加运营列车调度灵活性；在与其他辅助线合用时，完成并增强其他辅助线功能。

3）车辆段出入线

为保证运行列车的停放和检修，在轨道交通沿线适当的位置应设置车辆段，车辆段与正线连接的线路为车辆段出入线，是车辆段与正线之间的联络通道。出入线可以设计为双线或单线，与城市道路或其他方式的交叉处可采用平交或立交，具体方案要根据远期线路通过能力来确定。图 8-9 为车辆段出入线的三种典型形式。

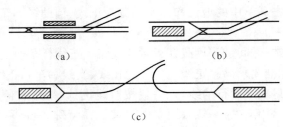

图 8-9 车辆段出入线

4）联络线

在整个城市轨道交通路网中，要使同种制式的线路可以实现列车过轨运行。这种过渡一般需要通过线与线之间的联络线来实现。联络线是为沟通两条单独运营线路而设置的连接线，为两线车辆过线服务。联络线的位置应在路网规划中确定，先期修建的线路应根据规划要求，为后建线路预留联络线的设置条件。另外，为方便车辆及大型设备的运输，有条件的地方应设置地面铁路专用线。图 8-10 为联络通道的实例，它将存车线与联络线合并布置。

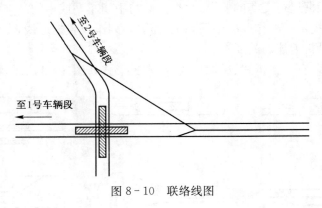

图 8-10 联络线图

3. 车场线

车场线是车辆检修作业用的线路，行车速度较低，线路标准只要满足场区作业要求即可。

8.2.2　轨道

"轨道"交通与一般的交通最大的区别在于轨道交通车辆必须沿着"轨道"行驶,"轨道"给行驶在轨道上的车辆提供了承载作用和导向作用。

轨道是城市轨道交通系统的重要组成部分,一般由钢轨、扣件、轨枕、道床、道岔及附属设施等组成。轨道以连接件和扣件固定在轨枕上,轨枕埋设在道床内,道床直接铺设在路基上。轨道承受列车传递的复杂多变的静、动力荷载,通过力学分析及试验研究,可以计算出轨道各组成部分产生的应力及变形,从而确定其承载能力及稳定性(图 8-11、图 8-12)。

图 8-11　轨道示例图

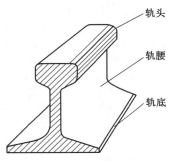

图 8-12　钢轨断面图

城市轨道交通由于行车密度大,因而要运营安全平稳,并能减少维修和养护,城市轨道交通对轨道结构的基本要求如下:

(1) 结构简单、整体性强,具有坚固性、稳定性、均衡性等特点,确保行车安全、平稳、舒适。

(2) 具有足够的强度、刚度。

(3) 便于施工和管理,可靠性高、使用寿命长,可以少维修或者避免维修,并有利于日常的清洁养护,降低运营的成本。

(4) 对于扣件,要求强度高、韧性好。

(5) 采用成熟的新工艺、新技术、新材料,满足绝缘减振降噪和减轻轨道结构自重的需要,尽可能符合城市景观和美观要求。

8.2.3　车辆

城市轨道交通车辆是城市轨道交通工程中最重要的设备,也是技术含量较高的机电设备(见表 8-7)。城市轨道交通车辆应具有先进性、可靠性和实用性,应满足容量大、安全、快速、舒适、美观和节能的要求。

城市轨道交通车辆作为城市公共交通的旅客运载工具,不仅要保证车辆远行的安全、准点、快速,而且要为乘客提供的良好的服务条件,使乘客乘车舒适、方便,同时还考虑对城市的景观和环境的影响,为了达到这些要求,近代在设计、制造城市轨道交通车辆上采用了大量的高新技术。例如,车体结构、材料的轻量化;走行装置的低噪声与高平稳件设计;线性电机驱动;立流斩波调速技术;再生制动技术以及交流变频调压技术等。

不同的城市轨道交通模式,所采用的车辆类型之间有很大的区别。但不论是地铁车辆、轻轨车辆或是独轨车辆,均为电动车组编列运行,都有动车和拖车及带驾驶室和不带驾驶室之分。例如上海地铁有带司机室拖车(A型)、无司机室带受电弓的动车(B型)和无司机室不带受电弓的动车(C型)共3种车型。当采用6节编组时,其排列为:A—B—C—C—B—A;当采用8节编组时,其排列为:A—B—C—B—C—B—C—A;这样就能保证所编列车首尾两节车(全列车首尾两端)均带有司机室,中间各节车之间均为贯通,以使乘客沿全列车可随意走动,使乘客在全列车中均匀分市,在列车发生意外事故时也有利于让乘客有秩序地沿此通道经司机室前端安全门撤离。北京地铁按全动车设计,两车为一单元,使用时按2、4、6辆编挂组成列车组。我国推荐的轻轨电动车辆有3种型式:四轴动车、六轴单铰接式和八轴双铰接式车。

表8-7　不同类型车辆的技术参数

项目名称		A型车	B型车	C型车		
		四轴车	四轴车	四轴车	六轴车	八轴车
车辆基本长度/m		22	19	18.9	22.3	29.5
车辆基本宽度/m		3	2.8	2.6		
车高/m	受流器车(加空调/无空调)/m	3.8/3.6	3.8/3.6	3.7/3.25		
	受电弓车(落弓高度)/m	3.8	3.8	3.7		
	受电弓工作高度/m	3.9～5.6				
车内净高/m		2.10～2.15				
地板面高/m		1.1		0.95		
车辆定距/m		15.7	12.6	11	7.2	
固定轴距/m		2.2～2.5	2.1～2.2	1.8～1.9		
车轮直径/mm		φ840		φ760		
车门数(每侧)/个		5	4	4	4	5
车门宽度/m		≥1.3				
车门高度/m		≥1.8				
定员人数/人	单司机室车	295	230	200	40	315
	无司机室车	310	245	210	50	325
车辆轴重/t		≤16	≤14	≤11		
站立人员标准	定员/(人/m²)	6				
	超员/(人/m²)	9				
最高运行速度/(km/h)		≥80		≥70		
起动平均加速度/(m/s²)		≥0.9		≥0.85		
常用制动减速度/(m/s²)		1.0		1.1		
紧急制动减速度/(m/s²)		1.2		1.3		
噪声/dB(A)	司机室内	≤80		≤70		
	客室内	≤83		≤75		
	车外	80～85(站台)		≤82		

注:① 车辆详细技术条件,可参照《地下铁道车辆通用技术条件》(GB 7928—87)和《轻轨交通车辆通用技术条件》(CJ/T 5021—95)。
　　② C型车未包括低地板车

8.2.4　限界

限界是指根据轨道交通车辆轮廓尺寸和性能、线路特性、设备安装及施工方法等因素,经技术经济综合比较确定的空间尺寸。限界的分类:

(1)车辆限界。

车辆限界是根据车辆外轮廓尺寸和主要技术参数,并考虑车辆在平直线路上静态运动包迹线和动态情况下横向和竖向偏移量及偏转角度,按可能的产生最不利情况进行组合计算确定的。

(2)设备限界。

设备限界是在车辆限界的基础上考虑轨道的轨距、水平、方向、高低等在某些地段出现最大容许误差时引起车辆的附加偏移量,以及在设计、施工、列车运行中不可预计的因素在内的安全预留量。设备限界是一条轮廓线,所有固定设备以及土木工程的任何部分都不得侵入此轮廓线内,它是保证轨道交通系统中的列车等移动设备在运营过程中的安全所需要的限界。

(3)建筑限界。

建筑限界是指在行车隧道和高架桥等结构物的最小横断面所形成的有效内轮廓线基础上,再考虑其施工误差、测量误差、结构变形等因素,为满足固定设备和管线安装的需要而必须的限界。换言之,建筑限界以内、设备限界以外的空间主要是为各类误差、设备变形和其他管线安装所预留的空间。图 8-13 是我国地铁限界的一个图例。

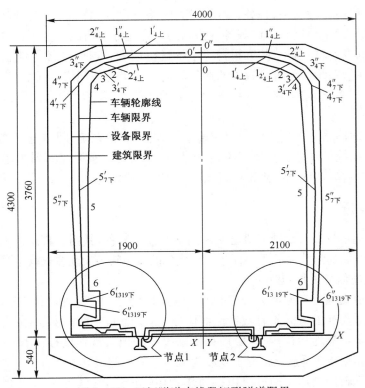

图 8-13　区间隧道直线段矩形隧道限界

图 8-13 中车辆轮廓线坐标值、车辆限界坐标值以及设备限界坐标值均可参见《地铁设计规范》。

8.2.5　供电设备

电能是城市轨道车辆电力牵引系统必需的能源。电动车辆以及运营服务的机电设备,包括通风、空调、照明、通信、信号、给排水、防灾报警、电梯、电动扶梯等,也都依赖电能。城市轨道交通供电电源一般取自城市电网,通过城市电网一次电力系统和轨道交通供电系统实现输送相变换,最后以适当的电流形成(直流电或交流电和电压等级)供给用电设备。

城市轨道交通的供电系统负责提供车辆及设备运行的动力能源,一般包括供电系统、牵引供电系统和动力照明供电系统。供电系统即是城市电网对轨道交通系统内部的变电所的供电力方式,一般视各城市内情况而定。牵引供电系统供给电动车辆运行的电能,它是由牵引变电所和牵引网组成的。动力照明供电系统提供车站和区间各类照明、扶梯、风机、水泵等动力机械设备电源相通信、信号、自动化等设备电源,它是由降压变电所和动力照明配电线路组成的。

8.2.6　通信设备

为了保证城市轨道交通系统能可靠、安全、高效运营,并有效地传输运营、维护、管理相关的语音、数据、图像等各种信息,就必须建立可靠的、易扩充的、独立的通信网。轨道交通通信系统是直接为轨道交通运营、管理服务的,是保证列车及乘客安全、快速、高效运行的一种不可缺少的智能自动化综合业务数字通信网。

通信系统一般由传输网络、公务、专用电话、闭路电视、广播、无线、时钟、电源及接地等子系统组成,构成传送语音、数据和图像等各种信息的综合业务通信网。在正常情况下,通信系统为运营管理、行车调度、设备监控、防灾报警等系统进行语音、数据、图像等信息的传送,在非正常和紧急情况下,通信系统作为抢险救灾的通信手段。其中传输网络(即轨道交通骨干网)是通信系统中最重要的子系统,它不仅为本系统的各个子系统,而且也为其他自动控制管理系统提供信息通道。

轨道交通的通信系统包括光纤数字传输系统、电话交换系统、闭路电视监控系统、无线通信系统及车站广播系统等部分。具体来说,它们共同为轨道交通系统的列车运行调度指挥、无线通信、公务通信、旅客信息广播、系统运行状况监视等提供手段。

8.2.7　信号设备

城市轨道交通信号设备是城市轨道交通的主要技术装备,其担负着指挥列车运行、保证列车运行安全和提高线路通过能力的重要任务。现代化的城市轨道交通要求其信号设备的现代化。

城市轨道交通信号的特点如下:

(1) 城市轨道交通行车密度大、站间距离短,所以信号的应变速度快、信息量多。

(2) 城市轨道交通的区间不宜敷设地面信号,而以机车速度信号为主体信号。

(3) 为了安全可靠地指挥行车,由计算机系统自动地实现速度控制和定位(点)停车控制;对于容量大、密度高的交通系统将逐步发展为无人驾驶的自动运行系统。

(4) 凡敷设钢轨的轨道交通可以以钢轨作为传输信道,连续地传递速度命令等信息;不敷设钢轨的交通系统可敷设感应环线传递信息。为传递特殊信息可增设地面应答器,完成地面与列车间的信息交换。

（5）轨道交通的信号、通信设备应是个完整的运行管理系统,典型的轨道交通运行管理系统,应用先进的计算机及光通信技术,完成列车进路控制、运行因管理、列车追踪、运行表示、运行监视、列车数据传输、闭路电视监控、旅客导向信息控制及广播系统等。整个系统由中央处理装置、外部记忆装置、运行装置、列车数据的传送装置、网络控制装置和运行表示盘等构成。

根据城市轨道交通高密度、短间隔、站距短和快速的特点,其信号系统从传统的方式,即以地面信号的显示传递行车命令,司机按行车规则操作列车运行的方式,发展到按地面发送的信息自动监控列车速度和自动调整列车追踪间隔的方式。实现这一方式的关键设备是列车自动控制系统（Automatic Train Control System,ATC）。

ATC 系统是在机车信号和列车自动停车装置基础上发展起来的,后续列车根据与先行列车间的距离及进路条件,在车内连续地显示出容许的速度信号,并按该信号显示自动地控制列车的运行。该系统取消了传统的地面信号,而将机车信号变为主体信号,指示列车应遵守的速度;系统能可靠地防止由于司机失误而冒进信号或追尾等事故。信号的传输方式视轨道交通制式而异,地铁可用钢轨作为传输信道,以此来检测区段内有无列车占用,并由它来传递速度命令;对不敷设钢轨的轨道交通系统,如新交通系统同在线路上另外敷设感应环线,以连续地检测列车和发送各种命令信息。在连续传递信息的同时,通过地面应答器,向车上传输特殊的点式信息,也可完成车－地间的信息交换。速度模式曲线的控制方式符合列车制动过程,可以缩短列车运行间隔,做到高密度地运行。

ATC 系统由列车自动监控系统（Automatic Train Supervision,ATS）、列车自动防护系统 Automatic Train Protection,ATP）、列车自动运行系统（Automatic Train Operation,ATO）和计算机连锁系统（Computer Interlocking,CI）构成。ATS 系统根据列车时刻表,自动监控列车运行,并实现列车运行自动调整。ATP 系统是保证列车运行的重要安全设备,自动控制列车运行间隔和超速防护。ATO 系统在 ATP 系统的基础上,实现列车自动驾驶,优化列车运行曲线,并在车站站台准确停车。计算机连锁系统是 ATP 系统的组成部分,保证列车进路上的道岔位置正确和运行安全。

各子系统既相互独立又相互联系,完整的 ATC 系统能确保列车安全、快速、短间隔地有序运行。ATC 系统设备分布于控制中心、轨旁和车上,其系统构成如图 8－14 所示。

8.2.8　环境控制系统

通风、空调的任务是采用人工的方法,创造和满足一定要求的空气环境。它包括空气的温度、湿度、空气流动速度和空气质量。当列车阻塞在区间隧道时,能维持车厢内乘客短时间能接受的环境条件;当发生火灾事故时,能提供有效的排烟手段,给乘客和消防人员输送足够的新鲜空气,形成一定的风速,引导乘客迅速撤离现场。

1. 通风与空调系统

地下车站及区间的通风空调系统一般分为开式系统、闭式系统和屏蔽门式系统。根据使用场所不同、标准不同,又分为车站通风空调系统、区间隧道通风系统和车站设备管理用房通风空调系统。

2. 防排烟系统

轨道交通系统地下车站及其区间对外连通的出口相对来说比较少,一旦发生火灾,浓烟很

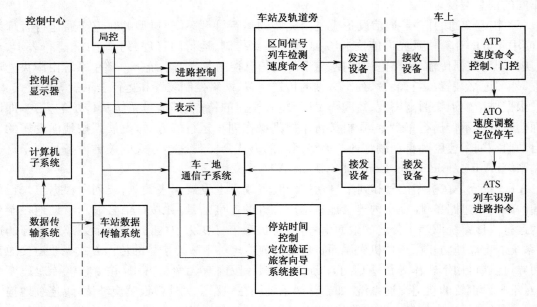

图 8-14 ATC系统构成

难自然排除,必须设置机械排烟系统,排烟系统按车站站台和站厅、区间隧道及设备管理用房分开设置。

(1) 站台和站厅的排烟系统,一般是与正常通风的排风系统兼用。该系统应满足正常通风和火灾时的排烟要求。

(2) 区间隧道的排烟系统,宜采用纵向一送一排的推拉式系统。排烟设施最好与平时的隧道通风兼顾。

(3) 设备管理用房的排烟系统,一般与平时通风系统兼用。

3. 环境监控系统

环境监控系统的作用是对车站从区间的通风、空调、给排水、照明、自动扶梯等设备进行自动化管理。它一般包括中央控制室、车站控制室和就地控制装置三部分。

1) 中央控制室

中央控制室主要负责监视全线的环境状况及监控设备的运行状态;必要时,可向车站控制室发出控制指令。

中央控制室的功能由设在控制中心(OCC)内的 BAS 系统中央控制室来实施。其功能主要包括:

(1) 监视全线各站的通风空调、给排水、自动扶梯设备的运行状态,必要时可直接向车站控制室发出控制指令。

(2) 监视全线各区间通风、给排水设备的运行状态,并可控制其运行。

(3) 显示主要设备的非常状态,包括故障、警报、危险水位等。

(4) 车站各种设备的运行记录。

(5) 记录车站的环境参数(温度、湿度、CO_2 浓度)。

(6) 与车站控制室互通信息。

（7）打印各种报表。

（8）与防灾报警系统接口，接收报警信息，在发生灾害时，命令环控系统按灾害模式运行。

（9）与列车自动监控系统接口，接收列车运行信息，向车站发出相关指令。

（10）与主时钟接口，确保时钟同步。

2）车站控制室

车站控制室，主要负责监视本车站及所辖区间的设备状态，并控制设备运行。

车站控制室的功能由设在各车站的车站控制室负责实施。其主要功能包括：

（1）监视车站及所辖区间的通风空调、给排水、自动扶梯的运行状态。

（2）按环控要求及负荷参数，使设备按既定模式进行运转。

（3）确保车站设备协调工作，必要时可人为干预，进行参数修改和既定模式的调整。

（4）显示非常状态，包括故障、警报、危险水位。

（5）接收各测站的环境参数（温度、湿度、CO_2 浓度）。

（6）向中央控制室传送非常信息及车站环境参数。

（7）接收 BAS 系统报警；将事故风机等设备转向灾害运行模式。

3）就地控制装置

就地控制装置设在设备机房内，可直接操纵设备的运行。

就地控制装置的功能由设在设备机房内的控制器来实施。主要功能包括：

（1）向车站控制室传送所控设备的工作状态。

（2）执行车站控制室发布的控制指令。

（3）在车站控制室发生故障时，独立地进行设备监控。

（4）在维修及更换设备时，进行现场调试。

8.3　城市轨道交通线网规划

轨道交通建设巨大投资、工期长和影响深远的特点，以及轨道交道建设对城市土地利用、交通结构、经济发展与城市环境的巨大影响，决定了轨道交通规划的极端重要性。轨道交通线网规划是保证轨道交通建设的科学性、合理性、经济性以及可操作性的关键环节。轨道交通线网规划也是建设城市轨道交通的基础，是预留轨道交通通道和进行用地控制的重要依据，轨道线路据此进行设计建设，换乘车站的规模和换乘方式也将由此确定。

城市轨道交通建设的经验表明，全面、系统、深入的开展轨道交通网络的研究工作十分重要，只有切实结合城市用地布局和交通需求，科学合理确定线路走向和站点布置，处理好线路间的关系，并对换乘枢纽精心设计、严格控制，才能使轨道交通线路的建设有序的进行，并保证城市交通结构的合理性，保证工程投资和工程建设的经济效益和社会效益。合理可行的轨道线网规划不仅为政府决策部门提供可靠的依据，还能有效促进城市地上地下空间的合理应用。

8.3.1　概述

1. 线网规划的意义

人们的交通行为，实际上是交通需求和交通供给这一对矛盾因素平衡下的状态。城市轨道交通作为城市交通的一种方式,同样是需求和供给平衡下的出行选择。城市轨道交通规划工作的意义,就是要科学回答"需求"和"供给"这两个方面的问题,以及二者间动态影响关系和科学的平衡关系,从而阐明作为大城市客运骨干系统的发展方向,同时协调与城市其它要素之间的关系。

从"需求"角度来看,轨道交通线网规划要考虑的因素包括:新城区建设、旧城区改造等土地发展要求,人口、就业变化下的出行要求,交通发展目标要求,城市重要建设项目的交通连接等。

"供给"角度看,轨道交通规划要考虑到线网合理的规模,线网合理的构架,各条线路合理的运输规模和方式以及正线、联络线、车站、车场的位置等。

因此,轨道交通线网规划的意义在于:

(1)保证城市轨道交通建设对城市土地发展的刺激和诱导按总体规划意图发展。

(2)保证城市轨道交通系统与城市交通发展的整体协调。

(3)为城市大型基础设施建设项目统一安排创造条件。

(4)科学合理安排城市财政支出。

(5)保证城市轨道交通自身的可持续发展。

2. 线网规划的原则

规划城市轨道交通线网时,应综合考虑城市的社会经济发展水平、人口和用地规模的现状及发展、城市形态以及地形、地质条件等,客流量的调查和需求分析预测是重要的因素,通常客流量越大,轨道交通的社会效益和经济效益越好。

1)轨道交通线网规划应与城市总体规划配合协同发展

市总体规划的基本战略及用地发展方向,深入了解城市的结构形态演化过程和趋势,以及城市如前所述,大中运量快速轨道交通对引导城市土地利用优化调整有重要的、积极的作用,因此进行轨道交通线网规划时应贯彻城市地理、地形、地质因素的作用。不同的城市空间结构形态需要有相应的不同的轨道交通线网结构形式与之相适应。

2)轨道交通线网规模应与城市的经济承受能力相适应

线网规模是进行轨道交通线网规划时面临的首要问题,影响城市轨道交通线网合理规模的因素是多方面的,其中,一个城市的经济实力是一项关键因素。经济发达的大城市常采用高密度、相对低负荷强度的轨道线网,而经济实力较弱的大城市采用的多是低密度、高负荷强度的轨道线网。

从直观角度来分析,城市轨道线网长度应是城市人口和用地面积的函数。对世界上 32 个轨道交通系统(主要是地铁)较为完善的大城市有关指标进行二元线性回归分析,结果表明,城市轨道交通线路网总长度与城市人口和城市面积的函数关系见式(8-1),其相关系数 $R=0.8347$。

$$L = 2.8018 \cdot S^{0.5012} \cdot P^{0.1191} \tag{8-1}$$

式中　　L——城市轨道交通线路网总长度(km);

　　　　S——城市用地面积(km^2);

　　　　P——城市人口(万人)。

3)轨道交通线路走向应与城市客运交通走廊相一致

将客流量尽可能地转入轨道交通系统,降低地面道路交通流量,既是城市客运交通系统建设的总体目标,也是轨道交通自身的需要。轨道交通客流量越大,其运输效率越高,也保证了票房收入,如达不到最低的临界客运量标准,则必然严重亏损。实践证明,轨道交通线路走向与居民的主要出行方向和出行路径一致,线网布局合理、规模大、线路长、交叉换乘点多,吸引客流量就大,轨道交通在客运交通系统中的分担率也高。

4) 轨道交通线网规划应充分考虑运行上的配合

首先是轨道交通换乘站的设置,应保证两条以上线路吸引客流量所需的用地与场站设施容量规模;其次应考虑轨道交通与其他交通方式的配合。任何大城市的城市客运交通都不可能是单一的交通方式,而是多元化、多层次的交通结构,既有大中运量的快速轨道交通,又有常规的公共汽车、电车,还有其他私人交通工具,在我国,城市轨道交通建设既和常规公交网络有关,又和自行车交通网络有关,从长远来看,还与小汽车交通发展息息相关,因此,必须从客运交通系统出发,综合考虑各种交通方式协调发展的过程。此外,应考虑城市轨道交通与城市对外交通设施的贯通衔接。如地铁站直接与火车站、轻轨高架与航空港连在一起。瑞士建立高速城市交通系统,将地铁与欧洲高速铁路相连,在旅行时间、运输量、费用和安全方面均取得最大的效益。

8.3.2　线网架构类型

一个城市的轨道交通线路一般是三条以上构成的,这些线路互相组合,并受到各个城市具体的人文地理环境等条件的制约,便形成了千姿百态的线网规划形态。轨道交通线网的线路越长及条数越多,所构成的线网就越复杂。

归纳为最常见、最基本的三种线网形式,即网格式、放射式、有环放射式。

1. 网格式

网格式线网是对线网构架整体而言,路网中的各条线路纵横交叉,形成方格网,呈格栅状或棋盘状,如图 8-15 所示。其特点是平行线路多、相互交叉次数少,线路走向比较单一,基本路线关系多为平行与"+"字形交叉两种,线形顺直,工程易于施工。

这种形式的路网线路分布比较均匀,客流吸引范围比例较高;线路按纵、横两个走向,多为相互平行或垂直的线路,乘客容易辨识方向;换乘站较多,纵、横线路间的换乘方便,路网连通性好。这种路网的缺点:一是线路走向比较的单一,对角线方向的

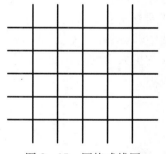

图 8-15　网格式线网

出行需要绕行,市中心与郊区之间的出行长需换乘,有时可能要换乘多次;二是平行线间的换乘比较的麻烦,一般两次及两次以上的换乘。如果结合城市干道网必须要采用这种形式时,应尽量将交叉点布置在大的客流集散点上,以减少换乘次数,方便乘客。据苏联有关研究,方格式线网的运输效率较放射线加环线线网低 18%。

网格式线网适合于市区呈片状发展,而街道呈方格网式布局的城市,如图 8-15 所示。目前,采用这种线网型式的城市有北京(图 8-16)、大阪和墨西哥城等。

2. 放射式

放射式线网由若干条经市中心的直径或从市中心发出的向外放射线而形成的,轨道交通线集中于城市中心区,其交汇点是大型换乘中心,其原始形态如图 8-18(a)所示。这种类型的线网可使整个区域至中心点的绕弯程度最小,全市各地至中心的距离最短,因此线网中心点的可达性很好,市中心与市郊区之间的联系很方便,有利于市中心客流的疏散,也方便了市郊居民到市中心的工作、购物和娱乐出行,对乘客非常方便,有助于保证市中心的活力,维持一个强大的

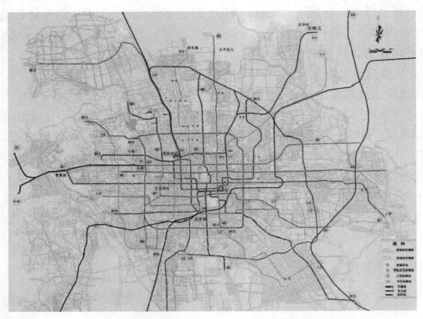

图 8-16　北京市 CBD 的矩形轨道交通网络

市中心。由于各条线路之间互相交叉,任意两条线路之间均可实现直接换乘,因此,线网连通性很好,线网任意两车站之间最多只需换乘一次,是换乘次数最少的一种形式。由于没有环行线,圆周方向的市郊之间缺少直接的轨道交通联系,市郊之间的居民出行需要经过市中心区的换乘站中转,绕行距离长,或者需要通过地面交通方式来实现,交通联系不便,不便程度随着城市规模的扩大而增大。比较有代表性的无环放射形线网是捷克布拉格的轨道交通线网,如图 8-17所示。

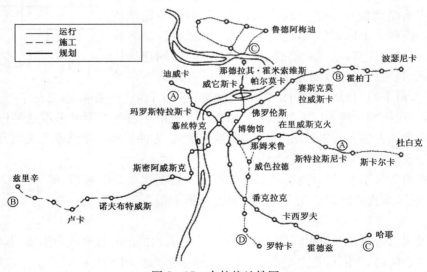

图 8-17　布拉格地铁网

当三条以上轨道交通线路在同一点交汇时,其换乘站的设计、施工及营运都很困难,这种车站一般会在四层以上,旅客换乘不便,日常费用也高,同时庞大的客流量也难以疏解,因此一般将市中心的一点交叉给为在市中心范围内的多点交叉,形成若干"X"字型、三角形线路关系,这样既有利于换乘站的设计与施工,又有利于乘客的集散,还有利于扩大市中心区的范围。

3. 有环放射式

有环放射式线网是由穿越市中心区的径向线及环绕市区的环行线构成,其基本图式如图8-18(b)所示。

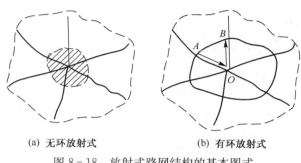

(a) 无环放射式　　　　(b) 有环放射式

图 8-18　放射式路网结构的基本图式

有环放射式线网结构是在无环放射式线网结构的基础上加上环行线形成的,这种形式是对放射形路网的改进,因而既具有放射形路网的优点,又克服了其周边方向交通联系不便的缺点,方便了环线上的直达乘客和相邻区域间需要换乘的乘客,并能起到疏解市中心客流的作用。由于有环放射式适用于有强大市中心的城市,世界上许多大都市均用了有环放射式轨道交通线网,如巴黎、莫斯科等城市,见表8-8。

表 8-8　世界部分城市轨道交通的线网形式

城市	开通年份	线路总长/km	已建线路条数	路网形式
马德里	1935	112.6	10	有环放射式
巴黎	1900	330	18	有环放射式
伦敦	1863	420	14	有环放射式
东京	1927	296.3	12	有环放射式
柏林	1902	165.5	9	有环放射式
莫斯科	1935	230	10	有环放射式
大阪	1933	105.8	7	有环网格式
北京	1969	42	2	有环网格式
纽约	1904	432.4	30	网格式
墨西哥城	1969	178	9	网格式
芝加哥	1892	173	6	无环放射式
慕尼黑	1971	74.6	6	无环放射式
布宜诺斯艾利斯	1913	68.6	5	无环放射式
名古屋	1957	76	5	无环放射式
华盛顿	1976	144	5	无环放射式

在一些轨道路网规模不是很大的或建设时期较短的城市,如北京、新德里等,环线一般只有一条,而在一些轨道交通线网规模较大、轨道交通发展比较成熟的城市,如莫斯科、东京等,会出

现两条或两条以上的轨道交通环线。

与环放射式线网一样,这种线网在市中心区交汇成一点是不利的,而改进成为在市中心区范围内多点交叉。但是轨道交通毕竟是个方向固定的交通系统,受技术条件的限制,线路间的转换不能像汽车那样的灵活,而是通过旅客换乘的办法实现,而换乘的时间消耗是明显的,因此轨道交通的环线作用受到限制。

8.3.3　线网规划方法

城市轨道交通线网规划应基本做到"三个稳定、两个落实、一个明确","三个稳定"即线路起终点(走向)稳定、线网换乘接点稳定、交通枢纽衔接点稳定,"两个落实"即车辆基地和联络线的位置及其规划用地落实,"一个明确"即各条线路的建设顺序和分期建设规划明确。要达到以上要求,必须采取科学合理、切实可行的规划方法。

起来,城市轨道交通线网规划有两种主要方法,一种是以定性分析为主、定量分析为辅的线网规划方法,一种是以定量分析为主、定性分析为辅的线网规划方法。

1. 点、线、面要素层次分析法

这种方法以城市结构形态和客流需求的特征分析为基础,对基本的客流集散点,主要的客流分布,重要的对外辐射方向及线网结构形态,进行分层研究,充分注意定性分析和定量分析相结合,轨道交通工程学与交通需求预测相结合,静态与动态相结合,近期与远期相结合,经多方案比选而成。

城市轨道交通线网规划是一个庞大而复杂的工程,因此线网构架研究必须分类、分层进行。"点"、"线"、"面"既是三个不同的类别,又是三个不同层次的研究要素。"点"代表局部、个体性的问题,即客流集散点、换乘节点和起终点的分布;"线"代表方向性的问题,即轨道交通走廊的布局;"面"代表整体性、全局性的问题,即线网的结构和对外出口的分布形态。

1)"点"的分析

客流集散点,即客流发生、吸引点和客流换乘点,是轨道交通设站服务、吸引客流的发生点。在进行轨道交通线网规划时,将主要的客流集散点连接起来,有助于轨道交通吸引客流,便于居民出行。

2)"线"的分析

"线"的分析是研究道路交通网络,即城市客流流经的路线,尤其是主要交通走廊,是分析和选择线路走向的基本因素。而城市道路网络的布局,又会影响线路走向和线网构架形式,所以"线"的研究重点,就是要寻找客流主方向及交通走廊,并将城市内大客流集散点串联起来。轨道交通线路走向与主客流方向一致,可增加乘客的直达性,既方便乘客,又可提高轨道交通经济效益。

轨道交通线网规划的设置将承担起城市未来主要的客流,这对于城区现已十分紧张的地面交通而言有着重要的意义。因为依靠在地面道路上安排大量的常规公交线路,或通过增加道路和路网密度来解决大运量的客流是十分困难的,而轨道交通系统具有大容量快速运输的特点,能较好的解决上述矛盾。城市主要客流流经线路,总是沿道路网络分布,而主干道往往又是城市主要客流交通走廊,同时主干道施工条件一般较好,是轨道交通的首选通道。

3)"面"的分析

在进行线网构架方案研究时,"面"上的因素是控制构架模型和形态的决定性因素,这些因

素包括城市地位、规模、形态、对外衔接、自然条件、土地利用格局以及线网作用和用地、交通需求、线网规模等特征。

上述线网规划方法的特点是能够充分吸收规划人员的经验,便于从总体上把握线网的总体构架,其缺点是过分依赖经验,对未来客流需求特点的确切把握和反映不够。

2. 功能层次分析法

这种方法根据城市结构层次和组团的划分,将整个城市的轨道交通网按功能分作三个层次,即骨干层、扩展层、充实层,骨干层与城市基本结构形态吻合,是基本线网骨架,扩展层在骨干层基础上向外围扩展,充实层是为了增加线网密度,提高服务水平。

3. 逐线规划扩充法

这种方法是以原有的轨道交通路网为基础,进行线网规模扩充以适应城市发展。为此,必须在已建线路的基础上,调整规划已有的其他未建线路,扩充新的线路,将每条线路依次纳入线网后,形成最终的线网规划方案。

这种方法的优点是投资效益高,便于迅速缓解城市交通最严重的拥挤路段。缺点是不易从总体上把握线网构架,不易起到引导城市民展、形成合理城市结构的目的。

4. 主客流方向线网规划法

城市土地利用和产业结构调整等,最终反映在现在和将来的交通需求颁布特征上。主客流方向线网规划法正是基于这一点开发出的高效率的备选线网规划方案的形成方法。这一方法既很好的兼顾了满足交通需求和引导城市发展的双重功能,又避开了过分依赖经验的规划方法。

本方法的要点是根据城市居民的交通需求特点,确定近期最大程度满足干线交通需求,远期引导合理城市结构和交通结构形成的功能特点,进行近期和远期的交通需求空间分布特点的量化分析,并结合定性分析与经验,提出若干轨道交通线网规划方案。具体做法是在现状与未来道路网上进行交通分配,按照确定的原则绘制客流期望路线图,根据客流期望路线进行交通分配,按照确定的原则绘制客流期望路线图,根据客流期望路线图确定主客流的方向,然后沿主客流方向布线提出若干线网规划方案。

5. 效率最大优化法

该法以路线效率最高为目标和原则,根据已知条件搜索出路线效率大的一条或几条,作为最优轨道交通路线集来研究线网基本构架。

轨道交通线网规划,必须针对城市现状规划情况,采取科学合理、切实可行的方法进行研究。线网构架方案研究必须分类、分层进行,采取点、线、面要素层次分析法进行线网的线路走向和重要节点研究,并结合主客流方向线网规划方法,考虑城市轨道交通对城市发展的诱导作用,寻找客运主通道,接着考虑地形地貌的实际情况对局部线路进行细化比较研究,最后综合考虑各种因素对整个线网进行修正,形成多个线网方案进行比选论证。

6. 客流最短路分配法

在完成客流发生、交通分布和交通方式预测后,剔除步行和短距离的自行车出行客流,然后按最短路分配法在现行的道路网络或规划道路网络上进行分配,得到客流集中的走廊,然后根据轨道修建条件、城市总体规划、土地使用规划等轨道交通布局影响因素与总体规划互动影响分析,对走廊进行适当调整后作为轨道交通线网的初始方案。

8.3.4 线网合理规模研究

研究轨道交通线网规模的目的是从宏观上探讨规划对象城市轨道交通建设的合理规模,作为制定线网规划方案的参考。因为它并未同具体的轨道交通线路的布线等联系起来,所以只是从宏观上给出判断轨道交通合理规模的上下限,是支持定性分析的参考数据,但不能作为轨道交通各条线路布线的依据。

1. 合理规模的内涵

合理规模是一个带有目标性质的量。如何确定合理的城市轨道交通线网规模是市政当局及轨道交通运营公司共同关心的问题,它应是权衡市政当局、运营公司及出行者各方利益的量值。线网规模为后续确定线路布局、网络结构及优化、估算总投资量、总输送能力、总经营成本、总体效益等工作的开展奠定基础。规模的合理性关系到建设投资、客流密度,也关系到理想服务水平的设定、建设用地的长远控制,因此合理的轨道交通线网规模不仅是线网规划的宏观控制量,而且是一项至关重要的投资依据,为决策者提供决策的辅助依据。

所谓合理规模,就是合理的轨道交通方式的供给水平,也就是城市轨道交通建设与用地布局相协调,与城市发展相一致,与社会经济水平相适应,满足城市日益增长的交通需求,提高公交服务水平,提升城市功能。

由于交通需求和交通供给是动态的平衡过程,这里的合理是一个相对概念,是在一定条件下达到预期目标的一种结果。线网规模是否真正合理,最终应放入交通模型中进行需求和供给的动态检验。但在进行方案构架研究之前,应对线网规模进行约束,以使多个方案有共同比较的基础。线网合理规模是可以进行静态计算的,理论和实际应用中主要从交通需求、线网合理服务水平以及轨道交通运营公司经营规模的角度进行计算。

确定城市轨道交通线网的合理规模,要以城市总体规划为依据,研究城市人口、用地、就业分布特征,以及大型客流集散区和规划客流集散点的空间分布,研究确定轨道交通线网构架和初始方案。从分析城市用地结构出发,研究确定城市轨道交通网络构架形态,使之支持城市总体规划发展战略、增强城市核心区辐射能力,引导和促进城市多中心组团结构的实现、加强城区客流活动中心及交通枢纽之间的衔接、提高城市次中心组团交通可达性,增强轨道交通方式的吸引强度、改善城市居民出行条件。

2. 影响城市快速轨道线网规模的因素

影响轨道交通线网规模的因素很多,不同的城市有自己特定的城市发展格局、土地利用形态、人口规模、经济发展状况和城市建设背景等,这些因素都会对快速轨道交通的建设带来影响。综合起来对城市快速轨道建设规模有影响的因素有:城市交通需求,城市规模形态和土地使用布局,城市、社会、经济发展水平,国家政策等。

1) 城市规模形态和土地使用布局

城市规模中最重要的影响因素为人口规模和用地规模。人口规模决定了城市交通出行的总量、城市用地规模影响居民出行的时间和距离,即城市规模决定了城市的交通需求特性,也就影响了城市快速轨道交通的总体规模。城市形态和用地布局也是影响到快速轨道交通规模的因素。城市的形态有多种形式,分为中心组团式、带状、分散组团式等。不同的城市形态和用地布局决定了居民出行的空间分布,也就决定了轨道交通的空间几何形态,以及轨道线网规模。例如中心组团式,轨道交通多为放射状,如莫斯科就是典型的中心组团式城市,它的轨道交通就是环行加放射状的线网结构。

2）城市交通需求

城市交通需求是居民对交通基础设施的需要程度。交通需求的大小和分布特性，是决定城市轨道线网规模最直接和最具决定意义的因素。表征城市交通需求的指标有：城市居民的出行强度、时空分布特性、城市公共交通总出行量等。

3）城市社会经济发展水平

社会经济发展水平制约着轨道交通线网规模的大小，同时还影响着城市居民的出行行为与出行习惯。

4）国家政策

国家政策导向对轨道交通线网规模有着重要的影响。当前我国交通政策是大力发展城市公共交通尤其是大力发展轨道交通，而且近期国家政策是加大基础设施建设的投资，无论从近期还是从远期国家政策来看，对发展城市轨道交通都是很有利的。

3. 线网规模推算方法

由于交通需求和交通供给是动态的平衡过程，因此合理规模也是相对的。城市轨道交通线网合理规模的计算要采取定量计算和定性分析相结合的方法。

1）按交通需求推算线网规模

轨道交通线网规模，可以从出行总量与轨道交通线路负荷强度之间的关系推导而来，具体公式如下：

$$L = Q\alpha\beta/\gamma \tag{8-2}$$

式中　L——线网长度（km）；

　　　Q——城市出行总量；

　　　α——公交出行比例；

　　　β——轨道交通出行占公交出行的比例；

　　　γ——轨道交通线路负荷强度（万人次/（km·日））。

2）以人口总数计算

城市的人口总数反映了城市的人口规模，以人口总数为基础人口密度指标实质上反映了人口规模对轨道线网规模的影响程度：

$$L = M/\delta_2 \tag{8-3}$$

式中　M——城市市区总人口数（百万人）；

　　　δ_2——人口线网密度指标（km/百万人）。

我国城市地少人多，轨道交通的发展刚刚起步，人口密度指标取值不能过高，各城市可根据具体情况，酌情考虑。

3）按线网服务覆盖面推算线网规模

线网规模分析中估计的成分很多，因此从多方面、多角度进行估算是很有必要的。这里再介绍一种按线网服务覆盖面计算线网规模的方法。

轨道交通线网作为一种公交网络应该具备一定的线网密度，对于呈片状集中发展的城市，人口就业密度比较平均，这时候就要求城市建成区都应处于轨道交通的吸引范围之内。根据这一特点，可以利用城市建成区面积和线网密度的关系，推导线网规模，即

$$L = S/\delta_1 \tag{8-4}$$

式中　　L——线网长度(km);

　　　　S——城市建成区面积(km^2);

　　　　δ_1——线网密度(km/km^2)。

4) 以面积线网密度计算

快速轨道的面积线网密度实质上表示了轨道线网的覆盖面。市中心区和市边缘区的线网密度有所不同。轨道网密度由市中心向外应逐渐降低。居民利用快速轨道交通的出行时间由三部分构成:①起点到车站的时间;②乘坐轨道交通的时间;③由车站到目的地的时间。

在市中心,乘客到车站的距离一般在15min以内,一般在车站停留时间为3~5min。步行速度为4km/h,因此可以得出轨道车站的吸引范围为650~800m。在城市外围区,步行去车站的距离为800~1000m。加上考虑利用自行车、公交换乘等,外围地区车站的吸引范围能达到2km。

在城市中心区,客流的需求是多方向的,而在边缘区,利用轨道网的客流主要考虑向心方向。在市中心,考虑到能覆盖并能满足各方向的客流需求,可以把轨道网简化成一个棋盘形格局,线网间距为1.5km;在外围区,把轨道网简化成相距4km的平行线(分别如图8-19、图8-20所示)。

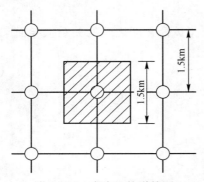

图8-19　市中心轨道简图

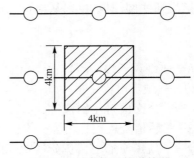

图8-20　市郊区轨道简图

从简图可以看出,市中心区的轨道面积线网密度为

$$2\times1.5/(1.5\times1.5)=1.33km/km^2$$

外围区的轨道面积线网密度为

$$1\times4/4\times4=0.25km/km^2$$

这些指标是根据我国城市居民的出行特点总结得出的,可在进行我国城市的轨道交通线网规划时使用。

各城市可根据其规划的城市中心区用地面积和城市外围区用地面积,利用以上分析出的指标,推算由轨道线网面积密度确定的轨道线网规模,这也反映出城市用地规模对轨道线网规模的影响作用。计算公式见式(8-5)。

$$L_总=\delta_中 A_中+\delta_外 A_外 \tag{8-5}$$

式中　　$L_总$——路网中规划线路总长度,km;

　　　　$\delta_中$——城市中心区面积线网密度指标,km/km^2,通常取1.33;

　　　　$A_中$——城市中心区用地面积,km^2;

　　　　$\delta_外$——城市外围区面积线网密度指标,km/km^2,通常取0.25 km/km^2;

$A_外$——城市外围区用地面积，km^2。

5）以城市面积及估算轨道年客运量综合计算

城市面积界定了区域内交通的分布范围，即轨道交通覆盖范围的上限。设城市形状、城市人口密度及其分布情况、人口结构、社会经济发展水平均保持不变，则城市面积的增加显而易见将引起轨道交通覆盖范围的增加，从而使轨道规划线网规模扩大，而考虑极端情况：若城市面积小于一定限值，如居民步行可达范围，则无论城市人口、密度分布等其他因素如何改变，设置轨道线网都将是不必要的。城市的人口总数反映了城市的人口规模。但若由这一指标来确定线网规模显然是存在缺陷的，因为最终决定轨道规模的应该是城市规划年度的轨道客运量，它不仅与城市人口总数有关，还决定于整个社会经济发展水平、居民出行习惯以及轨道线网方案等因素。

出于上述考虑，采用计算公式如式（8-6）。

$$L = \lambda \cdot S^\alpha \cdot P\tau \tag{8-6}$$

式中　L——轨道线网长度，km；

S——城市面积，km^2；

P——城市规划年度轨道年客运量估算值，百万人次；

λ, α, τ——无量纲参数。

由于轨道客运量在很大程度上依赖于轨道线网方案，而轨道规模又是确定轨道线网的先决因素，因此本公式不但可采用规划年度轨道客运量的估算值以确定线网规模，还可以在整个方案计算完成后采用客流预测得到的轨道客运量验证所选线网规模的正确性。

采用世界上地铁发育较为完善的几座城市的有关数据，一般取值 $\lambda = 2.401, \alpha = 0.298, \tau = 0.322$。

以上方法分别体现了城市交通需求、城市人口规模和城市用地规模等主要因素对轨道线网规模的影响作用，应用时可用上式分别计算出应有的线网总长度，然后取其平均值或最大值，作为控制路网规划线路总长度的参考值。定量分析的计算结果只能反映出问题的局部，应用时也不可忽略一些不能量化的因素如城市的组团结构、城市的经济条件等对轨道线网规模的影响作用，应力求做到全面分析，综合考虑。

8.3.5　线网规划的评价

轨道交通线网的规划是城市交通规划的重要组成部分。由于轨道交通项目投资巨大，并且对城市基础设施的规模、城市发展格局的形成及城市发展的速度等方面都将起到重要的影响，因而城市轨道交通网络规划的评价就显得至关重要。轨道交通线网规划涉及的范围广、综合性强，在评价中既要考虑定性因素，又要考虑定量因素，因此，科学、准确、客观的评价方法是评价的关键。

轨道交通线网方案评价优选，是定性和定量相结合的多目标决策问题。评价首先建立能反映线网优劣程度的评价指标，然后分析这些指标在评价轨道线网方案时的权重关系，计算不同方案的各指标得分，最后分别计算各方案的综合评判值，确定最优方案。

8.4　轨道交通系统客流预测模式

由于轨道交通系统的投资量很大，运行每乘客公里的成本随着客流量增加而下降，在很高的设施使用率条件下，轨道交通系统的平均成本函数可以下降到公共汽车系统的平均成本函数之下。因此,规划轨道交通线网要以吸引客流量为主要目标,换个角度说,科学的客流预测,对于发展快速轨道交通系统的可行性研究、轨道交通线网布局规划以及轨道交通系统建设规模、建设水平等问题的决策都有着极重要的作用。

对城市客运交通系统的客流分布与分配规律的研究表明:城市客运系统的客流分布与分配具有宏观受控和微观竞争的规律性,快速大容量客运系统的客流分担状况如何,宏观上是受到控制的,并且也应当给予适当的控制,同时,在微观上又存在着其他交通方式竞争的影响。这一规律在我国社会主义市场经济体制下尤为明显,根据这一规律,提出了一种进行快速大容量客运系统客流预测的新模式——"宏观控制,微观竞争"模式。

8.4.1　宏观控制与微观竞争机理分析

1. 宏观控制的必要性

（1）控制在交通发展中的作用。

由于城市客运需求的多样性,客观上要求城市交通供应系统提供多元化的服务,而不同的交通方式因特定的技术、经济、运营特性,只能适应一定的需求,因此,从系统工程和控制论的观点出发,既要发挥各种交通方式的优势、特点,又要使其相互补充、分工合作,发挥系统的整体功能,必须从宏观上对城市客运交通系统的发展进行统筹规划、协调控制,控制不仅必要而且客观存在。

（2）快速大容量客运系统的规划建设尤需控制。

快速大容量客运系统运量大、速度快、安全准点,乘坐舒适,营运费用低、使用寿命长,社会、环境、交通综合效益高,用来承担大城市运距长、强度大、高度集中的客流（尤其是上班、上学等通勤客流）,具有其他交通方式所不能比拟的优越性,但是,快速大容量客运系统建设起点高、投资大、路网密度低,是一种适于中长距离运输的交通方式,因此,为了合理高效地利用这种交通方式,无论在立项阶段、规划设计阶段还是运营管理阶段,都必须研究大容量快速交通方式与其他方式间的客流分担关系,并进行适当控制,促使它们之间的分工使用,避免不必要的相互竞争造成浪费,修建一个规模合理、运量适当的快速大容量客运系统,不仅可以充分满足城市日益增长的交通需求,而且能较大程度地降低其工程投资,并提高运营效益。

2. 控制的层次、内容与途径

按照控制论的基本思想,要对系统的发展状况进行有效的控制,不仅要明确控制目的,而且必须明确控制内容和控制策略,即要明确需要控制什么、能够控制什么,如何进行控制等,就快速大容量客运系统而言,控制其客流分担状况的目的在于使快速大容量客运系统所分担的客运量是整个客运大系统中各种交通方式合理分工的结果,并且使快速大容量客运交通在其他交通方式的配合下充分发挥其作用,可通过自行车或常规公交车的接运来扩大其客流吸引范围,根据这一控制目标,对快速大容量客运系统客流分担状况的控制,大致可以分为以下 4 个层次:

（1）远景发展战略规划层次——政策控制。

根据城市的性质、规模、用地布局、经济发展水平及有关国家政策,明确城市交通设施发展建设的宏观构架与目标,据此对交通建设项目的投资决策进行控制。例如:法国在 20 世纪 60年代蓬皮杜总统任期时,曾提出发展小汽车的政策,准备大量建造快速道路,但是很快发现,这样发展下去,将给社会带来严重问题,城市交通会越来越拥挤,于是及时改变政策,对城市快速道路建设项目进行了控制,而投资几百亿法郎修建了巴黎的 RER 快速地铁网,可见,通过政策对项目投资分配进行控制,可以协调不同交通设施、交通工具的发展规模与发展水平,从而引导客流在不同交通方式间的分配。

(2) 中长期综合交通规划层次——规划控制。

根据交通发展的战略目标、投资条件以及规划期城市客运需求的分布特点,对不同交通方式的线网布局、场站设置以及交通设施的建设规模进行规划控制。例如:控制交通干线的最小间距,在快速大容量交通直接服务的区域,不另辟平行的快速干道,在市中心区等交通繁忙、客流集中、用地紧张区域,控制小汽车等机动车停车场的容量、布局以及通向中心区的干线道路数目和通行能力,可促使个体交通向公共交通转换。

(3) 交通设施建设立项、设计层次——项目控制。

根据投资能力、工程地质条件、环境保护、景观、用地等方面的限制和要求,对各项交通设施结构物、附属物的建设水平、建造形式等进行控制,投资控制对于国家、政府投资的项目是有效的,其他项目则可以通过立法、行政手段等予以控制。

(4) 交通运营组织与管理层次——运营控制。

为了充分发挥各种交通方式的效能,对各类车辆设备的数量、质量、发车频率、票价、运行线路、停靠站点、私人个体交通工具的购买和使用等也都应给予一定的控制。例如:20 世纪 70 年代末,香港政府在九广铁路和地下铁路建成投入运营初期,为了保障"两铁"的效益,曾制定若干交通政策,限制巴士对铁路的竞争,而到了 80 年代末,"两铁"的发展结束了,乘客量达到饱和,且在早高峰期间出现了严重的超载情况,这时政府认为没有必要再限制巴士对铁路的竞争,转而鼓励巴士改善铁路沿线的服务,以减轻铁路拥挤的状况。

3. 宏观控制下的微观竞争

可见,由于控制的必要性和客观存在性,城市交通系统的客流分担状况就不是单纯的不同交通方式之间自由竞争的结果,但另一方面,由于微观个体出行时对交通工具或交通方式的选择具有自主性、随意性,因此微观上不同方式之间必然存在着相互竞争,客流分配控制只能是宏观调控,从不同层次,通过立法、行政、规划、经济杠杆等不同手段,协调控制各种交通设施与交通工具的发展规模、发展水平、服务质量与服务范围等,亦即通过对供应系统的供应特性进行调节,引导微观的出行者个人对出行方式和交通工具进行合理的选择与使用,从而实现客流分配控制的目标。

8.4.2　宏观控制、微观竞争客流预测模式的建立

1. 传统预测模式分析

在传统的快速大容量客运系统客流分担预测过程中,一般是按照规划期各类主要交通方式自由竞争客流的原则建立交通方式划分与客流分配模型的,也就是说,以人们根据一定的社会、经济、交通设施供应条件、按照出行效用最大的目标自由选择交通方式为建模基础,相应地,在进行网络交通分配时,一般均假定"有路就有通行权",这种预测模式虽然也考虑了供应系统对客流分配状况的限制与影响,但通常把供应系统的状态设定成一组恒定不变的量,或者是一个限制与影响力极弱的状态,如对快速大容量客运系统,一般均假定其供给能力是系统所能提供的最大能力,其服务水平是最理想的,其服务范围内其他交通方式的通行权是不受限的等,分析可知,在这样一组条件下预测的客流,必存在着客流量偏大或客流来源构成不尽合理等问题,故

难以客观准确的反映宏观控制的作用效果,究其本质乃是"需求决定供应",不足之处在于未重视宏观控制在客流分配中的必要性和客观存在性。

2."宏观控制、微观竞争"预测模式

1)基本观点

(1)快速大容量客运系统分担的客运量是一系列宏观决策控制条件下各种交通方式相互竞争和分工协作的结果。

快速大容量客运系统的建设,对城市的改造、开发,特别是对城市道路网络的改造和公交线网的优化将起促进作用,对规划期客流 O-D 分布总况的预测及道路网络与公交线网的优化调整是进行客流分配的重要前提条件。

快速大容量客运系统的容量和服务水平受到社会经济条件,如投资能力、用地等的限制,而供给能力必将影响到客流分配状况。

快速大容量客运系统分担的客运量应是全市性比较集中的、较长运距的客流,包括直接吸引的沿线客流和通过其他方式如自行车、常规公交车接运而间接吸引的客流。

快速大容量客运系统对客流的吸引力不单单体现在时间的节省上,而是省时、准点、安全、舒适、经济等多因素的综合作用。

(2)在系统供给状态受控的条件下进行客流分配预测,必存在一个控制反馈的迭代过程,直至供需平衡。

2)一般模型

根据上述观点,可知"宏观控制、微观竞争"客流预测模式的本质是多层次动态控制下的出行方式划分与客流分配,控制目标是使快速大容量客运系统的客流量达到供需平衡状态,一般模型可表达为以下形式:

$$\begin{cases} C_2 \leqslant Q \leqslant C_1 \\ C_1 = F_1(E, L, F) \\ C_2 = F_2(T_{od}, B, M) \\ Q = G(C_1, T_{od}, B, M, S) \end{cases} \qquad (8-7)$$

式中　Q——各规划期快速大容量客运系统的客流量;

C_1——各规划期快速大容量客运系统可能的供给能力;

C_2——各规划期快速大容量客运系统可控的最小需求;

E——各规划期可能的投资条件;

T——各规划期可能的技术条件;

L——各规划期可能的用地条件;

T_{od}——各规划期全市客流交通源形成的出行分布;

B——各规划期交通供应系统线网/场站等基础设施布局;

M——各规划期交通工具的类型及发展状况;

S——各规划期的交通运营组织与管理策略(包括票价制度、票价政策、常规公交线网布设原则、个体交通工具停车收费标准等)。

显然,要实现对客流分配的有效控制,首先必须满足

$$C_2 \leqslant C_1 \qquad (8-8)$$

而在 C_1(快速大容量客运系统可能的供给能力)一定的条件下,则必须对影响 C_2 的各项要

素进行调节,如调整土地使用规划;调整交通工具发展状态等。进行调节控制的手段主要靠政策与规划,包括土地使用政策、土地利用规划、税收政策、交通工具的购买与使用政策等,用模型表示如下:

$$
\begin{cases}
T_{od} = f_1(L_{P_1}, P_{O_2}) \\
B = f_2(L_{P_2}, P_{O_1}) \\
M = f_3(P_{O_2})
\end{cases}
\tag{8-9}
$$

式中　f_1、f_2、f_3——政策与规划调控函数;

　　　L_{P_1}——土地利用规划;

　　　L_{P_2}——交通基础设施布局规划;

　　　P_{O_1}——土地使用政策;

　　　P_{O_2}——交通工具的购买与使用政策。

按照上述模式进行客流预测的关键技术有:各规划期快速大容量客运系统可能提供的运力分析;各规划期快速大容量客运系统可控的最小需求量分析;政策对交通供给系统线网、场站等基础设施布局规划的调控水平;政策对交通工具的增长及使用状况的调控力度;一系列宏观控制条件下的出行方式划分和客流分配方法与模型研究。

近年来,伴随着城市大中运量轨道交通系统规划建设的决策需要,有关轨道交通线网规划、客流预测等技术的研究也蓬勃兴起,并得到了各级政府及有关部门的大力支持。发展轨道交通已成为我国大城市目前和未来发展的一项战略和大趋势,只有合理、优化地确定轨道交通系统的规模和线网结构,才能有效地发挥轨道交通方式对城市土地利用和用地布局规划的积极诱导作用,才能适应城市人口增加和城市经济发展带来的交通需求增长的挑战,并满足轨道交通系统建设的经济可行性要求。目前,我国大多数大城市在经济实力上还无法完全投入轨道交通系统全面发展的阶段,尤其需要预先规划、科学决策,对于决策支持系统的研究还必须进一步系统深入地开展下去。

思 考 题

1. 简述城市轨道交通系统的含义和特点。
2. 简述城市轨道交通系统的构成及组成。
3. 简述城市轨道交通线网规划的意义。
4. 试述城市轨道交通线网合理规模的影响因素。
5. 简述城市轨道线网合理规模的推算方法。
6. 简述城市轨道交通客流预测模式的意义。

第9章
城市公共交通系统运营

9.1 概 述

9.1.1 城市公共交通运营的类型

1. 公共汽车

公共汽车的特点在于其机动灵活,只要有合适的道路条件,便可通行无阻。公共汽车所需的初始投资较少,加之近几十年来,汽车设计更趋于合理,技术性能更加先进,因而在城市公共交通中发挥着主力军的作用。

目前,一些工业发达国家在推进公共交通上作了很大的努力,采取了不少有力的措施。在车型设计方面,在研制大容量、高性能、低污染、舒适方便的大型公共汽车的同时,生产了各种微型、小型公共汽车,以增加使用上的灵活性和经济性;在生产经营方面,开拓了应召(或特约)服务,这在乘客不多、客流分散的条件下开辟固定线路显然不经济时,是一个很好的服务方式。此外,修订了票价政策,试图吸引更多的乘客;在交通管理方面,开辟了公共汽车专用道路或专用车道,推行公共汽车优先放行的交通政策;积极研制并采用交通信号灯自动控制系统、无线电通信及调度、公共汽车定位及监控系统等。

2. 无轨电车

无轨电车具有启动平衡、速度快、运量适中、污染少等特点,与地铁相比,还具有投资少、机动性较好等特点。但它所需的架空线网,给城市美化带来了一定的影响,一旦发生脱轨故障,还会引起城市交通的堵塞。

3. 地下铁路

地下铁路具有容量大、速度快、安全可靠污染少、可不占用或少占用城市用地、有一定的战略意义等特点,在城市公共交通系统中,一直得到稳步的发展。目前,城市规模愈来愈大,导致城市交通拥挤,客运量急剧上升,因此地铁交通在城市公共交通中的地位变得更加重要。但它的初始投资额巨大,工程量大,施工期长,加之地铁交通网密度低,灵活性低,因此,难以独立承担城市客运任务,必须要有其他客运工具为其集散旅客。

4. 出租汽车

出租车可以用各种不同的车型,根据客流在时间和空间上的不同需要,提供灵活的客运服务,由于能开展"门—门"运输,速度快,适应了部分旅客的需要,但其运量小,收费高,因此,只能作为城市公共交通的辅助形式。

5. 其他类型

例如轮渡、机动三轮车、人力三轮车等。

9.1.2　城市公共交通车辆的运营方式

1. 定线定站式

这是指运营线路固定、乘客上下车地点固定,在城市交通干线组织的为巨大客流服务的运营方式,其乘客经济性较好,并可以采用大型车辆,是国内外城市公交客运的主要方式。

2. 不定线不定站式

这主要是指出租车运输,其运营线路与乘客上下车地点均不固定,是一种满足乘客"门—门"的运输需求,可在任何线路上服务的运营方式,但其乘车费用较高,这种方式在国内外大中城市和旅游地区均有采用。

3. 定线不定站式

这主要是指在城市交通支线或商业、游览线路上组织的一种小型的辅助客运形式,其运营线路固定,但是乘客上下车地点可不固定。目前,这种方式在我国大、中、小城市均有采用,并已经发展成为城市公共客运中一种不可缺少的运营方式。

9.1.3　城市公交运营调度的含义

城市公交运营调度是指城市公交企业根据客流的需要、城市公交的特点,通过制定运营车辆的行车作业计划和发布调度命令,协调运营生产的各环节、各部门的工作,合理安排、组织、指挥、控制和监督运营车辆的运行和有关人员的工作,是企业的生产达到预期的经济目标和良好的社会服务效益。城市公交运营调度的主要任务是按照车辆运行作业计划的要求,结合现场的实际情况,正确有效地指挥、控制和调节车辆运行,保证客运工作按时、按质、按量地完成。

9.1.4　城市公共汽(电)车运营调度的形式

车辆调度形式是指运营调度措施及计划中所采用的运输组织形式,主要包括以下基本形式。

1. 按照车辆工作时间的长短与类型划分

(1)正班车。正班车是指车辆在正常运营时间内连续工作相当于两个工作班的一种基本调度形式,所以又称为双班车或大班车。

(2)加班车。加班车是指车辆仅在某种情况下,在某段运营时间内上线工作,并且一日内累计工作时间相当于一个工作班的一种辅助调度形式,所以又称为单班车。

(3)夜班车。夜班车是指车辆在夜间(常常指下半夜)上线工作的一种辅助调度形式。一般城市夜间客运量不大的线路,主要行驶夜班车的车辆工作时间不足一个工作班,因此,常常与日间加班车相兼组织;只在夜间客运量较大的线路上,夜班车连续工作时间相当于一个工作班。

所谓日间,通常是指日出后至日落前之间的一段时间;夜间,是指日落后至次日日出前之间的一段时间。对于大城市来讲,由于居民夜间生活时间延长,所以对于夜班车的安排常常是指线路车辆正常运营的时间结束后(如 22:00 之后)的运营车辆。

城市公交企业为了方便按照时间组织运营车辆运行,可以将运营车辆的工作时间划分为 4节,例如某一条线路将正常运营时间划分为:

第一节:(早出场)6:00～9:00

第二节:9:00～13:30

第三节:13:30～18:00

第四节:18:00～22:30(晚收场)。

然后按照以上节数划分,每两节记为一个工作班,即一个工作班跨越两个节时间。对于正班车来讲,其工作时间需要连续跨越3个及以上的节工作时间;而加班车一天的在线工作时间则为2节以内。

2. 按照车辆运行与停站方式划分

(1)全程车。全程车是指车辆从线路起始发车运行直到终点为止,必须在沿线各固定站点依次停靠,并驶满全程的一种基本调度形式。

(2)区间车。区间车是指车辆仅行驶在线路上某一客流量的高路段或高区间的一种辅助形式。

(3)快车。是为了适应沿线长距离乘车的需要,采取的一种越站快速运行的调度形式,包括大站车和直达车两种。大站车是指车辆仅在沿线客流集散量较大的站点停靠和在其间直接运行的调度形式。直达车是快车的一种特殊形式,车辆仅在线路起始站、终点站停靠和运行的调度形式。

(4)定点/定班车。定点/定班车是指为了接送有关单位职工上下班或学生上下课等情况而组织的一种专线车调度形式。车辆可以按照规定时间、定路线、定班次和定站点的原则来进行组织。

(5)跨线车。跨线车是为了平衡相邻线路之间客流负荷,减少乘客转乘而组织的一种车辆跨线运行的调度形式,俗称为"支援车"也是跨线车的一种。

在城市公共交通线路运输中,根据线路客运需要,可以在同一线路上同时采用两种或三种运营调度的组织形式,例如在全程车运输的基础上兼有快车运输或区间车运输的形式。实践证明,合理地采用调度形式,对于平衡车辆及线路负荷,改善拥挤,提高运输效率和运输服务质量以及促进客运发展均发挥了积极作用。

9.1.5 运营调度职责与机构设置

1. 运营调度的基本职责

运营调度的主要职责有7项:

(1)客流调查。除了设专职机构之外,客流调查是运营调度部门的基本职责之一。

(2)线路管理。按照线路发展规划,负责实施当年的线路开辟、调整计划;因市政工程、城市建设要临时改变线路的措施;设计线路的起讫点、中间站、调度设施、区间调度点、行车校时点以及乘客所需的服务设施等。

(3)行车人员与车辆的调派。它集中体现了在制定各种调度方案、行车计划中,有时也有临时任务而需调派行车人员与车辆完成。

(4)现场调度。为了保障调度方案、调度计划的顺利执行以及使线路车辆运行保持客流需要的秩序而在线路现场实施的调度指挥措施。

(5)制定相应的规章制度。

(6)向计划部门提供运营调度业务和有关的各种经济指标。

（7）建立信息系统负责建立运营调度、行车业务方面的信息系统，包括各种原始记录、台账、统计报表、资料、数据及定额等，并能及时快速地反馈传递。

2. 运营调度的机构

一般来说，中小城市运营线路较少，其调度机构适宜采用二级调度形式。而大城市公交线路较多，调度机构适宜采用三级调度机构。

以三级调度机构为例，一般由三个层次组成：

第一层次是公司总调度室。由副经理兼任调度主任，另设副主任若干名负责全公司的运营调度管理。

第二层次是车场调度室。由副场长兼任主任，负责全场管辖线路的运营调度管理工作。

第三层次是车队调度组。由副队长任组长，副组长一般由各线路调度长兼任，负责现场调度指挥。

在这三个管理层次中，各项调度指令由公司总调度室下达给车场调度室，再由车场调度室落实到车队调度组执行，在一般情况下，由车场调度室直接负责执行该场运营区域内的调度指挥职能。这三个层次的调度机构，具体分工如下。

1）客流调查

总公司调度室负责：

（1）全市客流调查的组织实施与资料分析。

（2）全市普客与月票客流量资料的定期分析。

（3）全市大客流的集散资料分析。

（4）汇编和分析全市区域性的客流动态资料。

车场调度室负责：

（1）管辖线路客流调查与资料的分析，特别是"三高"（高峰时间、高单向、高断面客流量）资料的收集整理分析，为编制和调整行车作业计划提供数据。

（2）定期掌握区域性客流量动态资料。

车队调度组负责：

（1）所管辖线路客流调查、资料分析和"三高"资料的收集。

（2）所管辖线路沿线主要职工上下班情况等资料的调查、收集与整理。

2）计划调度

公司总调度室负责：

（1）颁布编制行车作业计划的规范。

（2）制定行车调度原则和场际跨线联运、两场两点出车等调度方案。

（3）审核各车场编制的行车计划和措施。

（4）制定全市性大客流的调度专用方案和措施。

车场调度室负责：

（1）编制所管辖线路行车作业计划和制定调度措施，并附有关客流资料上报公司总调度室审核。

（2）制定所管辖区域大客流的调度专用方案和措施。

车队调度组负责：

（1）参与编制所管辖线路的行车作业计划。

（2）贯彻、执行线路行车作业计划和具体措施。

3）值班调度

公司总调度室负责：

（1）随时了解和掌握各场线路的运营情况，发现问题及时处理，并有权调度各场车辆和人员。

（2）每日检查各场线路运营计划执行情况。

（3）组织全市性大客流调度专用方案的实施，检查各车场、有关车队执行情况。

车场调度室负责：

（1）调派所管辖线路的值勤人员（司、售、线站调度员等）和运营车辆。

（2）随时了解和掌握所管辖线路的运营情况，发现问题及时处理，并有权调度本场车辆。

（3）每日检查本场线路运营计划执行情况。

（4）贯彻、执行、检查区域性专用调度方案和措施。

（5）处理本场所管辖的临时性改道、延长、缩短线路及迁移站等事项。

车队调度组负责：

（1）切实贯彻执行行车作业计划，在客流发生变化时，按调度管理责任制规定，有权增加和减少行车班次、抽调车辆，并应及时向车场调度室汇报。

（2）遇到行车秩序不正常时，应采取措施使之得以及时恢复。

（3）具体处理所管辖线路临时性的改道、延长、缩短线路及迁移站等事项。

9.2　运营车辆运行定额

运营车辆运行定额主要包括以下几个方面的内容。

1. 单程时间

单程时间是指车辆在一个单程的运输工作，由始发站发车开始到终点站停靠为止所耗费的时间，包括一个单程中的单程行驶时间和中间站停站时间，即

$$单程时间＝单程行驶时间＋中间站停靠时间$$

2. 始末站停站时间

始末站停站时间是指车辆在线路的起始站和终点站的停站时间，包括调动车辆、签发行车路单、清洁车辆、行车人员休息、交接班、旅客上下车以及停站调整车辆间隔等所必需的停歇时间。在客流的高峰期和平峰期，对始末站停站时间由不同的要求，一般可以作以下考虑。

1）高峰期始末站停站时间

客流高峰期间，为了加速车辆的周转，始末站停站时间的确定应尽量考虑首末站停站最小时间，若无特殊情况，原则上车辆在始末站的停站时间不应该大于当时行车间隔时间的 2～3 倍。

2）平峰期始末站停站时间

（1）通常情况下，以单程时间为准，按下列公式确定平峰期始末站停站时间：

① 当单程时间为 10～40min 时：

$$平均停站时间（min）＝4＋0.11×单程时间（min）$$

② 当单程时间为 40～100min 时：

$$平均停站时间（min）＝0.21×单程时间（min）$$

（2）在平峰期内还需要规定每一辆正班车的上下午班内，各有一次行车人员的就餐时间，每次 15～20min 为宜。

（3）多数城市在夏天伏天中气温较高，一般在每日下午开始后一段时间内气温较高，此时应该适当增加始末站停站时间，以保证行车人员必要的休息，但增加时间一般不宜超过原停站时间的 40%。

3. 周转时间及周转系数

车辆从起始站出发，运行到终点站后在运行回起始站，称为一个周转。周转时间是上下行单程时间、始末站停站时间之和。周转系数是单程时间内（如 1h）车辆完成的周转次数，它与周转时间成倒数关系。计算公式为

$$周转时间（min）＝起点和终点站停站时间（min）＋上下行单程时间（min）$$

$$周转系数＝\frac{60}{周转时间（min）}$$

4. 计划车容量

计划车容量定额是行车作业计划限定的车辆载客容量。计划车容量则是根据计划时间内线路客流的实际需要，行车经济性要求和运输服务质量标准来确定的计划要完成的单车载客容量，采用下列公式来计算：

$$计划车容量（人/车）＝车厢定员人数（人/车）×满载率定额$$

（1）满载率定额，一般高峰期取 0.8～1.1，平峰期取 0.5～0.6；

（2）车厢定员人数，首先取决于车辆载重量的大小，对有确定载重量和车厢有效面积的车辆，则主要取决于座位数与站位数的比例。

不同车型的客车都有规定的车厢定员人数，城市公交车辆的车厢定员人数，可以采用下列公式计算：

车厢定员人数（人/车）＝固定座位数（人）＋站位面积（平方米）×每平方米站位定额（人/m²）

式中：每平方米站位定额一般按照 8～9 人/m² 计。

9.3　城市公共客流调查

9.3.1　公共客流的变化规律与应用

1. 客流的概念

客流是指乘客坐公共车辆的乘客群，由于乘客群沿着公共客运线路流动，所以又称为乘客群流，简称客流。乘客群流动的数量简称客流量。

客流量从总的方面反映城市居民需要乘坐公共交通车辆的概括数据。它是由城市区和郊区的固定人口和外来临时人口，因生产、生活等需要而出行乘客来构成的。客流量包括时间、方向、地点、距离、数量等因素。

客流量的大小取决于城市性质与面积、人口密度、经济水平、就业人口、城市布局、出行距离

以及公共交通线路网的布设、票价和服务质量等因素。

为了分析客流在公共客运交通线路上的具体分布，经常要了解某一路段或某一站点的乘客乘车情况，这需要进行客流调查，以求掌握以下几个指标：

（1）集结量。集结量是指在单位时间内某站（站段）需要乘车的乘客人数，它等于运载量和待运量之和。

（2）运载量。运载量是指在单位时间内某站（站段）乘上车的乘客人数。

（3）待运量。待运量是指在单位时间内某站（站段）未乘上车而留站等待上车的乘客人数。

（4）疏散量。疏散量是指在单位时间内某站（站段）下车的乘客人数。

（5）集散量。集散量是指在单位时间内某站（站段）集结量和疏散量之和。

（6）通过量。通过量是指在单位时间内车辆向一个方向运行时经过某路段（站段）的乘车人数。

2. 客流的分类

客流是由乘客乘车形成，乘客乘车都是有一定的目的性，如上下班、购买货物、文化娱乐、探亲访友等，由于乘车目的性不同，乘车的次数和特点也不相同。为了掌握客流变化规律，需要进一步分析客流的类型。

根据客流调查资料分析需要，按照乘车目的性，可以将客流分为三种类型：

（1）工作性乘车。乘客因上下班需要而乘坐公交车辆形成的客流，统称为工作性客流。这种客流每天有固定的乘车次数和一定的乘车时间，比较稳定，有一定的动态规律，是公共交通的基本客流。

（2）学习性乘车。乘客因学习需要而乘坐公交车辆形成的客流，统称为学习性客流，包括业余学习客流、脱产学习客流等，这种客流也有固定的乘车时间和乘车次数，但数量较少，是公共系统的次要客流。

（3）文娱生活性乘车。属于文化生活需要而出行的客流范围很广，如乘车去文化娱乐场所，购买商品，走访亲友等，这种客流统称为文化生活性客流，这种客流没有固定的次数，但是数量却很大，特别在节假日的数量更大。这种客流客观影响的因素很多，如气候的转变、社会活动的频繁，经济水平的程度等等都直接影响这种乘车的次数。所以，这种客流的稳定性很弱，有特殊的规律性，是调度部门较难处理的一部分客流。

3. 客流在空间分布上变化规律

由于客流的构成有多种因素，具体反映在空间的线网上、方向上、断面上的动态规律都有所不同。

1）线路网上客流

线路网上客流动态是指全市性的平面上的乘客动态，它反映全市公共交通线路网上客流量的多少及分布特点。一般城市的中心区客流量总是最密集，而边缘地区则相对稀疏。

线路网上的客流动态，一般是由中心区的集散点逐渐向外围延伸，客流的动态分布与城市的总体布局有很大关系，并受到道路格局的制约，反映在线路网上，根据路网形态一般有放射型、放射环型、棋盘型、不定型。

线路网上客流量动态数值是用通过量表示的，各个断面（路段）的通过量按照时间顺序排成数列，即可显示出线路网上客流量动态数值及变化特点。根据线路网上客流量动态变化的方向和数值及波动幅度，可以为新辟线路、调整运营车辆的选型、定数提供参考资料。

2）方向上客流

公共交通的每条线路都有上、下两个方向。可以规定：某一条线路的两端的站点分别为 A 站和 B 站。若线路可以表示为"A 站—B 站"，则"车辆从 A 站到 B 站方向运行"称为上行方向，反之，"车辆从 B 站至 A 站方向运行"称为下行方向。

线路两个方向的客流量在同一分组时间内一般是不完全相等的。有的线路两个方向的运量几乎相等，而有的线路则差异很大。由于方向上的客流动态只有两个数值，故其动态类型也就比较少，一般有以下两种：

（1）双向型。双向型是指线路上行、下行两个方向的运量值接近相等。很多市区线路是属于双向型的，这种线路在调度上比较容易处理。

（2）单向型。单向型线路上行、下行两个方向的运量数值差异很大，特别是通过郊区或通往工厂区的线路，很多是属于单向型的，这种线路在调度上较为复杂，车辆的利用率较双向型为低。

研究方向上客流动态，可以确定相应的调度措施，为合理组织车辆配置提供依据。

3）断面上客流

在同一时间段内线路上各站的上下车人数一般也是不完全相等的。若把同一时间段内一条线路各断面通过量的数值，按照上行和下行各个断面的前后次序排成一个数列，则可以从这个数列中能显示出该线路在这个时间段内各断面上的客流动态，这是客流在断面上的分布特点和演变趋势。

从整条线路归纳起来，大致有以下几种主要动态类型：

（1）凸型。凸型是指线路各断面的通过量是以中间几个断面的通过量为最高，这些断面上的客流量呈突出的形状。

（2）平型。平型是指线路各断面的通过量很接近，客流强度就近乎一个水平。有的线路在接近起、终点站前一两个站，断面通过量较低或较高，但是其他断面的通过量很接近，也属于此种类型。

（3）斜型。斜型是指线路上每个断面上的通过量，由小到大逐渐递增或由大到小逐渐递减，在断面上呈现梯形分布。

（4）凹型。凹型是指线路中间几个断面的通过量低于两端断面的通过量，全线路段断面的通过量分布呈现凹型状态。

（5）不规则型。不规则型是指线路上各个断面的通过量分布高低不一，不能明显表示某种类型的形状。通过以上断面客流动态分析，可以为经济合理地编制行车作业计划及选择调度措施提供重要的依据。

4. 客流在时间上的变化规律

实际情况表明，客流不是固定不变的，而是一刻不停地变动着，但是这种变化有一定的特征，如果能认识和掌握这种变化的特性，就能使生产调度工作更好地适应变化的情况。客流变动的特性，可以概括地称为"多变有规律，集中不平衡"。

各条线路的客流不论在时间上、方向上或地段上都是不停地变化着，不变的情况几乎是没有的。如一周内每天的客流各个不相同，特别是休息日（周六、周日）前后一天的客流可能会形成显著高峰；在一昼夜内每小时的客流在方向上或地段上也不相同，有高也有低，尤其是在上下班前后客流更为集中。不仅如此，客流变化的程度和范围也各有不同，有的越变越高，而有的越变越低,有的变化幅度很大,而有的变化幅度却很小。这种客流的变动情况多种多样体现了客流的多变性程度。

客流虽然是多变的,但是客流的变化在一定程度上、在一定幅度内是有其规律性的。事实证明,客流在时间上总是有一定重复演变的规律呈现。客流在一定幅度内呈现的周期循环演变,就形成了一定的规律性,认识这些客流变化的规律性是运营调度工作的一个重要内容。

1) 客流在季节上的变化

一年中,每月的客流量互有差异、很不均衡。客流是由乘车流动所形成的,乘客流动也是由各方面因素所决定。各方面因素的牵涉面既广泛又复杂。因此,客流形成的众多因素(或条件),不论是社会因素还是自然、经济等因素,都有着密切的联系。如天气、集会游行、施工作业等都会直接影响客流变化。客流与各方面的普遍联系的特性称为客流的普遍联系性。

客流的普遍联系性,虽然范围很广,内容很多,其中关系比较密切的有乘客的个人经济(就业)、自然气候、其他交通工具和服务质量等。例如冬季客流量较高,夏季则较低;年终人们出行活动增加,城市市区、郊区的客流量都有较大幅度上升;夏季学校放假,农村处于农忙,导致市区、郊区客流量下降;沿海地区在春节前后的打工潮,致使运输枢纽附近的线路客流剧烈变化等等。

因此,做好季节性客流动态分析,可以为制定季节客运生产计划提供主要资料,这些资料也是编制各月行车作业计划的主要依据之一。

2) 客流在周日间的变化

在一个星期的七天之中,由于受到生产和双休日的影响,每天的客流量是不相等的。如果工厂轮休日没有大幅度的变动,就会使每周的客流量有重复出现的规律。其特点是工作性客流在每星期一至星期五之内达到一周的最高峰;市区线路在双休日,由于休假单位多而且集中,所以工作性客流量大幅减少,而生活娱乐性客流则有很大增加。

3) 客流在昼夜间的变化

在一昼夜内,各个时间段的客流动态是不相同的。公共交通的基本客流是工作性客流,在市区内这种现象在工作中是非常明显的,一般在早晚上下班时间内会出现两个客运高峰。在工业区运营的线路上,因受到上班工作制的影响,还会另外形成中午和夜间两个客运小高峰;在郊区,在时间上客流量上午起伏度较小,但是,郊区的客流量受季节、气候变化的影响变化,一般夏季中午客流量较低、早晚较高,而冬季早晚较低、白天较高。

根据客流量在一昼夜不同时间内的分布,其动态演变可以划分为以下四种基本类型:

(1) 双峰型。这种类型是在一昼夜中有两个显著的高峰,是一种典型的变化,在大城市和工业性城市有一定代表性。一般一个高峰发生在上午上班时间,称为早高峰;而另一个高峰则出现在下午下班时间,称为晚高峰。

(2) 三峰型。这种类型比双峰型多一个高峰,如果这个高峰出现在中午时间,则称为午高峰,而出现在夜晚,则称为小夜高峰。一般情况下,这个高峰的峰值比早、晚高峰要小。这种类型常见于市内线路。

(3) 四峰型。这种类型比双峰型多出两个高峰,这个高峰一般出现在中午和晚上,而它们的峰值总比早、晚高峰小。这种类型多出现在工业区行驶的线路上,其主要乘客是三班制人员,高峰时间较短,但是调度工作必须重视。

(4) 平峰型。这种类型的客流动态在时间分布图上没有明显的高峰,客流量在一个昼夜分组时间内虽然有变化,但是升降幅度不大,一般出现在郊区农村行驶的线路上。

客流的动态分布与演变,都有一定的规律性。但是这种规律性随着城市布局的改变和城市经济的发展会发生一定的变化。所以,经常深入线路现场,加强客流动态调查,找出其变化规律,是公共交通运营部门需要做好的经常性工作之一。

9.3.2　公共客流调查的常用方法

1. 客流调查的目的

这里的客流调查是指公共交通企业有目的地对客流在线路、方向、时间、地点、断面上的动态分布所进行的经常的或定期的,全面的或抽样的调查并进行分析的过程,是对城市居民乘车需求情况的分布资料的收集、记录和分析过程。

经常系统地进行客流调查是为了研究线路在各季节、各月、各周中及昼夜小时客流量的周期性变化规律。客流调查可以使行车作业计划组织设计更切合实际。通常经常的定期的客流调查,可以检验运行调度措施、行车运行实际情况和客流实际的偏离程度,并根据客流动态对其及时进行修改、补充和完善。客流调查是公共客运经营管理的基础工作,掌握客流的规律,避免非高峰时间车辆空驶造成的浪费,经济合理地使用车辆。通过客流调查资料的分析,了解线路客流在各断面上、时间上、方向上的不平衡性情况。合理配备车辆,编制符合实际的行车时刻表,使运营调度科学化。

2. 调查的作用

乘客是公共客运交通的服务对象和研究对象,对客流的动态调查与分析,是公共客运交通部门必须经常进行的主要工作内容。客流量是随着时间变化在各个方向和各个断面上不断变化的,通过调查,掌握客流变化的动态规律和特点,为提高运营管理水平,改进调度措施,充分发挥车辆的运营效能,提供重要信息和决策依据。具体地说,包括合理布设线路网,开辟线路,调整现有线路;合理设置停靠站或调整原有停靠站;选择客运交通工具的车种、车型,经济合理地配备运力;组织行车调度,编制行车作业计划,改进调度措施,制定公共交通企业的长远发展规划,适应城市发展,满足人们不断增长的乘车需求等。

3. 调查的种类

客流调查要根据一定的目的和需要进行,有以下几种。

1)季节调查

季节调查是指每季节进行一次,至少要在冬夏两季固定的时间各进行一次。

2)节期调查

节期客流调查,可以分为节前、节日期间的调查。节前调查的目的是为了安排节日的运行调度提供预测,节日期间调查是反映节日期间的实际情况,为今后的节日调度积累资料。

3)日常调查

日常调查是调度部门的基本工作。对现场调查的资料,必须符合定时定点的原则,便于分析和汇总。

4)随车调查

随车调查是指由专人乘坐在线路运营车辆上,逐站地记录两个方向上的人数。

5)驻站调查

驻站调查是指派专人在站内记录上下车人数以及通过驻站点的车内乘车人数。

6）出访调查

出访调查是指派专人走访调查单位，了解该单位所属人员乘车情况和参与该单位主办各项活动的人数。在一定范围内对所有调查对象都进行调查，这虽然能全面反映客流动态，但是应受调查力量等条件限制，实际应用较少。通常在抽样调查的基础上，按照数理统计方法做数据处理，取得资料。

7）间接调查

城市客流随着国民经济的发展而增长，城市建设的发展会影响居民的出行次数和距离。因此，应定期从有关部门了解、收集国民经济和城市建设的资料，以便及时掌握客流的变化趋势。

8）直接调查

直接调查是指进行出行调查、月票调查和单位调查。居民的出行活动是构成客流的基础，月票乘客是城市公共交通的一种基本乘客。广大企业事业单位的上下班时间和工作班次构成是影响客流的基本因素。直接调查的内容一般均按调查目的，设计专用表格。直接调查还包括现场调查，其中有集会调查和线路现场调查。

（1）集会调查。这是对客流变化有较大影响的大型活动进行专门性的调查，因为大型活动能产生大客流的集散量，必须派专职人员参与集会观测，为现场调度提供动态信息。

（2）线路现场调查。这是在固定的线路和站点上对客流来源去向进行调查，是公共交通调度部门的日常业务。

4. 客流调查的常用方法

客流调查方法包括问询法、观测法、填表法、凭证法和记票法等。

客流调查，一般都需要积累比较长期的资料来进行分析，选择哪种调查方法合适，需要在熟悉各种方法的基础上，结合分析的要求来决定。选择调查方法时，应注意以下两点：一是要尽可能以最少的劳动消耗和时间消耗，取得能够满足需要精度的资料；二是尽可能以最简便的方法，得到被调查者的配合，保证所需资料的及时性和可靠性。

问询法和观测法是公交企业经常采用的两类调查方法。

1）问询调查法

问询调查法，按照调查地点的不同，有驻站问询法和随车问询法。

（1）驻站问询法。这是指派专人在调查站点内通过询问来调查乘客在线路上的起讫点及客流其他情况的方法。这种方法适合于了解线路某一段或某几个站点客流资料的情况。

（2）随车问询法。这是指派专人在车上，沿线询问调查乘客在线路上的起讫点及客流其他情况的方法，也称为跟车问询法。若要了解全线路客流去向情况，通常采用这种方法。

（3）问询调查数据的汇总。将驻站或随车问询调查得到的资料按分组时间汇总后，填入"乘客方向数量汇总表"中。每组时间一张表，以站点对角线作为基准，上行方向沿线各站的资料列入左下方的直角三角形表内，下行方向各站的资料列入右上方直角三角形表内，这样，上下行两个方向的两个三角形表就构成了一个方形的乘客方向数量汇总表，又称为乘客方向数量三角检验表。

在三角检验表内格子中的每个数值为乘客方向数量，即客向量，其含意是：乘客从一站上车运行到另一站下车的数量，计量单位为人次。客向量不仅能表示客流的数量，同时也反映出客流的流动地段，故又可称为流向量。客向量是个重要的度量标准，从拟定线路到规划，组织线路运行，现场行车调度等，都需要有足够的客向量资料，才能使调度工作达到应有的效果。

① 各站上车量的计算。把三角形表的客向量按纵向相加即得到相应停靠站的上车量，其计算公式如下：

$$A_{\pm i} = \sum_{j=1}^{n} Q_{ij}$$

式中　$A_{\pm i}$ —— i 站的单向上车量；

　　　Q_{ij} ——从 i 站到 j 站的客向量。

② 各站下车量的计算。按横向相加得到下车量，其计算公式如下：

$$A_{\mathrm{F} j} = \sum_{i=1}^{n} Q_{ij}$$

式中　$A_{\mathrm{F} j}$ —— j 站的单向所有下车量。

各站的上车量和下车量应该相等。如果不等，就有可能是计算错误，也有可能是由调查误差引起，需要修正。不管是上车量还是下车量，其数值为旅客运量，或者说是乘客的总次数。旅客运量是运营部门制定线路网规划及远景规划和编制运营计划的重要数据之一。

③ 通过量的计算，根据通过量的定义，可以按照下式计算旅客的通过量：

$$R_n = R_{n-1} + A_{\pm n} - A_{\mathrm{F} n}$$

式中　R_n ——本站段的旅客通过量；

　　　R_{n-1} ——前一站段的旅客通过量；

　　　$A_{\pm n}$ ——相应停靠站的上车量；

　　　$A_{\mathrm{F} n}$ ——相应停靠站的下站量。

旅客通过量表示某站段的乘客流动程度，在运营组织中有较大的实用意义，是设计行车组织方案、解决行车现场问题不可缺少的依据之一。

由上文可知，问询调查法提供了基于分析线路客流的乘客分布情况，是调查线路运营实际情况的好方法，为确定线路的行车组织形式、车辆调度方法以及车辆配备等汇集了乘客数量和方向的数值依据。

2）观测调查法

观测调查法包括以下 3 种方法：

（1）高断面观测法。高断面观测法是指派专人在旅客流量比较多的路段，选取一个合适断面，观测通过该断面的车辆的车内人数，以得到该路段的乘客通过量等客流情况。通过高断面观测，可以了解全日各段时间客流量变化的程度，评价高低峰时间配车是否合理，以作为配车或增减车辆的依据。运用高断面观测法要注意：

① 断面的选择。要根据日常的观测和工作要求确定恰当的断面地点，应以熟悉线路情况的人员来正确估计流量的密度。一般可以将高端面设在靠近停靠站点的地方。

② 调查日期。可以根据客流规律来决定，因为一周里的平日与假日不同，而平时又因企业交替公休，乘客多少也不同，所以调查日期应确定得当，既要有代表性，又要保持准确性。

③ 资料的统计分析。可以把原始记录以半小时作为组距，结算出通过班次、通过量、平均车容量等数据。根据高峰和平峰的客流量，按照车型定员来检查载运人数多少。如果高峰期太拥挤并有留站人数，就要采取有效的调度方法以增加运输班次；而在平峰期时，如果流量少，就要减少班次。

求半小时班次的计算公式为

$$半小时内班次（车次）= \frac{每30\mathrm{min}通过人数＋同时段留站人数}{计划车容量}$$

而半小时的行车间隔计算公式为

$$半小时内行车间隔（\mathrm{min}）= \frac{30}{半小时内班次}$$

这种方法的特点是处理简单,整理资料快,可以比较准确地反映客流变化情况。还可以利用调查资料及时修改行车时间表,虽然资料的正确性与实际情况略有出入,但是一般相差不大,完全可以作为运力和运量的平衡依据。

（2）随车观测法。这种方法是在线路上的运行车辆中派专人记录沿途各站上下车乘客的数量以及留站人数。随车观测的调查车辆数量,可以每车调查,也可以抽其中部分车辆来进行调查。

（3）驻站观测法。驻站观测法是在规定时间内派人分驻各个调查点记录上下车人数、留车人数和留站人数的调查方法。按清点留车人数的观测方法的不同,一般又可以分为两种:一种是直接点录乘客实数,而另一种是估计车厢内载客的满载率程度。这两种方法在实际中都可以采用。

在一条线路上,选择哪一个停靠站作为观测点,是要根据平时掌握的资料和实际工作中的具体问题来决定的。假如研究一条大线路上是否需要增加一段较短的辅助线路,就应该选择可作为终点站的观测点,这个点既是沿线的主要站点又有流转量较大的特点。如果研究停靠站是否增加、撤销,是否开辟临时站,或者确定大站车、区间车是否需要每站必停,就可以根据观测的数据资料来分析决定。

9.3.3　城市公交客流调查的实施安排示例

1. 调查员工作及安排

某公交线路起讫站为"学校"和"火车站"。在学校站和火车站各安排一队调查人员若干名,每2名调查员编为一个小组,每个小组每次调查一辆车。调查员从始发站上车后,一人负责前门,调查各站上车人数及记录公交车到站时间及停站时间（用秒表）等;另一人负责后门,记录各站下车人数,并记录调查表格。当公交到达终点站后,调查员整理好该车次的调查数据,并准备按相反路线进行下一次的调查。依此法反复进行,直到整个调查工作结束为止。

需要安排调查的人数,可以依据调查时间内的线路最高配车数和考虑适量的机动人数来确定,公式如下:

$$调查员人数＝最高配车数量×2＋机动人员数量$$

其中,机动人员数量以1~3人为宜。

同时,为了方便调查工作的安排,需要预先做好调查人员的分组名单。

2. 调查时间

调查时间安排一般为某日的整个运营时间。

3. 调查员要求

调查员对待调查工作要认真负责,并注意安全。调查员必须按照规定时间到岗到位,遇到特殊情况必须及时报告,不能私自离开调查岗位。在公交车始发站上车后,调查上车人数的调查员要坐在前门附近,调查下车人数的调查员坐在后门附近,以便调查和数据记录。

4. 有关调查表及其填写要求

（1）填表的字迹要清楚，易于辨认。

（2）表中的"出发时间"、"到达时间"以及车辆的"到站时间"均以"某时某分"表示，如"7：15"；"停站时间"以"几分几秒"表示，如"2 分 30 秒"。

（3）由于各种原因，公交停靠站变化较大，对于调查表中所列出的站点，调查员可以依据实际情况进行增加或删减，对于公交车没有停靠的站点可以作空出处理。

（4）对于城郊结合的线路，若车辆没有按照规定的站点停靠，则调查员可以将调查数据合计到就近的站点上。

5. 调查工具清单

记录表格、笔、时钟、秒表、简易文件夹、调查员证。

9.3.4　城市公交客流调查资料的整理与统计

1. 客流调查原始资料的整理

这里的调查资料整理是指采用各种方法对公交客流调查得到的原始表格资料进行接收、检查、校订以及编码等工作，并对这些原始数据和资料经过上机录入和处理后得到的数据。

1）调查表格的接收

调查资料的整理工作是从调查实施现场中回收的第一份调查表格开始的。为了保证调查数据的准确性，需要认真对待资料的接收工作，如果发现问题，则还可以及时地纠正或改正正在实施的调查工作。

2）调查表格的检查

调查资料的检查是指调查表格的完整性和调查数据的质量的检查。这些检查常常是在调查实施还在进行的过程中就已经开始，如果调查实施是委托某个数据机构去做的，那么资料使用者还需要在调查实施工作结束后进行独立地检查。

3）资料的校订

调查资料的校订工作主要包括检查不满意的答案和处理不满意的答案两个过程。

4）数据的编码

数据编码是指给每个问题项目及其答案分配一个代号，通常是一个数字或字母。编码工作可以在调查实施前进行，也可以在数据收集结束以后进行，分别称为事前编码和事后编码。为便于后面统计分析，需要准备一份"编码表"或类似编码清单。例如"（1）"表示"线路"这一调查问题项目。

5）数据录入

数据录入指的是将调查表格或编码表中的每一个项目对应代码或数量读到磁盘、磁带中，或通过键盘直接输入计算机中，根据目前我国城市公交企业的应用情况，通常采用键盘录入方式，但是，应该注意到采用该种方式录入产生的误差。为了保证高度的准确性，有必要对录入的结果进行检查以发现是否有误差。全面的检查要求每个个案都必须录入两次，采用一台计算机和两个录入员。两个人录入的数据集进行全面检查，所需要花费的时间和费用都要加倍。因此，除非是需要精度特别高的情况，才会采用这种全面核查的方式。根据时间和费用的限制，以及有经验的数据录入人员其准确度一般都相当高的事实，通常只抽查 25% 或者稍微多一点就足够了。如果只找出很少的错误，那么不必要变更数据文件；如果查出大量的错误，就有必要进行全面的核查，或使用更准确的录入人员重新录入一份文件。

6）数据净化

数据净化的重要性远远高于一般人的想象。如果数据不"干净"，会发生两方面的严重问题。首先，很有可能无法适当地执行下一步的数据分析；其次，数据已经分析出来并用于指导运营生产，当时企业还没有意识到这一点，使得调查工作失去了意义。

数据净化主要是尽可能地处理错误的或不合理的数据以及进行一致性检查。数据净化可以采用专门软件进行，而在数量较少时也可以采用人工数据净化。

2. 调查数据的统计预处理和分析

1）统计预处理

调查数据的统计预处理，一般包括缺失数据的处理、加权处理和原始数据或变量的转换这三个预处理工作。对于城市公交企业用于指导运营生产的客流调查来说，其数据的统计预处理一般仅进行"缺失数据的处理"就可以达到目的了。在许多情况下，少量的数据缺失是可以容忍的，但是如果缺失值的比例超过了 10％，就可能出现严重的问题。当对缺失值进行了处理，应该有注明文字的描述，并递交报告。处理缺失值主要有四种方法：

（1）用一个样本统计量的值来代替缺失值。最经典的做法是使用变量的平均量，如当某站点的"下车人数"缺失时，可以用该时间段内的平均下车人数代替该缺失值。

（2）用从一个统计模型计算出来的值来代替缺失值。例如利用回归模型、判断分析模型等来推断得出替代值。

（3）将有缺失值的个案保留，仅在相应的分析中作必要的排除。将缺失值删除值的做法，结果减少调查的样板量，当删除数量较多时，会导致有严重的偏差结果。

（4）将有缺失值的个案保留，仅在相应的分析中作必要的排除。当样本量很大、缺失值很少、变量之间不是高度相关时，在实践中常常采用，但应该注意在后期分析中不同的计算将可能产生不适当的结果。

2）统计分析

这里的客流调查统计分析主要是指对经过上面步骤整理后得到的原始数据，进行一系列统计、汇总处理、计算、绘图等一系列的工作，为城市公交企业的运营生产提供基础的分析依据。以下主要是对随车观测法调查的客流数据进行的统计分析：

（1）对原始数据的结算汇总。

（2）绘制各时间段的客流时间（季度、月、周日、日间）分布图。

（3）绘制各时间段的客流空间（方向、站段）分布图。

（4）整理出编制行车作业计划的初算资料表。

9.3.5 客流的预测

1. 客流预测的意义

预测就是对事物未来的发展趋势作出的估计。科学可靠地预测是决策的依据，也是编制计划的依据。公共客运交通企业的客流预测，就是在各种客流调查和客流统计的基础上，经过全面系统的研究和分析，对未来客流的变化趋势作出科学的估计。公共客运交通企业的客流预测是制定线路规划、编制运营计划、组织运行、提高服务质量的一项重要基础工作。

2. 客流预测的分类

1）按预测内容划分

（1）流向预测。这是指客流向量即乘客流动方向的预测。主要用于线路网的规划调度和计划制定,其中包括新开辟线路和新建区域的预测客流的概算。

(2)流量预测。这是指客流数量即乘客运送人次的预测。主要用于公交企业运营计划的编制和运营组织的安排。

2)按预测期划分

(1)长期预测。长期预测是指 10 年及以上远景客流的预测。主要用于编制长期的运营决策规划。

(2)中期预测。中期预测是指 5 年及以上的客流预测。主要用于编制中期的运营决策规划。

(3)短期预测。短期预测是指 1 年内各个季度和月份的客流预测。主要用于编制日常的运营生产计划。

3.客流预测的基础

客流预测的基础依据是通过客流调查和客流统计得到的大量而丰富的数据和资料,包括城市的经济与社会发展计划、城市发展规划、城市社会经济统计资料、公交企业历年的统计数据、其他客流的调查资料、现实客流状况以及各种客流理论的著作等。

客流调查和统计所提供的各方面客流资料和数据,充分地反映了客流现实变化的信息。运用这些数据和资料,经过一定的预测方法,对其进行加工、计算和分析,就可以得到较为符合客流变化趋势的预测值,从而为运营决策和编制运营计划提供可靠的科学依据。

4.客流预测的趋势和预测值

1)客流预测的趋势

由于各种因素对公交客流的影响,客流在时间上不可避免地存在一定的波动。这些波动大体上可以划分为:

(1)倾向性波动。它表示客流数量的一个长期趋势。这可能是由于人口数量、就业人员增减、工资收入变化、市场变化等各种因素而引起的持续增长或减少的现象。

(2)季节性波动。这是由于气候、农事等因素而造成客流数量呈现有规律的季节性波动。

(3)循环性波动。这是由于受到生产特点和休假日等因素的影响,使得客流在一周之间、一日之间出现有相当规律的循环变动。这种现象在大中城市比较突出。例如每日在上下班时客流总是最多、一条线路的客流在某些时间段总是集中在某几个断面上等。

(4)偶然性波动。这是由于不能预测其确切影响程度的偶然性因素所引起的客流波动。例如流行病的突然发生、国际政治和经济关系的紧张等。

2)客流预测值

在进行客流预测时,一般适合采用历年的月份资料来进行纵向预测。对于客流动态变化比较稳定、波动幅度较小的情况,也可以采用逐月、逐季的连续资料来横向预测。客流预测值一般可有两种:

(1)客流预测的总量。按历年的月、季或年的客流历史的总量,可以得到预测期(月、季或年)的预测总客流量。

(2)客流预测的日均量。按历年的月、季或年的客流历史的日均量,可以得到预测期(月、季或年)的预测总客流量。

5.客流预测的方法

客流预测的方法很多,各有特点和适用条件,实际上为了准确预测客流,往往多种方法综合运用。这里主要介绍几种简单的预测方法。

1）指数平滑法

指数平滑法是一种重视近期的预测法，计算简单、方便，只要具备本期实际客流量、本期客流预测值和平滑系数就可以运用。其预测公式为

$$x_{n+1} = x_n + a(x - x_n)$$

式中　x_{n+1}——下一期的客流预测值；

　　　x——本期的客流实际值；

　　　x_n——前一期对本期的客流预测值；

　　　a——平滑系数（需要根据客流情况进行标定，一般 $0 < a < 1$）。

上面公式的含义是：在前一期客流预测值 x_n 的基础上，加上一个由平滑系数 a 调整过的"前一期客流预测值 x_n 与本期客流实际量 x 之间的差"的数值，就可以得到下一期的客流预测值 x_{n+1}。

另外，平滑系数 a 的标定，需要根据过去的预测值与实际值来比较而不断修正。如果发现预测与实际差别较大，则应该对平滑系数 a 值进行调整。一般，a 值越大则近期的倾向性变动越大，反之越小。在一般应用中，开始时 a 值采用较小值，通常取 0.1，个别情况也可取 0.2~0.3。

2）移动平均法

规定一定时间为一期，例如一个月、一个季度或一年可作为一期。移动平均法，就是利用靠近预测的最近 n 期的历史客流量，取其平均值，作为预测期的客流预测值。同时，随着时间的往后推移，而计算预测期的客流预测期所采用的各期（取 n 期）历史客流量也向后推移。这种方法适用于客流变化基本稳定的情况。其预测公式为

$$x_{n+1} = \frac{1}{n} \sum_{i=1}^{n} x_i$$

式中　x_{n+1}——预测期的客流预测值；

　　　x_i——预测期前第 i 期的历史实际客流量；

　　　n——历史期数。

3）加权移动平均法

由于历史事件的远近会造成历史近期和远期的客流对预测期的客流影响程度不一样，一般近期的客流会对预测期的客流影响较大，而远期的客流对预测期的客流影响较小，所以为了区分近期和远期的影响程度，需要给予历史各期不同的影响系数，这个系数就称为权数。

加权移动平均法，就是对以往不同时期的历史实际客流量给予不同的影响权数，一般近期的权数较大，而远期的权数较小，然后再加以平均，就可求得预测期的客流预测值。加权移动平均法的预测公式为

$$x_{n+1} = \frac{1}{\sum\limits_{i=1}^{n} a_i} \sum_{i=1}^{n} (a_i x_i)$$

式中　x_{n+1}——预测期的客流预测值；

　　　x_i——历史第 i 期的客流实际值；

　　　a_i——历史第 i 期的权数，$i = 1, 2, 3, \cdots, n$。

4）经验判断法

经验判断法是依靠参加预测人员的时间经验和综合判断能力，根据已经掌握的资料，将主观认识的意见转化为所需要的客流预测数据，从而对未来的客流状况作出判断和估计。在没有比较准确而可靠的客流数据或者客流出现某种不可用数量揭示的偶然性波动时，经验判断法是一种经常采用的预测方法。

根据经验意见的来源，经验判断法的主要依据有三种：

（1）领导人的经验意见。这是由企业领导召集有关部门主管人员，根据提供信息资料，广泛地交换意见，然后领导人作出结论性的判断。这种判断，因为集中了许多熟知客流规律的管理人员的意见，所以具有很大的实际指导意义。

（2）专门部门的经验意见。这里所指的专业部门，就是与预测客流有着密切相关的一些部门，如计划部门、统计部门和运营部门等，召集这些部门的有关专业人员进行分析，提出预测意见。由于专业人员接触实际，他们对客流变化的规律有相当的认识和理解，平时工作中就积累了许多丰富的专业性经验。因此，他们的见解是经验预测取得一定成效的有力佐证。

（3）现场工作人员的经验意见。这是由专业部门就客流预测从基层有关人员中听取的参考意见。基层的现场人员是客流变化的目睹者，对于客流变化，特别是在他们所服务的线路和地段，有着丰富的直观资料和时间经验。所以，他们的意见是客流预测过程中很重要的参考资料和调整依据。专业部门需要认真做好对现场工作人员意见的征集、综合和整理工作，不然就会流于分散而失去作用。

6. 客流分析与吸引

客流分析就是在客流调查与预测的基础上，对客流在线路上、方向上、时间上、地段上的动态分布规律和特点进行分析的过程，以便找出各线路之间的互相影响程度，以及有效地安排调度计划，调整行车班次和运力。

对于大型客流调查，还需要将全线上、下行逐站地数据进行整理，最后整理出每个时间段的上车量、下车量、留站量、通过量等，作出各种客流数量的图表，为配备运力、编制及修改运营计划、选择调度形式提供基础数据资料，同时也积累了客流分析的历史资料。

经过客流分析，在充分考虑乘客乘车需要的基础上，采用合适的措施吸引客流，主要的措施有：合理安排换乘地点，适当地就近路口设站，靠近商业区域设站，靠近大型交通枢纽、靠近居民区、靠近大型文娱场所及风景点设站等。

9.4　运营车辆运行参数

9.4.1　线路车辆数

线路车辆数是指组织运营所需要的车辆总数与营业时间内各时间段所需要的车辆数。其基本计算公式为

$$线路车辆数（台）= \frac{最高路段单向通过量（人次/h）}{计划车容量（人次/台）\times 周转系数}$$

根据不同需要，线路车辆数可以作如下分类。

1. 日线路运营车辆总数

日线路运营车辆总数是线路每天需要配备和投放的车辆总台数,一般依据日客流高峰时段的最高路段客流量、计划车容量和周转系数来计算。

2. 各时段线路运营车辆总数

各时段线路运营车辆总数是在每日运营时间的各时间内线路需要投放的车辆总台数。一般依据该时间段的最高路段通过量、计划车容量和周转系数来计算。

3. 各种调度形式的线路运营车辆数

对于全程车、区间车和快车等调度形式的车辆数,在线路上采用两种及以上调度形式的时候,各种车辆的运行定额和参数是不尽相同的,确定各种调度形式的线路车辆数,可以按照如图9-1所示的基本思路来进行。

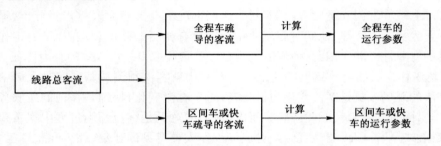

图9-1 确定多种调度形式车辆的基本思路

首先,在分析线路客流情况的基础上,将线路总客流分成两部分:一部分是采用全程车调度形式疏导的客流;另一部分是采用区间车或快车调度形式疏导的客流。

然后,按照第一步分好的两部分客流情况分别计算全程车、区间车及快车的线路运营车辆数。

4. 线路允许的最小运营车辆数和最大车辆数

在各运营时间段内,客运高峰时段内所需要的车辆数最大,此时线路车辆总数称为线路最大车辆数。考虑线路具体情况,线路最大车辆数量不能超过上限值,即运营车辆数最大限值。

而在客运低峰时间段所需的车辆数最少,此时线路车辆总数称为最低线路车辆数。考虑客运服务质量需要,线路最小车辆数量不能少于下限值,即运营车辆数最小限值。

以上两个限值,可以这样来确定:

(1) 运营车辆数最大限值:

$$运营车辆数最大限值(台) = \frac{周转时间(min)}{行车间隔允许最小值(min)}$$

(2) 运营车辆数最小限值:

$$运营车辆数最小限值(台) = \frac{周转时间(min)}{行车间隔允许最小值(min)}$$

9.4.2 行车频率

行车频率是指线路在单位时间内通过的车辆次数。其计算公式为

$$行车频率(车次/h) = \frac{最高路段单向通过量(人次/h)}{计划车容量(人次/台)}$$

或者

$$行车频率（车次 /h）= \frac{60}{平均间隔时间（min）}$$

从运营调度的角度分析,行车频率同时具有时间性、方向性和断面性。

9.4.3　行车间隔

1. 行车间隔的计算

$$行车间隔（min/ 车次）= \frac{周转时间（min）}{线路车辆数（台）}$$

或者

$$行车间隔（min/ 车次）= \frac{某时间段（min）}{该时段内发车的次数（车次）}$$

一般,行车间隔允许最大值取决于客运服务质量的要求,如公共车服务质量要求行车间隔不应该大于 15～20min 为宜。而行车间隔允许最小值则应该满足下列条件:

行车间隔允许最小值（min）≥线路中途站的平均停站时间（min）＋车辆尾随进出站时间（min）

＋必要时等待交通信号的时间（min）

在行车秩序正常的情况下,对大中城市客运高峰线路,行车间隔允许最小值一般不低于1～3min 为宜。

2. 行车间隔的分配

1) 行车间隔分配的概念

行车间隔的分配是指对行车间隔计算值的分配,对呈现小数的行车间隔值取整数处理,并使之确定为适当数值便于行车掌握,或者根据实际需要将一个整数行车间隔分为其他大小不同的整数行车间隔的过程。

2) 行车间隔分配的方法

先假定某时间段 t_0 内行车间隔的计算值为小数,记 $I=Ea$（例如 $I=6.5$）,其中 E 为 I 值的整数值部分,a 为值的小数部分。

若将 I 值的小数部分去掉使之取为整数 E ,则记为

$$[Ea]=E$$

先将要 I 值分解为 I_b 和 I_c ,即

$$I \Rightarrow \begin{array}{l} I_b = [I+X_b] \\ I_c = [I-X_c] \end{array}$$

式中　X_b 与 X_c 为分解值所采用的非负数,即 X_b、$X_c \geqslant 0$,显然,$I_c < I < I_b$。

又设

$$\Delta I = I_b - I_c$$

则有:

（1）按较大行车间隔运行的车辆数 A_b 为

$$A_b = \frac{t_0 - A \times I_c}{\Delta I}$$

式中　A ——时间段内的发车总数（辆次）。

（2）按较小行车间隔运行的车辆数 A_c 为

$$A_c = A - A_b$$

由于 X_b 与 X_c 的取值不同，ΔI 值的大小也不相同，一般在 $\Delta I = 1$ 的情况下，A_b 与 A_c 值均为整数。但当 $\Delta I > 1$ 时，A_b 值可能为小数。此时，将 A_b 取为整数，则令剩余时间为 t'，剩余车辆数为 A'，平均行车间隔为 I'，这样再将新的行车间隔 I' 采用上述的方法进行再循环分配，直到分完为止。

最后，一般将其分配结果记为

$$t_0 = \sum 行车间隔 \times 车次数$$

以上分配过程，为了便于掌握和计算简便，通常取 $\Delta I = 1$；但是在客运高低峰过渡时间内，则通常取 $\Delta I > 1$。

3. 行车间隔排列

行车间隔排列是指根据客流需要和一定的原则，将分配结果得到的大小不同的行车间隔进行排列次序。排列的目的就是为了使运营发放车次时更加符合客流变化的动态趋势。行车间隔排列的原则主要有三种形式：

（1）由小到大顺序排列。在客流高峰向低峰过渡时，适宜采用这种排列。

（2）由大到小顺序排列。在客流低峰向高峰过渡时，适宜采用这种排列。

（3）大小相间排列。在客流变化不大时，适宜采用这种排列。

9.4.4　运营速度

运营速度是指车辆在线路上往返行驶时的周转速度，单位为"km/h"。其计算公式为

$$运营速度(km/h) = \frac{上行线路长度(km) + 下行线路长度(km)}{周转时间(h)}$$

运营速度的高低，直接关系到乘客乘车的方便程度，也是组织线路运营的主要参数之一。

9.5　车辆调度形式的选定

城市公共车运营线路需要以正班车和全程车作为基本的调度形式，并根据线路客流的分布等情况辅以采用其他调度形式。在此主要对常用的区间车、快车这两种调度形式的选定方法进行介绍。

9.5.1　区间车的选定方法

1. 判断指标

（1）站段通过量差。是指单位时间内线路某个站段的单向通过量与沿线该单向的平均站段通过量之差，即

$$站段通过量差 = 某路段单向通过量 - 该单向平均通过量$$

（2）站段不均匀系数。是指单位时间内线路某站段的单向通过量与该单向的平均站段通过量之比，即

$$站段不均匀系数 = \frac{某路段单向通过量}{该单向平均通过量}$$

2. 判断准则

判断区间车的运行区间,需按照以下步骤进行:

第一,分别计算线路上行和下行的各站段客流差或路段不均匀系数。

第二,依据表 9-1 判断准则,任选一个准则来初步定出区间车运行的路段及站点。

表 9-1　区间车判别准则

判断准则	条　　件	限制条件的数值(2～4 或 1.2～1.4)
站段客流差准则	站段客流差≥(2～4)倍的计划车容量	当满载率定额较高时取较小值,反之取较大值
站段不均匀系数准则	站段不均匀系数≥1.2～1.5	

第三,综合考虑线路站距、掉头车站以及调度工作方便等因素,拟定可行的运行路段及站点。

第四,确定区间车的运行定额和参数。这些定额主要包括区间单程时间、起点站停站时间、掉头调整时间及周转系数、计划车容量。而运行参数包括配备的线路车辆数、行车间隔、行车频率及运营速度等。

最后,编制区间车的行车作业计划。

9.5.2　快车的选定方法

1. 判断指标

(1)站点不均匀系数。是指在单位时间内线路一个单向某站点的乘客集散量与该单向沿线各站的平均乘客集散量之比,即

$$站点不均匀系数 = \frac{某单向某站点旅客集散量}{该单向平均站点集散量}$$

(2)方向不均匀系数。是指在单位时间内整条线路两个方向中的高方向客运量与平均单向客运量之比,即

$$方向不均匀系数 = \frac{高单向旅客运量}{平均单向旅客运量}$$

2. 判断准则

考虑是否开通快车,可以按照以下步骤进行:

第一,计算站点不均匀系数站点或方向不均匀系数。

第二,根据表 9-2 的两个判断准则,作以下处理:

站点不均匀系数准则——先初步判定满足条件的大站点,然后根据客向量比例情况,找出连接这些大站点的其他相关站点,并且要求到达这些相关站点的客向量应该是大站点的大比例客流。

方向不均匀系数准则——先判断开辟快车的方向,若满足条件,则在客流低的方向开通快车;然后,根据该方向的客向量分布情况,选定快车沿途停靠的站点。

表 9-2　快车判别准则

判断准则	条件	限制条件的数值 (1.4～2.0 或 1.2～1.4)	适用情况沿线
站点不均匀系数准则	站点不均匀系数≥1.4～2.0	当满载率定额较高时取较小值,反之取较大值	若干站点乘客集散量超过各站平均集散量,并且长乘距客流较多,开辟大站快车以缓和乘车拥挤、消除留站现象
方向不均匀系数准则	方向不均匀系数≥1.2～1.4		线路两个方向的客流很不平衡,在客流较小的那个方向考虑开辟快车,以加速车辆运转速度,节省运力,增强效益

第三,确定快车运行定额和参数。这些参数主要包括单程时间、始末站停站时间、周转时间及周转系数、计划车容量等。而运行参数主要包括快车的线路车辆数、行车间隔、行车频率及运营速度等。

最后,编制快车的行车作业计划。

9.6 公交企业的定员方法

定员管理是指在一定时期内和一定技术组织条件下,在企业已定的管理体制、经营机制和生产规模的基础上,规定企业各基层单位及各工种人员的数量界限。定员是企业编制运营调度的计划、劳动力调配以及组织运营生产等的依据。合理的定员能够促进企业在保证生产运营和工作需要的前提下,节约使用劳动力,提高生产率,增强企业经济效益。

1. 运营驾驶员的定员

1)运营驾驶员定员总数

$$运营驾驶员定员总数 = \sum 各线路驾驶员定员人数$$

2)线路驾驶员的定员人数

$$某线路驾驶员定员人数 = 线路单车单班定员标准 \times 线路全日运营班次$$

其中,该线路全日运营班次是指该线路全年平均日运营班次,包含上、下午班等。

3)线路单车单班定员标准

$$线路单车单班定员标准 = \frac{年日历天数}{年制度工作日 \times 出勤率}$$

其中,年制度工作日又称为年额定工作日。

$$年制度工作日 = 年日历天数 - 年制度休息日$$

4)线路驾驶员的年额定工作天数

$$某线路驾驶员的年额定工作天数 = \frac{法定年标准工作小时}{驾驶员的日额定工作小时}$$

其中

$$法定年标准工作小时 = (年日历天数 - 法定节假日) \times 8$$

5)驾驶员的日额定工作小时

$$驾驶员的日额定工作小时 = 额定单班总运行时间 + 额定单班总趟间时间 +$$
$$额定班前准备时间 + 额定班后整理时间$$
$$额定单班总运行时间 = 额定单趟运行时间 \times 额定单班趟次$$
$$额定单班总趟间时间 = 额定单班总运营时间 \times 趟间系数$$

趟间系数是以各线路实际单班趟间时间与额定单班运行时间的比值作为依据,结合企业实际情况,本着适当从紧的原则来确定的,一般不宜超过0.2。

2. 乘务人员的定员

有人售票线路的乘务员定员方法与运营驾驶员的相同。

3. 修理工的定员

车辆修理厂的修理工定员,可以根据实际情况,采用工种岗位定员法来确定。运营分公司

修理车间的修理工定员,则可以采用车辆比例定员来确定,即

修理工定员人数＝单机单车定员标准×单机车总数＋铰接车单车定员标准×铰接车总数

4. 收银中心点钞员的定员

点钞员定员可以采用劳动率定员法来确定,即

$$点钞员定员人数 = \frac{平均日点钞总额}{额定每人日点钞额×出勤率}$$

5. 运营管理人员的定员

1）运营调度员的定员

运营调度员包括起点调度、终点调度与中途调度的调度员,可以采用岗位定员法来进行定员。

2）线路管理员的定员

线路管理员可以采用如下单车比例定员法来进行定员:

$$线路管理人员定员人数 = 单车定员标准×运营车辆数$$

6. 无人售票车保洁员的定员

无人售票车的保洁员可以采用单车比例定员法来进行定员:

$$无人售票车保洁员定员人数 = 单车定员人数×无人售票车总数$$

7. 后勤及辅助工种人员的定员

后勤人员中的炊事员、保育员岗位,如果单位就餐职工和入托子女较少时,可以采用岗位定员法来进行定员;如果单位就餐职工和入托子女较多时,也可以采用如下的比例定员法来进行定员:

$$后勤辅助人员的定员人数 = \frac{被服务人员数量}{定员标准}$$

9.7　行车作业计划

城市公交车的行车作业计划,是指公交企业在已定线网布局的基础上,根据运输生产要求和客流基本变化规律来编制的指导线路运输作业的计划,是企业组织运营生产的基本文件。它具体规定了公交企业的基层运输单位和车组在计划期应该完成的一系列工作指标,为线路运营管理和调度工作提供依据,为旅客乘车创造良好条件。

9.7.1　编制原则

（1）依据客流动态变化规律,以最大限度的方便和最短的时间,安全运送旅客。

（2）调度形式的选定,要适合客流需要和有利于加快车辆周转,提高运营效率。

（3）充分挖掘车辆的运营潜能,不断提高劳动生产率。

（4）组织有计划、有节奏、均衡的运输秩序。

（5）在不影响服务质量的前提下,兼顾职工劳逸结合,安排好行车人员的作息时间。

（6）根据季节性客流量变化来适时调整计划,并根据每周、每日的不同客流量,应该制定并执行不同的计划安排。

9.7.2 编制程序

行车作业计划的编制要依据图 9-2 所示的流程来进行。

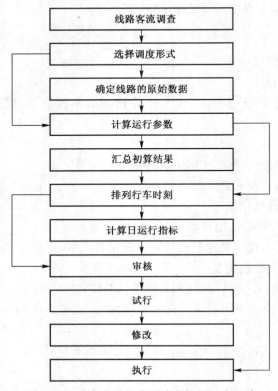

图 9-2 确定多种调度形式车辆的基本思路

1. 线路客流调查

通过线路客流调查,取得有关客流分布数据,一般地,行车作业计划可以每个季度修订一次,也可以冬夏两季各修订一次。每次编制行车作业计划之前需要进行一次客流调查,可以进行全线路全日情况的综合调查,也可以根据实际需要只进行部分路段、站点、平峰期或高峰期的调查,以准确取得编制行车作业计划的基本数据。

2. 选择合适调度形式

根据客流调查结果,分析线路在时间上、路段上、方向上及站点上的分布情况,选定适当的调度形式。当有几种调度形式可以选择而不能取舍时,可以先采用其中一种,通过实践检验与对比,然后再进行合理取舍。

3. 确定线路原始数据

在已经选定了调度形式的基础上,分别确定运营线路的各项原始数据,包括:

(1) 线路长度。

(2) 首、末车时间。

(3) 收发车地点。

(4) 空驶里程。

（5）车辆类型。

（6）最大客位数。

（7）单位运输成本。

（8）运营时间内各段时间的最高路段（站段）客流量。

（9）运营时间内各段时间的周转时间。

（10）其他数据。

4. 计算运行参数

运行参数的计算是一个包括初值计算、数值调整和确定参数终值等反复比较并选择的过程。计算车辆数与初选调度形式时，如果所分配的车辆数有较大的出入，则应该调整调度形式。计算调整的内容包括：

（1）计算各段时间的行车频率。

（2）计算线路车辆数。

（3）计算线路日最大车辆数、各段时间车辆数及各种调度形式的车辆数。

（4）调整行车频率。

（5）根据调整后的行车频率来调整各个时段的行车间隔。

（6）确定各时段内的行车间隔分配与排列方案。

5. 汇总初算结果

把经过以上初步计算得到的各时段的主要参数，包括最高路段客流量、满载率定额、行车间隔、周转时间及周转系数、车辆数以及各种调度形式的分配比例、行车间隔与分配方案等，进行汇总。为了便于审核和排列行车时刻表，可以将汇总结果列成表格的形式。

6. 编制行车作业时刻表

根据主要运行参数、指标及汇总资料，编制各分段时间内各车次的行车时刻序列。

7. 计算日运行指标

编制好行车作业计划表后，需要进行线路车辆日运行指标的计算，以作评价之用。线路日运行指标主要包括行驶里程、运营行驶里程、运营车时、运营车速、车次总数、车班工时利用率、平均车班公里、平均车班工时、满载率、里程利用率以及运营成本等。

8. 审核、试行及修改

行车作业计划初步编制好以后，需要对其可行性、运转服务的工作效果及经济效果进行审核分析，看是否符合要求，以便以后核准执行。主要内容包括：

（1）计划规定的车次数与调度形式对客流的适应情况。

（2）收发车时间安排。

（3）车班工时利用情况。

（4）运营车速及运转成本概算结果。

审核以后，可以在线路试行，对于试行中发现的问题要认真研究，并加以修改，直至适应运营线路的实际情况。

9. 实施执行

调度部门编制的行车作业计划，经过调度室核准、批准后实施。车队应该需要详细制定执行的具体措施。

凡是在同一区域内行驶的不同场队的线路由公司总调度室组织协调，各车场调度室应该按下达的要求贯彻落实各自的调度措施。

行车作业计划,要在实施前报送(并附有关定额指标的执行情况表)到公司总调度室进行备案并审核;修改计划时,也是按这个程序来进行。

9.7.3　编制内容

城市公共汽车的行车作业计划,是在既定线网布局的基础上,根据运输生产计划要求和基本的客流变化规律来编制的生产性作业计划,其主要内容为各种行车时刻表。编制行车作业计划,就是根据只要运行参数的汇总资料来排列各分段时间内的车次的行车时刻序列。行车时刻表的基本类型主要包括三种:车辆的行车时刻表、车站的行车时刻表和线路的运行示意表图。

9.7.4　车辆数、频率、间隔的计算

1. 线路车辆数的计算值

线路车辆数的计算值是根据客流大小计算出来的理论需要的车辆数值。该数值按以下公式计算:

$$线路车辆数计算值 = \frac{高单向通过量}{车厢定员人数 \times 满载率定额 \times 周转系数}$$

2. 行车频率的计算值

行车频率的计算值是指在分组时间内,用实际配备的车辆数可以发出车次的理论数值,该数值按以下公式计算:

$$行车频率的计算值 = 线路车辆数的调整值 \times 周转系数$$

3. 行车间隔的实际平均值

行车间隔的实际平均值是指在分段时间内实际发车时前后两车的平均时间间隔。该数值按以下公式确定:

$$行车间隔的实际平均值 = \frac{某时段}{该时段内的行车频率调整值}$$

9.7.5　关键站点的选定

1. 入线站点

入线站点是指在运营车辆投放入线路运行时的第一个车次的对应站点,即车辆进入线路的第一个发车站点。

2. 离线站点

离线站点是指在运营退出运行线路时的站点,即车辆是从那个站点返回车场的。

3. 选定入线站点和离线站点的影响因素

选定车辆的入线站点和离线站点时,一般综合考虑以下因素:

(1) 所在时间段的上、下行的客流量大小。

(2) 车辆所在停车场(库)和入线站点之间的距离。

(3) 运营线路沿线乘客对服务时间的要求。

(4) 线路投放运力是否方便和经济。

（5）其他可能影响的因素。

对于加班车，由于存在多次进出线路运行的情况，所以根据实际需要，加班车的入线站点和离线站点会不一样。

9.7.6　主要时刻的确定

车辆运行的关键时刻主要有计划的出场时刻、入线时刻、离线时刻、入场时刻以及各车次的到站时刻与发车时刻。

1. 出场时刻

出场时刻是指车辆从停车场进入运营线路时在停车场的发车时刻。计算公式为

$$出场时刻＝车辆入线的第一个发车时刻＋始末站停车时间定额$$
$$－停车场与入线站点之间的单程时间定额$$

2. 入线时刻

入线时刻是指车辆进入运营线路时到达第一个发车站点的时刻。计算公式为

$$入线时刻＝车辆入线的第一个发车时刻－始末站停站时间定额$$

3. 离线时刻

离线时刻是指车辆从线路退出运营时离开线路的时刻。计算公式为

$$离线时刻＝车辆最后一个车次的到站时刻＋始末站停站时间定额$$

4. 回场时刻

回场时刻是指车辆从线路返回并到达停车场（库）的时刻。计算公式为

$$回场时刻＝离线时刻＋停车场与离线站点之间的单程时间定额$$

5. 发车时刻

这里的发车时刻是指每个车次从起始站发车的计划时刻。对于每个周转而言，其发车时刻有两个，一个是每次周转的起始站的发车时刻，这个时刻一般已经由行车间隔分配与排列方案给出；而另一个是每次周转的终点站的返回发车时刻，这个发车时刻的计算公式为

$$每个周转终点站的发车时刻＝车辆到达终点站的到站时刻＋始末站停车时间定额$$

6. 到站时刻

到站时刻是指每个车次到达终点站的时刻。到达对站的发车时刻的计算公式为

$$到站时刻＝每车次的始末站的发车时刻＋该车次的单程时间定额$$

9.8　城市公交的现场调度

9.8.1　现场调度的含义

现场调度是指在运营线路的行车现场，调度人员为了使运营车辆运行与客流变化相适应，依据行车组织实施方案（如行车作业计划），直接对运营车辆及有关人员下达调度指令等一系列的活动，它是城市公交运营管理系统中的最基层的重要管理工作。

9.8.2　现场调度的任务与内容

现场调度的任务是在运营线路的现场，根据客流变化与行车计划方案的要求，通过对车辆

和人员下达调度指令,使运营作业计划、行车组织方案在实施过程中发挥其组织、指挥、监督和调度的作用,充分利用车辆的运载能力,适应乘客的服务需求,保证运营活动的正常进行,保证完成企业既定的目标。

现场调度的工作涉及范围很广,内容很多。由于各城市的基本设施和社会生活环境等的差异,故其具体内容不尽相同。按一般情况分析,可以将现场调度的内容归纳为七项:行车间隔的正常化、行车秩序的恢复、行驶时间的延长或缩短、运输能力的增减、行驶路线的变动、常规调度和异常调度。

9.8.3 现场调度的基本处理方法

按行车调度的内容和工作范围,现场调度的基本方法主要包括恢复行车秩序、调整运力和变动行车路线三大类。

1. 恢复行车秩序的基本方法

车辆的日常运行过程中,常常会遇到许多计划外突然出现的各种干扰因素,打乱正常的行车秩序。在一般情况下,可以通过综合运用六种方法使之正常化:调整车序、拉长车距、放站发车、区间掉头、提前发车和填补车次。

2. 调整运力的基本方法

行车作业计划中的车辆数和车次数,是根据计划期内预测客流变化的基本规律来进行安排的。但是,由于运营线路的实际客流变化具有随机性,或者客流量在数量上发生增减,这时,现场调度就应对运力的投放进行适当的调整,根据实际客流变化来增减车辆数或车次数,使之与客流需求相适应。调整运力的方法,概括起来主要有两类:调整车次和调整车数。

3. 变动行车路线的基本方法

车辆在运行中,由于受到交通堵塞、市政施工、交通事故等影响,而导致局部线路或全线不能正常通行时,为了尽量满足乘客服务需求,一般可以采用绕道行驶、分段行驶以及缩短行驶线路的方法。此外,当线路有富余运力时,为了支援运力不足的线路,也可以采用跨线行驶的调度方法,使车辆行驶多条线路,并提高车辆的利用率,增强效益。

9.9 城市公交的线路日常运行管理

9.9.1 线路运营日常工作

公交客运的线路运营工作是企业直接实施经营计划的基层生产活动,它直接影响着企业能否实现经营方针和完成预期的经营效果。在线路运营中,需要对其工作内容制定规范化、系列化和标准化的工作标准,并以程序化的形式来落实执行。

一般线路运营的工作,可以简单地概括为"四早三晚一中一交接"共九个阶段,具体指:早出场阶段、早高峰前阶段、早高峰阶段、早高峰后阶段、中午阶段、交接班阶段、晚高峰前阶段、晚高峰阶段和晚入库前阶段。

9.9.2　线路运营的正点行车管理

1. 正点行车的基本含义

运营车辆沿线路按照规定的时间运行,这就是正点行车,有时也称为准点行车。正点率是评价正点行车情况的一项主要指标,直接关系到运营效率的高低和客运服务的好坏。它是正点行车次数与总运行车次数之间的比率,即

$$正点率 = \frac{正点行车次数}{总行车次数} \times 100\%$$

正点行车是城市公共客运的基本要求,是其社会效益和经济效益的一个体现。对于城市公共汽车,正点行车一般包括三点准点:始发准点、折返准点和终到准点。

2. 妨碍正点行车的主要因素

在线路的实际运营中,妨碍正点行车的因素具体形式是多种多样的。这些因素有属于企业的外在因素,也有属于企业的内在因素。外在因素主要是指企业线路运营的外部的车辆运行环境,包括沿线道路的交通延误程度、气候条件以及公交客流变化程度等。而内在因素主要是指线路的车辆技术状况、行车人员、调度管理水平等。

3. 保证正点行车的对策与措施

以上正点行车的因素,在城市公交线路中具有一定的普遍性。因此,为了加强管理,提高正点率,公交企业应该在调查清楚线路外部的车辆运行环境的基础上,制定相应的管理办法,通过标准的制定、执行、监督、检查、考核、奖励以及惩罚等措施,保证行车的正点。

1) 行车正点的标准

(1) 规定正点的时间标准。

(2) 始发准点、折返准点和终到准点的标准。

(3) 正点率等级标准。

2) 正点行车的管理机构和对象

行车正点的管理部门是各级调度机构,即总公司调度室、车场调度室和线路调度组。各级调度机构分别负责本范围内的日常行车正点管理的执行和监督职能。正点管理的对象是各车队,具体为线路各运营车辆和司机。

3) 执行与检查

(1) 总调度室负责执行考核和监督。

(2) 设立必要的中间调度室。

(3) 调度人员的执行要求。

(4) 司机的执行要求。

(5) 维修及物资部门的有力保障。

4) 记录办法

中途站有不正点现象时,经检查出来后,不论到达终点正点与否,均按不正点处理,并记录其误差时间。但是,对于单程则只按中途站或终点站的最快、最慢的不正点时间记录 1 次。

5) 特殊情况

在遇到雨、雾、风等恶劣天气而影响正点行车时,要及时请示总调度室,适当地增加单程时间,其线路单车的行车记录仍然按规定记录。当车辆在行驶中遇到故障、火警、道路拥挤或堵塞

等情况,车辆不能顺利通过或临时绕道行驶时,要按不正点来统计,但是不列入考核依据。

9.9.3 线路行车的日常考核与记录

1. 线路现场管理人员的工作考核

线路现场管理人员是指车队的队长、调度员、行车管理员、安全员、机务员及统计核算员等。

一般情况下,在规定线路工作人员职责范围基本上,应制定出线路管理工作的考核标准、奖罚制度和有关工作程序等,以供遵循。

现在,国内许多城市公交企业,根据本行业、本地区的特点,分别规定了现场管理人员的岗位职责制、工作标准以及线路调度与服务工作的考核方法,使得管理工作程序化、标准化。

运输服务质量的现场考核

对于日常行车调度工作有直接关系的运输服务质量,要进行考核,用以评价现场调度的工作质量。

重点考核的指标有:行车发车率、行车准点率、最高路段满载率、运营车速、乘客候车时间。

考核的传统办法是人工的现场统计、观测、计算的方法。这种做法耗用劳动力很低,而且由于人员素质低、考核操作过于简单,所以往往使得考核效率很低甚至流于形式。国外也有企业采用配有自动记录仪等先进终端设备的电子计算机系统来进行自动记录和统计,配合考核,效果很好。

2. 行车作业计划执行情况的考核

用"行车作业计划执行率"来考核行车作业计划的执行情况,借以检查现场调度工作质量以及行车作业计划的准确程度,为进一步完善行车作业计划,提高运营工作质量,提出必要的重要决策依据。

行车作业计划执行率是指按行车作业计划执行的车时数与全日运营车时数之比,计算公式为

$$行车作业计划执行率 = \frac{执行作业计划的车时数}{全日运营车时数} \times 100\%$$

线路行车作业计划执行率一般要达到规定的标准,否则就需要及时对其进行修改、补充。

行车作业计划执行情况的记录,通常是由现场调度人员来按实际记录,由统计员与计划调度员进行统计计算,再由企业的运营部门进行考核。线路现场的记录内容为:站点记录表和单车随车记录表。

9.10 安庆市公共交通系统运营实例分析

9.10.1 城市基本现状

安庆市坐落在安徽省西南部,长江中下游的北岸,地处皖、赣、鄂三省结合部。其区域介于东经 116°57′17″至 117°14′15″,北纬 30°28′28″至 30°42′42″之间。市区沿长江距上海、南京、武汉、重庆分别为 692km、300km、433km、1000km,沿公路距上海、南京、合肥、池州、九江、黄石分别为 580km、300km、160km、60km、300km、300km。辖安庆市区、桐城市和怀宁、枞阳、潜山、望

江、太湖、宿松、岳西七县，总面积 15398km²，占全省总面积的 11.04%。市区辖迎江区、大观区、宜秀区、开发区四区，现状总用地面积为 821km²，建成区面积 77.32km²。

安庆市是安徽省内工业较发达的城市，产业基础与设施基础较好。在安徽省城镇体系中，安庆市与马芜铜作为横向发展带，与合肥领跑的纵向发展带共同构成安徽省城镇密集带，发挥片区中心的作用。随着长三角沿长江经济带"西向泛化"的趋势越来越明显，安庆作为长江经济带连接武汉都市圈和南京都市圈的纽带城市，将会依托长三角和长江经济带获得更多的发展机遇。结合安徽省城镇体系规划设想、安庆市自身特点及现状城镇布局结构和发展条件，规划形成"一主三副，两带多点"的城镇空间布局结构。"一主"是以安庆中心城区为"大宜城"区域综合主中心。"三副"分别是指围绕在安庆中心城区周边的枞阳、怀宁和池州大渡口三个区域，为"大宜城"区域的次中心城市。"两带"分别指安庆城镇群依托中心城区向周边延伸，形成的沿江城镇发展带和安（庆）怀（宁）城镇发展带。"多点"指的是区域内沿两条主要发展带形成的多个重点发展区域，包括海口、皖河农场、月山等地区。根据《安庆市城市总体规划 2010—2030》，中心城市形成"一城两翼，两心七片、山水交融、环状组团"的城市空间结构形态。总的空间结构为"主城区＋外围组团"，其中"主城区"的结构又可概括为"一城两翼"。中心城区规划范围如图 9-3 所示。

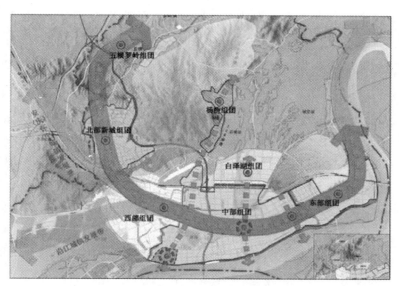

图 9-3　安庆市规划中心城区范围（2010—2030）

9.10.2　公共交通发展现状

公共交通作为城市公共基础设施，是解决城市日益严重交通问题的重要手段。城市公共交通是城市中供公众乘用的经济方便的各种交通方式的总称。目前安庆市的城市公共交通系统主要由常规公交车和出租车组成。

安庆市公共交通主要由安庆中北巴士有限公司经营管理，现状共计 26 条公交线路，其中 2条为免费专线线路。

至目前为止，安庆市已有公交线路 26 条，配车数 400 台（432 标台），年客运量 6026.54 万

207

人次。目前具体线路设置如下：1、2、3、4、5、6、7、8、9、10、11、12、13、14、15、17、18、19、20、21、22、26、28路、新宜专线、任店专线和大桥专线。

现状运营公交线路总长度360km，现状建成区的核心区范围内（站南路、龙眠山路、沿江路、德宽路、集贤路围城区域内）线网总长度73.4km，线网密度2.58 km/km²，中部组团的建成区范围内公交线网长度为95.2km，线网密度为1.73 km/km²；平均每万人拥有公交车5.8标台。目前公交平均线路长度为13.8km（除3条专线外），日均客运量16.6万人次，公交分担率为7.3%。安庆市历年公交发展状况如表9-3所列。

表9-3　安庆市现状公交线路走向一览表

项目/年份		2005年	2006年	2007年	2008年	2009年	2010年	2011年	2012年
车辆数/台		244	265	290	292	311	341	376	400
线路数/条		16	20	20	20	20	21	25	26
营运线长/km		226	295	299.5	304.6	303.3	318.4	347.7	360
客流量/万人次	年总人数	2905.09	3642.81	3955.25	4624.55	4927	5227.43	5783.09	6026.54
	日均人数	7.96	9.98	10.84	12.67	13.5	14.32	15.84	16.51

安庆市现状出租车保有量为1782台，城区出租车每辆日均载客80人次，日均客运量14.3万人次，分担率为6.9%，平均拥有率为2.4辆/千人，国家规范中等城市应超过0.5~2辆/千人，目前出租车拥有率偏高。

9.10.3　公交线网现状分析

1. 公交线网布局分析

安庆市公交线网布局图见图9-4。根据现状线网布局方案，限于安庆市城市总体布局，公交线路走向布局主要以南至北为主，辅以东至西、西南东北向交叉线路，且线路的直达性较差。南北走向：3、7、8、9、14、21、22、26、28路、大桥专线；东西走向：2、5、12、15、18路；西北至东南：1、4、13、17、20路；西南至东北：6、10、11、19路、新宜专线、任店专线。

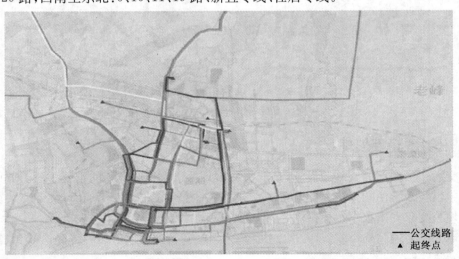

——公交线路
▲ 起终点

图9-4　公交线路现状布局空间架构图

2. 公交线网指标分析

1) 线路长度及非直线性系数分析

线路长度与城市的规模、城市居民的平均乘距等大小相关。合理的公交线网中单条线路不宜过长或过短,线路过长将导致公交线路的单程行驶时间过长,降低行车准点率,增加乘客的候车时间,线路断面客流差别也较大,容易导致运能的浪费;线路过短既增加乘客的换乘次数,又使车辆在终点站的停靠时间相对延长而降低运营车速。一般来说,市区内单条公交线路长度宜为 8~12km,这是国家对公交线路长度的规定。目前安庆市公交线路的平均线路长度较为合理,个别线路较长。

非直线性系数又称线路曲折系数,是公共交通实际线路长度与起讫点的空间直线距离的比值,环行线路的非直线性系数是对线路上的主要枢纽点(或最远的两节点)间衡量的。公共交通线路走向受道路条件的限制,始终保持直线行驶是很难的,而且在线网密度低的区域笔直线路对乘客也是不利的。因此线路的非直线系数在 1.2~1.3 之间为好,最大不宜超过 1.4,这样有利于提高行车速度,缩短乘车时间。经计算求得安庆市公交线网的平均非直线系数为 1.67,大于规范有关公交线路的非直线系数不应大于 1.4 的规定。安庆市 26 条线路有 14 条公交线路的非直线系数超过了 1.4,且有 8 条公交线路的非直线系数超过了 2,大于《规范》的建议值。

2) 公交线网密度分析

公交线网密度是反映城市居民接近公交线网程度的一个重要指标。线网密度是指城市有公交线路服务的每 1km² 用地面积上有公交线路经过的道路中心线的长度。根据《城市道路交通规划设计规范》中的规定,在市中心区规划的公共交通线路网的密度,应达到 3~4km/km²;在城市边缘地区应达到 2~2.5km/km²。公交车保有量一定时,公交线网密度过高或过低,都会造成非车内出行时间(候车时间与步行时间)的增加。

现状建成区的核心区域:主要集中在集贤路、站南路、龙眠山路、沿江路和德宽路围城的区域内,面积为 28.4km²,现状公交线路主要也主要集中在该区域范围内,该区域范围内公交线网长度为 73.4km,线网密度为 2.58km/km²。

中部组团现状建成区范围:包括现状建成区的核心区以及东部新城,现状建成区面积约为 55km²,在该区域范围内现状公交线网长度为 95.2km,线网密度为 1.73km/km²。现状安庆市建成区的核心区和中部组团的建成区两个区域内公交线路密度都偏低,北部新城的公交线网密度更低,仅有 2 条公交线路通过。与《城市道路交通规划设计规范》中规定市中心区公共交通线路网的密度应达到 3~4km/km² 的要求相比,线网密度偏低,尤其是东部新城和北部新城公交服务盲区较大。

3) 公交线路复线条数分析

公交线路重复系数是指公交线路总长度与线路网长度之比。计算得到安庆市现状公交线路重复系数为 2.1。根据《交通工程手册》推荐重复系数 1.25~2.5,安庆市的公交线路重复系数以不大于 2 为宜。

9.10.4　公交运营及管理现状

安庆市公共交通目前是市场化管理体制,进入企业目前只有一家公司,由安庆中北巴士有限公司负责运营管理。安庆中北巴士有限公司成立于 2004 年 12 月,是由安庆城市建设投资发展(集团)有限公司与南京中北(集团)股份有限公司合资组建而成。公司下设四个车队、一个修理厂、九部一室,现有员工 1291 人。市区线路全部启用了智能卡(IC 卡)和 GPS 调度装置,部分场站安装了监控系统,初步实现公交智能化调度管理。

1. 现状公交线路客流量分析

根据公交公司提供各线路客流量和课题组跟车抽样调查各线路客流量,综合分析现状公交日客运量为 16.61 万人次,各线路日客运量见表 9-4。其中 5 条线路日客运量超过 10000 人次,分别为 1、5、7、14 和 15 路,以 7 路客流量最大,超过了 20000 人次。运营车辆平均单车客运量为 468 人次/(辆·日)。

表 9-4 安庆市现状各线路公交日客运量

线路编号	起终点	日均客流量/(人次/日)	线路编号	起终点	日均客流量/(人次/日)
1 路	汽车站 / 莲花铺	18322	14 路	安科余良卿 / 大观楼	11208
2 路	长青 / 长风	5101	15 路	安庆职院 / 北正街	15630
3 路	迎江寺 / 杨桥(花山)	7737	17 路	长青 / 客运中心站	2812
4 路	汽车站 / 龙泉岭	3973	19 路	狮子山公园 / 火车站	5575
5 路	菱湖 / 长青	18432	20 路	客运中心站 / 安庆大学东门	697
6 路	客运中心站 / 大枫中学	2713	21 路	迎江寺 / 花园村	300
7 路	迎江寺 / 光彩大市场	23510	22 路	安庆大学 / 五横社居委	1066
8 路	狮子山公园 / 华林公司	6928	26 路	宜城水岸 / 英德利汽车城	2268
9 路	红旗小区 / 西湖绿州城	9380	28 路	宜城水岸 / 英德利汽车城	4107
10 路	西湖绿州城 / 大观楼	3924	新宜专线	新宜小区 / 红旗小区北大门	350
11 路	宜城水岸 / 客运中心站	5724	大桥专线	安庆客运中心站 / 大渡口镇汽车站	1061
12 路	红旗小区 / 狮子山公园	9446	任店专线	长青 / 任店新村	500
13 路	江花小区	2321	合计:166085 人次/日		

2. 现状道路断面公交客流分析

图 9-5 为安庆市现状道路断面单向公交客流量分布图,从图可以看出现状集贤南路、湖心路和华中路的高峰小时单向公交客流量最大,其中集贤南路断面(菱湖南路—菱湖北路)单向公

交客流量最大为 981 人次／h。现状南北向道路较少，公交线路过于集中，导致公交客流量也集中在几条主要道路上。

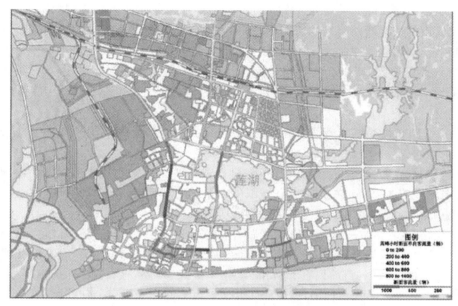

图 9-5　安庆市现状道路断面单向公交客流量分布图

3. 现状公交站点客流分析

由调查统计数据可知，安庆市各个公交站点的客流量十分不均衡，市一院、吴越街、汽车站、客运中心站等站点客流量过大，特别是高峰时段站点人流较多，甚至影响到车辆的正常运行。

4. 现状公交 O-D 客流分布

调查得知：安庆市现状公交出行分担率约为 7.3%，公交出行总量为 16.6 万人次／日。其出行主要集中在核心区的 3、8 号小区。纵观全局，公交出行 O-D 分布主要集中在老城区和凌北开发区之间，其他地区较小，这说明安庆市的公交线路覆盖面过于集中，新建区域公交线路覆盖面偏小。

9.10.5　公交现状问题解析

安庆市公共交通已具有一定的规模，并且为城市的经济建设做出了重要的贡献。但通过以上的调查分析可知现状公交车交通还存在着一些问题，这些问题的存在削弱了公交的优势，制约了公交的发展。

1. 现状公交线网存在问题总结

（1）公交线路布设范围过于集中。现状的公交线路主要分布在老城区、集贤路、龙眠山路和光彩市场周边，东部新城和北部新城仍存在很多公交线路空白区。并且老城区内部路网薄弱，线路过度集中在几条主干道上，造成道路压力过重，严重影响了居民的出行效率。

（2）城市建成区范围不大，城市居民出行半径较小，公交出行缺乏对市区居民的吸引力。现状公交出行客流主体为进出城的乡镇客流，客运站成为公交的主要集散点。而城市居民由于出行半径较小，自行车、电动车出行更为便捷，加之公交线路非直线性系数较高，市内居民出行不便,造成公交出行缺乏对市区居民的吸引力。

(3) 公交线路非直线系数过高,存在公交服务薄弱地区。目前,绝大多数公交线路的非直线系数超过了 1.4,其中有 7 条公交线路的非直线系数超过了 2,远远大于《规范》的建议值。这说明现状安庆市的公交线路绕行的情况比较突出,公交线路过分集中,线路重复系数较高,给居民出行造成很大不便。为提高线路的便捷性,公交线路一般都呈对角线、L 形、一字形布设,避免弓字形线路的布设,降低公交运行效率。目前安庆市公交线路为满足长度需要、线路并线过长等问题,在市区内绕行较为严重,如 7、8、9、14 路等公交线路,增加了市民出行单程出行时间。

(4) 公交线路布设受城市道路布局影响,造成几条通道上复线条数过高,交通压力过大的局面。

南北向公交线路主要由集贤路、湖心中路和龙眠山路 3 条通道,湖心路穿湖而过,两侧公交客流不大,因此多数线路集中在集贤路和龙眠山路上,待纺织南路和双岗路打通后,可调整部分公交线路至双岗路,缓解集贤路和龙眠山路交通压力。

东西向线路,老城区内主要集中在人民路、孝肃路和菱湖南路上;莲湖以北区域目前线路布设密度较小,除火车站、光彩市场附近,其他横向道路上公交线路布设不多,存在公交线路盲区;东部新城主要是横线线路,目前仅有 2 路和 15 路两条公交线路,存在较大服务盲区。

(5) 多数线路末班车收车较早,造成夜间公交出行不便。安庆市公交线路基本实现智能化调度管理,首末班车发车收班准点率高,但多数线路末班车收车较早,造成夜间公交出行不便,建议适度推迟末班车收车时间,夜间运行可增大发车间隔,节约运营亏损。

2. 现状公交场站存在问题总结

(1) 现状部分停车场地用地得不到保障、保修场地规模不足。

现状安庆市公交停车场仅有菱湖、长青、西湖绿洲城、英德利汽车城和客运中心站五处,场站面积共计 2.34m²,除去维保面积,五处场站面积合计 2.14 万 m²,停放 320 辆公交车辆,车均停车面积仅 67m²,不足国家规范指标的 1/2。

保修场地仅在菱湖、长青、英德利和西湖绿洲城四处场站建设了维修场地,仅能保证 3% 车辆的保修场地。

目前停车和保修场地均较小,且分布较为集中。

(2) 首末站用地得不到保障,车辆无调度、调头场地,无法新增布设新的线路。

现状仅有 13 个首末站有调车场地,其他首末站车辆全部路边停放,在道路上进行调头,存在较大的安全隐患,且对道路交通正常运行造成很大影响,降低城市道路通行能力,极易造成拥堵。建成区范围内问题最为突出的是沿江路上公交首末站问题,沿江路为城市最南端,很多线路末端都到沿江路,但沿江路现状公交站点 3 处有用地,合计面积仅 2124m²,仅能满足 3~4 条线路的调头场地,但现状沿江路(包括狮子山公园)始发线路多达 12 条。新建区也没有规划建设首末站用地,现状公交线路基本全部路边调头,随车安庆市道路交通量的持续增长,新建区的公交线路将存在和老城区同样的问题,无处调头,公交线路无法延伸布设。

(3) 现状无换乘枢纽,造成部分线路过长。

随着安庆市建成区的不断外扩和周边乡镇与市区之间的出行客流不断增长,居民出行距离不断增长,由于现状没有换乘枢纽,乡镇线路直接延伸到老城区中心和主要客流集散点,不但增加了线路长度,也增加了道路交通压力。

（4）公交停靠站缺少港湾式设计。

公共交通中途停靠站的位置、间距、站点形式和规模对公交系统的正常运营有很大影响。目前安庆市设置港湾式停靠站点的道路为数不多，公交中途停靠站点对道路通行影响较大。

（5）首末站的建设也没有与地产开发保持同步。

安庆市规划新建城区的首末站建设未纳入考虑，仅根据城市建设扩张，线路延伸后自发形成站点，用地和使用时限上并没有明确。另外还存在一些具有一定规模的居住区和公建区没有配备首末站而难以开通公交线路的情况，这给市民出行带来困难，由于城市公交无法触及，造成电动车、摩托车出行量日益增多，制约了城市公交的发展。

思　考　题

1. 城市公共交通运营的类型有哪些？
2. 运营车辆运行定额主要包括哪几个方面的内容？
3. 线路车辆数的基本计算公式是什么？
4. 行车作业计划的编制原则有哪些？
5. 城市公交的现场调度的含义是什么？
6. 正点行车的基本含义是什么？

第10章
城市公共交通系统成本效益分析

10.1　成本效益分析简介

　　成本效益分析(Cost-benefit Analysis)是通过比较项目的全部成本和效益来评估项目价值的一种方法,常用于评估需要量化社会效益的公共事业项目的价值。

　　成本效益分析法是企业对若干技术方案进行分析、评价、优选最优方案时应用的一种方法。对技术方案评价的内容很多,但一般可归为两类:一类是耗费类,如投资、材料、工时等;另一类是效益类,如销售收入、利润等。前者称为成本目标,后者称为效益目标。对成本目标要求越小越好,对效益目标要求越大越好。用成本目标和效益目标进行对比分析来评价方案,称为成本效益分析。成本效益分析是以经济理论为基础,以寻求最大社会经济福利为目的的经济理论。其目标是改善资源分配的经济效果,追求最大的社会经济效益,其基本原理是:

　　第一,一个人的满足程度和他的经济福利水平可以用人们为消费商品和劳务而愿意支付的价格来衡量。

　　第二,用个人货币值的累加值来计量社会福利。

　　第三,不使任何一个成员的福利增加,也不使其他人的福利减少。但事实上,在任何一种变革中,部分人受益难免不使另外的人受损,因而提出了一个补偿原则:如果在补偿受损失者之后,受益者仍比过去好,对社会就是有益的。

　　第四,当社会净效益即社会总效益与总成本之差最大时,社会资源的使用在经济上才是最有效的。

10.1.1　财务成本效益分析的主要指标

1. 净现值和贴现率

　　在成本效益分析中,往往跨越较长的时间,任何项目的成本和效益都与建设周期、工程的使用寿命以及政策执行的长短有关。因此必须考虑时间因素。为了比较不同时期的成本和效益,人们对未来的成本和效益打一个折扣,在经济计算中,用贴现率作为折扣的量度,考虑了一定贴现率的未来的成本或效益称为成本或效益的现值。把不同时间(年)的成本和效益化为同一时间(年)的现值,使整个时期的成本或效益具有可比性。计算公式为

$$PVC = \sum_{t=1}^{n} \frac{C_t}{(1+r)^t} ; PVB = \sum_{t=1}^{n} \frac{B_t}{(1+r)^t}$$

式中　　PVC——总成本的现值;

PVB——总效益的现值；

C_t——第 t 年的成本；

B_t——第 t 年的效益；

r——贴现率；

t——时间（通常以年为单位）。

投资项目投入使用后的净现金流量，按资本成本或企业要求达到的报酬率折算为现值，减去初始投资以后的余额，称为净现值。其计算公式为

$$NPV = \sum_{t=1}^{n} \frac{NCF_t}{(1+k)^t} - C$$

式中　NPV——净现值；

NCF——第 t 年的净现金流量；

k——贴现率（资本成本或企业要求的报酬率）；

n——项目预计使用年限；

C——初始投资额。

在使用成本效益分析法时，要考虑资金时间价值这一因素，即把未来的成本和效益按一定的折扣变为现在的价值，这个折扣率就是贴现率。

只有净现值指标大于或者等于零的投资项目才具有财务可行性。

2. 投资回收期

投资回收期是指净现值为零时的系统使用时间，即收回全部系统投资的时间。投资者总是希望缩短开发周期，使系统尽早投入使用，及早创造效益。显然，投资回收期越短，系统进行投资的效果也就越好，项目开发的可行性越大。投资回收期是反映项目财务上投资回收能力的重要指标。投资回收期自建设开始年算起，同时应注明投资开始年算起的投资回收期。投资回收期的计算方法因每年的营业净现金流量是否相等而有所不同。

如果每年的营业净现金流量（NCF）相等，则投资回收期可用下式计算：

$$投资回收期 = 原始投资额/每年 NCF$$

如果每年的营业净现金流量（NCF）不相等，那么计算回收期要根据每年年末尚未回收的投资额加以确定，即

投资回收期＝［累计净现金流量出现正值年数］－1＋［上年累计净现金流量绝对/当年净现金流量

将项目评价求出的投资回收期与部门或行业基准投资回收期比较，当项目评价求出的投资回收期小于行业基准投资回收期时，就认为项目在财务上是可行的。

3. 内部收益率

内部收益率是指在项目开发的生命期内，净现值为零时的贴现率。内部收益率实际上反映了投资项目的真实报酬，是用以反映项目获利能力的动态评价指标，目前越来越多的企业使用该项指标对投资项目进行评价。内部收益率的计算公式为

$$\sum_{t=1}^{n} \frac{NCF_t}{(1+k)^t} - C = 0$$

式中　NCF——第 t 年的净现金流量；

r——内部收益率；

n——项目预计使用年限；

C——初始投资额。

10.1.2 财务成本效益分析方法

1. 净现值法

净现值法是指在投资项目的寿命期内,将所有的成本和效益按照一定的贴现率折算为成本现值和效益现值,如果效益现值减去成本现值后的差额大于零,则该投资项目就是可行的。

2. 现值指数法

现值指数法是指在投资项目的寿命期内,计算所有的效益现值与成本现值之比,如果该比率大于1,则投资项目就是可行的。

$$现值指数 = \sum_{k=1}^{n} \frac{I_k}{(1+i)^k} / \sum_{k=1}^{n} \frac{O_k}{(1+i)^k}$$

式中　n——投资项目的寿命期;

I_k——第 k 年的现金流入量;

O_k——第 k 年的现金流出量;

i——预定的贴现率。

3. 内部收益率法(IRR 法)

内部收益率是指能够使投资方案的净现值为零的贴现率。这种方法就是通过计算内部收益率并将其与所要求的贴现率相比较,如果比值大于1,一般情况下该投资项目就是可行的。

上述方法各有各的特点,具有不同的适用性。一般而言,如果投资项目是不可分割的,则应采用净现值法;如果投资项目是可分割的,则应采用现值指数法,优先采用现值指数高的项目;如果投资项目的收益可以用于再投资时,则可采用内部收益率法。在实际应用过程中,通常综合使用多种方法进行分析,将不同方法的分析结果汇总处理,权衡利弊,最终确定项目的可行性。

10.2 城市公共交通系统成本分析

随着城市交通的发展,各种交通成本费用大大增加。这些成本不仅仅指可以通过市场价格体现出来的财务成本(如燃油费等),还包括那些非市场价格成本(如环境污染等)。总体说来,公共交通成本主要是指公交乘客的出行需要社会或个人所支付的全部货币,主要由以下几方面构成:公交企业和政府部门所担负的使用成本和基本成本、出行者所付出的出行时间成本和出行对社会所造成的社会成本。公交运输成本构成的详细信息如图 10-1 所示。

从以上分析可以推出,公交运输总成本的数学表达式:

$$C = f(W, B, E, T) \tag{10-1}$$

式中　C——公交运输总成本(Full Cost);

W——运营成本(Working Cost);

B——基本成本(Basic Cost);

S——社会成本(Society Cost);

T——出行时间成本(Trip Time Cost)。

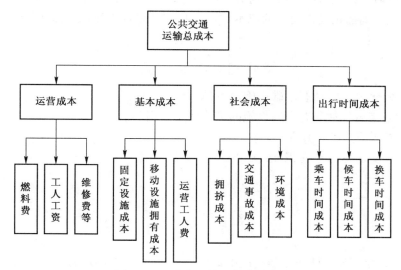

图 10-1　公交运输总成本结构图

10.2.1　运营成本

运营成本(W)主要指公交企业为公交的正常运营花费的各种费用,主要包括购车费、维修费、燃耗费、工人工资和停车场地的租用费等。购车费为一次性的费用,本文不予考虑,因此使用成本的公式为

$$W = \frac{N_\text{车}(C_\text{维} + C_\text{驾} + C_\text{保} + C_\text{养}) + (mC_\text{管} + nC_\text{燃}) + C_\text{租} + C_\text{其他}}{M}$$ (10-2)

式中　W——运营成本(元/人);

$\quad N_\text{车}$——公交车数量;

$\quad C_\text{维}$——每辆公交车的维修费用(元/辆·天);

$\quad C_\text{驾}$——公交车往返一次的平均燃油费(元/辆·次);

$\quad C_\text{保}$——驾驶员的平均工资(元/天);

$\quad C_\text{养}$——公交车平均保险费(元/辆·天);

$\quad m$——公交条数;

$\quad C_\text{管}$——管理每路车的人员的工资(元/路·天);

$\quad n$——每条路线公交车日发车次数(次/条·天);

$\quad C_\text{租}$——租赁停车场地费(元/天);

$\quad M$——所有公交车平均日乘客数(人/辆·天)。

10.2.2　基本成本

公交基本成本 B 主要包括动态基础设施成本 DB(道路基础设施建设成本)和静态基础设施成本 SB(停车设施成本)。由于交通量每时每刻都在发生变化,所以道路基础设施成本的模型主要按单位车辆在行驶过程中每个乘客单位面积所应付出的成本,而停车场设施成本的模型按交通工具的单位占地面积进行建模。

217

因为只要道路存在就可能会有交通方式的发生,动态基础设施成本就会随之变化,故该项成本是一个时时刻刻都在发生变动的成本,这里的动态指的是交通工具的状态。动态基础设施的成本的公式如下:

$$DB = \left(\frac{C_{DB}}{365 \times T}\right) \times \frac{s}{M} \qquad (10-3)$$

式中　DB——公交占用的动态基础设施成本(km);

　　C_{DB}——公交对各种动态交通设施的平均使用费用(元/m²);

　　T——基础设施的使用年限(年);

　　s——公交运营占地面积(m²)。

C_{DB}的计算公式为

$$C_{DB} = \frac{\sum_i l_i c_i}{\sum_i l_i} \qquad (10-4)$$

式中　l_i——公交车占用 i 种动态基础设施长度(km),i=1、2、3 分别指主干道、干道、支路,一些城市还包括快速路;

　　c_i——公交车占用的 i 中基础设施的单位面积费用(元/m²),主要为建设费用和使用费用(假设公交车占用各种基础设施的车道宽度均为 3.7m)。

随着我国公交事业的发展,许多城市都出现了公交场站设施发展滞后的问题,并制约了公共交通的进一步发展。因此,公交场站的规划设计已越来越引起公交企业、部门的重视,通过对动态基础设施成本公式变形,得到静态基础设施公式如下:

$$SB = \left(\frac{C_{SB}}{365 \times T}\right) \times \frac{s'}{M} \qquad (10-5)$$

式中　SB——公交的静态基础设施平均成本(元/人);

　　C_{SB}——静态基础设施的使用费用(元/km²);

　　T_i——第 i 种静态基础设施的使用年限(年);

　　s'——公交车所占的静态面积(m²)。

C_{SB}的计算公式为

$$C_{SB} = \frac{\sum_i s_i c_i'}{\sum_i s_i} \qquad (10-6)$$

式中　s'——公交车占用第 i 种静态基础设施的面积(m²),i 主要包括路边停车场、公交场站等;

　　c_i'——公交车主要占用第 i 种静态设施的成本(元/m²)。

式(10-3)和式(10-5)分别假设道路、停车场建设残值忽略不计,计算时的费用不考虑年值。

10.2.3　社会成本

公交车出行成本比经营者和消费者实际承担的高得多,两者之间的差额就是社会成本,该成本通过各种渠道被转嫁给了同城市交通经营者、与消费无关的人或所有的城市居民。城市交通在向人们提供可达性的同时，也给城市带来了很多的负面效应，产生了消费者成本外部化。公共交通的社会成本 S 主要包括以下三个方面：拥挤成本 CC(Congestion Cost)、环境成本 EC(Environment Cost)、交通事故成本 AC(Accident Cost)。

1. 拥挤成本

从交通工程学的角度，拥挤成本(CC)是指道路交通密度达到一定的程度时，车辆之间出现相互干扰，造成车速下降，导致用户出行成本上升。

拥挤成本是指交通拥挤给出行者及社会带来的额外费用，包括货币支出的增加(由于车辆磨损的加剧而带来的额外费用)和时间支出的增加。其中，时间支出是拥挤成本的主要方面，因此本文主要研究这个方面。

拥挤成本理论假设：出行者抵达目的地的时间是固定的，即提前或推迟到达目的地给出行者带来的单位时间成本都大于出行者正常的单位时间成本，因此出行者必须按理性预期的出行时间，准时到达目的地。因此，道路拥挤成本是由于道路拥挤使出行者在路上多花费的那部分时间价值，即出行时间延误成本。因此，拥挤成本的计算公式为

$$CC = V_{ot} \cdot T/N = V_{ot} \cdot \left(\frac{L_C}{V_C} - \frac{L_C}{V} \right) / N \qquad (10-7)$$

式中　CC——公交车的日拥挤成本(元/人)；

　　　V_{ot}——某城市的单位时间价值(元/h)，计算见式(10-6)；

　　　T——公交车出行的日损失时间；

　　　L_C——拥挤时公交车平均行驶里程(km)；

　　　V_C——公交车的拥挤速度；

　　　V——公交车的正常行驶时的行驶速度；

　　　N——拥挤时乘公交的人数。

$$V_{ot} = \sum_i^k \frac{\overline{GDP_i}}{365 \times \varepsilon P} P_i \qquad (10-8)$$

式中　$\overline{GDP_i}$——i 城市人均国民生产总值(元)；

　　　k——影响区的分区数；

　　　P——影响区的总人口数(人)；

　　　P_i——第 i 区的人口数(人)。

2. 环境成本

环境成本(EC)主要包括噪声成本 NC(Noise Cost)和大气污染成本 APC (Air Pollution Cost)。由于我国目前环境经济政策的状况和存在的问题，相对来说，计算交通环境污染成本是一个非常复杂而又非敏感的问题。

在环境成本定量化计算的方法中，维持费用法是最常用的方法，其计算消减大气污染的必要费用、治理环境污染、减少交通工具对环境的破坏所需要的投资。本文主要利用此种方法，计算公共交通环境成本。

参照美、日、欧客车污染物的损害，利用维持费用法对我国的高速公路污染物的排放标准进行相应的调整，可得出我国高速公路上大巴的环境污染成本(表 10-1)。

根据我国城市道路的公交车的运行情况与大巴在高速公路的运营情况对比，取公交车噪声和大气污染的损害均为高速公路的两倍计算。则每辆公交车的环境污染损失为

表 10-1　环境污染损失成本　　　　　　单位:元/(人·km)

项目	噪声	大气污染
高速公路(大巴)	0.0011	0.0102

$$EC=0.0226L \tag{10-9}$$

式中　EC——环境成本(元/人);

　　　L——一辆公交车一天行驶的公里数(km/天)。

3. 交通事故成本

交通事故成本(AC)涉及对人类生命价值的评估,目前各国采用的评估方法一般是用死亡人数和受损的物质的数量乘以这些死亡和物质受损的单位成本,一般假设物质损失的估价等同于损坏的货币化成本。按照我国目前的现状,死亡人员的损失可按照其余生所创造的 GDP 来计算(名义工资可看作是劳动力对 GDP 的边际贡献,名义工资取职工年平均工资的两倍)。据统计,交通事故的死亡人员的平均年龄为 35 岁,2006 年平均在岗人员的工资为 21001 元,则每人的名义工资为 42002 元,计算取 4.2 万元,则死亡人余生 25 年能创造的 GDP 为 105 万,结合我国国情,取 70 万元。因受伤人员的损失差别很大,医疗费用和劳动能力的损失程度也有极大的差异,平均暂按 5 万元/人计算。

本文在分析交通事故成本时,是通过最近几年的交通事故数据,进行再分担到公共交通上,公交车所发事故数约为总事故数的 2% 左右,所以 AC 的计算结果为

$$AC=2\%(7\times10^5 N_{死}+5\times10^4 N_{伤})/(365\times M) \tag{10-10}$$

式中　$N_{死}$——交通事故死亡人数;

　　　$N_{伤}$——交通事故受伤人数。

因此,公共交通的社会成本的公式为

$$S=CC+EC+AC \tag{10-11}$$

4. 城市公交系统社会成本内部化

城市交通成本内部化是指通过各种措施,使得城市交通工具使用者承担自己所制造的所有成本,包括个人成本和社会成本,以使社会资源得以公平、有效地利用。

城市交通社会成本内部化的作用

(1) 人们愿意选择私人交通方式出行,主要是因为有很大一部分的成本是由社会承担的,城市交通社会成本内部化可以起到以下几个作用:

① 在出行之前正确引导人们的出行行为,减少不必要的出行,从而减少对道路资源的使用。

② 指导人们的出行选择,使私人交通和公共交通公平竞争,既有利于对道路、燃油等社会资源和能源的高效利用,又解决了部分交通问题,减少了各种环境污染。

③ 有助于优先发展公共交通政策的实施,以提高公共交通出行比例,提升社会公平感,减少社会犯罪。

(2) 城市交通社会成本内部化的措施。

城市交通社会成本的内部化可以从经济手段上来进行实施。

① 收取拥挤费用:在交通过分拥挤地区或路段如城市 CBD 区,或在交通高峰期,对私人交通采取拥挤收费制度。近年来不少国家采用,如新加坡。

② 变更停车费:在交通拥挤地区,不同时段对私人小汽车收取不同的停车费,特别是在交通比较拥挤的时段,对小汽车收取更多的停车费。

③ 税收制衡:包括车辆购置税、车辆里程税、汽油和柴油税等。

④ 收取环境污染费:环境污染是私人交通带给社会诸多成本中最为危害的成本之一,也是最难以量化的一部分。实际操作时,可以通过意愿支付法估得人们对环境的意愿支付,再根据车辆的行驶里程进行收取。

10.2.4　出行时间成本

出行时间成本(TTC)主要指用货币来衡量出行者在整个出行过程中消耗的时间。本文中出行时间模型主要按照公交车出行时间乘以单位时间的价值进行建模。因此,公交车出行时间成本公式为

$$T = (t_{候} + t_{乘} + t_{换})V_{ot} = \left(t_{候} + \frac{T}{V} + t_{换}\right)V_{ot} \qquad (10-12)$$

式中　T——公交车出行时间成本(元/人);

　　　$t_{候}$——出行者候车时间(min);

　　　$t_{乘}$——出行车乘车时间(min);

　　　$t_{换}$——出行车换乘时间(min);

　　　T——公交车平均出行距离(km);

　　　V——公交车的平均速度(km/h)。

10.3　城市公共交通系统效益分析

公共交通项目的具体贡献应当加以强调,尤其是它把城市文明从机动车统治的社会里解放出来所作的贡献。应该努力把首要任务集中在公共交通对提高城市活动可达性方面的指标上,改善城市环境(例如减少城市运输的社会成本,保护了公共区域的质量)以及公共交通对于保持自然生态平衡的贡献(节约非再生资源,减少绿岛效应)。而且,公共交通的收益应当和它提供的各种服务的改善相关(舒适性、准时性、信息、安全等)。它的基础是,为了服务的改善,旅行者准备偿付一定的金额。这种偿付措施充分利用了公共交通带来的有利影响。下面从有形效益和无形效益两个方面来对城市公共交通系统的效益进行分析。

10.3.1　有形效益

1. 降低居民出行时间和费用

随着社会的发展,机动车辆的迅速增加导致城市交通拥堵越来越严重,成为市民出行的最大困扰。城市公共交通的发展可以改变居民出行结构,倾向于选择公共交通系统作为主要出行工具,既节省了交通费用也缩短了出行时间。降低环境污染与能源消耗,节约城市用地,减少了城市基础设施的投入。

提高公共交通的运行效率,可吸引更多的人改乘公交车,减少私人汽车在市区的使用,从而减少汽车尾气的排放,降低环境污染,并有效缓解市内停车场用地。

从能源情况看,较之私人交通,公共交通人均使用油耗明显要低。有资料显示,公共交通的人均能源消耗仅为私人交通的 1/3。

城市基础设施建设投入的减少是因为发展公共交通后,私人车辆出行减少,车辆对城市道路的使用减少,城市用于道路建设的改建、新建投入也随之减少。而且,私人车辆出行的降低也会导致对停车设施需求的下降,从而降低对停车设施的投入。

2. 改善城市交通拥挤,减少交通事故

城市公共交通特别是快速交通(BRT)的发展,能够及时疏解大量密集任期内,而且因设有专门的运行轨道,避免了拥堵时反复的加减速、停车及超车,有效的改善了城市的交通拥挤,减少了交通事故的发生,增加了安全性。

10.3.2 无形效益

1. 增加社会就业

发展公共交通为社会剩余劳动力提供大量的就业渠道,增加了就业机会。城市公共交通的建造需要大量的劳动力,建造过程中消耗大量物资。而这些物资又需要工人来生产,另外公共交通系统运行后需要大量的司机、环卫等从业人员。这样,公共交通的简历可带动相关行业的发展,提供大量就业岗位。

2. 提高城市形象和社会公平感

公共交通的发展不仅仅增加了社会就业机会。同时也提高了路网的通畅性和土地的可达性,从而改善了城市布局的合理性,美化了城市景观,提高了城市的整体形象。而且,公共交通的发展给那些无车阶层以社会公平感,也降低了社会犯罪率。

10.4 建立成本效益分析模型

在本文中,以城市公交系统 BRT 为例建立成本—效益分析模型并进行计算、评价来优选元素组合方案。

国内城市公共交通的主要问题是,公交需求量大、运营效率低、服务水平差、客运能力小、行程时间长。因此,不能照搬国外的指标,在 BRT 规划中从改善公交系统效率、提高公交服务水平、提升公交线网服务便捷性、提高运量、减少行程时间出发,选择 BRT 车辆特征及数量、线路与路口通行方式、乘客等候时间、BRT 车辆行驶时间与行程时间、系统客运能力、服务覆盖范围等 9 项指标进行调查量测,作为衡量系统性能和模型计算的基本元素。

10.4.1 建立评价模型

目标函数的确定有两种方法:①成本—效益法,即规划现状条件不变时,每增加单位投资所提高的服务水平最大化;②成本—效率法,即规划现状条件不变时,每增加单位投资所增加的乘客数量最大化。受经济水平限制,国内大多数城市还没有形成具有一定规模的轨道交通网络,或者还没有轨道交通,城市居民出行时主要依靠公共汽车交通,并呈上升趋势。例如,1997 年,杭州市居民选择公交出行的比例为 13%,2000 年则为 22.2%。在大城市,交通需求通常远大于公交系统所能提供的服务容量。因此,在评价中以提高服务水平、提高系统运量、减少时间损耗和经济节省的方案为重点,即采用成本—效益法。

建立目标函数

$$\min z_1 = p_1 \sum_{i,j \in N} W_{i,j} + \sum_{i,j \in N} (p_2 B_{i,j} - p D_{i,j}) \qquad (10-13)$$

$$\min z_2 = Q_s C_n + L_t C_u \qquad (10-14)$$

$$s. t Q_s C_n + L_t C_u \leqslant F \qquad (10-15)$$

建设 BRT 车辆运行时没有因交通堵塞引起的延误,模型 z_1 在 BRT 满载(平峰时段座椅无空隙,高峰时段假设无座乘客站立)时适用,空载损失由模型 z_2 的校正进行补偿。

式(10-13)中,N 表示 BRT 的站点个数;$W_{i,j}$ 表示乘客途经 i 车站到 j 车站之间的所有车站的等候时间,$i,j \in N$;$B_{i,j}$ 表示乘客在 i,j 站点之间每小时乘坐在 BRT 上时车辆的实际行驶时间;$D_{i,j}$ 表示乘客在 i,j 站点之间的所有 BRT 线路上的平均运行时间与仅走 i,j 之间最短路径所用时间之差;$\min p_1 \sum_{i,j \in N} W_{i,j}$ 表示最小化全部乘客的候车时间;$\min \sum_{i,j \in N} (p_2 B_{i,j} - p_3 D_{i,j})$ 表示最小化 BRT 运营路线的时间货币损失(若为负值则表示最大化运营时间货币节约);p_k 表示货币价值权重($k=1,2,3$);p_i 表示乘客每小时候车时间的货币价值;p_2 表示乘客乘坐 BRT 规划路线与最短路线之间的时间成本之差,其中在最短路上所用的时间可以假定通过私人小汽车等最便捷交通方式获得;p_3 表示每小时乘坐 BRT 车辆的时间价值。

式(10-14)、式(10-15)中,Q_s 表示包括所有线路在内的 BRT 车辆的总数;C_n 表示每辆 BRT 车辆的单价;L_t 表示包含所有规划路线在内的 BRT 线路总长;C_u 表示线路单位建设成本;F 表示财政预算许可的投资总额;$\min z_2$ 表示最小化 BRT 的服务车辆数量及线网投资。这是基于假设 BRT 运营者期望用最小的投入获取最大的运营效益得到。BRT 车辆数量的调节能通过动态监测实现,或者通过统计数据的调查分析得到。在实践中,最大投资 z_2 往往受到财政资金的限制,在模型中通过约束条件式(10-15)来表示。

10.4.2 模型的标定方法和步骤

应用 Matlab 计算目标函数 x_1,z_2,根据 BRT 基本元素的不同组合,首先进行 BRT 路线的几何特征,包括长度、车道数、交叉口、路线突变断面(变宽或变窄)等的数据采集,并通过公交调查估算:高峰时段、平峰时段以及日均 O-D(起讫点)的需求现状及预测;高峰时段、平峰时段各个路线方向的平均行程时间、平均往返行程时间和 BRT 车辆容量等参数。

然后,分 8 步确定目标函数 z_1,z_2 的值。

(1)计算不同元素组合的可行 BRT 方案在高峰时段、平峰时段以及日平均 O-D 需求。

(2)设定理想的最低 BRT 发车频数,分别计算 BRT 车辆在高峰时段,平峰时段的实际运营频数,并根据期望载客率(z_1 函数的假设条件为满载)进行比较调整。

(3)计算高峰时段,平峰时段及日平均的 $W_{i,j}$ 值。

(4)运用各条 BRT 线路的平均行程时间,计算高峰时段,平峰时段及日平均的 $B_{i,j}$,$D_{i,j}$ 值以及在最短路上行驶所用的最小时间。

(5)运用各条 BRT 线路的平均行程时间,分别确定高峰时段、平峰时段运营的 BRT 车辆总规模。

(6)采用专家打分法对权重系数 p_1,p_2,p_3 分别赋值。

(7)计算目标函数 z_1,z_2。

（8）结合财政预算，对可行方案的目标情况进行比较，确定最优方案。

10.4.3 评价并优选元素组合方案

由于目标函数并不唯一，对于不同的 BRT 元素组合方案，对应各函数目标的最优方案可能并不一致。因而只能寻求一种帕累托优化，即在两个目标函数之间寻求使共同目标达到最大的方案，除此之外无论何种目标的改进都必须以牺牲另一目标为代价。

10.4.4 实例计算

2004 年，施伟拔有限公司结合杭州市的实际情况，对杭州市的社会、经济、交通运输、用地需求等做了全面的调查分析，进一步进行了公交客运的相关预测，在规划 BRT 时充分考虑与现有轨道交通方式协作互补的特点，选择 BRT 站点总数（N）、BRT 线路平均长度（L_a）、快速公交总长度（L_b）、轨道与 BRT 线网总密度（D_L）、轨道与快速公交换乘点个数（N_r）、长途公交车站换乘点个数（N_b）、连接主要交通生成区的个数（N_s）、过江通道（轨道及快速公交总和）（N_t）等 8 项元素作为方案规划的基本元素，提出 3 个可行方案，其中方案 2 为推荐方案，见表 10 - 2。

表 10 - 2 BRT 可行方案元素组合比选指标表

方案	N/个	L_a/km	L_b/km	D_L/(km/km²)	N_r/个	N_b/个	N_s/个	N_t/个
1	176	18.5	204	1.37	15	4	105	5
2	160	16.6	183	1.40	14	4	102	4
3	188	19.9	218	1.62	14	4	109	6

结合交通调查数据计算并预测相关数据，根据专家打分法分别赋值 $p_1 = 60$，$p_2 = 0.8$，$p_3 = 6$ 元/h，代入式（10 - 13）、式（10 - 14）进行计算，结果见表 10 - 3。

表 10 - 3 可行方案评价结果表

方案	min z_1/(元·h)	min* z_2/辆
方案 1	7290	2040
方案 2	6585	2050
方案 3	7815	2200

在表 10 - 3 中，* z_2 仅表示算例中各方案中需要的最小 BRT 车辆数，而没有对其投资数额进行计算，这是因为本算例假设各方案选用的 BRT 车辆型号和价格都是相同的，并且各方案中车辆和路线的总投资规模均受到财政预算的统一约束。

评价结果，方案 2 为实现成本—效益帕累托最优的推荐方案。

10.5 总 结

本章针对成本效益分析的有关概念进行了详细叙述，讲解了有关财务成本分析的相关内容，并针对城市公共交通系统的成本效益进行分析总结，以 BRT 公交系统为例，对 BRT 规划的一般框架及系统组成元素的分析，提出了适用于我国城市实情的元素选择及可行方案的评价优选思路,构建了基于成本—效益评价的算法模型。研究通过对杭州市 BRT 规划方案的实例分析,对算法进行了验证。本研究有助于国内各大城市在发展 BRT 的实践中,进行科学准确的方案设计与决策,算法简便,在实践领域具有普遍适应性。

　　每一个交通出行方式都在满足不同的出行需求,通过合理的引导出行需求能够保证选择合理的出行方式,从而达到道路资源的优化配置。成本效益的权衡在出行方式的选择上起了主要的作用。不同出行方式之间的竞争是在同一出行需求的不同出行成本效益比较上产生的。因此,"优先发展公交"战略应通过优化公交在成本效益方面的比较优势,实现对小汽车以及自行车的竞争优势,达到城市交通以公交为主体的目标。同时,引导小汽车以及自行车的出行需求,使其成为公交的重要补充,完善整体的交通出行构成方式。

第11章
城市公共交通系统综合评价方法

城市公共交通系统是一个非常复杂的系统,其复杂性主要表现在两方面:首先是构成要素的多样化,包括运输对象、运输工具(各种车辆)、交通设施;其次是与多种外部关系(如社会活动系统、资源系统)存在紧密关系。

城市公共交通系统综合评价是以公共交通系统为主要研究对象,借助科学的方法和手段,在对公共交通系统的目标、结构、环境、功能、效益等要素进行分析的基础上,构建指标体系,建立综合评价模型。即通过计算和分析,对城市公共交通系统的经济性、社会性、技术性、可持续性等方面进行综合评价,为决策提供科学依据。通过评价,能够清楚地认识到公交现状与社会需求的差距,评价结果对调整公交产业结构与政策,进一步完善公交综合服务均有重要的现实意义。

11.1 概 述

11.1.1 城市公共交通系统综合评价的目的和意义

城市公共交通系统的评价是一项综合性、社会性很强的工作。其评价的主要目的如下:

(1) 在充分了解现状城市公共交通系统中存在的问题和发展特点的基础上,全面、系统地确定城市未来公共交通发展的基本思路、发展方向和规划目标等,进一步改善和优化城市交通条件,体现公共交通优先发展的思想。

(2) 对公共交通现有的规模、布局上与城市发展需求的适应性、公交线网的性能和乘客满意度等做出定性和定量分析,为今后城市公共交通的建设发展提供决策依据。但是城市公共交通系统的评价应该以乘客利益和公交企业的效益为主要目的。

(3) 通过分析评估乘客和公交企业二者的受益情况,来衡量城市公交网络的现状,发现现存的主要问题,并找出解决问题的有效途径。

因此,城市公共交通系统评价的目的就是找出目前城市常规公共交通发展存在的主要问题,研究如何促成城市公共交通成为带动城市社会经济向良态发展的主要手段,并给城市交通发展指明方向,为决策部门提供决策依据、为经营部门提供经营策略、为乘客宣传公共交通的优势以便吸引客源。具体地讲,城市公共交通系统评价研究的重要意义如下:

(1) 合理有效地利用有限的城市公共交通资源和空间,优化城市结构,引导城市空间向合理方向发展。

（2）完善城市交通环境,提高公交企业的经济利益和社会效益,促进城市经济的发展和居民生活水平的提高。

（3）最大限度地提高现有交通资源的利用效率,缓解交通供求矛盾的出现,避免资源的浪费,降低能源消耗,减轻由交通引起的城市环境质量的持续恶化问题。

（4）帮助交通规划、建设、管理等相关部门建立系统工程的概念以及解决城市交通问题的总体思路,给出解决城市交通问题的总体框架和城市交通管理的发展前景,引导城市交通管理的科学化、现代化进程。

11.1.2　城市公共交通系统综合评价的原则

由于城市公共交通与经济发展、居民生活之间的密切关系,城市公共交通的建设不仅要尽量满足经济发展和生活质量提高的要求,还要充分发挥对经济发展、城市化和居民生活方式的引导作用,变"追随型"为"引导型"。所以城市公共交通系统的评价应遵循如下原则。

（1）交通需求最小化。通过对城市公共交通系统的综合评价,使城市布局和线网规划更加科学、合理,使得维持城市与社会的运作和发展所需的交通需求最小。

（2）服务水平最佳化。服务水平是公交得以长足发展的必要条件,也是人们出行的终极期待,这种期待不仅体现在车辆的舒适性、换乘的便利性、道路的通畅性和设施的完备性能够达到整体的统一,还体现在公共交通服务提供者能在多大程度上满足大众的日常出行的需要。所以,城市公共交通系统能够使各种交通需求得到最大限度的满足,整个公共交通系统以安全、准点、运量大、运效高的方式运行。

（3）能源占用最小化。城市公共交通发展的过程就是一个能源消耗的过程,如何在有限的能源情况下进行无限的公共交通资源利用,这就要求交通的发展必须和能源利用结合起来,走相互协作的道路。通过对城市公共交通系统的综合评价,使城市公共交通系统的能耗最小化、效率最大化。能源最小化主要包括城市单位产值的交通能耗最低,城市公共交通系统对土地、人力资源等占用最低。

（4）环境影响最小化。公共交通系统的规划建设和发展必须有利于环境的改善。只有在大力发展公共交通的同时又不影响环境的恶化,才能保证环境的可持续发展,才能为城市的发展提供更为宽广的绿色空间。所以通过综合评价,使城市公共交通对人类的生存环境和活动的影响和干扰最小,特别是城市公共交通系统对环境的污染要达到最小化,减少温室效应。

（5）运营费用最小化。通过对城市公共交通系统的综合评价,使城市公共交通系统的建设、维护、使用和管理费用最低,要达到城市公共交通系统的成本最小化、效益最大化,促进城市交通的可持续发展。

（6）技术管理智能化。虽然公交的发展不仅仅是一个技术问题,但技术的发展将在很大程度上决定公交发展的前景,只有先进的技术和先进的管理水平才能实现先进的公交。

11.1.3　城市公共交通系统综合评价的主要内容

城市公共交通系统的评价是城市交通系统规划的基础,只有在充分研究公共交通系统中存在的问题和发展特点的基础上,才能全面、系统地确定城市未来交通发展的基本思路、发展方向和规划目标等,才能进一步改善和优化城市交通条件,促进城市和社会经济的全面发展。

城市公共交通系统评价的内容主要包括四个方面:即面向系统使用者的交通网络技术评

价、面向系统经营者和管理者(企业与行业主管部门)的经济效益评价、面向城市居民(代表城市全体公众利益)的服务水平评价以及面向政府(代表整个城市)的可持续发展评价。

(1) 网络技术评价。城市公共交通系统的网络技术评价是从公共交通网络的发展水平和技术性能方面,分析其发展规模与客运需求的适应性以及网络的布局结构和功能,目的是揭示公交网络的服务质量,验证规划方案的合理性、技术可行性,为规划方案的优化和决策提供技术方面的信息和依据。从整体而言,公共交通系统的经济效益、社会环境效益如何,首先取决于规划方案的技术可行性。因此,公共交通网络技术评价是城市公共交通系统评价中必不可少的重要组成部分。网络技术性能的评价指标主要包括:到达步行时间、平均换乘系数、非直线系数、平均出行时间、运营速度、线路网络密度、公交站点密度、线路重复系数、线路客运能力、车辆拥有率、路线效率等。

(2) 经济效益评价。城市公共交通的经济效益的评价主要是反映公交企业的企业运作、经济效益状况。任何一个企业要生存和发展必须与经济挂钩,公交企业虽然以社会效益为主,但也必须考虑其经济效益。公交企业的经济效益评价主要从企业的设施和人力资源的运用效果和运营效果来分析。公交运营效果指公交企业为社会完成的运输产量与质量效果以及为企业完成的运输经济效果。经济效益水平的评价指标主要包括:车辆完好率、平均车日行程、里程利用率、运营收入增长率、运营单位成本、运营成本升降率、平均利润、全员劳动生产率、人车比、百车公里成本、公交出行比例、年乘公交车次数、运营成本、运营收入、公交系统收益率、满载率、路线效率等。

(3) 服务水平评价。城市公共交通的公交服务水平评价主要是反映公交企业在服务水平方面是否满足乘客需求,它是面向公交企业类的评价指标。公共交通系统服务水平指公共交通系统能给居民提供的各种公交服务,包括公交设施提供的"硬服务"和司乘人员所提供的"软服务"两个方面。由于目前各地在大力提倡无人售票系统和 IC 卡售票系统,因此评价司乘人员对公交服务水平的影响就没有太大的意义。公交服务水平可从两个方面来评价:公交服务功能和公交服务质量。公交服务水平的评价指标主要包括:万车事故率、安全运行间隔里程、路线直达率、车站可达性、运行速度、客运费率、车厢服务合格率、乘客出行平均时耗、乘客平均换乘系数、高峰满载率、全日线路满载率等。

(4) 可持续发展评价。城市公共交通的可持续发展评价主要是反映公交系统对环境的污染和能源的消耗情况。传统的城市公共交通系统中,评价侧重于解决交通问题的能力与水平,很少涉及城市公共交通系统可持续发展的内容。城市公共交通系统可持续发展是建立一种合理的城市公共交通系统可持续发展模式,既能提供快捷、安全、舒适的出行条件,以满足城市客运的需求,又能促进社会经济的发展,并最大限度地减少对生态环境的污染和破坏,真正提高人类的生活质量,同时还能使城市公共交通结构功能不断发挥和完善,形成城市公共交通系统、城市社会经济、环境资源之间的协调健康发展。可持续发展水平的评价指标主要包括:万人公交车标台数、土地利用吻合程度、公交线网发展适应度、公交系统分担率、人均公交道路面积、公交能源消耗系数、时空资源消耗系数、干道交通噪声超标率、路段空气质量超标率、交叉口交通噪声超标率、交叉口空气质量超标率、公交投资协调系数、公交成本协调系数等。

11.1.4 城市公共交通系统综合评价的流程

城市公共交通系统的综合评价,就是对城市公共交通系统各部分、各阶段、各层次子系统评价的基础上,寻求城市公共交通系统整体功能的最优调节,并在系统整体优化过程中,不断向决策者提供各种关联信息。综合评价之所以必要也是由公共交通系统发展目标的综合性、发展过程的复杂性以及公共交通系统本身的层次性等所决定,同时,现代科学技术理论特别是系统工程理论的发展为综合评价的开展提供了可能。城市公共交通系统的系统综合评价流程如图 11 -1 所示。

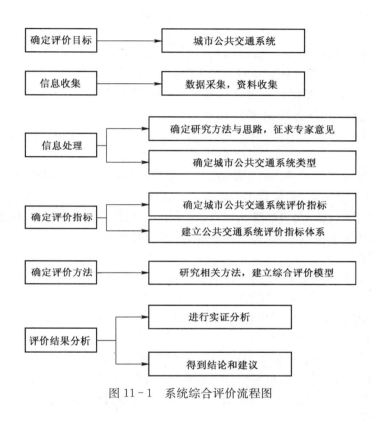

图 11 - 1　系统综合评价流程图

11. 2　城市公共交通系统综合评价方法

综合评价是指对多属性体系结构描述的对象系统做出全局性、整体性的评价。目前,对评价问题的研究大致可以分为两类:一类是对评价指标体系的研究;另一类是对综合评价方法的研究。后者是评价研究领域中最重要且最具研究前景的研究方向,因为前者是解决(某类)个性问题,后者则针对评价中的共性问题。评价方法的科学性是客观评价的基础,因此对综合评价方法的研究具有广泛的意义。综合评价面临的常常是复杂系统,正确评价难度甚大,在评价方法方面有许多理论问题和实践问题尚待解决,因而具有研究前景。

用于综合评价的方法很多,在应用时应对不同评价方法的思路、特征、优缺点及适用范围进行分析,并根据所评价的对象寻求最佳评价方法。目前,国内外主要的评价方法有如下几类(具体方法可参考相关系统工程书籍)。

1. 定性评价法

专家打分法：组织专家对评价对象划分等级、打分，再进行处理。

Delphi 法：征询专家，用信件背靠背评价、汇总、收敛。

专家评分法和 Delphi 法的主要优点是操作简单，可以利用专家的知识，结论易于使用；但主观性比较强，多人评价时结论难收敛。主要适用于战略层次的决策分析对象、难以量化的大系统、简单的小系统。

2. 运筹学法

数据包络分析法：以相对效率为基础，按多指标投入和多指标产出，对同类型单位相对有效性进行评价是基于一组标准来确定相对有效生产前沿面。

数据包络分析法的主要优点为可评价多输入输出的大系统，并可用"窗口"技术找出单元薄弱环节加以改进，但是该方法只表明评价单元的相对发展指标，无法表示出实际发展水平。主要适用于评价经济学中生产函数的技术、规模有效性，产业的效益评价，教育部门的有效性。

层次分析法：针对多层次结构的系统，用相对量的比较，确定多个判断矩阵，取其特征根所对应的特征向量作为权重，最后综合出总权重并且排序。

层次分析法的主要优点是可靠度比较高，误差小，但是评价对象的因素不能太多（一般不多于9个）。主要适用于成本效益决策、资源分配次序、冲突分析等。

3. 统计分析法

主成分分析法：相关的经济变量间存在起着支配作用的共同因素，可以对原始变量相关矩阵内部结构研究，找出影响某个经济过程的几个不相关的综合指标来线性表示原来变量。

主成分分析法的主要优点为全面性、可比性、客观合理性强，但是需要大量的统计数据，没有反映客观发展水平。主要适用于对评价对象进行分类。

聚类分析法：计算对象或指标间距离，或者相似系数，进行系统聚类。

聚类分析法的主要优点是可以解决相关程度大的评价对象，但是需要大量的统计数据，没有反映客观发展水平。主要适用于主体结构的选择、经济效益综合评价。

4. 模糊数学法

模糊评定法和模糊评价法：引入隶属函数，实现把人类的直觉确定为具体系数（模糊综合评价矩阵），并将约束条件量化表示，进行数学解答。

模糊评定法和模糊评价法的主要优点是可以克服传统数学方法中"唯一解"弊端，根据不同可能性得出多层次的问题解，具备可扩展性，但是不能解决评价指标相关信息造成的信息重复问题，隶属函数等的确定有待进一步研究。主要适用于消费者偏好识别、决策中的专家系统、证券投资分析、银行项目贷款对象识别等，拥有广泛的应用前景。

5. 粗糙集数学方法

粗糙集综合评价法：将权重系数确定问题转化为粗糙集中属性重要性评价问题，并且通过建立单个评价指标的关系数据表模型，计算知识熵，由此给出各个评价指标的权系数的计算方法。

粗糙集综合评价法的主要优点是克服了一些专家评价方法的主观性，使得评价更具有客观性，但是对于评价信息的收集要做到客观准确。主要适用于不适合评价指标很多的系统，如果指标个数超过一定范围，计算量很大。

11.3　城市公共交通系统综合评价指标体系

城市公共交通系统评价指标体系是描述、评价城市公共交通系统的重要依据,并为城市公共交通系统的优化调控提供服务,是综合评价城市公共交通可持续发展的现状和能力的重要依据。作为评价体系,它能够衡量一个城市公共交通系统不同时期交通发展程度的变化,同时,也能够评价同一时期不同城市公共交通系统发展水平的差异。此外,它还可以分析城市交通问题的关键症结和严重程度,以提出对症下药的治理方案。

目前,国内外建立评价指标体系有以下几种方法,即范围法、目标法、部门法、问题法、因果法、复合法、分析法、专家咨询法等,这些方法都有各自的优势和使用范围。采用目标法和分析法建立的城市公共交通系统评价指标体系见表 11-1。

表 11-1　城市公共交通系统的评价指标体系

目标层	指标层	指　标　含　义	
网络技术性能(u_1)	u_{11}	公交线网密度	反映居民接近公交线路的程度
	u_{12}	公交线路重复系数	反映公交线路运力的浪费程度
	u_{13}	非直线系数	反映公交线路的绕行情况
	u_{14}	公交站点服务率	反映公交服务能力的程度
	u_{15}	公交线网效率	反映城市公交客运实际能力的一个重要指标
	u_{16}	公交线路客运能力	反映公交服务为社会提供的载客能力
	u_{17}	运营速度	反映公交车辆运送乘客的快慢程度
经济效益水平(u_2)	u_{21}	百车公里成本	反映公交线路的运营效益优劣程度
	u_{22}	完好车率	反映公交运营现状
	u_{23}	全员劳动生产率	反映公交线路的经济效益好坏程度
	u_{24}	居民年乘公交车次数	反映公交利用程度
	u_{25}	平均车日行程	反映车辆实际运送乘客的快慢程度
	u_{26}	公交企业收益率	反映公交企业生产运营的综合指标
	u_{27}	里程拥有率	反映车辆总行程的有效利用程度
	u_{28}	公交车辆拥有率	反映公交发展水平和交通结构状况的指标
公交服务水平(u_3)	u_{31}	万车事故率	反映城市交通安全的情况
	u_{32}	乘客出行平均时耗	反映城市居民出行的快捷性
	u_{33}	行车准点率	反映公交车辆正点运行的程度
	u_{34}	客运费率	反映乘客对公交客运票价的承受能力
	u_{35}	乘客平均换成系数	反映乘车方便程度
	u_{36}	全天线路满载率	反映运营车辆全天载运乘客的平均满载程度
	u_{37}	安全运行间隔里程	反映公交运营过程中的安全状况
	u_{38}	高峰满载率	反映公交车辆内的拥挤程度

（续）

目标层	指标层		指标含义
可持续发展水平（u_4）	u_{41}	土地利用吻合程度	反映公交规划与城市总体规划的吻合程度
	u_{42}	公交车辆更新率	反映保证公共交通安全的主要措施
	u_{43}	公共交通分担率	反映公交优先发展程度
	u_{44}	人均公交道路面积	反映公交道路对城市土地占有情况
	u_{45}	公交道路环境污染系数	反映公交系统对环境的污染情况
	u_{46}	公交能源消耗系数	反映公交系统对能源的消耗程度
	u_{47}	交通时空资源消耗指数	反映城市公交道路时空资源利用的效率

（1）公交网络技术性能的评价指标体系。

城市公共交通系统的技术评价是指从公共交通系统的技术性能方面，分析公共交通系统的内部结构和功能的合理性，为公共交通系统的优化和决策提供技术依据。从根本上讲，公共交通系统的社会效益和公交企业的经济效益如何，首先取决于公共交通系统的技术性能。因此，城市公共交通系统的网络技术性能评价是城市公共交通系统评价中不可缺少的重要组成部分之一。城市公共交通系统的网络技术性能评价主要是从网络结构、系统容量、运行质量、服务质量等方面对城市公共交通系统进行综合评价。公交网络技术性能的评价指标体系见表11-1。

（2）经济效益水平的评价指标体系。

城市公共交通系统应当是在快捷、方便、舒适、经济中实现人移动的经营活动，并达到经济效益、社会效益和环境效益的统一，以适应市场经济体制的建立和改革与发展的进程。城市公共交通在保证整体社会效益的同时，必须保持其赖以生存和发展的经济效益。虽然公交企业有一定的财政拨款，但其主要资金来源仍靠业务收入。特别是处于市场经济中的公交企业，讲求经济效益尤为重要。公交企业的经济效益评价主要从企业的设施和人力资源的运用效果和运营效果来研究。公交经济效益水平的评价指标体系见表11-1。

（3）公交服务水平的评价指标体系。

城市公共交通是城市公益事业，是城市文明建设的窗口，服务水平的好与差，直接关系到社会的政治、经济、社会秩序的正常和稳定，关系到城市的声誉和形象。公共交通的主体是城市居民，对于乘客来说是否选择公交为出行的交通工具关键在于所提供的服务是否能满足他们的需求，因此公交系统的服务水平是评价的主要方面，评价指标体系见表11-1。

（4）可持续发展水平的评价指标体系。

城市公共交通系统可持续发展就是以先进的科学技术为基础，在资源合理利用和生态环境保护的指导思想下，提高公共交通系统利用效率和服务水平，在经济合理地满足当前社会发展需求的同时为整个社会的可持续发展提供保证。可持续发展的城市公共交通就是在促进交通系统建设与发展的同时，重视对城市生态环境的保护和资源的优化利用，在重视交通系统建设的同时，重视交通设施利用效率的提高，交通系统在满足近期要求的同时，要符合城市社会、经济、生态环境综合系统可持续发展的整体要求，评价指标体系见表11-1。

11.4　城市公共交通系统综合评价指标量化与分级界定

指标的定量化处理在城市公共交通系统综合评价中起着主要的作用,合理的量化处理有助于增加评价结果的科学性和准确性。本节对常用于城市公共交通系统评价的指标给出其定义、量纲、量化函数、评价标准和指标说明等(表 11-2、表 11-3)。

表 11-2　城市规模级别的划分标准

城市规模级别	市区人口数量/万	市区国内生产总值/亿
一类城市(超大城市)	≥500	>5000
二类城市(特大城市)	≥500	<5000
	[300,500)	>2000
三类城市(大城市)	[300,500)	<2000
	[100,300)	>500
四类城市(中等城市)	[100,300)	<500
	[50,100)	>100
五类城市(小型城市)	[50,100)	<100
	[10,50)	

表 11-3　城市规模级别的划分标准

城市公共交通系统规模级别	城市规模级别	市区国内生产总值/亿
一类公共交通系统	一类城市	>5000
二类公共交通系统	一类城市	<5000
	二类城市	>2000
三类公共交通系统	二类城市	<2000
	三类城市	>500
四类公共交通系统	三类城市	<500
	四类城市	>100
五类公共交通系统	四类城市	<100
	五类城市	

11.4.1　公交网络技术性能评价指标的量化与分级界定

1. 公交线网密度

定义:公交线网密度指有公交服务的每平方千米的城市用地面积上,有公交线路经过的道路中心线长度,单位为 km/km²。

量化:

$$u_{11} = l_1 / s_1 \tag{11-1}$$

式中　　u_{11} ——公交线网密度;

233

l_1——公交线路经过的道路中心线长度;

s_1——有公交服务的城市用地面积。

评价标准:根据《城市道路交通规划设计规范》,公交线网密度在市中心区 $f_1=3\sim4(\mathrm{km}/\mathrm{km}^2)$,市边缘区 $f_1=2\sim2.5(\mathrm{km}/\mathrm{km}^2)$,已能较好地为居民服务。市中心区的公交线网密度的评价等级建议值,见表11-4。

表11-4　公交线网密度的评价等级界定建议值

城市公交系统类型	一级	二级	三级	四级	五级
一类城市公交系统	≥4.5	[3.5,4.5)	[3.0,3.5)	[2.5,3.0)	<2.5
二、三类城市公交系统	≥4.0	[3.3,4.0)	[2.6,3.3)	[1.9,2.6)	<1.9
四、五类城市公交系统	≥3.5	[3.0,3.5)	[2.5,3.0)	[1.8,2.5)	<1.8

指标说明:计算该指标需要获得各个区域面积、各区域线网长度,可直接从电子地图中量出。考虑到整个城市公交线网密度并非均匀分布,用整个城市平均的线网密度值表征该城市公交线路的密集程度较为笼统,建议按中观评价划分的若干区域进行各片区的线网密度评价,这样评价较为细致,能够观察出各地区公交服务强度。

2. 公交线路重复系数

定义:公交线路重复系数指公交运营线路总长度与公交线网中线路总长度之比,无量纲。

量化:

$$u_{12}=\sum_{L_{s-t}\in\mathrm{LG}}L_{s-t}\Big/\Big[\sum_{L_{s-t}\in\mathrm{LG}}L_{s-t}-\sum_{L_{s-t},L_{s'-t'}\in\mathrm{LG}}(L_{s-t}\bigcap L_{s'-t'})\Big] \qquad (11-2)$$

式中　u_{12}——线路重复系数;

L_{s-t}——同一线路中公交两相邻节点 s 至节点 t 的距离;

$L_{s'-t'}$——同一线路中公交两相邻节点 s' 至节点 t' 的距离;

$L_{s-t}\bigcap L_{s'-t'}$——节点 s 至节点 t 间的线段与节点 s' 至节点 t' 间的线段之交的长度;

LG——节点及路段构成的有向弧集。

评价标准:城市公共交通是一种具有固定行车路线的交通方式,如果一个路段上只有一条公交线路,那么它往往只能满足该路段附近居民在一个方向上的直达公交服务需求,具有其他方向出行需求的居民则需要增加换乘次数,给居民乘车带来不便。同时,路段上也不宜设置过多的公交线路。一方面线路过多使公交站点难以布设,尤其在高峰时容易使公交车产生排队停车的现象;另一方面,公交车辆过多也会影响其他车辆的行驶。因此,城市公共交通线路重复系数宜在1.2～1.5之间。公交线路重复系数的评价等级建议值,见表11-5。

表11-5　线路重复系数的评价等级界定建议值

城市公交系统类型	一级	二级	三级	四级	五级
一类城市公交系统	<1.2	[1.2,1.3)	[1.3,1.4)	[1.4,1.5)	≥1.5
二类城市公交系统	<1.15	[1.15,1.25)	[1.25,1.35)	[1.35,1.45)	≥1.45
三类城市公交系统	<1.1	[1.1,1.2)	[1.2,1.3)	[1.3,1.4)	≥1.4
四、五类城市公交系统	<1.0	[1.0,1.1)	[1.1,1.2)	[1.2,1.3)	≥1.3

指标说明:线路重复系数可以通过电子地图测量。线路重复系数越高,有公交线路的道路

单位长度上平均拥有的线路也越多,道路交通压力和公交站台压力越大,因此应适当降低线路重复系数,但公交企业的经济效益也相应降低。

3. 非直线系数

定义:非直线系数指乘客实际乘车路程与乘车起点和终点之间的直线距离之比,无量纲。

量化:由于公共交通线路的线形不同,其非直线系数的计算方法不同。根据我国各个城市的实际情况,公共交通线路非直线系数计算方法下面有三种。

(1) 方格型起终点非直线系数

$$u_{13} = (a+b)/\sqrt{a^2+b^2} \tag{11-3a}$$

(2) 放射型起终点非直线系数

$$u_{13} = (a+b)/\sqrt{a^2+b^2-2ab\cos\alpha} \tag{11-3b}$$

(3) 其他型起终点非直线系数

$$u_{13} = l/d \tag{11-3c}$$

式中　u_{13} ——非直线系数;

　　　a、b ——分别为放射型的边长(km);

　　　α —— a 与 b 之间的夹角;

　　　l ——不是方格型,也不是放射型线路的长度(km);

　　　d ——线路起、终点站间空间直线距离(km)。

评价标准:如果线路拐弯过多,行驶不便,也易引起道路阻塞和交通事故频发,但由于城市地理形势实际限制,所有线路不可能都是直线。所以通过综合分析,线路非直线系数不宜大于1.4。非直线系数的评价等级建议值,见表 11-6。

表 11-6　非直线系数的评价等级界定建议值

城市公交系统类型	一级	二级	三级	四级	五级
一类城市公交系统	<1.1	[1.1,1.2)	[1.2,1.3)	[1.3,1.4)	≥1.4
二、三类城市公交系统	<1.05	[1.05,1.15)	[1.15,1.25)	[1.25,1.3)	≥1.3
四、五类城市公交系统	<1.0	[1.0,1.1)	[1.1,1.15)	[1.15,1.2)	≥1.2

指标说明:公共交通线路走向受道路条件的限制,始终保持直线行驶是很难的,在线网密度低的地域笔直线路对乘客也不利。考虑到由于自然地形、城市形态和其他诸多因素,都可能造成非直线系数过大,而乘客对于非直线系数的敏感程度较小,对于时间要求较高,只要乘车时间在乘客忍耐范围之内,即使公交车绕行,非直线系数较大,都不会对公交水平产生较大影响。

4. 公交站点覆盖率

定义:公交站点服务面积占城市用地面积的百分比,是反映城市居民接近公交程度的重要指标,单位为%。

量化:

$$u_{14} = s_1/s_2 \tag{11-4}$$

式中　u_{14} ——公交站点覆盖率;

　　　s_1 ——公交站点服务面积;

　　　s_2 ——有公交服务的城市用地面积。

评价标准:《城市道路交通规划设计规范》规定的公交站点覆盖率,按照 300m 半径计算,不小于 0.5;按照 500m 半径计算,不小于 0.9。若以 500m 半径来确定评价标准,公交站点覆盖率的评价等级建议值,见表 11-7。

表 11-7　公交站点覆盖率的评价等级界定建议值

城市公交系统类型	一级	二级	三级	四级	五级
一类城市公交系统	>95	[90,95)	[85,90)	[75,85)	<75
二类城市公交系统	>90	[85,90)	[80,85)	[70,80)	<70
三类城市公交系统	>85	[80,85)	[75,80)	[65,75)	<65
四、五类城市公交系统	>80	[75,80)	[70,75)	[60,70)	<60

指标说明:计算该指标需要各个公交站点位置、城市用地范围及面积,在电子地图上测量即可获得所需数据。公交站点覆盖率可以间接反映居民出发地与公交站点之间的距离、居民步行时间,同时也一定程度反映了公交站点的站点密度。在进行公交站点覆盖率计算时,要确定城市用地范围,部分城乡公交线可能在城市用地范围之外,在城市用地范围外的线路覆盖面积要予以除去。

5. 线网效率

定义:线网效率就是线网投入与线网产出或线网成本与线网收益的比值,单位为%。

量化:

$$u_{15} = \sum_{i,j,k \in R} l_k q_{i,j,k} \Big/ \sum_{k \in R} l_k \delta_{i,j,k} \qquad (11-5)$$

式中　u_{15} ——线网效率;

$\quad\quad q_{i,j,k}$ ——线路 k 从站点 i 至站点 j 的客流量;

$\quad\quad \delta_{i,j,k}$ ——经过站点 i 至站点 j 的客运需求量在线路 k 上分配的比例;

$\quad\quad R$ ——所有公交线路的集合;

$\quad\quad l_k$ ——线路 k 的长度。

评价标准:公交线路重复系数的评价等级建议值,见表 11-8。

表 11-8　线路重复系数的评价等级界定建议值

城市公交系统类型	一级	二级	三级	四级	五级
一类城市公交系统	≥90	[85,90)	[80,85)	[75,80)	<75
二、三类城市公交系统	≥85	[80,85)	[75,80)	[70,75)	<70
四、五类城市公交系统	≥80	[75,80)	[70,75)	[65,70)	<65

指标说明:无论从乘客、公交企业利益考虑,还是从政府部门方面考虑,线网效率越大越好。但由于不同城市之间,其经济发展水平差异比较大,所以对公交线网效率的要求不同,即评价标准不同。

6. 公交线路客运能力

定义:公交线路客运能力是指统计期内,公交路线的单向客运能力,单位为:千人·次/h。

量化:

$$u_{16} = y \times r \times n_l \times q_l \times k_l \times \gamma \tag{11-6}$$

式中　u_{16} ——公交线路客运能力;

y ——该条线路运营车辆的平均定员;

r ——运营时段内的车辆满载率;

γ ——换乘系数;

q_l ——只设一个同名站点的设计停靠能力;

n_l ——同名站点数;

k_l ——同名站点的利用系数。

评价标准:公交路线的单向客运能力与车辆的载客能力、发车频率、站点的形式和通过能力、道路的几何、交通条件以及公交客流分布等诸多因素有关。各因素的影响是复杂的,如车辆载客能力因素应该根据实际的载客情况和公众的承受程度而定,建议在线网优化中按表 11-7 取值,根据表 11-9,公交线路客运能力的评价等级建议值,见表 11-10。

表 11-9　线路重复系数的评价等级界定建议值

公交类型	运送速度/(km/h)	发车频率/(车次/h)	单向客运能力/(千人·次/h)
公共汽车	16～25	60～90	8～12
无轨电车	15～20	50～60	8～10
有轨电车	14～18	40～60	10～15

表 11-10　线路重复系数的评价等级界定建议值

城市公交系统类型	一级	二级	三级	四级	五级
一类城市公交系统	≥15	[12,15)	[10,12)	[8,10)	<8
二、三类城市公交系统	≥12	[10,12)	[9,10)	[7,9)	<7
四、五类城市公交系统	≥10	[9,10)	[8,9)	[6,8)	<6

指标说明:公交路线的通行能力受沿线各站通行能力的制约,其中通行能力最小的停靠站,是控制线路通行能力的站点。停车站的通行能力取决于车辆占用停车站的时间长短。

7. 运营速度

定义:运营速度主要是指中心城区主干道上机动车的平均行程速度,单位为 km/h。

量化:

$$u_{17} = \frac{1}{m} \left(\sum_{i=1}^{m_1} \frac{l_i}{t_i} \right) \tag{11-7}$$

式中　u_{17} ——平均行程速度;

l_i ——第 i 辆车通过某段道路的长度;

t_i ——第 i 辆车通过某段道路所需时间;

m_1 ——统计期内车辆总数。

评价标准:主干道平均车速反映了道路的通畅程度。《城市交通管理评价体系》规定了相应的评价标准。评价标准见表 11-11。

表 11-11　运营速度的评价等级界定建议值

城市公交系统类型	一级	二级	三级	四级	五级
一类城市公交系统	≥28	[25,28)	[22,25)	[19,22)	<19
二类城市公交系统	≥31	[28,31)	[25,28)	[22,25)	<22
三类城市公交系统	≥34	[31,34)	[28,31)	[25,28)	<25
四、五类城市公交系统	≥40	[34,40)	[31,34)	[28,31)	<28

指标说明：主干道上的平均行程速度用以评价道路的通畅程度，是衡量综合交通管理对策效果的主要指标，也是衡量交通管理工作效果的有效指标。它主要受到交通量、交通组成、交通管理状况、道路横断面、路面、交通环境等多种因素的影响。

11.4.2　公交经济效益水平评价指标的量化与分级界定

1. 百车公里成本

定义：百车公里成本是指车辆平均每行驶 100km 所消耗的运营成本，单位为元/100 km。

量化：

$$u_{21} = \frac{m_2}{l_2} \tag{11-8}$$

式中　　u_{21}——百车公里成本；

　　　　m_2——公交运营总成本(元)；

　　　　l_2——公交运营总行程(100km)。

评价标准：百车公里成本的评价等级建议值见表 11-12。

表 11-2　百车公里成本的评价等级界定建议值

城市公交系统类型	一级	二级	三级	四级	五级
一类城市公交系统	<600	[600,650)	[650,700)	[700,800)	>800
二、三类城市公交系统	<550	[550,600)	[600,650)	[650,700)	>700
四、五类城市公交系统	<530	[530,580)	[580,630)	[630,680)	>680

指标说明：以百车公里成本为计算单位的主要优点是成本支出的大部分项目和车公里成比例，因而可较好地反映费用特征；其主要缺点是忽略了公交服务对象(乘客)因素，难以作为制定票价的直接依据。以人公里为计算单位的主要优点是以此制定票价比较直观；其主要缺点是实际人公里统计比较困难，成本费用特性也不如标准车公里为计算单位相对准确。

2. 完好车率

定义：完好车率指统计期内，完好车日与运营车日之比，单位为%。

量化：

$$u_{22} = \frac{m_3}{m_4} \tag{11-9}$$

式中　　u_{22}——完好车率；

　　　　m_3——完好车日；

　　　　m_4——运营车日。

评价标准：完好车率的评价等级建议值见表 11-13。

表 11-13　完好车率的评价等级界定建议值

城市公交系统类型	一级	二级	三级	四级	五级
一、二、三类城市公交系统	≥95	[95,92)	[88,92)	[85,88)	<85
四、五类城市公交系统	≥90	[87,90)	[85,87)	[80,85)	<80

指标说明:完好车率是一项车辆管理技术,用以表示公交企业车辆完好状况和保修工作水平。在统计期内,可以调查每辆运营车辆的检修记录,可以知道公交车辆的完好状况。

3. 全员劳动生产率

定义:全员劳动生产率指公交企业每一职工年内平均运营收入,单位为万元/人。

量化:

$$u_{23} = \frac{m_5}{m_6} \tag{11-10}$$

式中　u_{23}——全员劳动生产率;

　　　m_5——公交企业年内运营收入(元);

　　　m_6——公交企业全体职工(人)。

评价标准:全员劳动生产率的评价等级建议值见表 11-14。

表 11-14　全员劳动生产率的评价等级界定建议值

城市公交系统类型	一级	二级	三级	四级	五级
一类城市公交系统	≥4.9	[4.5,4.9)	[4.0,4.5)	[3.5,4.0)	<3.5
二类城市公交系统	≥4.0	[3.5,4.0)	[3.0,3.5)	[2.5,3.0)	<2.5
三类城市公交系统	≥3.5	[3.0,3.5)	[2.5,3.0)	[2.0,2.5)	<2.0
四、五类城市公交系统	≥3.0	[2.5,3.0)	[2.0,2.5)	[1.5,2.0)	<1.5

指标说明:该指标与该城市当年的国民生产值有关。该指标运营收入数据属于公交企业内部数据,较难获得。在现代企业全力追求效率的今天,公交企业同样需要高效运作,效率优先,所以该指标就是督促公交企业提高生产力的一项重要指标。

4. 居民年乘公交车次数

定义:居民年乘公交车次数指公交服务区域内,平均每一居民一年内乘坐公交车次数,单位为次/(人·年)。

量化:

$$u_{24} = \frac{q_1}{m_7} \tag{11-11}$$

式中　u_{24}——居民年乘公交车次数;

　　　q_1——公交企业服务区域内公交企业全年客运量;

　　　m_7——市区人口(人)。

评价标准:居民年乘公交车次数的评价等级建议值见表 11-15。

表 11-15　居民年乘公交车次数的评价等级界定建议值

城市公交系统类型	一级	二级	三级	四级	五级
一类城市公交系统	≥4.9	[4.5,4.9)	[4.0,4.5)	[3.5,4.0)	<3.5
二类城市公交系统	≥4.0	[3.5,4.0)	[3.0,3.5)	[2.5,3.0)	<2.5
三类城市公交系统	≥3.5	[3.0,3.5)	[2.5,3.0)	[2.0,2.5)	<2.0
四、五类城市公交系统	≥3.0	[2.5,3.0)	[2.0,2.5)	[1.5,2.0)	<1.5

指标说明:所需数据可从公交企业直接获取。该指标客观反映了居民年乘坐公交车频率和公交需求,间接反映了公交企业营运状况和收入,是一项重要的经济效益评价指标。

5. 平均车日行程

定义:平均车日行程指统计期内,工作车日内平均每车日行程,用以表示统计期工作车日内车辆实际运送的快慢,又称车日速度,单位为 km/车日。

量化:

$$u_{25} = \frac{l_3}{m_8} \qquad (11-12)$$

式中　u_{25}——平均车日行程;

　　　l_3——车辆在统计期工作车日内的总行程(km);

　　　m_8——统计期内的总工作车日(车日)。

评价标准:平均车日行程既是一个以"车日"为时间计算单位的速度利用指标,也是一个车辆速度、时间、行程综合利用的评价指标,平均车日行程的评价等级建议值见表 11-16。

表 11-16　平均车日行程的评价等级界定建议值

城市公交系统类型	一级	二级	三级	四级	五级
一、二、三、四、五类城市公交系统	≥2000	[1500,2000)	[1000,1500)	[500,1000)	<500

指标说明:进行多次现场调查即可获取数据。该指标反映城市公交车每日平均流动速度。过慢将影响运行效率,损失公交服务水平;过快会增加公交企业运营负担。

6. 公交企业收益率

定义:公交企业收益率指公交企业收入和支出的费用之比,单位为%。

量化:

$$u_{26} = c_1/(c_2 + c_3 + c_4 + c_5 + c_6 + c_7) \qquad (11-13)$$

式中　u_{26}——公交企业收益率;

　　　c_1——公交企业年均经济收入(万元);

　　　c_2——年均公交网络建设费用(万元);

　　　c_3——年均公交网络维修费用(万元);

　　　c_4——年均公交车辆购置费用(万元);

　　　c_5——年均公交车辆维修费用(万元);

　　　c_6——年均工作人员工资福利等费用(万元);

　　　c_7——年均公交企业其他费用(万元)。

评价标准:公交企业收益率的评价等级建议值见表 11-17。

表 11-17　公交企业收益率的评价等级界定建议值

城市公交系统类型	一级	二级	三级	四级	五级
一、二、三、四、五类城市公交系统	$\geqslant 90$	$[80,90)$	$[70,80)$	$[60,70)$	<60

指标说明：公交企业收益率是用以评价公交企业生产经营效果的综合指标，也是确定公交服务价格的重要依据和补偿运营生产耗费的主要尺度。所支出的全部费用，如司乘人员工资、燃料、保修材料费、车队经费、企业管理费、运营业务费、事故赔偿等都属于成本项目。运营单位成本指统计期内公交企业所支出的全部运营费用与所完成的公交运营服务总量之比，用以表示企业完成每单位运营服务的成本耗费水平。

7. 里程利用率

定义：里程利用率指统计期内，车辆的营业行驶里程与总行驶里程之比，无量纲。

量化：

$$u_{27} = \frac{l_4}{l_5} \tag{11-14}$$

式中　u_{27}——里程利用率；

　　　l_4——统计期内，公共车辆的营业行驶里程；

　　　l_5——统计期内，公共车辆的总行驶里程。

评价标准：出里程利用率的评价等级建议值见表 11-18。

表 11-18　里程利用率的评价等级界定建议值

城市公交系统类型	一级	二级	三级	四级	五级
一类城市公交系统	$\geqslant 95$	$[90,95)$	$[85,90)$	$[80,85)$	<80
二、三类城市公交系统	$\geqslant 93$	$[88,93)$	$[82,88)$	$[78,82)$	<78
四、五类城市公交系统	$\geqslant 90$	$[85,90)$	$[80,85)$	$[75,80)$	<75

指标说明：公交企业虽然以社会效益为主，但也必须考虑其经济效益。所以，通过里程利用率可以看出公交企业的运输经济效果。

8. 公交车辆拥有率

定义：公交车辆拥有率就是在城市一定空间内，每万人拥有的公交车辆标台数，单位为标台/万人。

量化：

$$u_{28} = \frac{m_9}{m_{10}} \tag{11-15}$$

式中　u_{28}——公交车辆拥有率；

　　　m_9——公交车辆标台数；

　　　m_{10}——市区人口（万人）。

评价标准：公交车辆拥有率的等级建议值见表 11-19。

表 11-19 公交车辆拥有率的评价等级界定建议值

城市公交系统类型	一级	二级	三级	四级	五级
一类城市公交系统	≥15	[12,15)	[9,12)	[6,9)	<6
二类城市公交系统	≥13	[10,13)	[7,10)	[5,7)	<5
三类城市公交系统	≥11	[8,11)	[6,8)	[4,6)	<4
四、五类城市公交系统	≥9	[7,9)	[5,7)	[3,5)	<3

指标说明:在不同地域、不同规模、不同经济发展水平条件下,各城市的公交车辆拥有率状况也各不相同,一般是城市越大,公交车辆拥有率水平越高,这一方面是由于大城市对公交需求量大,另一方面也具备经济条件,此外与交通政策也密切相关。

公交车辆宜按下列三类结构合理配置,具体选型则可结合各城市的形态、道路设施水平和市场需求等条件合理确定。一类是以大型客车为主,中、小型客车为辅;二类是以大、中型客车并举,小型客车为辅;三类是以中型客车为主,小型客车为辅。

11.4.3 公交服务水平评价指标的量化与分级界定

1. 万车事故率

定义:万车事故率指全市每万辆机动车的年交通事故(一般以上事故)次数,单位为次/万车。

量化:

$$u_{31} = m_{11}/m_{12} \qquad (11-16)$$

式中 u_{31} ——万车事故率;

m_{11} ——全市年交通事故(一般以上事故)次数;

m_{12} ——全市机动车数量。

评价标准:万车事故率的评价等级建议值见表 11-20。

表 11-20 万车事故率的评价等级界定建议值

城市公交系统类型	一级	二级	三级	四级	五级
一、二、三、四、五类城市公交系统	≤10	(10,20]	(120,30]	(30,40]	>40

指标说明:万车事故率是衡量一定机动化水平下的交通安全管理水平的主要指标,是道路交通安全设施、道路交通安全管理效果的综合反映。所以万车事故率的计算要求提供全市交通事故次数和机动车数量。

2. 乘客出行平均时耗

定义:乘客出行平均时耗指统计期内,客运高峰期 90% 城市居民的平均单程出行时间,单位为 min。

量化:

$$u_{32} = T_1 + T_2 + T_3 + T_4 + T_5 \qquad (11-17)$$

式中 u_{32} ——乘客出行平均时耗;

T_1 ——乘客从出行点到相应车站的平均步行时间;

T_2 ——从出行点到相应车站后的平均候车时间;

T_3——中转换乘的平均时间；

T_4——车辆行驶的平均时间；

T_5——下车后乘客步行到达目的地的平均时间。

评价标准：不同城市规模、不同出行目的下居民能够忍受的最大值存在明显差异，城市规模越大，人们出行容忍的最大出行时耗也相对越大，将居民第 90％位出行时耗定义为可接受最大出行时耗。根据《城市道路交通规划设计规范》该值取值见表 11-21。90％居民出行时耗反映了城市居民出行的方便性、可达性，出行时耗越小，意味着居民出行方便性、可达性高。乘客出行平均时耗的评价等级建议值，见表 11-22。

表 11-21　线路重复系数的评价等级界定建议值

最大出行时耗	一类城市	二类城市	三类城市	四类城市	五类城市
第 90％位出行时耗/min	60	50	40	35	25

表 11-22　线路重复系数的评价等级界定建议值

城市公交系统类型	一级	二级	三级	四级	五级
一类城市公交系统	<30	[30,40)	[40,50)	[50,60)	>60
二类城市公交系统	<25	[25,30)	[30,40)	[40,50)	>50
三类城市公交系统	<20	[20,25)	[25,35)	[35,40)	>40
四、五类城市公交系统	<15	[15,20)	[20,30)	[30,35)	>35

指标说明：数据不易获得，但可以通过 O-D 调查获取资料。该指标对公共交通服务水平进行了总体评价，间接地评估了公交运行总体速度和线路的运行效率。

3. 行车准点率

定义：行车准点率指统计期内，运营车辆正点运行次数与全部行车次数之比，单位为％。

量化：

$$u_{33} = m_{13}/m_{14} \tag{11-18}$$

式中　u_{33}——行车准点率；

m_{13}——统计期内运营车辆正点运行次数（次）；

m_{14}——全部行车次数（次）。

评价标准：行车准点率的评价等级建议值见表 11-23。

表 11-23　行车准点率的评价等级界定建议值

城市公交系统类型	一级	二级	三级	四级	五级
一、二、三、四、五类城市交系统	>95	[90,95)	[85,90)	[80,85)	<80

指标说明：运送准确及时，对乘客来说特别重要。特别大城市，要减少交通压力、减少交通拥堵，就应该大力发展公共交通。许多市民选乘公交车上班的首要条件是行车准点率。

4. 客运费率

定义：客运费率指统计期内，普通票乘客平均每月个人实际支付的乘车费与该城市职工平均工资之比，可反映公共客运票价乘客承受能力，单位为％。

量化：

$$u_{34} = c_8/c_9 \tag{11-19}$$

式中　u_{34}——客运费率;

　　　c_8——普通乘客平均每月实际支付乘车费(元);

　　　c_9——职工平均月薪(元)。

评价标准:客运费率的评价等级建议值见表 11-24。

表 11-24　客运费率的评价等级界定建议值

城市公交系统类型	一级	二级	三级	四级	五级
一、二、三、四、五类城市交系统	<3.5	[3.5,4.5)	[4.5,5.5)	[5.5,6.5)	>6.5

指标说明:客运费率主要指票价的便宜程度,是公交吸引顾客的一个重要评价指标,也是公交优先发展首要考虑的问题。票价过高,公交对顾客的吸引力降低;但票价过低,公交企业的运营成本加大。所以公交票价要保持合理的价位。

5. 乘客平均换乘系数

定义:乘客平均换乘系数指统计期内,乘客出行人次与换乘人次之和除以乘客出行人次,该指标衡量乘客直达程度,反映乘车方便程度,无量纲。

量化:

$$u_{35} = (n_1 + n_2)/n_1 \tag{11-20}$$

式中　u_{35}——乘客平均换乘系数;

　　　n_1——乘客出行人次;

　　　n_2——换乘人次。

评价标准:乘客平均换乘系数的评价等级建议值见表 11-25。

表 11-25　乘客平均换乘系数的评价等级界定建议值

城市公交系统类型	一级	二级	三级	四级	五级
一、二、三类城市交系统	[1.0,1.1)	[1.1,1.2)	[1.2,1.4)	[1.4,1.5)	≥1.5
四、五类城市交系统	[1.0,1.05)	[1.05,1.1)	[1.1,1.2)	[1.2,1.3)	≥1.3

指标说明:居民出行途中常要从一条公交线路换乘到另一条线路,有的还要多次换乘。平均转换次数指全部乘客的换乘次数总和除以全部乘客人数。换乘要增加乘客途中耗费的时间和精力,使之感到不便。所以城市公交尽量做到直达、快捷,减少乘客换乘。

6. 满载率

定义:全天线路满载率指统计期内,运营车辆全天运载乘客的平均满载程度,单位为%。

量化:

$$u_{36} = \sum_{k=1}^{n_4} \sum_{i=1}^{n_3-1} q_{i,i+1,k} L_{i,i+1,k} / \sum_{k=1}^{n_4} \sum_{i=1}^{n_3-1} q_{0i,i+1,k} L_{i,i+1,k} \tag{11-21}$$

式中　u_{36}——全天线路满载率;

　　　$q_{i,i+1,k}$——第 k 条线路的节点 i 至 $i+1$ 路段客流量(人次);

　　　$q_{0,i+1,k}$——第 k 条线路的节点 i 至 $i+1$ 路段车容量;

　　　$L_{i,i+1,k}$ i 至 $i+1$——第 k 条线路的节点 i 至 $i+1$ 路段客流量间距离(km);

　　　n_3——公交线路数;

n_4——通行公交车辆的道路网节点数。

评价标准:全天线路满载率的评价等级建议值见表 11 - 26。

表 11 - 26　公交车辆拥有率的评价等级界定建议值

城市公交系统类型	一级	二级	三级	四级	五级
一类城市公交系统	≥15	[12,15)	[9,12)	[6,9)	<6
二类城市公交系统	≥13	[10,13)	[7,10)	[5,7)	<5
三类城市公交系统	≥11	[8,11)	[6,8)	[4,6)	<4
四、五类城市公交系统	≥9	[7,9)	[5,7)	[3,5)	<3

指标说明:数据需要从公交企业获取,或者自行进行抽样调查。满载率是评价公交工具投放效益、验证运力配备和运用是否适应乘客实际需求的重要指标,也是编制或修订运营作业计划、调整公交运载工具投放数量和投放方向的重要依据。

7. 里程

定义:安全运行间隔里程指公共交通车辆总行驶里程与行车责任事故次数的比率。单位为万 km/次。

量化:

$$u_{37} = l_4 / n_5 \qquad (11 - 22)$$

式中　u_{37} ——安全运行间隔里程;

　　l_4 ——公共交通车辆总行驶里程(万 km);

　　n_5 ——行车责任事故次数(次)。

评价标准:安全运行间隔里程的评价等级建议值见表 11 - 27。

表 11 - 27　安全运行间隔里程的评价等级界定建议值

城市公交系统类型	一级	二级	三级	四级	五级
一、二、三、四、五类城市交系统	≥125	[100,125)	[75,100)	[50,75)	<50

指标说明:计算该指标要求运营公司提供各路公交车行驶里程,以及公交管理部门认定的行车责任事故次数。所以通过公交车行驶总里程的数据和总的行车责任事故次数,就可以知道城市公共交通系统的安全运行间隔里程。

8. 高峰满载率

定义:全天线路满载率指统计期内,运营车辆全天运载乘客的平均满载程度,单位为%。

量化:

$$u_{38} = q_2 / q_3 \qquad (11 - 23)$$

式中　u_{38} ——高峰满载率;

　　q_2 ——统计期内公交车辆实际载客量;

　　q_3 ——统计期内公交车辆额定载客量。

评价标准:高峰满载率的评价等级建议值见表 11 - 28。

表 11-28 高峰满载率的评价等级界定建议值

城市公交系统类型	一级	二级	三级	四级	五级
一类城市公交系统	<60	[60,70)	[70,80)	[80,90)	>90
二、三类城市公交系统	<63	[63,73)	[73,83)	[83,93)	>93
四、五类城市公交系统	<65	[65,75)	[75,85)	[85,95)	>95

指标说明:高峰满载率是评价公交工具投放效益、验证运力配备和运用是否适应乘客实际需求的重要指标,也是编制或修订运营作业计划、调整公交运载工具投放数量和投放方向的重要依据。要通过大量的现场调查,才能得到比较准确的高峰满载率。

11.4.4 公交可持续发展水平评价指标的量化与分级界定

1. 土地利用的吻合程度

定义:城市公共交通与城市总体规划拟定的土地利用吻合程度,用公共交通系统的吸引范围内的人口岗位数与同期全部的人口岗位数的比例表示,以评价公共交通与城市总体规划的一致性,无量纲。

量化:

$$u_{41} = n_6/n_7 \tag{11-24}$$

式中 u_{42} ——土地利用的吻合程度;
n_6 ——公交吸引范围内的人口岗位数;
n_7 ——同期全部的人口岗位数。

评价标准:土地利用的吻合程度的评价等级建议值见表 11-29。

表 11-29 土地利用的吻合程度的评价等级界定建议值

城市公交系统类型	一级	二级	三级	四级	五级
一、二、三、四、五类城市交系统	≥125	[100,125)	[75,100)	[50,75)	<50

指标说明:将城市公共交通系统现状布局或评价方案的布局图与城市总规划用地布局及控制性详细规划用地布局进行比较分析,就可以得到相应的评价数值。由于目前我国城市化建设较快,所以土地利用吻合程度是一个动态指标。

2. 公交车辆更新率

定义:公交车辆更新率指公共交通车辆实际更新数与应更新总数的比例,单位为%。

量化:

$$u_{42} = n_8/n_9 \tag{11-25}$$

式中 u_{42} ——公共交通车辆更新率;
n_8 ——公共交通车辆实际更新数;
n_9 ——公共交通车辆应更新总数。

评价标准:公交车辆更新率的评价等级建议值见表 11-30。

表 11-30　公交车辆更新率的评价等级界定建议值

城市公交系统类型	一级	二级	三级	四级	五级
一类城市公交系统	≥90	[80,90)	[70,80)	[60,70)	<60
二类城市公交系统	≥85	[75,85)	[65,75)	[55,65)	<55
三类城市公交系统	≥80	[70,80)	[60,70)	[50,60)	<50
四、五类城市公交系统	≥75	[65,75)	[55,65)	[45,55)	<45

指标说明:通过现场检查和查阅文件、资料相结合,根据所提供的材料确定公共交通车辆更新率。由于不同城市经济发展不同,所以不同城市之间公共交通车辆更新率差别比较大。特别是我国沿海地区发达城市比西部地区的城市,公交车辆更新率高得多,所以公共交通车辆更新率是一个相对指标。

3. 公共交通分担率

定义:公共交通分担率指市区内居民出行方式中选择公共交通的出行量占总出行量的比率,单位为%。

量化:

$$u_{43} = n_{10}/n_{11} \qquad (11-26)$$

式中　u_{43}——公共交通分担率;

n_{10}——选择公共交通的出行量(人次);

n_{11}——城市总出行量(人次)。

评价标准:公共交通分担率的评价等级建议值见表 11-31。

表 11-31　公共交通分担率的评价等级界定建议值

城市公交系统类型	一级	二级	三级	四级	五级
一、二类城市公交系统	≥22	[18,22)	[14,18)	[10,14)	<10
三类城市公交系统	≥19	[15,19)	[11,15)	[7,11)	<7
四、五类城市公交系统	≥15	[12,15)	[9,12)	[6,9)	<6

指标说明:城市性质、规模、布局、经济发展水平、地理气候环境等因素影响并决定着城市的交通需求特性和供给条件;适应各层次居民出行需求并符合城市特点的客运交通系统应能提供居民公平的交通方式选择机会,从而形成适应可持续发展要求的城市总体客运交通结构。

4. 人均公交道路面积

定义:人均公交道路面积指市区内平均每个居民拥有的公交道路面积,单位为 m²/人。

量化:

$$u_{44} = s_4/m_7 \qquad (11-27)$$

式中　u_{44}——人均公交道路面积;

s_4——城市公共交通道路面积(m²);

m_7——市区人口数。

评价标准:人均公交道路面积的评价等级建议值见表 11-32。

表 11 - 32　人均公交道路面积的评价等级界定建议值

城市公交系统类型	一级	二级	三级	四级	五级
一类城市公交系统	≥10	[7,10)	[5,7)	[3,5)	<3
二类城市公交系统	≥11	[8,11)	[6,8)	[4,6)	<4
三类城市公交系统	≥13	[10,13)	[7,10)	[4,7)	<4
四、五类城市公交系统	≥14	[11,14)	[8,11)	[4,8)	<4

指标说明:从可持续发展的角度来看,人均公交道路面积并非越大越好,人均公交道路面积受交通方式结构的直接影响,应以最小的道路用地消耗来满足城市的交通需求。因此,人均公交道路面积也是一个同时具有上限和下限的指标,理想的人均公交道路面积应在 $1 \sim 15 m^2$ 之间。

5. 公交道路环境污染系数

定义:公交道路环境污染系数指城市公交对环境的影响,主要指城市公交产生的污染物,无量纲。

量化:

$$u_{45} = \sum_{j=1}^{4} \sum_{k=1}^{n_4} \sum_{i=1}^{n_3-1} q_{i,i+1,k} l_{i,i+1,k} \delta(v_{jk}) / \sum_{j=1}^{4} \sum_{k=1}^{n_4} \sum_{i=1}^{n_3-1} q_{i,i+1,k} l_{i,i+1,k} \delta_0(v_{jk}) \quad (11-28)$$

式中　u_{45}——公交道路环境污染系数;

$j = 1,2,3,4$——分别表示 CO、CO_2、NO_x 和 CH_x;

$l_{i,i+1,k}$——第 k 条线路的节点 i 至 $i+1$ 路段的长度;

$\delta(v_{jk})$——第 k 条线路上在车速 v_k 行驶情况下第 j 种污染物的实际排放浓度(mg/m^3);

$\delta_0(v_{jk})$——第 k 条线路上在车速 v_k 行驶情况下第 j 种污染物的排放标准浓度(mg/m^3)。

评价标准:公交道路环境污染系数的评价等级建议值见表 11-33。

表 11 - 33　公交道路环境污染系数的评价等级界定建议值

城市公交系统类型	污染系数	备　注
一类城市公交系统	<0.4	道路交通大气污染物排放量小,道路交通空气质量良好
二类城市公交系统	[0.4,0.6)	道路交通大气污染物排放量较小,道路交通空气质量较好,对人体一般无害
三类城市公交系统	[0.6,0.75)	道路交通大气污染物排放量较大,考虑其他排放源,总污染物接近允许排放总量
四类城市公交系统	[0.75,1.0)	道路交通大气污染物排放最大,考虑其他排放源,总污染物达到(或有所超过)允许排放总量,空气质量差
五类城市公交系统	>1.0	仅道路交通大气污染物排放量就超过了允许排放总量,空气质量恶劣

指标说明:公交污染物排放量反映了公交系统的环境负效应,在满足一定的公共交通需求的前提下,污染物排放量越少,公交系统可持续发展越好。所以通过降低公交污染物排放量,来解决城市发展中的环境问题,以促进城市生态的可持续发展。

6. 公交能源消耗系数

定义:公交能源消耗系数指公交道路能源消耗的增长与出行需求增长之间的函数关系,无量纲。

量化:

$$u_{46} = \sum_{k=1}^{n_3} \sum_{i=1}^{n_{12}} l_k \times q_k^i \times \tau_i(v_k^i) \qquad (11-29)$$

式中　u_{46} ——公交能源消耗系数;

　　　l_k ——公交路网中第 k 条线路的长度;

　　　q_k^i ——公交路网中第 k 条线路上第 i 种公交车型的交通流量;

　　　v_k^i ——公交路网中第 k 条线路上第 i 种公交车型的行驶速度;

　　　$\tau_i(v_k^i)$ ——公交路网中第 k 条线路上第 i 种公交车型以 v_k^i 速度行驶时的能源消耗因子;

　　　n_{12} ——整个城市行驶公交车的车型数。

评价标准:公交能源消耗系数的评价等级建议值见表 11-34。

表 11-34　公交能源消耗系数的评价等级界定建议值

城市公交系统类型	一级	二级	三级	四级	五级
一、二、三、四、五类城市交系统	<1	[1.0,1.5)	[1.5,2.0)	[2.0,2.5)	>2.5

指标说明:公交系统的能源消耗是指城市公交对能源的消耗情况,能源消耗量反映了公交的能源投入。在满足一定的交通需求前提下,能源消耗量越少,公交效率越高。特别目前油价居高不下,而我国石油资源非常贫穷的情况下,减少公共交通能源消耗是缓解我国能源危机的有效措施,也是我国城市交通实现可持续发展的必然之路。

7. 交通时空资源消耗指数

定义:某种出行方式的交通时空资源消耗指数是指该出行方式的交通个体(人或车)一定时间内占有的空间,或一定空间内使用的时间,单位为 m·s。

量化:

$$u_{47} = \sum_{i=1}^{n} \bar{c}_i \alpha_i \Big/ \sum_{i=1}^{n} \bar{d}_i \alpha_i \qquad (11-30a)$$

$$\bar{c}_i = d_i h_{ti} l_{ti} / n_i \qquad (11-30b)$$

式中　u_{47} ——交通时空资源消耗指数;

　　　$\bar{c}_i$ ——第 i 种交通方式的人均时空消耗($m^2 \cdot s$ /人);

　　　$\bar{d}_i$ ——第 i 种交通方式的平均出行距离;

　　　α_i ——第 i 种交通方式的平均出行比例;

　　　d_i ——第 i 种交通方式安全行驶的横向净空距离(m);

　　　h_{ti} ——第 i 种交通方式安全车头时距(s);

　　　l_{ti} ——第 i 种交通方式出行距离(m);

　　　n_i ——第 i 种交通方式载客数(人)。不同交通方式车均时空消耗的计算值见表 11-35。

表 11-35　不同交通方式享均时空消耗的计算值

指标	步行	自行车	中巴	大客车	铰链车	小汽车
横向净空/m	0.75	1.5	3.5	3.75	3.75	3.5
安全车头时距/s	0.8	2.0	3.47	4.91	6.11	3.23
出行距离/m	l_1	l_2	l_3	l_4	l_5	l_6
车均时空消耗/($m^2 \cdot s$)	$0.6l_1$	$3l_2$	$12.15l_3$	$18.41l_4$	$22.91l_5$	$11.31l_6$

评价标准：交通时空资源消耗指数的评价等级建议值见表 11-36。

表 11-36   公交能源消耗系数的评价等级界定建议值

城市公交系统类型	一级	二级	三级	四级	五级
一、二、三、四、五类城市交系统	<0.2	[0.2,0.4)	[0.4,0.6)	[0.6,0.8)	≥0.8

指标说明：把城市道路网看成是由时间和空间决定的一种资源，任何交通个体的出行都会占用所使用道路的一定的时间和空间，即消耗一定的时空资源。时空资源可以根据不同的交通个体、不同的交通方式、不同的时段以及不同的使用情况来定义。

11.5   案 例 分 析

本节以苏州市和江阴市为例说明城市公共交通系统综合评价的流程。

11.5.1   苏州市公交行业综合评价

公共交通作为城市重要的公共基础设施和人民群众生产生活必不可少的物质条件，实施公交优先战略是打造苏州市低碳交通、改善城市人居环境的重要举措，为推进"三区三城"建设提供有力的交通保障。近年来，苏州市公交发展取得了的显著的成绩，但是与市民日益增长的出行需求、国内公交优先城市的发展水平相比，苏州市公交发展仍存在较大差距。研究建立科学合理的公交行业评价指标体系，全面客观分析苏州市公交发展面临的问题及与国内公交优先城市存在的差距，为下一步制定公交优先发展政策、强化公交企业经营管理、提高公交服务水平提供依据。

1. 建立评价指标体系的目的

（1）有利于强化公交服务和社会效益。

公交企业不同于一般的企业以赚取利润为目的，向社会提供公共服务是其主要职责，通过建立以体现公交服务水平为主的公交行业评价指标体系，能够促进企业内部加强经营管理，引导公交企业的经营，以公交服务为核心，提高公交行业的社会效益。

（2）有利于强化运营机制和规范管理。

通过对公交行业进行客观的分析评价，找准苏州市公交发展定位及与国内公交优先发展城市存在的差距，为政府各有关职能部门加强对公交经营的监管和约束，加强宏观调控，制定公交优先发展政策和考核经营管理的业绩提供重要依据。

（3）有利于完善激励和约束机制。

建立公交行业指标评价体系，使评价结果与单位经营者待遇和任免考核挂钩，推动建立以评价考核为核心的公交企业干部聘任制度，有利于完善激励和约束机制，提高资产运行效率，实现公交企业效益最大化。

2. 建立评价指标体系的原则

（1）效益兼顾原则。

公共交通是一个公益性的行业，要突出社会效益的导向，同时也要兼顾经济效益，避免回到国有企业吃"大锅饭"现象。因此，公交行业指标评价体系必须把这两个效益有效的结合起来，以社会效益为主,经济效益为辅,在政府投入可承担的基础上,使苏州市公交实现可持续发展。

(2) 科学合理原则。

每一项评价指标的设立都应该建立在充分的论证和调研基础上,并对收集的数据进行周密、细致的统计分析。

(3) 通用可比原则。

各项指标要具有可比性,满足不同时期以及不同对象间的比较,即各项指标可以纵向比较和横向比较。

(4) 可操作性原则。

指标的可操作性主要体现在指标要简化、数据要易于获取、要严格控制数据的准确性等方面,它是评价指标体系的基本要求。

(5) 目标导向原则。

通过各项评价指标的设计,有效规范公交服务行为,对公交服务工作起到导向和监控作用,引导公交企业发展目标体现公益性。

3. 评价指标体系的构成

(1) 建立备选指标体系。

根据公交行业特点,初步罗列出较能反映公交行业发展的若干项指标。这些指标多以平均、百分比、增长率等相对数表示,这些指标可以准确的反映被评价对象发生的频率和强度,在不同的时期之间进行评价分析具有较强的可比性。

(2) 指标的归类筛选。

由于公交行业涉及的指标非常多,侧重点也不尽相同,为了保证评价的科学性,减少不必要繁琐工作,对备选指标进行了归类筛选。通过召集专家会议,在充分征求大专院校教授、公交乘客委员会委员、企业管理人员意见的基础上,对指标进行调整。最终确定具有较强可操作性和代表性、敏感度高、贡献度大的一些指标。

根据评价的范围和层次的不同,指标体系共分三级指标,其中一级指标 3 项、二级指标 13 项、三级指标 34 项。指标体系结构划分如下:一级指标分政府投入及管理、企业经营管理、服务效果 3 项指标。政府投入及管理一级指标下设场站设施等 6 项二级指标,从 6 个方面分析政府对公交投入力度和行业管理水平,设置了标台拥有停保面积等 11 个三级技术指标进行数据分析。企业经营管理一级指标下设服务质量等 5 项二级指标,从 5 个方面分析公交企业内部管理水平和对社会提供的公交服务质量,设置了车辆完好率等 19 项三级技术指标进行数据分析。服务效果一级指标下设吸引力等 2 项二级指标,从 2 个方面分析苏州市公交在政府和企业共同努力下吸引市民出行的效果,设置了千公里客流量等 4 项三级技术指标进行数据分析。具体指标结构见附表一。

(3) 指标数据的确定。

主要通过以下途径得出各项指标基本数据:一是行业管理部门基础数据平台;二是公交企业上报相关数据;三是智能公交信息平台;四是向大连、青岛及省内 12 个地级市发送调查表格。在搜集各项指标的相关数据后,对数据的真实性和准确性进行认真比对,计算出各项指标数据,具体见附表 1。

4. 评价指标比较分析及结论

1)横向比较分析

苏州市公交 2009 年各项评价指标与 14 个城市(大连、青岛及省内 12 个地级市)横向对比,

比较结果如下(考虑可比性,以下公交营运里程为标准营运里程):

(1)公交场站建设到位,车辆停保难题有效缓解。

近年来,随着苏州市对公交场站建设投入力度加大,苏州市公交标台拥有停保面积与青岛市持平,在苏南城市中排在第一、省内第三,具体如图 11-2 所示。

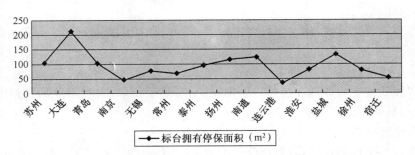

图 11-2　2009 年苏州公交标台拥有停保面积与其他城市的比较

(2)公交路权优先滞后,营运速度差距较大。

公交路权优先是公交快捷、准点的有效保障,目前苏州市公交专用道与大连、青岛及苏南城市比较,建设力度滞后,公交车平均营运速度在 15 个城市中倒数第一,具体如图 11-3 所示。

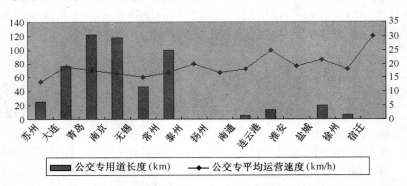

图 11-3　2009 年苏州公交专用道长度、公交平均运营速度与其他城市的比较

(3)财政补贴总额较大,扶持力度仍需加强。

2009 年苏州市财政对公交补贴约 2.2 亿元,省内排名第二,但是与大连、青岛差距较大。千公里营运补贴与财政补贴占财政收入比例指标不高,具体如图 11-4 所示。

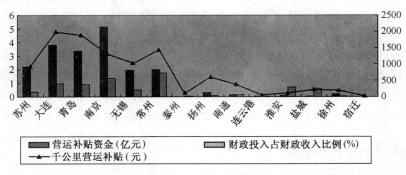

图 11-4　2009 年苏州公交财政补贴指标与其他城市的比较

（4）公交车辆投入力度大，市民乘车舒适度较高。

随着苏州市近三年年均净增 300 辆公交车的发展速度，到 2009 年年底，苏州市万人拥有公交标台数排在全省第一、与青岛持平，空调车比例排在省内第四，具体如图 11-5 所示。

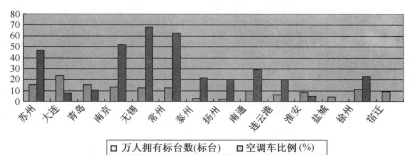

图 11-5　2009 年苏州公交专用道长度、公交平均运营速度与其他城市的比较

（5）平均线路长度偏长，公交线网有待进一步优化。

2009 年苏州市公交平均线路长度为 22.12km/条，不仅远高于国家规范规定的 8～12km/条，与其他城市比较也是偏高，具体如图 11-6 所示。

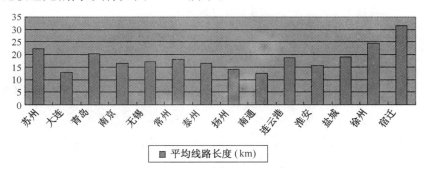

图 11-6　2009 年苏州公交平均线路长度与其他城市的比较

（6）公交出行成本较高，刷卡乘车比例较低。

2009 年市民乘车平均出行成本为 1.54 元/次（学生、老人优惠乘车除外），在 15 个城市中排名第二，IC 卡刷卡折扣率和刷卡率排名靠后，具体如图 11-7 所示。

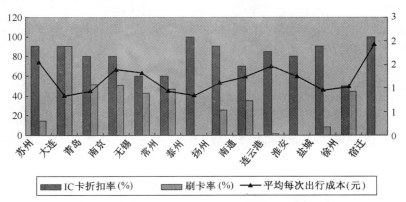

图 11-7　2009 年苏州公交出行成本与其他城市的比较

（7）公交服务质量良好，车辆事故频率较高。

车辆完好率、首末班发车准点率、计划车班执行率等指标与其他城市基本一致，车辆事故频率在15个城市中排名第三，仅次于常州、无锡，具体如图11-8所示。

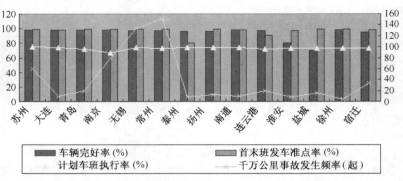

图11-8　2009年苏州公交服务质量与其他城市的比较

（8）公交服务能力较弱，公交服务水平差距较大。

除公交日平均线路服务时间在15个城市中排名靠前外，高峰时段平均发车时间间隔和公交百公里线路配车数排名靠后，具体如图11-9所示。

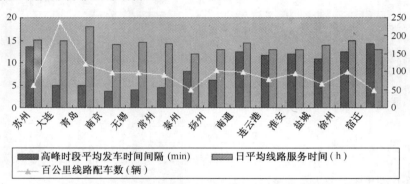

图11-9　2009年苏州公交服务水平与其他城市的比较

（9）企业内部管理效率高，驾驶员生存环境恶劣。

2009年管理人员人车比在15个城市中最少，管理效率高，但是管理人员大专以上学历占比偏低。考虑经济发展水平和道路拥挤程度等因素，与大连、青岛及苏南城市比较，苏州市驾驶员工作时间长、工作强度大，具体如图11-10所示。

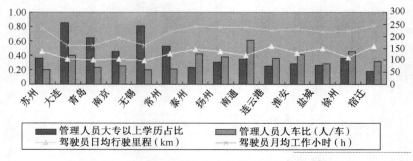

图11-10　2009年苏州公交人员管理与其他城市的比较

（10）经营层收入差距大，驾驶员收入有待提高。

苏南与苏北经营层收入差距大，最大差距达 10.5 倍，苏州市公交经营层收入在全省排第三，但是驾驶员平均每小时收入水平居中，苏州市公交驾驶员收入有待提高，具体如图 11－11 所示。

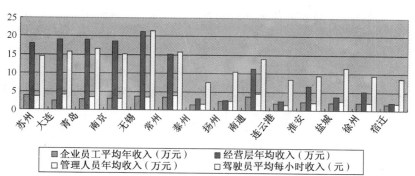

图 11－11　2009 年苏州公交收入分配指标与其他城市的比较

（11）公交营运成本控制较好，营运收入水平一般。

公交千公里营运收入、千公里营运成本等指标在 15 个城市中排名居中，考虑苏州市经济发展较快对成本影响等因素，苏州市公交企业对公交营运成本控制较好。考虑苏州市公交 IC 卡折扣率低及空调车比例较高因素，苏州市公交营运收入水平一般，具体如图 11－12 所示。

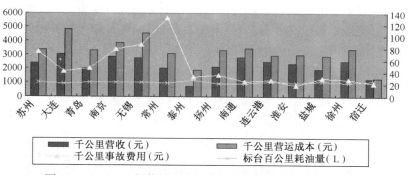

图 11－12　2009 年苏州公交经济效益指标与其他城市的比较

（12）公交千公里客流量低，自身可持续发展能力较弱。

2009 年苏州市公交千公里客流量仅为 1777 人次，在大连、青岛及苏南城市中排名倒数第一，在 15 个城市排名倒数第五，具体如图 11－13 所示。

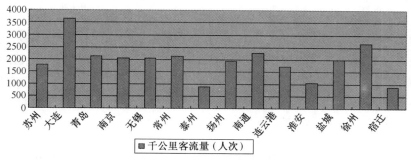

图 11－13　2009 年苏州公交千公里客流量与其他城市的比较

（13）公交日均客流量较大，出行分担率较高。

2009 年苏州市公交日均客流量和出行分担率分别为 136 万人次、21%，在 15 个城市中分列第四、第五位，具体如图 11-14 所示。

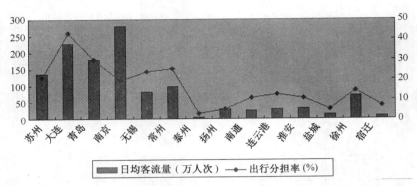

图 11-14　2009 年苏州公交日均客流量、出行分担率与其他城市的比较

2）纵向比较分析

通过纵向比较分析苏州市公交 2007—2009 年各项评价指标，苏州市公交发展取得的成绩及存在的不足主要表现以下几方面。

（1）政府加大扶持，企业充分挖潜，公交吸引力提高。

近三年来，政府对公交的场站建设和公交营运补贴的扶持力度加大。公交企业在面临生存和发展双重压力下，通过挖掘内部潜力，大量购买新车，市民乘车舒适度得到较大提高。在政府和企业共同努力下，苏州市公交吸引力不断提高，具体如图 11-15 所示。

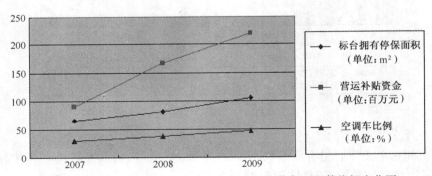

图 11-15　苏州公交 2007—2009 年标台拥有停保面积等指标变化图

（2）营运速度降低，发车间隔增大，公交可持续发展能力下降。

尽管苏州市公交三年发展成绩显著，但在以下方面却呈持续恶化现象：一是由于公交路权优先不到位及私家车迅猛发展对公交车辆的挤出效应，中心城区公交车平均营运速度不断降低；二是由于营运速度的下降，降低了公交车辆的使用效率，在线路车辆配置不变的情况下，公交发车间隔不断增大；三是由于公交资源未能有效整合，公交自身可持续发展能力不断下降，公交千公里客流量由 2007 年 2487 人次降低到 2009 年的 2249 人次，具体如图 11-16 所示。

3）主要结论

通过横向及纵向对比分析，得出苏州市公交目前发展定位为：经过近年快速发展，苏州市公

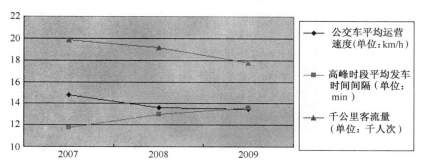

图 11 - 16　苏州公交 2007—2009 年公交车平均运营速度等指标变化图

交在省内公交发展水平靠前,与国内公交优先城市发展水平仍存较大差距。这些差距主要体现在公交专用道、公交车营运速度、公交平均线路长度、公交服务水平、人员素质、驾驶员工作时间及收入、千公里客流量、刷卡率等指标方面。

引起这些指标差距的主要问题是:一是公交规划执行力不够,公交路权优先建设没有落到实处;二是公交公益性民营化运营模式出现了企业人才引进不足、驾驶员劳动强度、公交服务水平不高等问题;三是公交发展仍为粗放式模式,公交线路有待优化,公交票制对公交出行的引导性不够;四是公交出行结构不合理,公交出行未成为市民日常出行的主要方式,选择公交出行群体以学生、老人及外来务工人员为主。

11.5.2　江阴市近期公交线网实施评价

江阴市地处苏锡常"金三角"几何中心,北枕长江,南近太湖,东接常熟,张家港,西连常州,素有"江尾海头"、"江海门户"之称,历来是大江南北的重要交通枢纽和江海联运、江河换装的天然良港。随着江阴市经济快速发展,机动车拥有量呈爆发式增长,交通供需矛盾日益突出,道路运行状况急剧恶化,公共交通系统直面小汽车的强烈冲击,在这样的关键时刻,亟需寻求有效的公交改革措施,促进公交优先发展,建立合理的城市客运交通体系结构。

1. 江阴市近期公交发展目标

(1) 万人拥有公交车辆不低于 10 标台。

(2) 公交出行分担率达到 12%～15%。

(3) 中心城区公交线网密度不小于 1km/km², 外环路以内公交线网密度不小于 2.5km/km²。

(4) 中心城区公交站点 500m 覆盖率达 60% 以上,300m 覆盖率达 40% 以上。

(5) 外环路以内公交站点 500m 覆盖率达 90% 以上,300m 覆盖率达 70% 以上。

(6) 外环路以内居民小区公交线路 100% 覆盖。

(7) 高峰期平均发车间隔不高于 6min,平峰发车平均间隔不高于 10min。

(8) 中心城区 90% 居民单程最大时耗不超过 40min,市域 90min 内到达主城。

(9) 城乡公交镇区全覆盖,自然村公交覆盖率达 85% 以上。

2. 评价指标

从技术水平和服务水平两方面对近期公交线网规划进行评价。公交线网技术水平主要是指系统的建设规模和发展潜力,服务水平主要指覆盖率、公交出行比例等(表 11 - 37)。

表 11-37　江阴市近期公交线网实施评价指标

评 价 层 面	序 　 号	具 体 指 标
技术水平	1	线路条数
	2	线路长度
	3	线网密度
	4	线路重复系数
	5	线路非直线系数
服务水平	6	站点覆盖率
	7	万人公交车拥有量
	8	公交出行比例
	9	发车间隔

3. 定量评价

1）线网规模

近期江阴城市公交系统相比现状将有较大的提升,公交线网总里程增加 60%,中心城区线网密度由现状 0.77km/km² 提高至 1.21km/km²,主城区线网密度达到 2.7km/km²,城市中心区线网密度达到 3.3km/km²,基本达到国家规范推荐的指标要求,如图 11-17 所示。

图 11-17　中心城区公交线网密度分布图

2）线网结构

通过对公交线网的结构性梳理,线路重复系数略有下降,特别在整体规模快速发展的同时,老城内部公交线网布局更加均衡,环城路分担部分线路,人民路、中山路上密集的公交线路有所减少(图 11-18、表 11-38)。

另一方面,线路非直线系数随着线网的优化调整有较大下降,线路绕行减少,公交线网直达性有所提高。城区"四横四纵一环"公交干线的布设,提高了城区各组团之间的直接快速联系。

图 11-18　线路重复系数分布图

表 11-38　近期线网实施定量评价

评价指标		现状(2007 年)	近期规划(2010 年)
线路条数		28	47
线路总长度/km	主城区	240.4	355
	中心城区	340.25	502.7
线网总长度/km	主城区	89.8	133
	中心城区	154	240
线网密度/(km/km²)	主城区	1.82	2.70
	中心城区	0.77	1.21
线路重复系数	主城区	2.68	2.67
	中心城区	2.21	2.09
线路非直线系数		1.8	1.56
站点覆盖率(300m)	主城区	53.9%	76.4%
	中心城区	30%	41.9%
站点覆盖率(500m)	主城区	77.4%	91.1%
	中心城区	50%	62.1%
万人公交车拥有量/标台		6.4	11
公交出行比例/%		7.1	12~15
高峰发车间隔/min		9	6

3) 线网覆盖

公交线网通达性有所提高,南门、澄南新村、普惠、双牌等地域基本消除公交服务盲区,主城区站点 300m 半径覆盖率达到 76.4%(图 11-19)、500m 半径覆盖率达到 91.1%(图 11-20),基本满足国家规范要求。

主城与外围发展地区每个方向保持五条放射公交线进行联系,以老城为中心的 45min 等时线几乎覆盖整个中心城区(图 11-21)。

城区内部各组团间基本实现公交线路通达,城市对外交通枢纽有 10 条公交线路为城市各方向集疏散客流。城市客运枢纽之间有直达公交线路相互沟通。

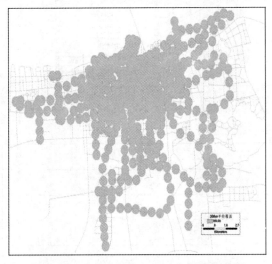 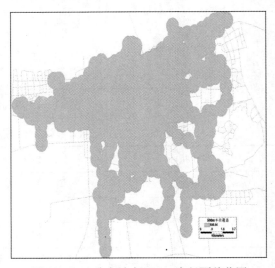

图 11-19 公交站点 300m 半径覆盖范围　　　图 11-20 公交站点 500m 半径覆盖范围

4) 服务水平

公交车辆万人拥有率得到稳步增加,从现状的 6.4 标台发展至 11 标台左右,预计公交出行比例达到 12%～15% 左右。公交线路平均长度从 12.1km 下降至 10.7km,高峰期平均发车间隔可由现状的 9min 缩短至 6min 左右。

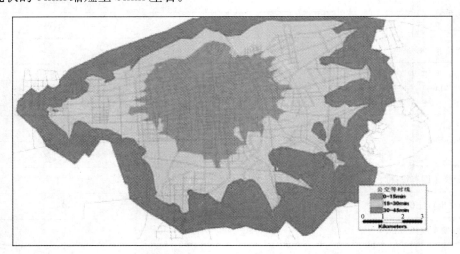

图 11-21 公交等时线图(45min)

线网实施评价指标显示,线网密度、站点覆盖率等多数指标达到近期规划目标要求。

思 考 题

1. 城市公共交通系统评价的方法有哪些? 在应用时应该注意哪些问题?

2. 选择一个城市,设计调查获取该市公共交通系统的技术性能、经济效益、服务水平、可持续发展水平方面基础数据资料,结合所学过的知识分别对上述四个方面进行分析评价,并对公共交通系统进行综合评价,根据评价结论给出该市公交发展的建议。

附表1 苏州公交行

一级指标	二级指标	三级指标	单位	苏州			国内其他城市指标	
				2007	2008	2009	大连	青岛
政府投入及管理	场站设施	标台拥有停保面积	平方米	65.25	81.06	105.23	212.97	104.36
	优先设施	公交专用道长度	公里	14.9	14.9	25	76	122.5
		公交车平均运营速度	公里/小时	14.8	13.6	13.5	18.9	17.4
	财政补贴	营运补贴资金	万元	9084.98	16645.2	22069.7	38107.5	33644
		千公里营运补贴	元	504	796	945	2004	1894
		财政投入占财政收入比例	%	0.21	0.33	0.35	0.97	0.89
	车辆设施	万人拥有标台数	标台	12.8	14.3	15.0	24.0	15.6
		空调车比例	%	29.7	37.2	46.3	7.84	10.6
	行业管理	平均线路长度	公里/条	23.33	21.89	22.12	12.59	20.31
	出行成本	平均每次出行成本	元	1.41	1.49	1.54	0.83	0.94
		IC卡折扣率	%	90	90	90	90.95	96.80
企业经营管理	服务质量	车辆完好率	%	97.76	97.4	97.71	97.6	98.44
		首末的发车准点率	%	99.1	99.3	99.2	98	99
		计划车的执行率	%	98.46	99.3	99.52	98.38	96
		万公里事故发生频率	起	0.11	0.08	0.06	0.01	0.02
	服务水平	高峰时段平均发车时间间隔	分钟	11.7	13	13.6	5	3~5
		日平均线路服务时间	小时/条	14.9	14.9	15.1	15.0	18.0
		百公里线路配车数	辆	60.5	63.3	61.4	237	121
	人员管理	管理人员大专以上学历占比	%	31.3	31.9	35.5	85	64.6
		管理人员人车比	人/车	0.2	0.21	0.2	0.4	0.23
		驾驶员日均行驶里程	公里	140	138	136	104	101
		驾驶员月均工作小时	小时	255	248	234	163	161
	收入分配	企业员工平均年收入	万元	3.34	3.72	3.93	2.49	2.81
		经营层年均收入	万元	16.01	16.06	17.99	18.98	19.12
		管理人员年均收入	万元	3.07	3.46	3.73	4.12	3.52
		驾驶员平均每小时收入	元	11.8	13.6	14.6	15.7	16.7
	经济效益	千公里营收	元	2650	2598	2370	3024	2024
		千公里营运成本	元	3217	3527	3335	4800	3318
		千公里事故费用	元	79	69	75	42	47
		标台百公里耗油量	升	23.9	24.1	23.8	21.3	23.9
服务效果	可持续发展能力	千公里客流量	人次	1985	1919	1777	3640	2148
	吸引力	日均客流量	万人次	118	132	137	228	180
		出行分担率	%	19	21	21	43	30
		刷卡率	%	11.1	12.3	14.9	90.0	51.5

备注:运营里程数均以标准里程为统计口径。数据来源:各市交通管理部门,有关公交企业,2009年江苏统计年鉴

业评价指标比较表

2009 年省内其他城市指标											备注
南京	无锡	常州	泰州	扬州	南通	连云港	淮支	盐城	徐州	宿迁	
45.53	76.73	68	93.89	113.837	122.82	34.58	81.19	132.01	78.06	55.98	
117.34	47.13	99.82	0	0	5	13.6	0	20	6.1	0	
16.5	15.2	16.6	20.0	16.8	18.2	24.8	19.0	21.5	18.0	30.0	中心城区范围内
51521.46	19330.1	20000	238.5	3248	1492.28	400	1197	663	19.85	12	不包括场站投入
1304.07	1022.23	1436	104.7	603.97	366.99	65.48	97.9	226.82	204.82	1.98	
1.33	0.49	1.74	0.037	0.105	0.17	0.06	0.71	0.60	0.05	0.003	以一般预算收入计算
13.3	12.5	12.5	2.8	4.0	9.6	6.6	8.4	4.3	11.2	8.8	
51.84	67.98	62.4	21.86	20.41	29.45	20.04	4.81	0	23.13	0	
16.43	17.14	18.07	16.58	13.92	12.5	18.68	15.44	19.12	24.57	31.48	
1.38	1.32	0.94	0.84	1.09	1.23	1.45	1.25	0.95	1.04	1.93	学生、老人优惠乘车除外
80.00	60	60	100	90	70	85	80	90	50	100	
98.00	96.7	97.21	95.6	96.34	98.01	96.8	80	70	98	95	
98.70	99	99	80	99.6	98	91	97	99	99	98	
89.04	99.3	97.48	98.99	99.3603	99.23	96.05	97.21	96.8	96.88	97.6	
0.08	0.133	0.152	0.009	0.012	0.01	0.02	0.008	0.016	0.0045	0.034	
3.64	3~5	3~6	8	6	12.5	11.6	12	10.9	10~15	14.3	
14.2	14.6	14.3	12.0	13.0	14.5	13.0	13.0	14.0	15.0	13.0	
97.07	96.9	89.2	49.65	103.083	97.98	77.27	94.43	64.77	99.17	46.24	
45.20	80.7	52.7	22.3	30.5	34.52	25.1	28.1	26.8	35.6	17.4	
0.25	0.2	0.21	0.42	0.38	0.61	0.36	0.41	0.28	0.45	0.32	
104	98	125	146	136	121	156	128	149	110	159	
194	160	218	241	237	236	224	231	218	220	242	
3.12	3.68	3.43	1.5	2.45	3.68	1.9	2.3	2.1	2.07	1.65	
18.60	21.33	15.16	3	2.68	11.29	2.4	6.5	3.6	5.2	2.04	
3.08	3.57	3.88	1.6	2.37	4.41	1.44	2.1	2.4	2.09	1.8	
15.2	21.5	15.8	7.6	10.4	13.9	8.5	9.5	11.5	9.5	8.6	
2846	2727	2009	738	2123	2805	2495	2326	1920	2503	1241	
3825	4515	3083	1894	3302	3432	2941	2987	2907	3390	1274	
79	87	131	32	35	25	26	18	30	28	22	
23.0	24.0	22.2	26.8	20.9	21.3	24.7	22.6	25.0	22.4	26.1	
2065	2064	2129	878	1953	2275	1715	1044	2011	2670	887	
280	82	97	5	29	25	30	32	14	71	8	
19	24	26	3	5	11	12	11	5	14	7	按户籍人口统计
50.5	43.0	46.6	0.0	25.4	34.9	1.5		8.6	44.0	0.0	

参 考 文 献

[1] 工程建设标准规范分类汇编．城市公共交通规范．北京：中国建筑工业出版社，1997．

[2] 中国公路学会《交通工程手册》编委会．交通工程手册．北京：人民交通出版社，1998：788-794．

[3] 无锡市统计局编．无锡统计年鉴．北京：中国统计出版社，1997．

[4] 毛保华，姜帆，刘迁，等．城市轨道交通．北京：科学出版社，2001．

[5] 王炜，徐吉谦．城市交通规划理论与方法．北京：人民交通出版社，1992．

[6] 王炜，过秀成，等．交通工程学．南京：东南大学出版社，2000．

[7] 王炜，徐吉谦，杨涛，等．城市交通规划理论及其应用．南京：东南大学出版社，1998．

[8] 王静霞，张奎福，乔军山．城市公共交通的改革与发展．中国城市交通发展战略研会，北京：中国建筑
工业出版社，1998．

[9] 田兵锋，高自友．城市公交网络均衡配流模型及算法的研究．公路交通科技，1998，15（3）：41-44．

[10] 交通部．公路网规划编制办法．北京：人民交通出版社，1990．

[11] 刘冰，周玉斌．交通规划与土地利用规划的共生机制的研究．规划规划汇刊，1995，（5）．

[12] 约翰·布拉克．城市交通规划—理论与实践．蒋璜，等译．北京：人民交通出版社，1987．

[13] 何宗华．城市轻轨交通工程设计指南．北京：中国建筑工业出版社，1993．

[14] 李旭宏，等．道路交通规划．南京：东南大学出版社，1997：281-288．

[15] 杨兆升．交通运输系统规划．北京：人民交通出版社，1998．

[16] 陆化普，等．交通规划理论与方法．北京：清华大学出版社，1998．

[17] 陈学武，徐吉谦．快速大容量客运系统客流预测模式研究．东南大学学报，1997，27（Sup.）：
165-169．

[18] 周干峙，等．发展我国大城市交通的研究．北京：中国建筑工业出版社，1997：1-11．

[19] 易汉文．城市分析与交通预测．武汉：湖北科学技术出版社，1994．

[20] 郑祖武，李康，徐吉谦，等．现代城市交通．北京：人民交通出版社，1998．

[21] 费舍里松．城市交通．任福田，等译．北京：中国建筑工业出版社，1984．

[22] 徐慰兹．漫谈城市规划与交通规划的结合．城市规划，1995．

[23] 蒋冰蕾．城市公共客运交通系统规划理论与方法研究：[D]．南京：东南大学出版社，1997．

[24] 刘锐，严宝杰，黄志鹏．城市公共交通网络的复杂性分析[M]．合肥：合肥工业大学，2009．

[25] 王梦恕，张顶立．重视城市交通有轨交通体系的研究和发展[J]．交通运输系统工程与信息，2001．

[26] 李春明．公共优先与环境保护[C]．长沙市公共交通总公司，2001．

[27] 王雪红．公共交通与环境保护[J]．环保视窗，2002，（2）：23-24．

[28] 毛保华，姜帆，刘迁，等．城市轨道交通[M]．北京：科学出版社，2001．

[29] 陈莎．城市公共交通节能减排策略研究[J]．建设科技，2010，（17）：26-29．

[30] 刘翠莲，梅柠．城市公共交通的绿色低碳研究[J]．特区经济，2012，（10）：290-292．

[31] 郭亮．城市规划交通学［M]．南京：东南大学出版社，2010．

[32] 李朝阳．城市交通与道路规划［M]．武汉：华中科技大学出版社，2009．

[33] Avishai Ceder．公共交通规划与运营：理论建模及应用：theory，modeling and practice［M]．北京：清
华大学出版社，2010．

[34] 王庆海．城市规划与管理［M]．北京：中国建筑工业出版社，2006．

[35] 倪本会，刘继泉．交通工程概论[M]．济南：山东大学出版社，2005．

[36] 李旭宏，徐永能．城市客运交通系统[M]．北京：人民交通出版社，2011．

[37] 莫露全，刘毅．城市公共交通运营管理[M]．北京：机械工业出版社，2004．

［38］陈艳艳,孙明正,王振报. 多层次公交线网规划与评价技术[M]. 北京:人民交通出版社,2011.

［39］王炜. 实用公交线网规划方法研究[J]. 东南大学学报,1990,20(4):81-88.

［40］王炜,杨新苗,陈学武. 城市公共交通系统规划方法与管理技术[M]. 北京:科学出版社,2002.

［41］韩印,鲁立刚,李晓峰. 蚂蚁算法在智能公交网络优化中的应用研究[J]. 计算机工程与应用,2005,
(30):189-191.

［42］常玉林,胡启洲. 城市公交线网优化的线性模型[J]. 中国公路学报,2005,18(1):95-98.

［43］戴帅,刘小明,陈艳艳. 基于站距的公交网络优化模型[J]. 北京工业大学学报,2007,33(6):
608-612.

［44］杨京帅,张殿业. 城市公共交通线网分级规划方法研究[J]. 铁道运输与经济,2008,30(5).

［45］Maxwell R. Converting a large region to a multimodal pulsed-hub public network. In Transportation
Research Record:Journal of the Transportation Research Board, No. 1835, Transportation   Research
Board of the National Academies,Washington,D. C. ,2003:128-135.

［46］陈学武,胡刚. 公交分层系统的规划方法研究[C]. 中国快速公交研讨会论文集,2003.

［47］刘铮. 基于熵权物元模型的公交综合评价指标体系[J]. 城市交通,8(6):79-84.

［48］成曦,王炜,任刚,等. 继承模糊评价和层次分析法的大城市公交系统综合评价研究[J]. 城市公共交
通,2009,02.

［49］Asakura Y. Reliability measure of an origin and destination pair in a deteriorated road network with
variable flow ［C］. Proceeding of the 4th Meeting of the EURO Working Group in
Transportation,1996.

［50］Anthony Chen, Hai Yang, Hong K Lo, Wilson H. Tang, Capacity reliability of road network:an
assessment methodology and mumerical results[J]. Transport Research:1-28.

［51］Nicholas E. Lownes, Randy B. Machemehl. Exact and heuristic methods for public transit circulator
design. Transportation Research Part B:Methodological, Volume 44, Issue 2, February 2010, Pages
309-318.

［52］Mahmoud Mesbah, Majid Sarvi, Iradj Ouveysi, Graham Currie. Optimization of transit priority in the
transportation network using a decomposition methodology.   Transportation Research Part C:
Emerging Technologies, Volume 19, Issue 2, April 2011, Pages 363-373.

［53］刘好德. 公交线网优化设计理论及实现方法研究[D]. 同济大学交通运输工程学院,2008.

［54］杨东援. 交通规划决策支持系统[M]. 上海:同济大学出版社,1997.

［55］侯立文,蒋馥. 城市道路网络可靠性的研究[J]. 系统工程,2000,18(5):38-41.

［56］Anderson,john Edward. Transit System Theory[M]. D. C. Heath and Company,1978.

［57］刘欣,张鑫. 北京公交场站设施规划的回顾与展望. 北京规划建设,2009,(6).

［58］城市公共交通站、场、厂设计规范(CJJ 15—87)[S]. 武汉市公用事业研究所,1988.

［59］蔡全凯. 城市常规公交场站规划研究. 东南大学,2006.

［60］宋世辉. 公交场站布局规划研究. 重庆交通大学,2009.

［61］孙俊. 大型公交场站布局规划. 南京市交通规划研究所,2004.

［62］吴军. 城市交通网络优化研究与进展[J]. 江西科学,2007,25(4):407-408.

［63］陈启新. 城市公共交通线路网的规划与评价[J]. 城市公共交通,2002,(6):15.

［64］王炜. 城市交通系统能源消耗与环境影响分析方法[M]. 北京:科学出版社,2002.

［65］刘龙胜. 东京都市圈轨道交通发展及其启示[J]. 交通化标准,2008,10(187):104-108.

［66］黄志冈,荣朝和. 国外城市大型客运交通枢纽的发展趋势与原因[J]. 交通运输系统工程与信息,
2007,7(2):2-17.

［67］夏钰. 城市公交线路运力合理配置方法研究[D]. 南京:东南大学,2006.

［68］刘闯,韩印,江丽炜．智能化城市公共交通网络优化与设计模型研究［J］．佳木斯大学学报,2003,21
（3）:248-249.

［69］张明明．基于 GIS 的城市公交线网优化设计［D］．济南:山东建筑大学硕士学位论文,2011.

［70］叶霞飞,顾保南．城市轨道交通规划与设计［M］．北京:中国铁道出版社,1999.

［71］孙章,何宗华,徐金祥．城市轨道交通概论［M］．北京:中国铁道出版社,2000.

［72］张志荣．都市捷运发展与应用［J］．台湾建筑情报杂志社,1994.

［73］张庆贺,朱合华,庄容,等．地铁与轻轨［M］．北京:人民交通出版社,2006.

［74］新谷洋二．都市交通计划［M］．2 版．东京:技报堂出版,2003.

［75］蔡君时．世界公共交通［M］．上海:同济大学出版社,2001.

［76］郑瞳炽,张明锐．城市轨道交通牵引供电系统［M］．北京:中国铁道出版社,2000.

［77］M.C.费舍里松．城市交通［M］．任福田,等译．北京:中国建筑工业出版社,1984.

［78］松下胜二,等．城市道路交通规划与设计［M］．万国朝,杨付成,译．北京:中国建筑出版社,1990.

［79］毛保华,姜帆,刘迁．城市轨道交通［M］．北京:科学出版社,2001.

［80］陆化普,朱军,王建伟．城市轨道交通规划的研究和实践［M］．北京:中国水利水电出版社,2001.

［81］周翊民．城市轨道交通的发展趋势及其动因分析［J］．城市轨道交通研究,2001.

［82］李君,叶霞飞．城市轨道交通车站分布方法的研究［J］．同济大学学报,2004,（8）:1009.

［83］顾保南．上海市城市轨道交通网络规划的评价指标体系研究［J］．城市轨道交通研究,2000,（1）:24.

［84］周安荔．城市轨道交通轨道结构类型选择的研究［J］．铁道工程学报,2002,（1）:11.

［85］孙章,俞加康．城市轨道交通使用技术［M］．北京:中国建筑工业出版社,2007.

［86］詹运洲．城市客运交通——政策研究及交通结构优化．北京:人民交通出版社,2001.

［87］王炜,杨新苗,陈学武,等．城市公共交通系统规划方法与管理技术．北京:科学出版社,2002.

［88］陆锡明．综合交通规划．上海:同济大学出版社,2002.

［89］蔡君时．世界公共交通．上海:同济大学出版社,2001.

［90］送援朝．城市出租汽车客运管理与经营．北京:人民交通出版社,2000.

［91］李维斌．公路运输组织学．北京:人民交通出版社,1998.

［92］郑祖武,李康,徐吉谦,等．现代城市交通．北京:人民交通出版社,1998.

［93］李明聪．工程调度基础知识．北京:中国铁道学院,1988.

［94］柯惠新,丁立宏．市场调查分析．北京:中国统计出版社,2001.

［95］全国经济专业技术资格考试用书编写委员会．运输经济（公路）专业知识与实务．北京:中国人事出
版社,2002.

［96］毛保华,等．城市轨道交通．北京:科学出版社,2001.

［97］郑祖武,等．现代城市交通．北京:人民交通出版社,1997.

［98］沈志云主编．交通运输工程学．北京:人民交通出版社,1999.

［99］周商吾,等．交通工程．上海:同济大学出版社,1987.

［100］莫露全,等．城市公共交通运营管理．北京:机械工业出版社,2011.

［101］Kittelson&Associates Inc, Urbitran Inc, LKC Consulting Services Inc, et al. A guidebook for
developing a transit performance - measurement system［R］. Washington D C: Transportation
Research Board,2003.

［102］付多萍．公共工程项月效益的评价方法:成本—收益分析法［J］．财会通讯（理财版）,2006,（11）:
44-45.

［103］吴家庆,林正．北京南中轴路大容量快速公交的成本效益分析［J］．城市公共交通,2006,（4）:
22-24.

［104］单晓芳．我国城市公共交通行业改革与财务管理［D］．同济大学,1999.

［105］李建新．常州快速公交项目成本效益分析［D］．上海交通大学，2008．

［106］周雪梅，杨晓光，史春华，等．一种先进的公共交通系统评价方法研究［J］．交通与计算机，2005，23（4）：7－10．

［107］林浩．大城市快速公交系统设计探究［J］．城市建设理论研究（电子版），2012，(15)．

［108］张志良，赵贝，田庆飞，等．基于公交优先的居民出行方式结构与社会效益最大化研究［J］．公路交通科技，2012，29(8)：127－131．

［109］李青．郑州市快速公交的效益对比与分析［J］．山西建筑，2012，38(4)：29－30．

［110］Jean Vivier，樊建林．城市公共交通项目评价方法［J］．城市轨道交通研究，1998，1(2)：28－31．

［111］胡红，杨孝宽，魏中华，等．基于成本-效益优化的BRT规划方案评价研究［J］．北京工业大学学报，2007，33(4)：393－397．

［112］叶祖盼，王莉萍．从经济学的角度浅谈城市交通结构的优化［J］．山西建筑，2009，35(5)：43－45．

［113］胡启洲，邓卫．城市常规公共交通系统的优化模型与评价方法［M］．北京：科学出版社，2009．

［114］中华人民共和国建设部．城市道路交通规划设计规范 GB 50220—95［M］．北京：中国计划出版社，1955．

［115］佟春生．系统工程的理论与方法概论［M］．北京：国防工业出版社，2003．

［116］吕慎．城市公交技术评价指标体系的研究［J］．城市公共交通，2005，(2)：7－9．

［117］张晶敏．城市公共客运交通规划与评价方法研究［J］．科技与管理，2002，16(4)：63－67．

［118］匡星．城市常规公共交通服务水平评价研究［D］．长春：吉林大学硕士学位论文，2004．

［119］夏雪．城市公共交通系统评价指标体系研究［D］．南京：东南大学硕士学位论文，2007．

［120］黄险峰．城市常规公共交通运营管理系统评价体系研究［D］．南京：东南大学硕士学位论文，2007．

［121］陆化普，王建伟，李江平，等．城市交通管理评价体系［M］．北京：人民交通出版社，2003．

［122］王炜，陈学武，杨新苗．城市公共交通系统规划方法与管理技术［M］．北京：科学出版社，2002．

［123］陈小鸿．城市客运交通系统［M］上海：同济大学出版社，2008．

［124］李旭宏，徐永能．城市客运交通系统［M］．北京：人民交通出版社，2011．